インテリアの計画と設計

第二版

小原二郎・加藤　力・安藤正雄編

彰国社刊

編　集	小原二郎	
	加藤　力	元宝塚造形芸術大学大学院教授
	安藤正雄	千葉大学名誉教授

編集協力	村野　聰	武蔵野設計工房主宰

執　筆	安藤正雄	千葉大学名誉教授
	上野義雪	千葉工業大学教授
	浮貝明雄	千葉職業能力開発短期大学校講師
	内田　茂	
	大平昌男	元都市基盤整備公団
	片山勢津子	京都女子大学教授
	加藤　力	元宝塚造形芸術大学大学院教授
	川嶋幸江	元共栄学園短期大学教授
	栗山正也	栗山デザイン研究室主宰
	小原二郎	
	駒田哲男	AD&A主宰
	駒田楊子	AD&A主宰
	高橋鷹志	
	西出和彦	東京大学大学院工学系研究科建築学専攻教授
	服部岑生	千葉大学名誉教授
	松浦勝翼	元東京職業能力開発短期大学校教授
	松留慎一郎	職業能力開発総合大学校名誉教授
	村野　聰	武蔵野設計工房主宰
	湯本長伯	日本大学工学部教授
	吉田倬郎	工学院大学名誉教授
		（五十音順）

執筆分担

安藤正雄	Ⅰ-2.3, 2.5, 2.6, 6.1, 8.1, 8.2　Ⅱ-1.7
上野義雪	Ⅰ-3.1〜3.5
浮貝明雄	Ⅰ-5章　Ⅱ-4章
内田　茂	Ⅰ-4章
大平昌男	Ⅰ-8.2
片山勢津子	Ⅰ-1.1〜1.3
加藤　力	Ⅰ-1.1, 1.4, 6.6, 7.1, 7.3　Ⅲ-1.2
川嶋幸江	Ⅲ-1.2
栗山正也	Ⅱ-1.2〜1.4, 2章
小原二郎	序章
駒田哲男	Ⅰ-6.3〜6.5
駒田楊子	Ⅰ-6.2, 7.2
高橋鷹志	Ⅰ-3.6, 3.7
西出和彦	Ⅰ-3.6, 3.7
服部岑生	Ⅰ-2.5
松浦勝翼	Ⅰ-8.3　Ⅱ-1.5, 3章
松留慎一郎	Ⅱ-1.1
村野　聰	Ⅰ-6.2, 8.4　Ⅱ-1.6, 5章, Ⅲ-2章, 3章
湯本長伯	Ⅰ-2.1, 2.2, 2.4, Ⅲ-1.1
吉田倬郎	Ⅰ-2.3

装丁・中扉イラスト

村野　聰

まえがき

　インテリアに対する関心が最近とみに高まってきた。ブームといえるほどの状態である。だがこの言葉の歴史は意外に新しい。インテリアが公用語として最初に採用されたのは，文部省で工業高等学校の木材工芸科をインテリア科に改名すると決めたときだから，昭和47年のことである。また通産省がインテリア産業という言葉を使ったのは翌年の昭和48年だから，その歴史はせいぜい10年余と考えてよい。

　現在のインテリアと呼ばれている分野の内容は，明治の末年につくられた室内装飾という言葉に，大正期に木材工芸が加わり，戦後はそれが室内計画にまで広がって，それに以前からあった設計を包含したもの，というように理解してよいであろう。

　前述したように，インテリアはその言葉の広がりにともなって内容が少しずつ変わってきている。今後はそうした動きにつれて，産業としての地盤を次第に固めていくことになるであろう。

　ところでここに問題がある。インテリアはまだ歴史が浅いために，学問としての基盤ができていないということである。その理由は，これまで専門の大学としての教育機関がなかったし，研究者も少なかったから当然のことであった。だが，産業として発展していくためには人材の育成が必要であり，人材の育成のためには基盤になる学問が整備されていなくてはならない。しかし，それがまだできていないというのが実情である。

　そこで私たち有志が集まって，その基礎づくりの努力をしてみようということになった。まず議論になったのは，インテリアが学問的な体系にまとまるとしたら，どのような知識が必要かということであった。つまり，カリキュラムの編成をどのようにしたらよいか，ということである。長い討議の後に得られた結論は次のようなものであった。

　インテリアを学問的な形にまとめるには，まず4本の太い柱を立てればよい。その柱とは，①歴史，②インテリア計画・設計，③建築一般，④インテリアエレメントである。この太い柱を補助する形で，その間に工芸や加工技術といった細い柱が何本か組み込まれれば，一応の体系は整うであろう。

　ところで，①の歴史とは様式史が中心になるが，インテリアの場合には生活文化史といったもう少し広い裾野の上に立ったものであることが望ましい。これは今後の課題である。次に，③の建築一般とは環境・設備・構造・材料・施工などであるが，これらはすでに長い歴史を経て，建築学と

して体系づけられているから，その中の必要な部分を取り入れて整理すればよい。④のインテリアエレメントというのは，家具や設備機器をはじめとする室内構成材の意味であるが，これについては戦後それぞれの分野で研究実績が積み重ねられてきている。

以上のように考えてくると，4本の柱のうち最も欠けているのは②の計画・設計の分野ということになる。それについての参考資料をまとめれば，インテリアの学問的向上のために，なにほどかの貢献ができるであろうという結論になった。以上のような経緯を経てまとまったのが本書である。

この本の内容はインテリア計画が中心になっているが，設計についても述べてある。計画の基本的な考え方については，既往の建築計画を範にすればよいが，インテリアでは建築とは違ったきめの細かさが必要である。それを補うのは人間工学をはじめとする新しい分野の研究であるが，幸い，これについては過去十数年の間にかなりの成果が発表されている。本書ではそれらの新しい成果を取り入れて体系的に整理し，「インテリア計画」の最初の本となることを意図した。またそれに合わせて，設計の基礎的な手法についても解説した。書名に「計画と設計」とあるのはその意味である。この本の特徴は図表の多いことであるが，それはすでに建築学を学んでさらにインテリアを勉強しようとする人や，デザインを学んでインテリアを勉強しようとする人，また新しくインテリアの勉強を始めようとする人たちに，高度の内容をできるだけ親しみやすい形で理解していただくことをねらいとしたからである。

終わりに，私たちの編集企画に賛同されて，貴重な原稿を寄せてくださった執筆者の方々に深く謝意を表したい。また本書がまとまるまでには数年を要したが，その間私たちを励まし出版を推進してくださった彰国社の三宅恒太郎氏にも厚くお礼を申しあげて序文の結びとしたい。

1986年3月

第二版によせて

1986年に初版を刊行以来，好評を博してきた本書は，途中，新規データの追加や法規・基準等の改正の都度訂正をしてきたが，今回の建築基準法・同施行令の改正にともない，関連事項の改訂を行い，ここに第二版として刊行する。

2000年10月

小原 二郎
加藤　力
安藤 正雄

目次

序章 **インテリア計画とインテリア産業**　8

I　インテリア計画の基礎

1　インテリアと家具の歴史
 1.1　日本のインテリアの歴史　16
 1.2　日本の家具の歴史　18
 1.3　西洋のインテリアの歴史　20
 1.4　椅子のモダンデザイン　24

2　インテリア計画の手法
 2.1　計画の対象とその進め方　26
 2.2　要求と機能　30
 2.3　性能と評価　32
 2.4　生活と空間　34
 2.5　規模と配置　36
 2.6　寸法計画　38

3　インテリアの人間工学
 3.1　人間工学の意味と人体寸法　42
 3.2　動作空間　46
 3.3　家具への応用(1)——椅子と机　48
 3.4　家具への応用(2)——ベッド　52
 3.5　室空間とモデュール　54
 3.6　動作・行動の特性　56
 3.7　人間集合の特性　58

4　室内環境とその調整
 4.1　感覚と知覚　60
 4.2　室内環境の形成　64
 4.3　温度と湿度　66
 4.4　通風と換気　70
 4.5　音　72
 4.6　採光と照明　74
 4.7　色彩　78

5　設備計画と機器
 5.1　住宅設備の概要　80
 5.2　給水設備　81
 5.3　給湯設備　82
 5.4　排水設備　83
 5.5　冷暖房・空調設備　84
 5.6　電気設備　86
 5.7　熱源　88
 5.8　省エネルギー　90

6　インテリアの構法
 6.1　構造と構法　92
 6.2　仕上げと納まり　94
 6.3　床　98
 6.4　壁　100
 6.5　天井　102
 6.6　開口部　104

- 7 インテリアエレメント
  - 7.1 家具　106
  - 7.2 壁装・カーテン・カーペット　112
  - 7.3 照明器具　115
- 8 生産・施工・維持管理
  - 8.1 生産・流通・情報　116
  - 8.2 インテリアの施工　118
  - 8.3 維持管理　120
  - 8.4 関連法規・規格・規準　122

II 住空間の計画

- 1 住宅と住空間
  - 1.1 統計からみた日本の住宅　128
  - 1.2 間取りの類型　132
  - 1.3 間取りの変遷　134
  - 1.4 住空間と単位空間　136
  - 1.5 独立住宅と集合住宅　138
  - 1.6 住宅の構法　142
  - 1.7 住宅生産とハウジング　144
- 2 LとDとK
  - 2.1 LDK空間　146
  - 2.2 L（居間）空間　148
  - 2.3 D（食事）空間　150
  - 2.4 K（台所）空間　152
- 3 個室
  - 3.1 個室　154
  - 3.2 収納　156
- 4 水まわり
  - 4.1 水まわりの空間　158
  - 4.2 浴室　159
  - 4.3 洗面室　162
  - 4.4 便所　163
- 5 玄関・廊下・階段
  - 5.1 玄関・廊下　164
  - 5.2 階段　166

III 設計の技術

- 1 設計の手法
  - 1.1 計画から設計へ　170
  - 1.2 空間のまとめ方　172
- 2 設計図書　176
- 3 プレゼンテーションの手法　182

図版出典リスト　187

序章　インテリア計画とインテリア産業

1　インテリアの定義と適用の範囲

はじめにインテリアの定義について触れておきたい。戦前に使われていたインテリアに相当する概念は室内装飾という言葉であった。現在ではそれからインテリアデザイン，インテリア計画，インテリアコーディネートなどという言葉が生まれ，それぞれに独立した概念を形づくるようになった。わが国で明治時代におけるこの分野で最も古い本は『室内装飾法』（杉本文太郎　明治43年）であろう。これは和風住宅を対象に室内のしつらえ方を書いたものであって，その後半には1月から12月までの各月の室内装飾のしかたが書いてある。

大正期から昭和初期にかけて洋風住宅がつくられるようになってからは，洋風の室内装飾の本が出版されるようになった。木桧恕一，森谷延雄，野村茂治らの著書がそれである。一方また木材工芸という言葉も使われた。これは家具の設計と生産の技術を中心としたものであったが，室内装飾よりも広く普及していた。当時は空間の構成技術よりも単品の生産技術のほうが強く要求されていたからである。

インテリアという言葉が使われるようになったのは戦後であるが，最初はこの言葉はカーテン・カーペット業界を指すものであった。現在のような意味で使われはじめたのは昭和40年代の後半で，その歴史がきわめて新しいことは，まえがきの冒頭のところで述べたとおりである。

室内とは建築の内部空間の意味であるが，いまではインテリアと呼ばれることのほうが多い。したがってインテリアという言葉は，単に空間を指す場合と，前記の室内装飾から発展した計画・設計を指す場合とがある，と理解すべきであろう。以下には，この技術が生まれてきた経緯を簡単に書くことにする。

ヨーロッパの建物は石造が主流であった。それは後にれんが造に，さらにコンクリート造へと移っていくが，この構法によると，軀体をつくる技術と室内を装飾する技術とは，性格が違ううえに両者は耐用年数においても違いがある。そのため，当初は1人の建築家が全体を設計していたが，次第に分離した形をとるようになった。当時の室内装飾の中心をなすものは，彫刻・織物・絵画・家具・装飾品などであった。それが以上に述べた室内装飾として独立したのは，バロックからロココにかけての時代（1600〜1700）といわれている。室内を装飾する仕事が増えたためであった。

この技術が日本に輸入されたわけであるが，わが国の伝統的な建物は木材でつくられ，軀体はそのまま室内になるという構造であったから，西洋的な室内装飾が実際に適用されたのは，ヨーロッパ風の建物がつくられるようになってから後のことである。それが家具を中心にして内部空間をしつらえる技術として定着し，公共空間から住宅にまで広がってきたのである。

現代においてインテリアデザインが対象とする空間の範囲はきわめて広い。住宅をはじめ，オフィス，学校，図書館，美術館，病院，ホテル，店舗の各種施設のほか，さらに車両，自動車，航空機，船舶にまで及んでいる。それらはいずれも異なった要求条件をもっているので，それぞれの目的に合うように計画し，それを具体的な形にまとめあげていく技術が要求されることになる。本書ではこのうち，住宅を中心にしたインテリア計画と設計の技術について述べることにする。

2　住宅政策と住政策

伝統的な和風住宅の生活に慣れ親しんできた日本人にとって，第二次世界大戦を境にして導入された椅子式生活は，住様式に大きな変革をもたらし，ひいてはインテリアのあり方を大きく変えることになった。それはまず，住宅公団の食事室と寝室を区分する食寝分離型住宅から始まったが，これを契機にして椅子を使う

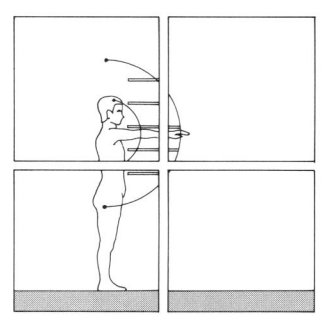

生活がきわめて一般的なものとして普及することになった。

こうした生活の近代化，多様化が広まるにつれて，家具を設計する専門のデザイナーが要求されるようになった。さらに設計の対象は家具から住空間全体にまで広がって，インテリアデザイナーが生まれ，次第に建築設計との間隙を埋めるようになった。一方建築の側でも，建物全体を1人の建築家で設計することは困難となり，インテリアデザイナーと協力する形をとるようになった。それを支持するものとして，室内計画の研究が進み，基礎的な資料が次第に整備されてきた。その代表的なものの一つが人間工学で，それによって，疲れにくい椅子や安全な家具の設計のよりどころが明らかになったのである。

以上はデザインの面について述べたが，他方製作技術の面からこれをみると次のような問題がある。住宅産業の発展にともなってインテリアエレメントの工業化は著しく進んだ。そのため，従来は建築の一部分であった浴室・台所・洗面所でさえも，現在では住宅部品として市販されるようになった。それは同時に，施工の技術も大きく変えたのである。こうした背景のうえにたって，今後のインテリアのあり方を展望すると，機能性，合理性に重点を置いたメカニカルな方向と，情緒性や装飾性に重点を置いた情感的な方向との間に，幅広い分野が広がっている。加えて多様化，個性化といった要求も高まっているので，今後はいっそう多岐にわたっていくであろうと思われる。

以上に述べたように住宅産業の発展は，インテリアの構成と製作技術のうえに大きな変革をもたらすことになった。それは同時に，計画に対しても影響を与えることになったので，ここで住宅産業とインテリア産業の関連について，まとめておきたいと思う。

その第一は住宅政策の見直しということである。昭和57年度に通産省は「住宅産業の長期のビジョン」という報告書を発表した。これはわが国の住宅産業が今後いかにあるべきか，という通産大臣の諮問に答えて，産業構造審議会がとりまとめたものである。その中で，住宅政策のあり方に対して次のような趣旨のことが述べられている。

住宅事情の変貌と住まいに対する多様な要求から，住宅政策はいま転換期に立っている。その理由は次のようである。これまで住宅政策の基本になっていた考え方は，良い住宅をつくって供給すれば，すべての人が幸福になれるというところにおかれていた。しかし，よく考えてみると，良い住宅をつくることと豊かで幸福な生活ができることとは，実は違うことではないか。とすれば，住宅政策は今後は「住政策」と呼ぶべきではないか，ということが書いてある。

その意味は音楽を例にして説明すると分かりやすい。これまでは名器をつくりさえすればだれでも名曲が弾けると考えていた。だが，名器をつくることと，名曲を弾くこととは実は別な問題ではないか。その名曲を弾く研究が欠けていたのであるから，まずはじめに，どのように住まうべきかという「住まい文化」の哲学を明らかにして，その哲学に合うように家をつくるべきであろう。つまり，住まい文化の中にソフトの面とハードの面とがあるが，そのハードの面に相当するものを住宅政策とみなすのが正しいのではないか。そうした観点からこれまでの住宅政策を見直すと，いま住宅産業は転換期に立っているといってよい，というのである。

そこで通産省は建設省と協力して，昭和57年から「住まい文化キャンペーン推進運動」を始めたのである。

3　豊かな住まいの考え方

日本の住宅政策は，欧米先進国の水準に近づくことを目標にして，部屋数の増大や面積の拡大に努めてきた。そして，いまや国際水準にかなり近づいてきたのである。しかし最近になって，た

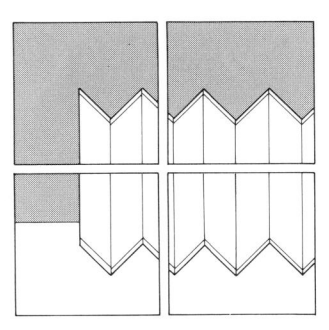

だ大きいだけが必ずしもよいこととは限らないのではないか，と反省する声も出始めた。

その論拠は次のようである。いまや住宅不足の時代は終わって，数の上では350万戸が余る計算になっている。狭いといいながらも量は満されたのである。とすれば次の目標は質の向上である。質の向上とは面積の拡大と室内空間の機能性を高めることの意味だと解釈してよい。ところでこれまでの住宅では，大きくなった分だけそれを子供部屋に回していた。その子供部屋を個室にしたところまではよかったが，個室を密室化したところから，青少年の暴力化につながる何かがあったのではないか。住まいの哲学を欠いて，ただ大きくすればよいと考えることには疑問があるのではないだろうか，という反省も一部にはおこってきたのである。

また，狭さの中からでも文化は生まれるという反省もある。江戸時代の庶民文化や気配りの文化は，まさにそれではなかったか，というように考える人も出てきたのである。とすれば，われわれはまず「どのように住まおうか」を考えて，各人ごとの考え方をしっかりと立て，それに合うような住宅の広さと質を求めるべきではないか，という反省が出てくることになった。

一方ではもう一つ，「豊かなことは幸福を約束するか」という反省もある。いまや住宅の設備機器は著しく進歩し，エレクトロニクスの発達によって，ただボタンを押しさえすれば，望みのままに環境をコントロールできるようになった。しかし，こうした豊かで便利な住まいが，はたして人間の幸福を約束するのか，ということになると疑問がないわけではない。

次の話はその意味で示唆に富んでいる。さる動物学者はヒマラヤで珍しいハチを採集した。それを飼うために，昆虫の最適条件とされているショウジョウバエの飼育と同じ条件にして飼ったところ，ハチはみんな死んでしまった。考えてみると，そのハチが棲んでいたのは昼は40℃，夜は零下という厳しい気象条件のところであった。だから恵まれすぎた過保護がかえってアダになったのである。そのことに気がついてがく然としたというのである。

泥水に棲んでいるメダカは清水で飼うと死んでしまう。「保護をすれば弱くなる」というのは生物学の大原則であるが，そのことは電動鉛筆削り器が普及して，鉛筆を削れない子供が増えてきたことを思い出すとよく分かる。モータリゼーションが普及するほど，健康法が必要になってくるという皮肉な矛盾もある。豊かさが必ずしも幸福を約束するとは限らない。住まいを設計するにあたっては，そうしたこともよく考えて計画を立てる必要があろう。高齢化時代に向かって「ほどほどの不便さを残す」ということも，実は大事なことなのである。

なお，ここで「住まい文化キャンペーン推進運動」が残した成果について触れておこう。従来は住宅の質といえば広さと材料の良し悪しが中心であった。しかし，今はソフト志向に変わってきている。安くて大きければよいという住宅の時代から，人間に合う住宅へというように流れが変わってきたとみることもできよう。

もう一つ作文募集のことについても触れておきたい。この推進運動の中で作文の募集があった。応募作品は二千数百通に及んだが，それを通読して印象的だったことが二つある。一つは木の家の良さを説いているものが非常に多かったこと，もう一つは床に座る住まい方のよさを再発見し，椅子式生活は意外に不便なものだという感想文がかなり多く見られたことであった。ひところ流行した無批判な洋風化への反省のあらわれと見てよかろう。いずれにしてもインテリアは曲がり角にあるという見方が成り立つ。

4　住空間産業とインテリア産業

第二に述べたいのは住宅産業が進むにつれて，インテリア産業と重なるところが増えてきたということである。過去20年あまり

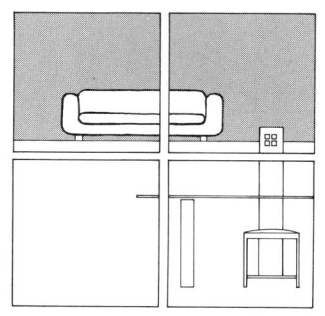

の間に，住宅生産の技術は格段に進歩し，これによって質の良い住宅を安価で，しかも短期間につくることができるようになった。こうした工業化技術の導入にともなって，インテリアを計画する方法もまた変化してきたのである。

その代表的な例は内装システムであろう。それは躯体を質のよい材料で丈夫につくり，内部空間は凹凸のない箱形にする。この空間はモデュールが統一されているから，その中にあらかじめ工場でつくった内装部品を持ち込めば，現場ではのこぎりもかんなも使わないで室内装備が出来上がる，というものである。つまり，室内は可変住空間になっていて，住まい方の変化に合わせて自由な間取りにつくり替えられる，という方法を採用しようというものである。

これまで，住宅生産の工業化の歩みの中で得られた最も大きい成果の一つは，良質の住宅部品が開発されたことだといってよかろう。バスユニット，システムキッチン，収納間仕切，内装システムなどで代表されるものがいわゆる住宅部品であるが，これらはわが国で独特の発展をとげ，住宅の質の向上と工期の短縮，さらに建設費の低減に大きく貢献してきた。

住宅部品はいまではきわめて身近な製品として普及し，住宅の設計の方法やつくり方さえも変えるほどに成長した。しかし一方において，この住宅部品には若干の問題点もある。その一つはつくる側と使う側に要求の食い違いがあるということである。メーカーは全国に共通する標準タイプを，できるだけ少ない種類で生産するほうが有利である。しかし，ユーザーがそれをわが家のあるスペースの中に納めようとするときには，もう少し変化のあるものとか，個性的なものがほしいと思う。さらにまた地方性に合ったものでなくては困るといったこともある。

良い住まいをつくるには，この食い違いを埋める必要があるが，その役割を果たすものとして考え出されたのが部品集積体である。それは今後の住宅産業の中心的な存在になるだろうとも期待されている。部品集積体という概念を理解するには，まず住空間なるものを想定すればよい。具体的には居間とか寝室とか台所とかいった部屋のことである。その部屋の中に納める部品群を，それぞれ住まい手の嗜好に合うように，また地方の好みに合うように，ひとまとめにした半完成の部品群が部品集積体の意味である。こうした形で住宅部品を半完成品として供給すれば，地域ごとの環境に合うように組合せを変えて，住宅に組み込むことが可能であり，また新築の家だけでなく，増改築の家にも応用できるという便利さがある。

住宅産業のねらいは，高度工業化の技術を住宅の生産に導入しようとするところにあった。しかし，実際にそれをやってみたところ，住宅には自動車のように単純に量産化できない難しさのあることが分かってきた。とすれば，住宅産業の今後の向かうべき道は，手作業と工業化の中間にあって，両者の良いところをとり入れた住空間産業の方向であると考えてよいのではないか，というのが報告書の中に書かれている技術的解決の結論である。

それぞれの地方には固有の文化があり，また風土に合った住宅がつくられてきている。それを活性化するには，地域の文化と風土に合った住宅の質の向上をはからなくてはならないが，それには，良質の部品集積体を供給するシステムをつくればよい。それはまた，地場産業に密着した中小企業の育成にも役立つものであろう。

この考え方に基づいて住宅部品は順次改良が加えられ，その種類が多くなり，ついに内装システムが生まれるまでに成長した。それは1戸分まるごとを含む大型の部品の意味でもある。こうなると部品はまさに住空間そのものにあたる。近年脚光を浴びるよう

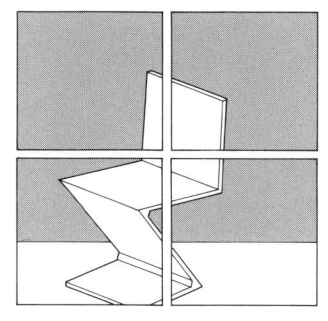

になった「住空間産業」は，以上に述べたような経過を経て，デザイン面と製作面の要求を受け入れながら急速に発展してきたのである。かくして住宅産業とインテリア産業とはかなり大きく重なりをもつようになった。

5　増改築とインテリア産業

第三には増改築もまたインテリア産業と結びつき，その活性化を促していることについて述べよう。最近増改築が注目されるようになった。普通に「リフォーム」と呼ばれているものがそれである。考えてみると家というものは，新築した翌日から維持管理が始まって，改築や改修があり，増築をして，やがて建て替えへとつながっていく。新築して10年建つと増改築が必要だといわれているが，住宅のストックが3,800万戸を超えた現在では，増改築は国家的見地からみても重要な課題であり，また住宅産業としても注目しなければならない大きな市場である。これまでは新築住宅の市場のみに関心がもたれていたが，その伸びが減ってきた現在では，増改築を真剣に考えていかなくてはならない事情になってきている。欧米の実情は，新築に対する増改築の比率がかなり高い。わが国の新築に対する増改築の比率は金額で約5割に近いといわれているが，今後はますます増えていくものと思われる。

家を新築するとき，欧米では建設費の20〜25％程度をインテリアにあてるといわれている。日本では普通は5％ぐらいで，多い場合でもせいぜい10％どまりというのが実情のようである。住宅の質はインテリアの充実の度合いではかることができるから，「インテリア係数」というものが文化度を測る物差しにならないかという意見もある。欧米ではそういう考え方が一般的になってきているようである。

わが国でもより質の高い住宅を目指すとすれば，これからはインテリアの向上に力を入れなくてはならない。そこで通産省は，昭和48年にインテリア産業振興対策委員会を設け，以後十余年にわたってその振興を図ってきた。当時は，インテリアといえばテキスタイルを意味していたことは前にも述べた。インテリアがブームになった現在から振り返ると，まさに今昔の感がある。この十数年の間にインテリア業界は，ばらばらのエレメント製造業界からトータルインテリアの方向へと発展した。「インテリアショップ」が増え，「DIYショップ」が増え，さらに大規模な「インテリアマート」も数多く出現した。先に部品集積体供給業が住空間産業へと発展してきた経過を述べたが，それはまたインテリアブームとも結びついて，いまようやくインテリアは産業としての基盤を固めてきたわけである。この動きを一層加速させたのは通産省のインテリアコーディネーター試験制度である。建設省もまたインテリアプランナーの必要を認めてその対策を取る方針を発表した。今後はそうした動きとともにインテリアの充実が図られていくことであろう。

6　インテリア計画のあり方

以上はインテリア産業が急速におこってきた事情について述べたが，ここでなぜそうした急激な変化がおこったか，の理由について考えてみよう。日本の建築学は，明治以来長足の進歩をとげた。いまや世界のトップレベルに位置することは何人も認めるところであろう。だが，住宅建築についていえば，教育の重点は従来はシェルターの構築，つまり外箱づくりの技術に置かれていて，インテリアについてはあまり関心が払われていなかった。しかし戦後欧米の生活スタイルが浸透し，和風から洋風へと推移するにつれて，庶民はその生活体験から，住みやすさの勘どころは実は外箱よりもインテリアの部分にあることを肌で感じとったのである。それがインテリアのブームを呼んだ原因と理解してよかろう。

先に住宅政策は量から質に変換しつつあると述べたが，質の向

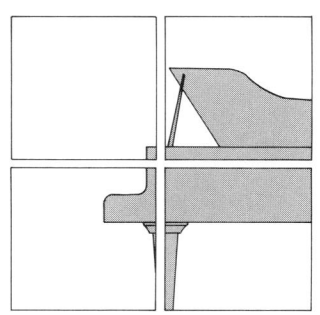

上とは住空間の機能性を高めることにほかならない。住空間の機能性はインテリアによって左右されるのであるから，インテリアの充実が当面の問題となってくることは，ごく自然の成り行きと考えてよいであろう。

ここで，日本のインテリアの現状について考えてみたい。これまでわが国のインテリアが目標としてきたところは，いかにして欧米のそれに似せるかということにあった。あちらのインテリアに近づけることが文化的であり，進歩的だと信じられていたからである。残念ながら，私たちの椅子式生活の歴史はまだ浅い。だから欧米を忠実に模倣する過程は，一度は通らなくてはならない道のりだったのである。しかし，その模倣の道を歩いている間に，私たちは伝統の日本建築の美しさを見失ってしまったようである。欧米まがいの中途半端な住空間に暮らしているうちに，美の感覚は鈍ってしまったらしい。そうした環境の中で，次代を担う子供たちが果たして日本人らしく育ってくれるだろうか，という疑問をもつ人も出てきた。美のセンスは幼児のときに訓練を受けないと身につかないが，インテリアが現在のような混乱の状態でよいのか。幼児教育の大切さはすでに音楽や味覚の分野で証明されているところであるが，住まいに対する美しさの教育もまた同じではないか，という意見が出てきたのである。

伝統の木質空間には，息づまるような「木割り」の緊張感があった。その研ぎすまされた美の感覚を，もう一度見直すべきではないだろうか。いまこそ日本の伝統のよさと西欧の文化のよさをよく理解したうえで，それをどのように組み合わせていったらよいかを，真剣に研究していくべきであろう。温故知新の知恵が強く要求されているのである。

終わりに建築計画とインテリア計画の関係についての考え方を付け加えておきたい。建築の分野ではすでに計画学という立派な体系が出来上がっているから，当然小さな室内のことくらいは分かりきっているのではないか，というのが普通の考え方であろう。だがそうとばかりはいえない。インテリアにはそれなりの計画と設計の技術が必要である。その理由は次のような例をあげて説明すると分かりやすい。

農業作物はいうまでもなく天候に支配されるから，気象とは切っても切れない関係にあることはだれでもすぐ理解できることである。だが気象学によって作物を栽培できると考えることは早計である。というのは，いわゆる気象学は地面からずっと離れた上空の，もっと大きな天候を対象とした学問だからである。地面に接して農業作物の生えているところでは，大気とはかなり違った気象条件を示し，作物の生育は主としてそれに支配される。そこで農業のためには微細気象学（ミクロクリマ）という，もっと土地に密着したきめ細かい学問が別に発達している。建築における計画学や環境工学もこれをインテリアという立場からみると，もうひとつ人間の肌に接したミクロ的な計画学なり環境工学なりが必要になってくる。

以上のことは次のようにたとえるともっと分かりやすいであろう。建築がいわゆる洋服であるとすれば，インテリアは下着にあたると考えればよい。というのは，人間の肌にじかに触れながら，洋服との間にあって服飾の機能を十分に発揮させるためには，下着は洋服よりももっときめの細かい設計を必要とするからである。下着が悪いとせっかくの立派な洋服もその効果が半減されてしまう。近ごろ下着専門のデザイナーが独立したり，下着産業といわれるものが隆盛になってきたのはそのことを物語っている。

本書におけるインテリア計画は，そうした立場から，建築計画を補完する役割を果たすようにまとめてあることを申し添えておきたい。

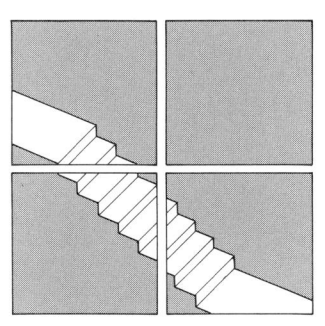

I

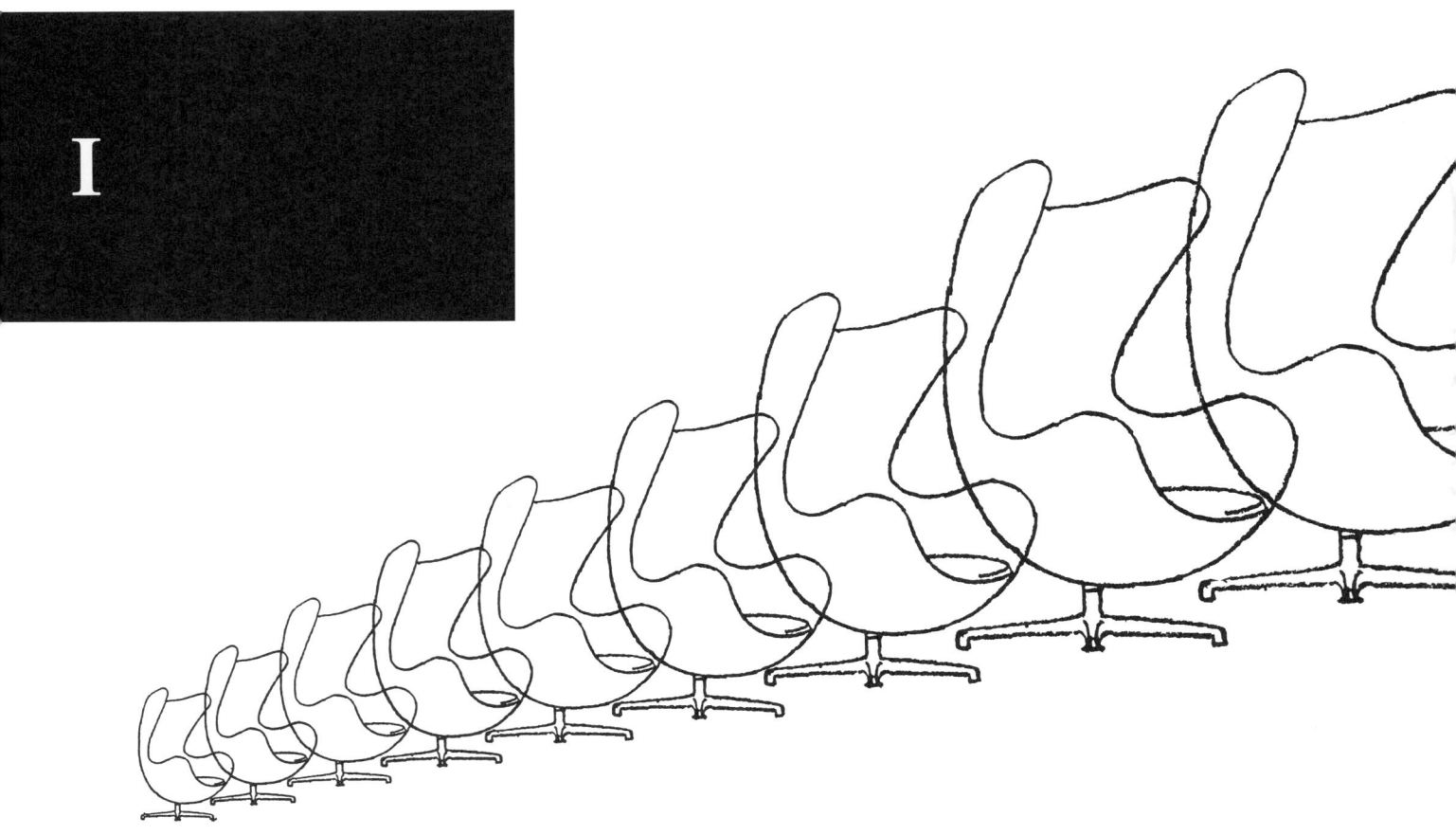

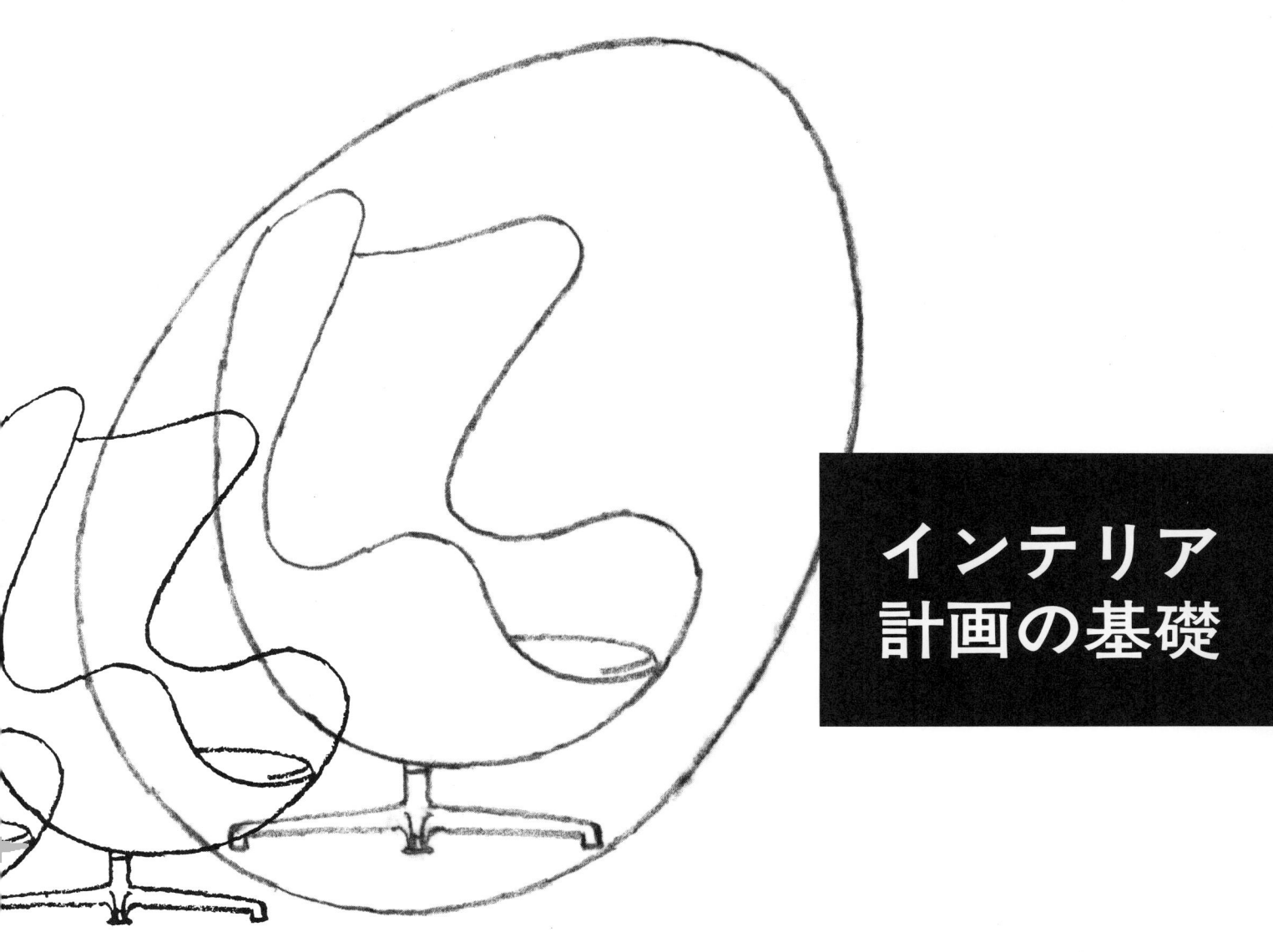

インテリア
計画の基礎

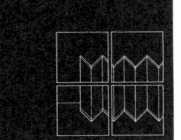

1 インテリアと家具の歴史

1.1 日本のインテリアの歴史

　日本のインテリアの歴史を語るということは，とりもなおさず住宅の歴史を語ることになる。これはヨーロッパとは事情が大きく違うところであるが，その理由は次のようである。ヨーロッパの建物では軀体から独立した形で室内装飾があって，そこからインテリアが始まり，今日のように発展してきた。ところが日本の住宅は，構造体がそのままインテリアになるというつくり方であるから，両者は切り離しにくい。だから住宅の歴史がそのままインテリアの歴史になるという一面がある。極端な言い方をすれば，インテリアの外側に雨がかかっていたものが日本の住宅だ，という見方さえもできるわけである。したがってここでは住宅の歴史について述べる。

　文書に残る最古の住宅は天平年間につくられた近江紫香楽宮の中納言藤原豊成の板殿である。ここでは内部の仕切りに，衝立・屏風・御簾・幕などが用いられていた。平安時代の大内裏のおもかげは，今の京都の平安神宮によって想像することができ，また天皇の常住された内裏は，京都御所の清涼殿によって推察することができる。清涼殿の室内には簡単な装飾が施され，調度が配置されていた。そこでは椅座と平座がともにとられたようで，公事は御倚子を使って行われた。公家たちの住宅は内裏を模範としたが，それが後の寝殿造りに影響を与えた。その代表的なものが藤原氏の東三条殿であった。寝殿造りは平安後期になって完成したが，寝所にあたる塗籠以外は内部に区切られることなく，屏風・御簾などでその時々の儀式や行事に合わせて仕切り，必要な調度類を配置した。このことを「しつらい」（室礼，舗設）と呼んだ。畳は必要な場所にだけ敷く置畳であったが，その形は長辺と短辺との比が 2：1 になっていた。

　鎌倉時代から室町時代にかけては，古い伝統を打ち破る文化が生まれた。武家の邸宅は明らかではないが，寝殿造りを簡単にしたものと考えてよいようである。畳は敷詰めにはなっていない。14世紀初頭に描かれた「法然上人絵伝」によって地方の住宅の例を見ることができる。足利八代将軍義政は，銀閣で代表される東山文化を出現させたが，それは武家文化が貴族文化に同化され，

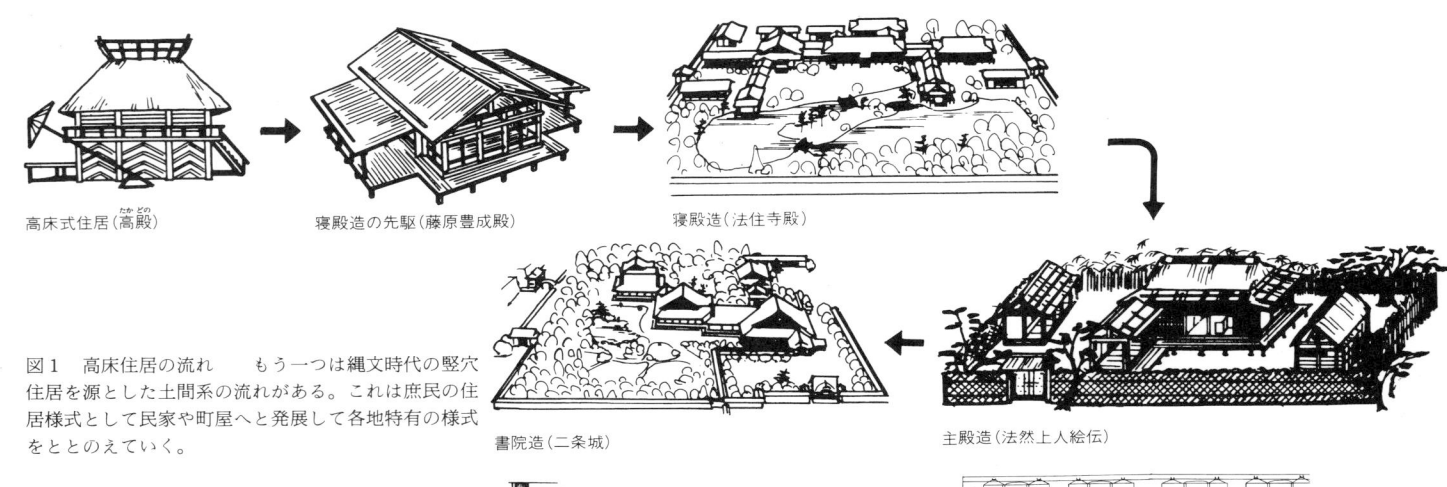

図1　高床住居の流れ　　もう一つは縄文時代の竪穴住居を源とした土間系の流れがある。これは庶民の住居様式として民家や町屋へと発展して各地特有の様式をととのえていく。

図2　追いまわしに敷かれた畳（蒙古襲来絵巻）*1

図3　押板（慕帰絵）*1

図4　床飾（御飾書）*1

図5　仏画の前机（慕帰絵）*1

図6　出文机（法然上人絵伝）*1

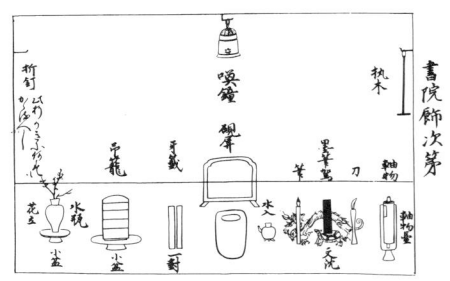

図7　書院飾（御飾書）*1

それに中国の宋・元の文化が加わったものとみてよい。将軍の邸宅は寝殿造りの系統を引くものであったが，内輪向きのもてなしのために会所と呼ぶ建物をつくり，仏画や工芸品を飾った。座敷飾りの考え方はこの建物から生まれたものであった。慈照寺東求堂には四畳半や小室をつくり，畳は全部敷き詰められ，天井も張られた。また角柱・違い棚・付け書院もできて，これが書院造りのもとになり，鎌倉時代から室町時代にかけて様式として完成した。書院とは出文机から生まれた付け書院の意味であったが，後には書院をもつ建物全体を指すことになった。現代の日本式住宅の基本形はこのときにつくられたのである。

一方鎌倉時代に盛んになった禅宗によって，多くの寺院がつくられた。ここでは特有の庭がつくられ，建物と庭園を一体とする調和の美が生まれた。

安土桃山時代は30年という短い期間であったが，既成の文化から近世文化に移行させたという点で重要な意義をもつ。この時代は城郭建築で代表される雄大な文化を形成したが，築城が盛んになるにつれて邸宅も豪華になり，本格的な書院造りが完成された。この時代の室内を特色づけるものに障壁画がある。当時の姿は二条城の二の丸御殿や西本願寺対面所でしのぶことができる。

中国から伝わった喫茶の風習は，この時代になって茶の湯となり，日本人の美的感覚による総合芸術として完成した。それが書院造りに影響を及ぼし，ついに数寄屋造りを生むに至った。

江戸時代の数寄屋造りは桂離宮と修学院離宮で代表されるが，それらは茶室風の意匠が当時の書院造りの住宅に取り入れられて出来上がったものであった。庭園との調和を考慮した造形の手法は，わが国住宅づくりの基本になり現在まで引き継がれている。

江戸における諸大名の邸宅は最初は豪華なものであったが，明暦の大火（1657年）以降は華美な装飾が禁じられた。さらにそれは町家・農家に対する制限にまで広がったため，経済力をもつ町人は財力のはけ口として，高価な素材を用いたり，必要以上に手間をかけたものがよいとする考え方を生み，建築も室内も本質的なものから逸脱する傾向を生んだ。民間の優れた室内構成としては，京都島原の角屋がある。また当時の大名の別宅としては，加賀前田の成巽閣（兼六園内）や水戸の好文亭（偕楽園内）などに，当時の西欧文化を取り入れた室内構成を見ることができる。

明治政府は日本を欧米なみの近代国家にすることに目標を置いたので，多くの外国人が招かれて技術の指導に当たった。そのため洋風建築がつくられ，鹿鳴館・三菱一号館・ニコライ堂などが出来た。日本人の棟梁たちもまた擬洋風のスタイルを生み出し，それが学校や役所に普及した。やがて明治中期以降になって日本人の手による洋風建築がつくられた。明治30年代になると洋風化は中産階級にまで及び，和風の住宅に洋風の応接間や書斎を付け加えるスタイルが流行した。かくして室内装飾は次第に和洋折衷の形をとるようになっていったのである。

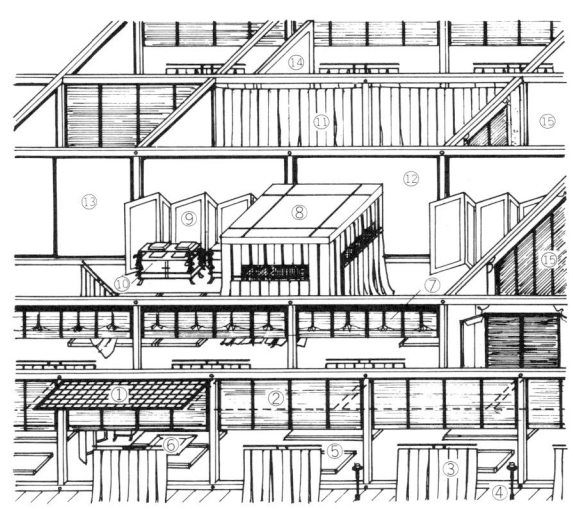

図8　寝殿造りの内部

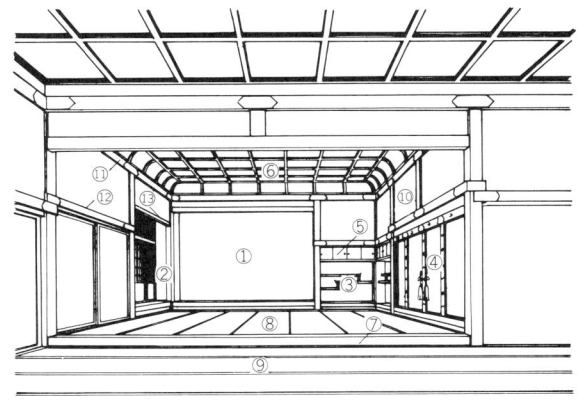

① 床の間　② 付書院　③ 違い棚　④ 帳台構
⑤ 天井　⑥ 折上格天井　⑦ 上段框　⑧ 上段の間
⑨ 下段の間　⑩ 小壁　⑪ 天井長押　⑫ 内法長押
⑬ 落掛

図9　書院造りの内部

① 部戸　② 御簾　③ 几帳　④ 灯台
⑤ 置き畳　⑥ 茵　⑦ 壁代　⑧ 帳台
⑨ 屏風　⑩ 二階厨子　⑪ 引帷　⑫ 障子
⑬ 遣戸障子　⑭ 衝立障子　⑮ 塗籠

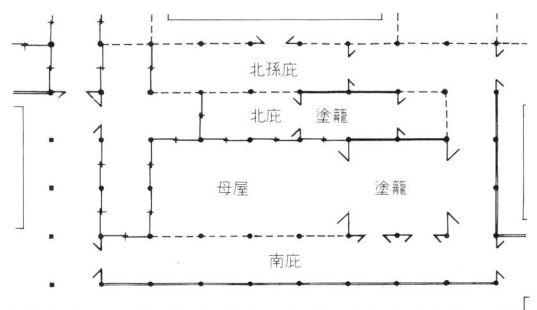

平面図（東三条殿寝殿）

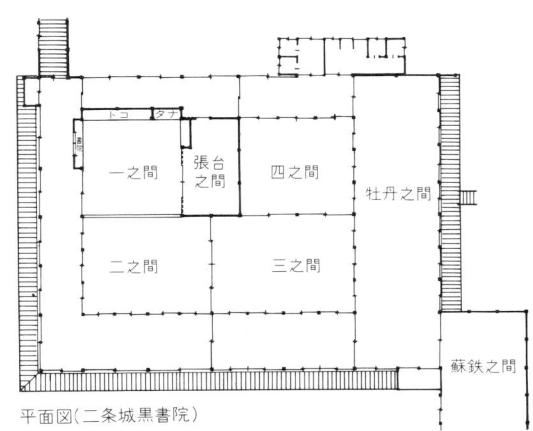

平面図（二条城黒書院）

1.2 日本の家具の歴史

屏障具

古代の住まいでは，内部の空間に建具を嵌め込み，帳を張って間仕切にしたり，屏風や衝立を置いて必要な場をつくったりした。また寝所には帳台が使われた。書院造りの帳台構えは，その名残である。和室の特徴はふすまや障子を使うところにあるが，これは中世以降に生まれたものである。昔は障子とはふすまを指し，現在の紙張り障子は明り障子と呼んで区別していた。ふすまが普及するにつれて内部構成材として重要な役割をもつようになり，桃山時代になるとこれに絵が書かれ，障壁画として独特の発展をとげた。

一方，鎌倉末期から広く使われ始めた明り障子は，光を通す長所があるため，外部に面するところに使われた。それまでは外周には簾や蔀戸が使われていたが，明り障子に代わって室内は次第に明るさを増していった。庶民の家では古くは入口に帳を垂らして建具の役目をさせていたが，これが後に暖簾に発展していった。

そのほか，近世になってから装飾用として屏風や衝立が広く普及した。

支持具（座具・寝具など）

古代には座具・寝具として蓆や薦が使われていた。鎌倉時代になって畳が普及し，上流階層の邸宅は畳が敷き詰められるようになったが，庶民は蓙のようなものを使用していた。昔の畳は蓆を何枚も重ねて綴じたもので，その形と枚数は身分を象徴する社会的な意味を持っていた。建物は「柱割り」として標準的なモデュールが柱の間に使われたが，畳が敷き詰められるようになると「畳割り」の形式に変わって，畳の寸法は次第に規格化されるようになった。畳の大きさがそろっていると敷き替えができるため，使い方に合わせて住空間を変える住まい方が生まれたのである。今日，和室には座具として座布団が，また寝具として綿の布団が使われているが，これらは，いずれも江戸時代に生まれたものである。それ以前は草の繊維を編んだ円座が座具には使われ，寝具に

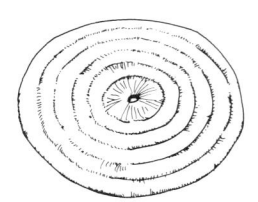
円座
菅や藁などであんだ。古くから普及

茵
座布団の原型。貴族が用いた

寄懸
脇息の一種で上面が布団張り

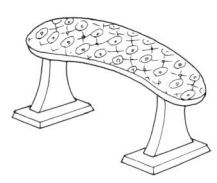
柔脇息
綿入れの脇息

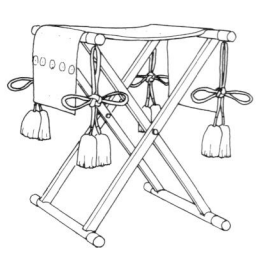
胡床
奈良時代に戸外で用いられた折り畳み式のスツール

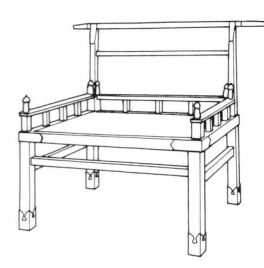
倚子
奈良時代に中国から伝来した貴族用の特別な椅子

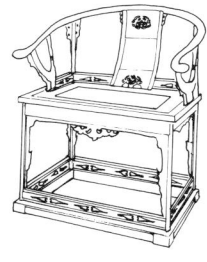
曲彔
禅宗とともに中国から伝来。背と腕が一本の棒でつながっている

房付き椅子
明治時代に流行したビクトリア調の椅子

だるま椅子
明治時代のネオロココ調の椅子

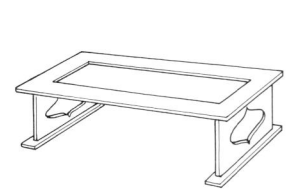
台盤
平安時代の儀式用テーブル

多足机
神前に用いる机。奈良時代からある

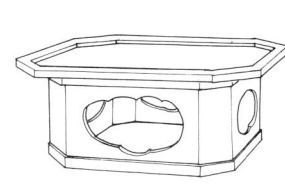
衝重
平安時代の貴族用の膳

見台
書見用の台

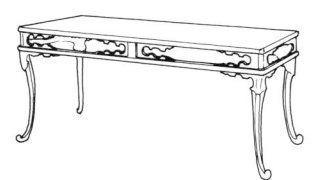
前卓
仏前に用いる机。奈良時代からある

図1　日本の家具

は蒲の穂や藁を入れた茵が使われていた。また平座のときによりかかる用具として脇息や寄懸もあった。

以上は畳の上で使用する座具であるが，床の上では，大陸から伝わった胡床や倚子，曲彔などが使われていた。これらは一般庶民には普及されていなかったが，宮中や社寺で儀式用として用いられた。日本固有の椅子形式の座具には，草墩や床几があった。今日使われているような形の椅子がわが国に輸入されたのは明治以降のことである。それらはまず官庁や学校に取り入れられた。庶民の家庭の中に椅子式生活が入ってきたのは，第二次世界大戦以後のことと考えてよい。

つくえ類

昔はつくえとは食器を載せる四角い台のことを意味し，几と書いていた。現在のテーブルのような形をした台盤もあった。食卓としては中世以降に禅宗の寺院で用いられた飯台があるだけで，一般には個人用の折敷と呼ぶ四角い盆を使っていた。現在の膳の原型になったのは，この折敷の下に四角い台を重ねた衝重ねであった。家族が一つの卓を囲んで食事をするようになったのは明治以降で，そのための道具として生まれたのが卓袱台である。

一方中世に入ると読書用の机が僧侶たちの間で広く使われた。寺院では机を明り障子の窓に向けて置いたが，これが出文机と呼ばれる造り付けの形になり，さらに変化して現在の付け書院の原型に発展したのである。そのほか特色のあるものとしては，文台・見台がある。

収納具・棚物

近世になって箪笥や戸棚が普及したが，それ以前の収納具としては主に櫃が使われていた。中世までは唐櫃が使われ，近世になってからは長持が使われた。引出しや戸の付いた家具は江戸時代以降に作られたもので，図のような各種の箪笥が使われていた。本箱も書物の発展とともに形が変わった。現在広く使われている竪形のガラス戸付きの本棚は，明治以降になって普及したものである。

両開き形式の収納具には，大陸から伝えられた厨子がある。これは実用よりも装飾性を重んじたものであった。これに従来からの棚を取り入れて厨子棚が生まれた。厨子棚は中世の上流階級に広く使われたが，茶の湯とともに変形して，現在の造り付けの違い棚や，茶室で用いる飾り棚に発展していった。

その他

その他，特色のある家具として，衣架・帳箱・掛硯などがある。

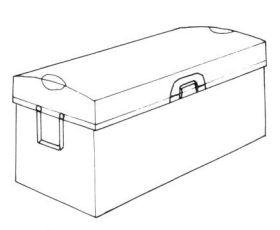
長持
脚がなく前後に鉄の棒通しがついている。近世以後に普及

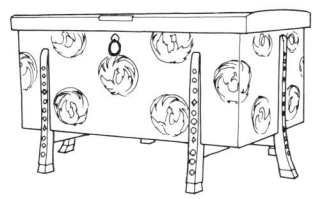
唐櫃
足付の櫃。貴族の室内調度品

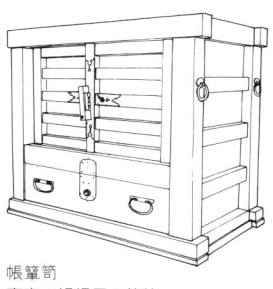
帳箪笥
商家の帳場用の箪笥

車箪笥
火事などに備えた可動式の箪笥

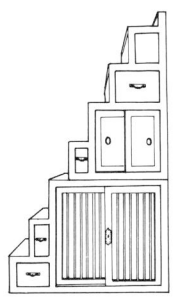
階段箪笥
階段の側面を引出しなどに利用

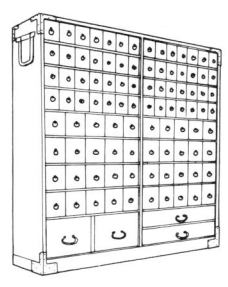
薬箪笥
漢方薬を収納するための箪笥
小引出しの左右には仕切りがない

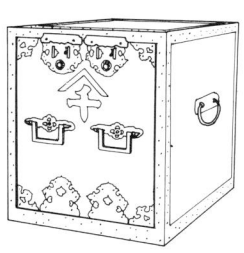
船箪笥
船用の収納庫。鉄の金具の装飾に特徴

歌書箪笥
外箱をかぶせて持ち運べるように工夫されている

帳箱
大福帳を入れる。上が机になり，硯が仕込まれている

懸硯
筆記具・貴重品の収納庫

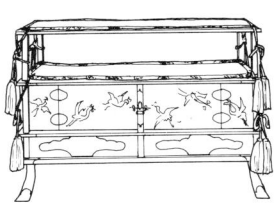
二階厨子
貴族の室内調度品

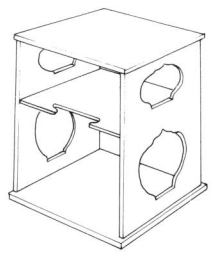
城楼棚
茶の棚の一つ。宗及の案といわれる

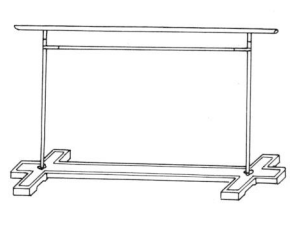
鳥居形衣架
平安時代に貴族が用いた

1.3 西洋のインテリアの歴史

古代

エジプト様式の特徴は、ロータスやパピルスをかたどった太い柱である。それらは植物のモチーフ、神像、象形文字などで装飾されていた。家具類はすでに古王朝期（BC 28〜23世紀）に現れてくるが、それを所有していたのは一部の支配階級だけで、家具は権威の象徴でもあった。次のギリシア・ローマ時代には、古典様式の基礎が築かれた。造形の根幹はオーダーにあるが、それは柱の下部から軒までの造形のプロポーションを指す。古代ギリシアの三つのオーダーを基礎にして、ローマ時代には五つのオーダーが出来上がった。このオーダーは、固有の断面を持った繰形によって細分される。西洋の室内装飾に見られる壁面の付け柱や繰形などは、古代のオーダーにその起源があると考えてよい。また、この時代にはギリシアでは市民社会を反映して実用的で装飾の少ない家具が製作された。ギリシアの家具はヘレニズム期に入ると次第に装飾の度合いを強めていくが、ローマの家具はこの形を一部受け継いで、豪壮な様式を展開していった。

中世

前期のロマネスク様式の特色は、柱頭の形と、アーチの部分や柱頭に集中して施された装飾に見ることができる。家具の種類は少なく、厚い板組みのチェストが主流を占めた。

ゴシック期に入ると、新しい建築構法の発達によって、高い天井と大きな開口部を造ることが可能になったので、室内は垂直線を強調した空間になった。ゴシック様式を最もよく表す形は、頭のとがったアーチ形で、尖頭アーチ形の窓はさらに線条トレサリーによって分割されている。家具は框組みの板張り構造になり、装飾は精緻を極めている。装飾には、フランボワイヤンやリネンフォールドなど特徴のあるものが用いられている。ロマネスク期には、タピストリーが飾られる程度であった室内も次第に整備され、格天井が張られるようになっていった。

近世

ルネサンス

イタリアのフィレンツェを中心に、人間性の尊重されていた古代を復活させようとする気運が高まった。建築では古代の造形を再現するところにねらいがあった。貴族たちは壮麗な邸宅を構えて華やかな生活を営んだので、室内の装飾や家具は、上流階級の生活を演出する役目をもつことになった。装飾の基本は古代のオーダーを見習っており、左右対称で厳格なプロポーションが特徴である。家具も同様の特徴を持ち、球根状の挽物脚が流行した。

バロック

カソリック教会の勢力の回復にともなって、ヨーロッパ諸国では、絶対王権制度が確立した。この様式はバチカンのサンピエトロ寺院の装飾から始まり、宮廷を中心に各国に広まっていった。室内は、ルネサンスの厳格な構成から、オーダーを自由に扱った非対称で躍動的な構成へと移行していった。装飾性の強くなった室内や家具は、国ごとに独自のスタイルを形成するようになった。一方、アメリカではイギリスの移民によって素朴なジャコビアン様式が導入された。この時期のアメリカの植民地時代のスタイルをコロニアル様式と呼んでいる。

ロココ

フランスではルイ15世時代になると、婦人を中心にしたサロン生活が上流階級の間で営まれるようになった。そのため、女性的で自由なデザインが室内に取り入れられた。装飾は建築の構造から切り離されて、壁柱や軒蛇腹はなくなり、壁は曲線を描いて天井に連続するスタイルになった。また、この頃から、鏡が壁面に多用されている。家具はサロン生活に合わせて、輪郭が曲線で小型のものが主流を占めた。コモドやコーナー戸棚などの新しい家具も現れ、中国趣味が流行したのもこの時期の特色である。

ネオクラシック

絶対王権が次第に弱まってくると、ロココの豊潤な空間に飽きたらない人たちは、節度があってバランスのとれた新しい様式を求めるようになった。そしてイタリアのポンペイをはじめとする古代遺跡の発掘を契機に、デザインの傾向は古典が基調になった。形態は曲線から直線に改められ、飾り柱や軒蛇腹も復活した。壁面は繰形によって矩形に分割され、その中に花輪・月桂樹・楽器などの古典的な装飾モチーフがあしらわれている。家具の脚は先細りの直線脚になった。イギリスではチッペンデールをはじめ、ヘップルホワイト、アダム、シェラトンらによる機能的で美しい家具が作られ、市民生活の中にも浸透していった。

近代

産業革命による技術の変化や、フランス革命にみられる貴族社会の没落などの社会の変化にともなって、室内装飾は変革期に入った。しかし、19世紀半ばまでは依然としてネオクラシック様式が存続していた。フランスではナポレオンが帝政を確立すると、装飾はモニュメンタルになり、厳格でシンメトリカルな構成による様式が流行した。これをアンピール様式という。この時代には古代ローマの様式や新王朝期（BC 16〜11世紀）のエジプト様式が好んで用いられ、古代の家具のスタイルも復活した。色彩はマホガニーの褐色、青銅金物の金色、布地には赤が多く用いられた。この様式はナポレオンの支配地域の拡大とともにヨーロッパ諸国に広まって、イギリスではリージェンシー様式となり、ドイツではビーダーマイエル様式と呼ばれた。一方、独立戦争後のアメリカでは、ダンカン・ファイフらの家具師の活躍によって特色ある家具が作られた。アメリカの独立後のスタイルをフェデラル様式と呼んでいる。また、シェーカー教団は独特のスタイルのインテリアや家具を作りだした。これをシェーカー様式と呼んでいる。

19世紀半ばから、様式は混乱期に入り、数々の折衷様式が流行した。その中で、次の時代の生活様式を模索する動きや、新しい構法・材料を利用する試みも行われた。イギリスではじまったモリスの美術工芸運動はその一つである。民衆の生活に適合した家具を作ろうというこの運動は、モダンデザインの源流となった。その後のアールヌーボーとアールデコは過渡的様式として注目される。アールヌーボーは、生物の曲線形態をデザインの構成の原理にした運動であった。一方、アールデコは新しい材料を使用した幾何学的形態を追求したものであったが、あまりにも多様なため、様式として明確にとらえることは難しい。これらの運動は、やがてモダンデザインへと引き継がれていった。

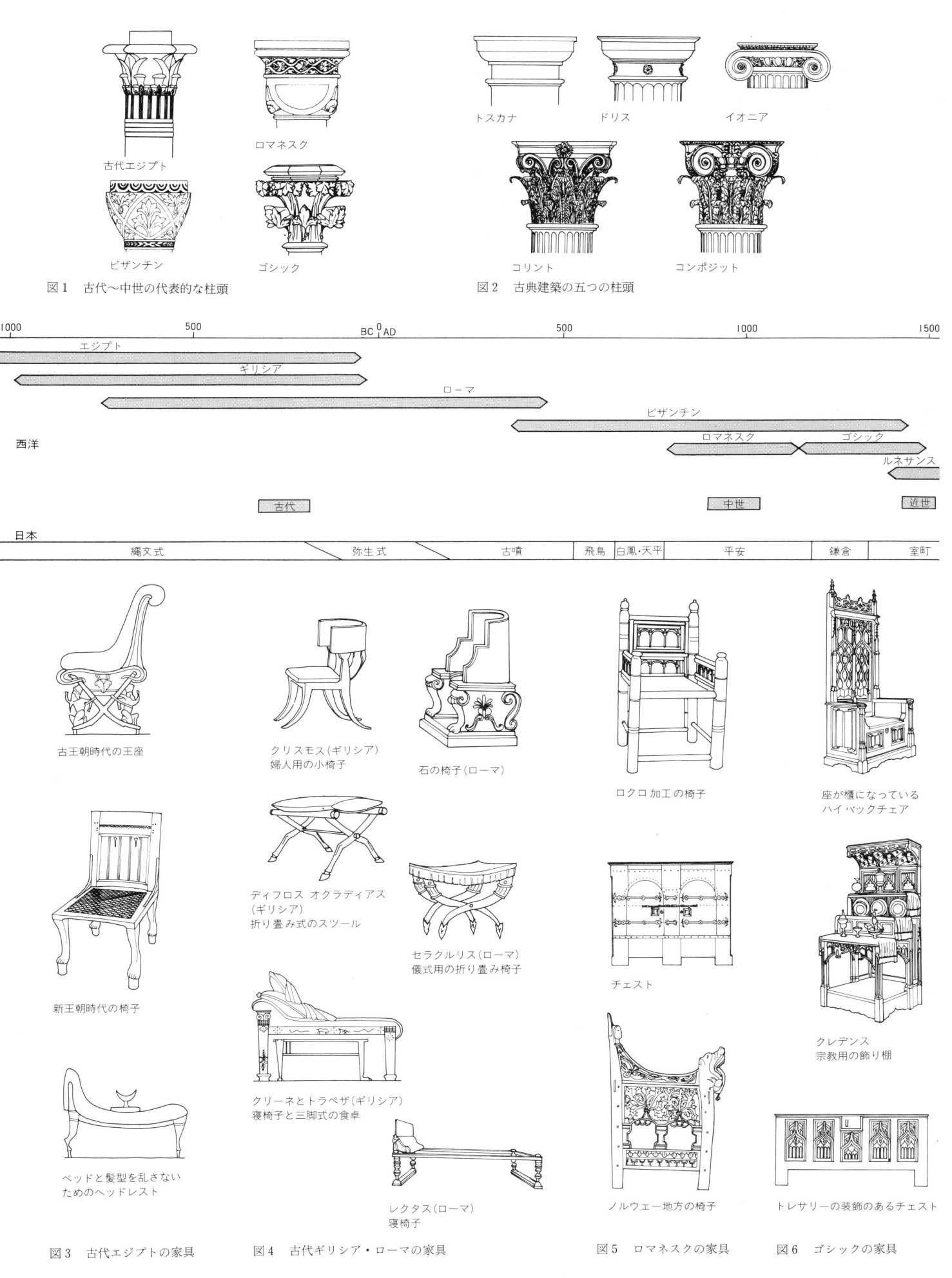

建築家セルリオの暖炉の装飾
図7　ルネサンス

ダニエル・マローの壁面装飾の意匠
図8　バロック

メソニエの室内装飾の意匠
図9　ロココ

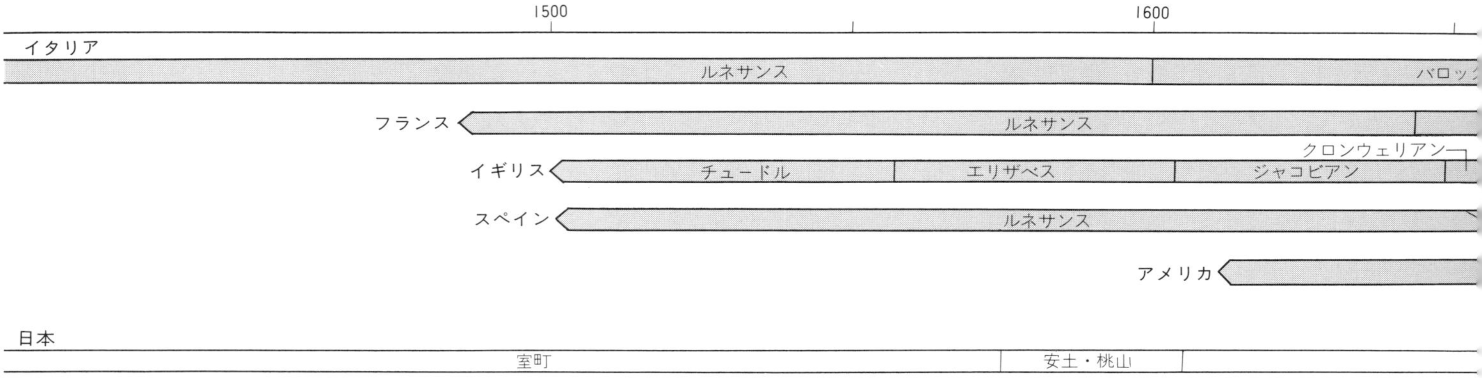

	1500	1600
イタリア	ルネサンス	バロック
フランス	ルネサンス	
イギリス	チュードル／エリザベス／ジャコビアン	クロンウェリアン
スペイン	ルネサンス	
アメリカ		
日本	室町	安土・桃山

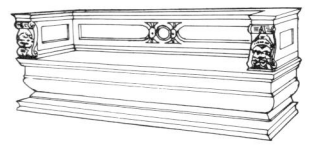
カッサパンカ（イタリア）
座の部分が櫃になっている長椅子

カクトワール（フランス）
婦人用の談話椅子

イタリアンバロックの椅子
（イタリア）

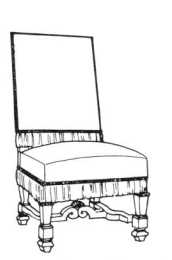
ファーズィンゲールチェア
（フランス）
バックスツール

ベルジェール（フランス）
肘掛けの部分がオープンになっているものはフォテーユという

サヴォナローラ（イタリア）
人名を冠した折り畳み椅子

前期ジャコビアン様式の椅子

アンドレ・シャルル・ブールの
キャビネット（フランス）

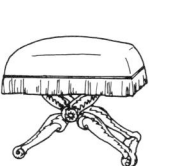
プリアン（フランス）
宮廷の婦人用スツール

コモド（フランス）
サロン用の箪笥

スガベルロ（イタリア）
ホールの装飾用小椅子

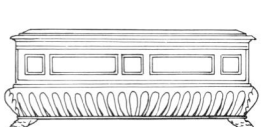
カッソネ（イタリア）
広間の装飾品でもあったチェスト

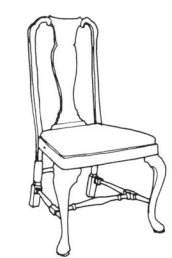
後期ジャコビアン様式の
椅子（イギリス）

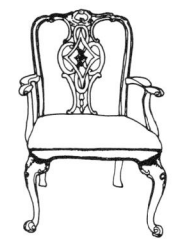
チッペンデール様式の椅子
（イギリス）
リボンバックの背もたれ

クィーンアン様式の椅子（イギリス）
オープンワークの背もたれと
キャブリオル脚（猫足）が特徴

図10　ルネサンスの家具　　　図11　バロックの家具　　　図12　ロココの家具

プティ・トリアノンのサロンの壁面装飾
図13 ネオクラシック

ティルリー宮のナポレオン一世の玉座
図14 アンピール

ドイツのパトリックフーバーの食堂
図15 アールヌーボー

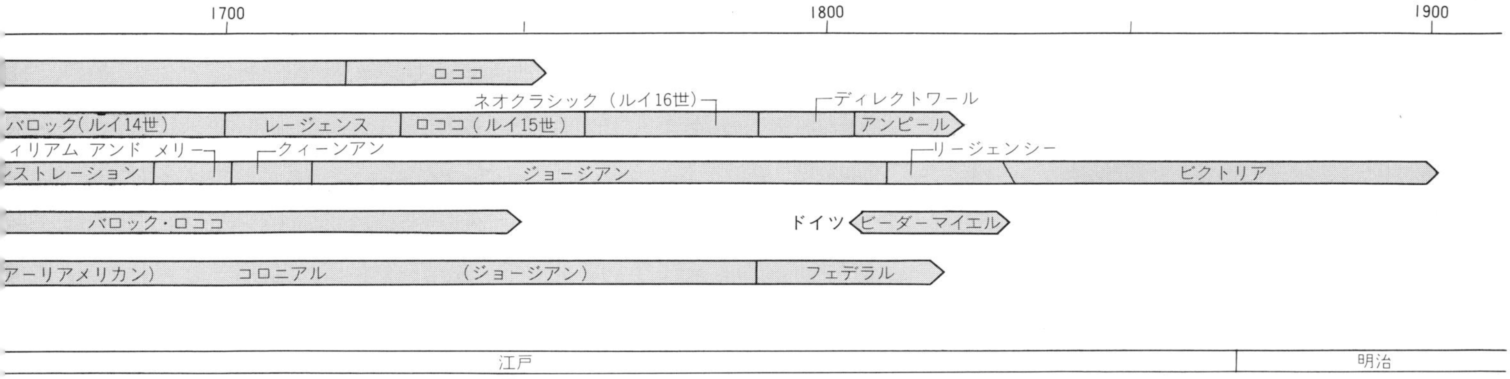

1700		1800		1900
	ロココ	ネオクラシック（ルイ16世）	ディレクトワール	
バロック（ルイ14世）	レージェンス	ロココ（ルイ15世）	アンピール	
ィリアム アンド メリー	クィーンアン		リージェンシー	
ストレーション		ジョージアン		ビクトリア
バロック・ロココ			ドイツ ビーダーマイエル	
アーリアメリカン）	コロニアル	（ジョージアン）	フェデラル	
		江戸		明治

ベルジェール（フランス）
ロココ様式と異なり，肘木が前脚に連続

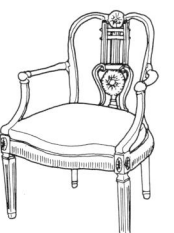
アダム様式の椅子（イギリス）
メダリヨン（円形装飾）が特徴

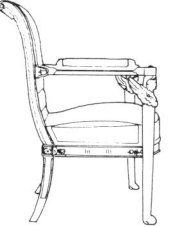
アンピール様式の椅子（フランス）

ウィンザーチェア（18世紀後期）

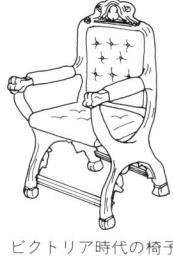
ビクトリア時代の椅子
（イギリス 19世紀後期）
ピュージン

サイドチェア（フランス）

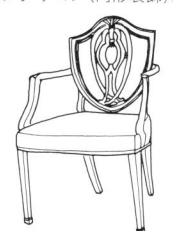
ヘップルホワイト様式の椅子
（イギリス）
楯型の背もたれが特徴

リージェンシー様式の椅子（イギリス）

ハイボーイ（18世紀後期）
背の低いものはローボーイという

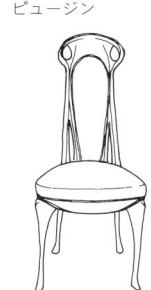
アールヌーボー様式の椅子
（フランス，1900）H. ギマール

コモド（フランス）

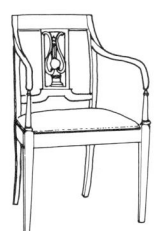
シェラトン様式の椅子（イギリス）
方形の背もたれが特徴

ビーダーマイエル様式の椅子
（ドイツ）

シェーカー教団のロッキングチェア
（19世紀初期）

アールデコ様式のソファ
（20世紀初期）

図16 ネオクラシックの家具　　図17 アンピールの家具　　図18 アメリカの家具　　図19 過渡的様式の家具

23

1.4 椅子のモダンデザイン

20世紀に入ってからの家具・インテリアのデザインの流れは、それ以前の装飾を重視した様式の流れとは大きく異なるものがある。材料についていえば、石や木といった伝統的な素材から、新しくガラス・鉄・コンクリートなどといった工業素材が使われはじめ、生産技術のうえでも長足の進歩があった。建築家や家具のデザイナーたちは、こうした動きの中で、現代の生活に適応する新しい空間と家具を生み出し、提案していった。最初に、機能性を重視した家具を生み出す基盤をつくったのはバウハウスであった。1919年、ドイツのワイマールに設立されたバウハウスには、ミース・ファン・デル・ローエ、ワルター・グロピウス、マルセル・ブロイヤーらの建築家が集まり、量産をテーマにした多くの家具をつくった。第一次世界大戦後のオランダでは、デ・スティル派に属するG.T.リートフェルトが、またフランスでは建築家のル・コルビュジエらが、それぞれ新しい思想に基づいた家具のデザインを行っている。さらにこの時期に北欧にもケーレ・クリント、ブルーノ・マッソン、アルバー・アールトらによって、伝統的な木工技術を生かしながら、合板、集成材などの新しい材料を取り入れた、合理的で美しい北欧風の家具が創り出された。

第二次世界大戦後の家具・インテリアのデザインの流れは、北欧、アメリカ、イタリア、および西ドイツの四つにまとめることができよう。北欧の諸国は戦後のヨーロッパでも、いち早く産業復興を成し遂げた国であった。その基盤をなしたのが、従来の伝統を生かしたクラフト(手工芸)的家具の生産であった。北欧諸国の中でも、特にデンマークは1950年頃を頂点として、デザインの世界に大きな影響を与えたのである。その担い手は、ハンス・ウェグナー、フィン・ジュールおよびアルネ・ヤコブセンらであった。

デザインの根底には北欧の人々の国民性が反映され、簡素ではあるが柔和で、品質が高いという合理性が流れていた。人間味あふれるそれらの北欧家具は、今日に至るまで主要なデザインの流れとして世界の家具の中に生き続けている。1950年代に入ると家具の主流は、工業化、量産化をテーマにかかげるアメリカンデザ

図1　デザイナーの設計した家具

インに移行していった。手造りの木の味を生かした北欧家具に対し，アメリカの家具はアルミ，プラスチック，合板などの工業材料を使って大量に生産できるところに特徴があった。そのためチャールズ・イームズ，ジョージ・ネルソンのような工業デザイナーたちが家具の設計者として活躍するのである。なお，そのほかエーロ・サーリネン，ハリー・ベルトイヤ，さらにウォーレン・プラットナーなどによっても優れた家具がつくられた。

一方イタリアにおいては，第二次世界大戦の後にミラノを中心にジオ・ポンティの活躍があったが，1960年代に入って，家具・インテリアのデザインの流れはイタリアで隆盛を迎えることになった。イタリアの特徴はデザイナーの持つ感性や個性がそのまま形態に現れていることで，従来の家具の概念からみると，著しくユニークな面を持っていた。北欧やアメリカの家具と比べると，合理性や機能性においてはやや十分でないきらいはあるが，その反面，遊びの要素や造形的な面白さが取り入れられたものであった。また，この時期に充填材として，ウレタンフォームなどの新材料が現れて，ルーズクッションやフリーフォルムと呼ばれるソフトな家具が造られ，特徴の一つとなった。代表的なデザイナーとしては，トビア・スカルパ，ビコ・マジストレッティ，ジョエ・コロンボ，マリオ・ベリーニらをあげることができる。

1970年代に入ってオイルショックを迎えると，デザイン界にも一時，沈滞が訪れた。イタリアのデザインも活発さを失ったが，1980年代に入ると再びポストモダニズムをテーマに，家具デザインは活発化してきている。一方西ドイツでは，オフィス家具を中心にした家具デザインの分野に新しい展開が始まった。それはオフィスオートメーションが普及していく中で，機能性を重視したオフィス家具が開発され，生産を続けていることを意味する。

以上，20世紀に入ってからのデザインの主要な流れを述べてきたが，家具のデザインは現代の新しい生産技術や材料を取り入れながら，一方では国民性や風土などを反映しつつ進歩してきていることが分かるであろう。このことは家具が人間生活と文化・社会に，密接な関連をもって成り立っていることを物語るものである。

最後にわが国の現代における家具デザインの流れをまとめると次のようになるであろう。

戦後欧米からの強い影響を受けたが，日本の伝統的感性に裏打ちされた家具が，剣持勇，渡辺力，豊口克平らによってつくられた。また，工業デザイナーの柳宗理らも加わって，日本の家具デザインはようやく国際舞台に仲間入りするようになった。最近ではイタリアを中心にして海外で，若い優秀な家具デザイナーが活躍している。

図2 デザイナーの設計した家具（つづき）

図3 近代・現代の家具デザイナー

2 インテリア計画の手法

2.1 計画の対象とそのすすめ方

人工環境の形成から建築・室内計画へ
人間生活と人工環境

われわれは複雑多岐に構成された人工環境の中で,さまざまな生活を営んでいる。その人工環境は,絶えず新しく計画されたり付け加えられたり,また破棄されたりしながら変化していく。その変化の方向を定める主な担い手が,人工環境の設計者である。

人工環境の持っている諸条件は,生活に枠組みを与え,生活像の方向づけをするが,また制約となって生活を規定する。例えば図1は,住生活にかかわる都市的要素を示したものであるが,こうした環境条件にはいくつかの段階があって,きわめて生活に密接したレベルのものから,日常の生活ではほとんど意識されないレベルのものまでいろいろある。これらは常に重なり合った構造になっていて,人々の生活とかかわっている。図2は,物的環境の構造的把握の例である。

われわれにとって人工環境とは,室内レベルから建築全体のレベル,さらに敷地レベル,近隣地域レベル,町・都市・地方・国土のレベル,さらにまた地球レベルにまで,広い範囲にわたって存在し,われわれに何らかのかかわりを持っている。そしてそのかかわりの程度は,室内のレベルと地球のレベルとでは,当然のことながら大きく違う。だが身近になればなるほど,また微小になればなるほど,その環境がわれわれにとって大きなかかわりを持つとは言えない。そこで,適当な大きさの影響力を持つ適当な大きさの範囲で,環境をとらえることが必要になってくる。

人工環境の形成と計画・管理

人工環境の形成は,まず自分の手で住居をつくるところから始まったと考えてよい。それは,洞穴であったり,木々の間を利用したものであったり,といった簡単なものから始まったのであろうが,やがて次第にほぼ平坦な床面を持つ自立した構造の住居へと進んでいった。それがより良く生活を守ってくれたからであった。もちろんそうした歴史の流れの中で,木々の間に仕掛けたわなであるとか,可能な限り大切に保護をしている木の実や薬草の採取場であるとか,さらに進んで農耕地そのものであるというように,人工環境は多岐にわたる存在であった。言い換えれば,人工環境とは「人間によって何らかのコントロールを加えられ,それによって何らかの利益,利便を享受できると期待されるものの集まり」ということになるであろう。しかし,時代が移るにつれて,「期待感」は次第に「目的意識」となってくる。そこで人工環境とは,「人々が何らかの利益,利便[←評価]を享受するために[←目的],何らかの人為的な要因を加え[←操作],それによって大きく影響され,[←評価]形成された環境」としてとらえられるようになってきたのであろう。この中には,「目的」と「操作」と,状況や影響をはかる[評価]という三つの重要な要素が含まれている。これは,対象をコントロールするために欠くことのできない要素概念である。

ところで,ここで言うコントロールとは,ふつうには「管理」あるいは「計画・管理」と呼び,対象を目的に沿って,より好ましい状態に近づけ維持することである。しかし環境は絶えず変化していく。そのため,単なる維持管理では対応しきれない。そこで「予測」という概念を含んだ「計画」という概念が必要となる。ここではじめて計画が人工環境の形成にかかわってくるのである。つまり人間は試行錯誤の繰り返しから逃れようとして,人工環境を計画しようとするわけである。

現代では,いくつかのレベルで,人工環境の計画が行われている。その現実的な分類の一例として,図3のような,計画対象のスケールによる分類を考えることができる。歴史的にみてもほとんどの人が,建築を人工環境の代表的な基本単位と考えていると言ってよいであろう。

人工環境計画の現実的基点

人工環境を空間単位で考えると,図4に示すように,さまざまなレベルがある。その中で建築空間は,人間が自らの生活の環境条件を集中的にコントロールできるようにつくるものと言ってよい。したがって環境計画のレベルの中で,人間の生活に直結して,

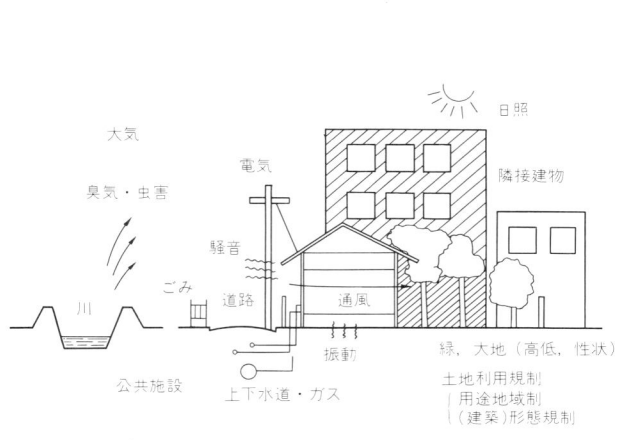

図1 住生活環境と都市的要素

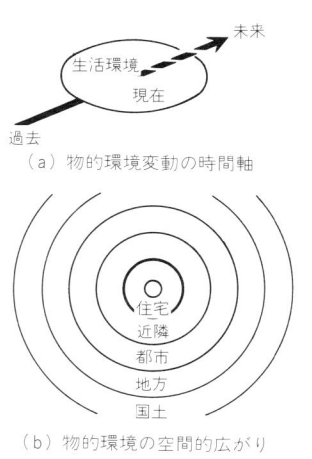

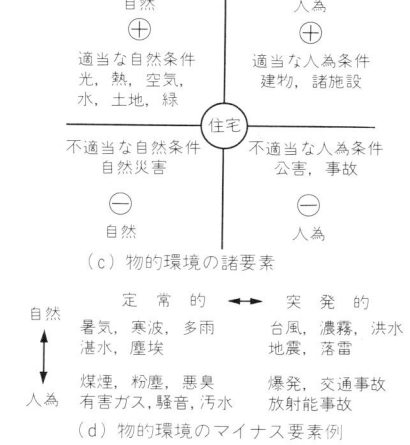

図2 物的環境の構造*1

ある一つのまとまりを持つものが建築計画である。これはその置かれた状況によって，エクステリア（敷地計画）からインテリア（室内計画）までを包含するが，建築は生活の受容器として基本的な単位と考えられている。そこで環境のコントロールも建築計画を基点として，より広く，またより生活に密着して展開されることが多いと言える。

この建築計画とは，その周辺も含めたある建築もしくは建築群のあり得べき姿を探り，これを具体的な構造物として成立させるために行われる。そのためには，そこに現出するであろう生活像をはっきりつかむことと，それに対応する機能を持った空間像をとらえることが必要である。と同時に，建築が物として成立し機能し続けるためには，種々の物的側面への検討が必要であるし，さらに社会的に成立していくためには，法的，経済的かつ地域的側面に対応する検討が必要である。

建築計画をこのようにとらえると，全体を支えるいくつかの領域が意識される。図5は，建築計画の中に含まれるまとまりを10の領域に分け，その背景を意識しながら大まかに分類したものである。もちろん，これらがすべて確立された領域なのではない。それぞれが対応する独立した研究領域での成果が，系統立った形でなく，個別的に現実の設計作業の中で参照されたり，専門家とのやりとりの中で部分的な決定をゆだねたりしながら，建築設計が行われているというのが実態であろう。しかし少なくとも建築計画には，これらの諸要因が存在することを忘れてはならないであろう。実際の生活像は，個々の室空間を基本単位としている。したがって同一室空間の中では，基本的に同種の条件を求める生活像が設定され，対立する条件を持つものは別空間として計画される。そこで位置的にも，ブロックまたはゾーンとして分離されたかたちになる。したがって，人間の生活に密接したレベルでの生活像に対応する空間像は，建築の室空間を単位として計画されることになる。

室内計画

インテリアデザインとは，前記の室空間を区切りとした空間の計画であると言ってよい。しかしながら建築は，人間の生活の受容器として必要な室空間をひとまとまりとして備えており，これらは相互に関係づけられて計画されている。したがって室内計画もまた，個々の室空間を区切りとはしていても，それらは相互に密接に関連しており，建築全体の空間計画とほぼ同じ広がりを持っている。しかしながら室内計画は，環境計画の核となる建築計画の中にあっても，特に人間生活とのかかわりに大きな比重を置き，生活のきめ細かい部分に対してまで，追随していくものでなければならない。

例えば，ヨーロッパではバロックからロココへと移っていく時代に，サロンを中心とした儀式的でない生活が中心となり，それに合った空間の使い方が重視されるようになった。そのため室内もまたそれに対応して，いわゆるロココ調のインテリアとなった。それをどう評価するかは意見が分かれるところであるが，いずれにせよ，それは「ロココ的要求」の一つの解決に過ぎなかった。つまり，くつろいだ雰囲気の中で少人数で普通に暮らすのにふさわしい室内空間への要求であった。この視点の転換は現代のインテリアデザインにとっても，一つの示唆を与え続けている。

また，別の例として，人間の生活要求に対する人工環境の耐用年限を考えてみよう。建築躯体は普通数十年にわたる寿命を持つが，生活要求はもっと短い時間で変わっていく。そのため室内のレベルで改装がしばしば行われることになる。例えば，オフィスにおける企業組織の変更にともなう模様替えとか，電算機の導入にともなう改装とかといったようなことである。歴史的建築物の外観・景観保存と内部機能の再生などもこれに当たる。住居における小規模の模様替えも，その身近な一例である。計画対象のスケールが大きくなると，そのタイムスパンは長くなるので，人間生活へのきめ細かい対応は難しくなる。

建築計画全体は，ともすれば人間の生活側からのきめ細かい要求を軽視し，全体性からの視点を優先する流れがあるが，室内計画は時として全体性を超越した，明確な視点を持つ必要がある。そのための大きな支軸の一つが人間工学である。

インテリアはまた外部空間，つまりエクステリアの計画とも切り離して考えることができない。特に日本の住居では，気候風土や文化形態，そして建物の構法の特徴などを背景に，古くから外部空間とのつながりが強く意識されてきた。それによって高い文化的，環境的「質」を持つ和風住宅を生んだのである。

以上のように考えてくると，より人間の生活に密着した空間・環境を整え，具体的に生活を支える道具立てを計画していくことが，インテリアデザインの主要な課題であると言うことができる。これを整理すると図6のようになる。室内計画は，人間の生活に最も密接した環境空間計画である，と位置づけられる。

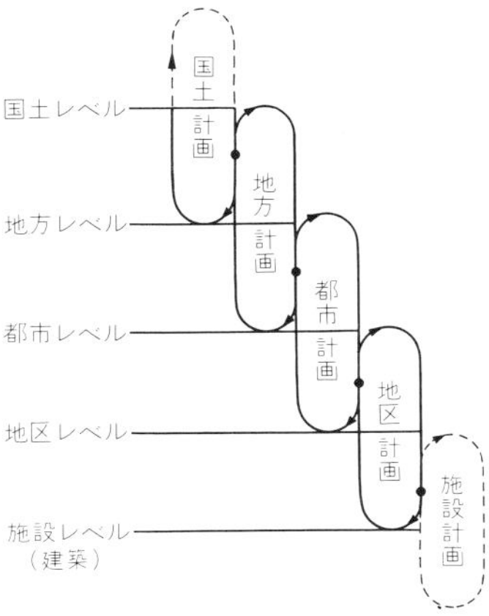

図3 各レベルの計画のかかわり[*1]

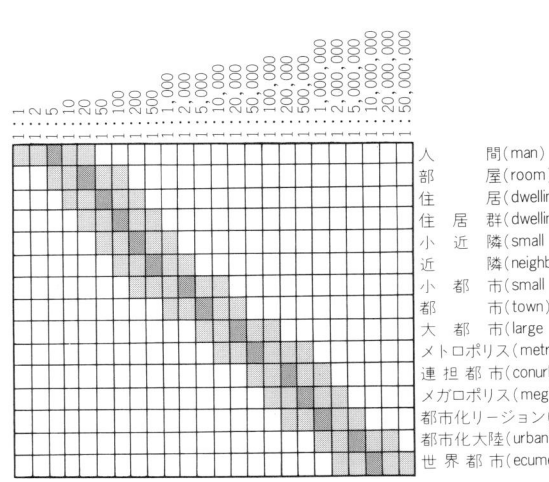

図4 人間定住社会の空間単位（ドクシアディス）

計画のプロセス
環境計画のレベルとのつながり

ここでは，前節で述べた環境空間計画の「プロセス」について述べる。前節では「計画」を外的な視点から考えたが，これらの「計画」は瞬時に完了するものではなく，必ず何らかの「プロセス」を経て成り立つものである。その具体的な進め方については，III編1章を参照していただきたい。

環境空間計画にはレベルがあると述べたが，それらは互いに関連し，下位のものは上位のものから何らかの規制を受けることになる。国土計画は，県のレベルを超えた交通体系や河川系を中心に敷地環境の立地条件を規定している。その規制を受けつつ県レベルや市町村レベルで行われる地域計画は，法的規制をともなって直接的に住環境計画を規定する。そのうち特に用途地域制と斜線制限などの形態規制は，建築計画における可能な空間像を規定し，生活像の設定に影響を及ぼす。したがって計画の各レベル相互に適切な連係が必要である（図3）。

以上を確認した上で，建築計画のプロセスを述べていこう。

建築計画のプロセス

建築の成立に先立って行われる計画的プロセスは，「企画」，「設計」，「施工」に分けることができる。企画は，建設の是非をも含めた建築の成立の可能性を，いくつかの代替案を比較検討しながら設定するものである。建築の目的設定，所要規模，所要予算などについて総合的に判断し，ニーズの有無と，経済的採算性の2点を主な検討項目とする。その結果，選択決定された与条件（III編1章1節参照）によって設計が始まることになる。この段階では建物の最終的な形態はまだ決まっておらず，建物全体として求められる働き（機能）と，それに対応する規模，その規模に要する建設費，ニーズを考慮した採算性の程度などが検討される。そして建物の性格を決めるための諸条件が示される。

設計はこの与条件を，できるだけ正確に獲得するところから始まる。前述の与条件は，「絵に描いた餅」とでもいうべき性格を含み，具体的な建築空間の諸条件に対する配慮も十分ではない。したがって設計者は，具体的にどのような空間を設定すればよいのかを，あらためて明確化する。これによって設計全体の方向づけを行うとともに，発注者の了解を得ながら設計作業を進めていく。このような内容を設計条件と呼ぶ。

設計条件とは，設計作業の中でつくり出され，具体的な建物の計画像（設計対象）と対応しながら，最適のかたちにまで近づいていくものであるから，具体的な建築像がまとまれば，それで完成することになる。しかし設計者はこれによって設計の方向づけをすることになるので，先行的規制力を持つことが必要である。また建築物の具体的な形態が決まると，それによって，新しい条件（例えば日影など）が顕在化してくることになる。したがって設計とは，前提条件を常に書き換えたり，削除したりしながら，最適のものに近づけていくプロセスと言ってよかろう。

ところで設計作業は，「設計主体」，「設計操作」，「設計対象」という三つの要素に分けてとらえると分かりやすい。設計作業とは，設計主体が設計操作により設計対象を限りなく目標に近づけていく仕事と言ってよい。第一の設計主体とは，設計を行う個人あるいは集団のことである。第二の設計操作とは，設計時に扱われる種々の情報に対して，設計作業の目的を達成するために行われる操作を意味する。また第三の設計対象とは，具体的な建築像を明示するために，最終的に設計図書に表現される情報の集合のことである。これらの設計作業のシステム要素は，プロセスの進展にともなって変化していくが，要素としては保存されていくものである。

また建築空間は，架構・外被・設備からなる物的構成物によって人間の生活のためにつくり出されるものである。したがって空間を得るためには，まずその構成物を成立させなければならない。施工とは，これを計画的に行うことである。これによって建築が成立し，その目的に沿った機能を発揮できるのである。

プロセスの構造的前提

前述のプロセスの内容は，大きく二つに分けることができる。その一つは，設計対象に機能目的を設定することである。つまりその建物や室空間が，どのような機能を持つべきか考えることである。もう一つは，設計対象を実体化することである。つまり建物や室空間の要素の形状や材質を指定することである。この二つは，建築・インテリアに限らず，一般にものをつくる学問である

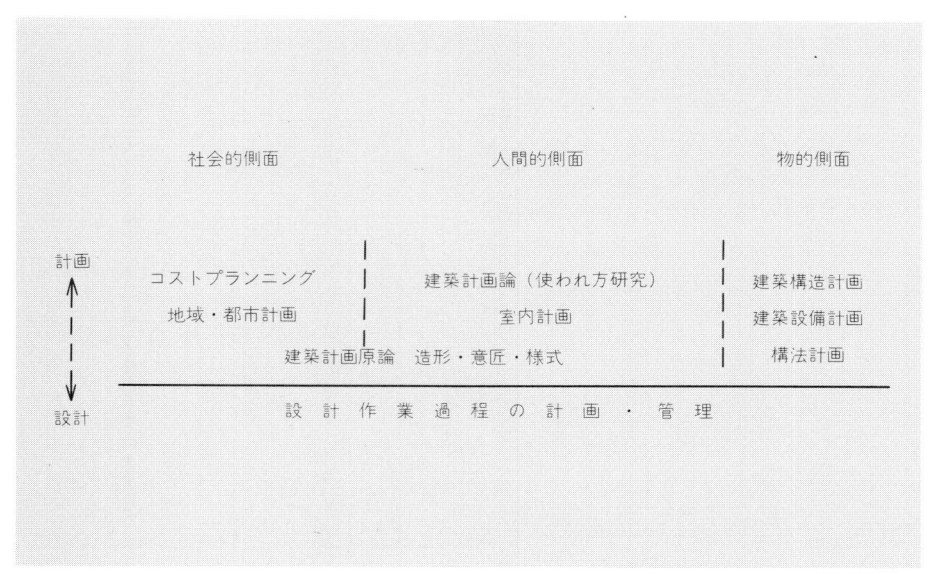

図5 建築計画の諸領域

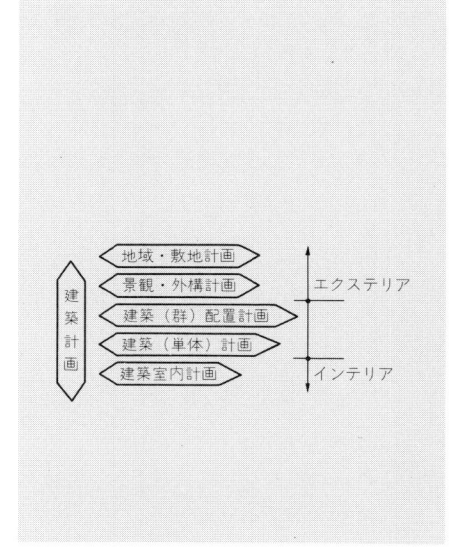

図6 建築計画の範囲

工学分野全般を通じて，設計というものの構造を規定している。

しかしこの二つのプロセスの間にはギャップがある。というのはある機能目的と，それを満たす具体物との対応は，一般普遍のものではなく，ある状況の中でのみ成立すると考えるのが妥当だからである。このギャップを埋めるために，設定された機能目的に沿って具体物が持つべき性能を，測定可能な指標によって表現する必要がある。これには，構法計画や人間工学が役立つ。このことによって，具体物の形状・材質の選択プロセスはより明快になる。

しかし建築やインテリアの設計においては，問題が二つある。その一つは，求められる性能の値に幅があって，それだけでは最終的な決定に至らない場合がしばしばあることである。もう一つは，指標によって分割的にとらえられる以外の部分に，設計にとって決定的なヒューマンファクターが，どうしても残されているということである。これは結局，全体性の中で設計者が判断しなければならない。つまり機能目的は，部分的には具体物の性能として翻訳可能であり，客観的にとらえられるが，選択された具体物の形状や材質は，もう一度全体的に機能目的との対応をチェックされる必要がある。

したがって設計のプロセスは，前段階の主として概念的情報を扱うプロセスと，後段階の主として物理的情報を扱うプロセスの間で，頻繁に情報のやりとりがあり，一方向的には進まない特殊なフィードバックプロセスとなる。設計に当たっては，このようなプロセスの構造を十分に理解しておく必要がある。特に環境の計画においては，一般の工業製品が持つような「機能ー性能」の関連性が明確でない上に，一義的評価を定めにくい面がある。そこで具体物の集積が予想通りに一定の機能を果たすことが期待しにくい。特に住居においては，そうした矛盾が多くあるので，後になってからユーザーのクレームとなってはね返ってくることがあるので，注意しなければならない。

計画と設計

前述のように，建築設計は，企画も含んだ条件の整理から始まる前段階としての（狭義の）計画と，後段階としての，より具体物に密接した（狭義の）設計に分けることができる。従来はこれらの全体を含めて設計と言っていたが，時代の進展にともない，設計対象の複雑化，大規模化，内容の高度化，指定情報量の大量化などにともない，次第に分離して意識されるようになった。特に20年ほど前から，生活像の把握を主目的とする住み方研究，使われ方研究が，わが国独特の形で始められ，その成果が設計に取り入れられるようになってから，計画の重要性は次第に強く認識されるようになった。特に大規模な設計組織では，作業プロセスとしても，また担当主体としても，明確に分離されているところがある（図7）。

しかし，もともとは同一の設計対象に対して行われるべき作業であるから，性格の違いを意識するあまり連続性を欠いたのでは意味がなくなってしまう。本来「計画」という言葉は，時間軸上のイベントの配置や関連づけに関して用いられるものであるから，空間軸上においては具体物への意識よりも，むしろ全体を貫く法則性への意識が強い。これに対して「設計」という言葉は，時間軸に対する意識が弱く，その配慮も多くは空間的要因に置き換えられている。そして空間軸上では，最終的な具体物への指定を常に意識し，法則性の網目を超えたギリギリの個別的な条件への適合が追求されることになる。

いずれにせよ広義の設計の中には，学問的体系を背景に持つ「計画」と，人間の感性的要求や具体物の特性への配慮を強く持ち，結果に対する一般的な法則性があまりはっきりしない「設計」との二つの側面があって，作業的にもこの順序で現れるものと把握しておいてよい。

また計画と設計が扱う対象の違いを考えてみると，前者ではゾーン（全体としてある機能目的に対応し，基本的に同種の性格の連続している空間的広がり）が単位となっているが，後者ではそれらのゾーンに設定された機能目的を，具体的に発揮できるような，「具体物の形状や材質」が主要な対象となってくる。しかし，この二つを作業プロセスの中で，完全に分けてとらえることは難しい。このような連続したプロセスの中で設計対象は，空間単位のトポロジカルな関係体としての「イメージ」から，寸法を持つ「かたち」になり，さらに重さと強さを持つ「実体」へと固まっていくのである（図8）。

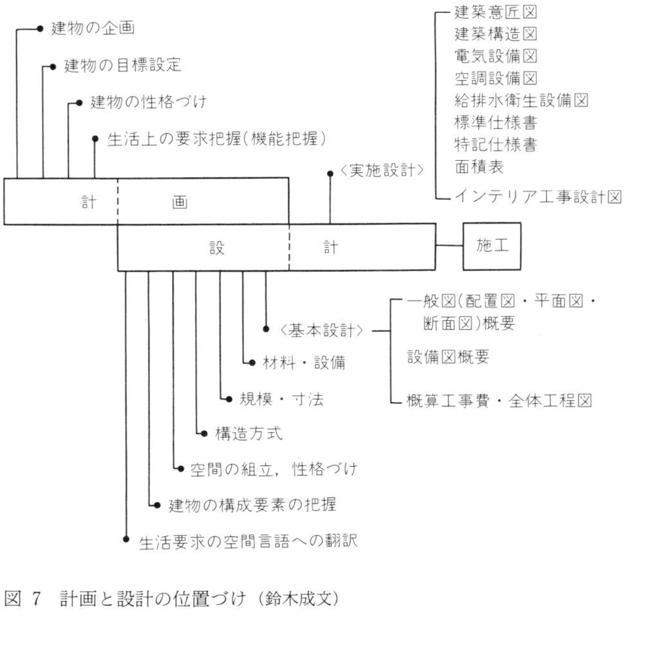

図7 計画と設計の位置づけ（鈴木成文）

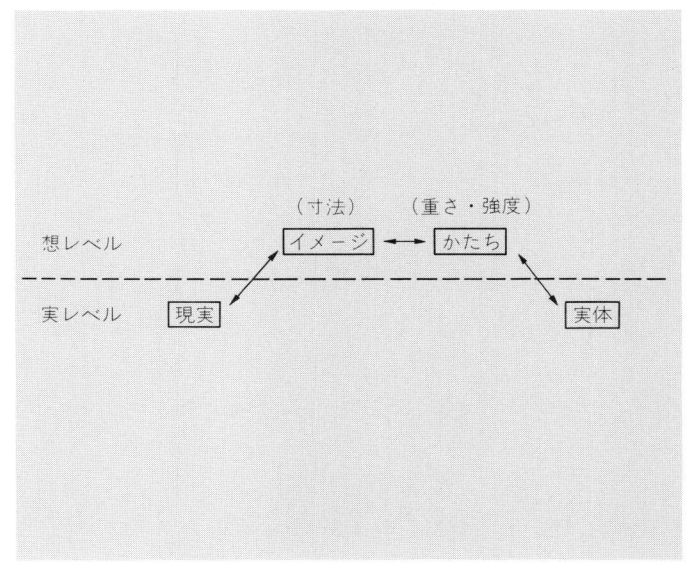

図8 設計対象の情報レベルの変化

2.2 要求と機能

建築の目的と人間の要求——要求と機能のとらえ方

建築に代表される人工環境は，人間の側からの要求を受けて成り立つものであるが，ひとたびそれがつくり上げられ，その中で生活が始まると，建築はいろいろな形で人間の生活を限定し，またその行動を誘発するようになる。その際に優先されねばならないものは人間の活動目的であり，建築は当然のことながら，主体性，快適性，安全性など人間の目的や特性に合うようにつくられねばならない。この目的や特性に合うということを，人間の建築に対する要求という概念でとらえることができる。一方建築の側から言えば，人間の要求に応答する働きを機能という概念でとらえることができる。

人間の持つ諸特性は，まず人体のレベルから，次は行動のレベル，さらには群集のレベルからというように物理的な側面としてとらえることができる。一方，心理的な側面についても忘れてはならないことは，人間が何らかの目的を介して建築とかかわりを持つということである。そしてまた，人間ひとりひとりの立場の違いによっても，建築とのかかわりや，その具体的な現れ方は違ってくるから，それらをバランスよくとらえて，相互に調整しないと，要求条件をまとめることさえ難しくなってしまう。

さらに人間と建築とのかかわりは，知覚（認識）と行動に分けて考えることができる。行動的な側面は顕在化したものであるから比較的とらえやすく，さまざまな分析的手法によって把握することが可能である。しかし知覚レベルの問題は人間の心についての側面であるから，数量的にとらえにくいので，設計者が中心となって，人間がどのように反応するかを注意深く読みとらねばならない。

しかしこうした過程を一般的に行うことは非常に難しいので，現状での建築空間の計画は，まず顕在化した使われ方を調べ，そのデータを優先させて行っている。したがってここで建築空間の機能というのは，空間の使用の仕組みを主要なベースとしてとらえた空間の働きというように理解してもよい。ただし知覚レベルの空間の機能と，それに適合する環境の計画もこれからの重要な課題として残されている。これは環境を設計する者にとって，古くからあるが常に新しい重要な課題であり，特に室内計画を担当する者にとっては，最も重要な問題であると言ってよいだろう。

人間の基本的な欲求と満足

人間は日常さまざまな行動をとるが，その行動には，それに応じた動機がある。マズローは動機というものを体系的にとらえて段階的に発現する五つの基本的な欲求にまとめた。その基本的な考え方とは，欲求の各段階は低次のものから順次満足され，その

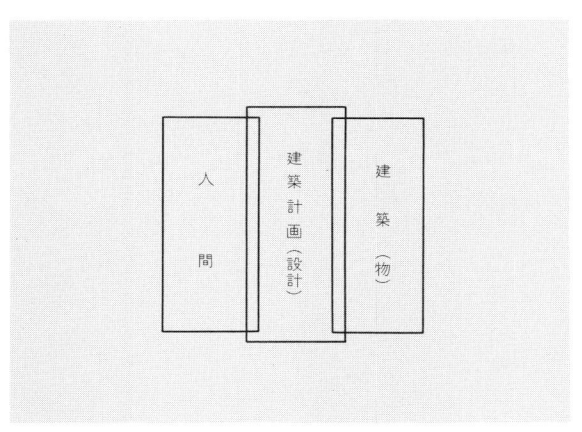

図1 建築計画（設計の領野）

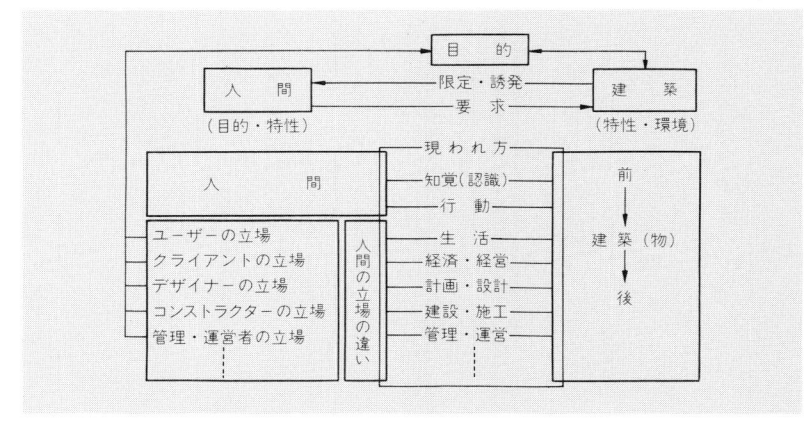

図2 建築と人間のかかわり

基本的欲求	相対的満足度の仮の値
生理的欲求	85%
安全の欲求	70%
所属と愛の欲求	50%
承認の欲求	40%
自己実現の欲求	10%
前提条件	基本的自由 正義・公平・正直 人間関係の秩序維持

図3 人間の基本的欲求の5段階

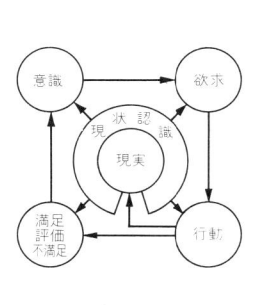

図4 欲求—満足の行動モデル

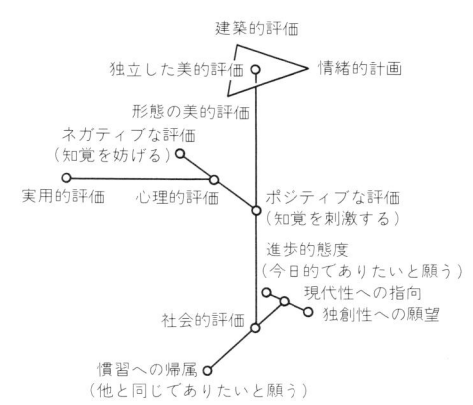

図5 人工環境の知覚におけるさまざまな評価の関係図式[1]

程度に応じてより高次の欲求が発現されていく，という趣旨のものである。図4は集合住宅に居住する者の生活意識の構造を，欲求—満足度の尺度によって把握しようとした基本モデルである。この図の意味するところは，まず現状の認識（知覚）を基底として，その評価（ここでは満足—不満足の系）が生活意識を規定する。さらに意識の中から欲求が生まれ，その欲求を満足させようとして行動が起こされる。これが現実に何らかの影響を与え，その結果が評価されて，さらに次のサイクルが引き起こされるという考え方である。集合住宅を例にとると，この場合の行動は，建築空間の全体を改変するまでにはいたらないが，室内空間の範囲なら，その痕跡が残されていく（Ⅲ編1章1節の図2を参照）。これは要求と機能の対応の現れ方を示す一例である。これによってインテリアがより身近な形で，人間の要求に対応する役割を担っていることが理解できるであろう。

一方知覚について言えば，人工環境にはさまざまな評価のカテゴリーが関係しあってくることになる。図5にそれを把握する構図の一例を示した。また評価を行う時点とその特性については，その例を図6に示した。計画は，規模が大きく影響が広範でかつ重大なものほど，さまざまな時点できめの細かい評価を行う必要のあることが指摘されている。現在では，環境アセスメントに対する社会的認識がほぼ固まってきている。また工業製品に対してユーザーの側から評価を行うことも社会的に定着してきている。そうした中で建物やその室内の設計に対する事前評価も，また慎重に進められなければならないことは言うまでもない。

空間の持つ限定性

すでに述べたように，空間はいったん固定されてしまうと，生活を限定する力を持ってくる。図7に示すように，ほぼ同一の面積を持つ住空間においてさえも，室の構成や床仕上げの違いなどによって，生活のあり方はおのずから規定されてくることになる。したがって要求から機能という一方向だけの概念的な操作だけでは，空間が本来持つべき機能の特性を十分に把握し，それに合うように計画することはできない。そこで，空間が実際どのように使われているかの実態を調査する必要が生じてくる。そこから得られたデータを通じて，空間に対応した生活像を実態に即してとらえるよう努めなければならない。こうした両面からのアプローチによって，要求に機能が対応した生活空間のイメージを誤りなく把握することができる。

なお最後に付け加えておきたいことは，物的な構成物にはひとりでに醸し出される，ある感覚がともなうことである。図8は，ギリシア神殿のファサードを示したものである。荷重を支える列柱のプロポーションを変えて太くしたり細くしたりした図が左右に示されているが，これら二つの図はいずれも何となく違和感がある。歴史の中で様式といわれるものは，長い間に次第に洗練され一つのタイプに落ち着いてきたもののことである。これはその背景にある文化の中に深く根ざしている。

こうした美的感覚は構造的な信頼性とは別個のものであるが，要求としても機能としても，設計するときに忘れてはならない大切なことである。

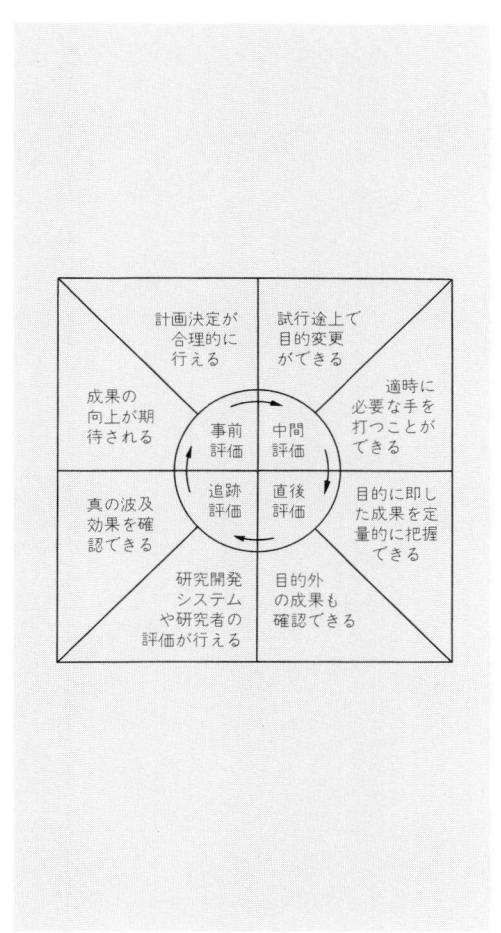

図6　時点別の評価とその特性*2

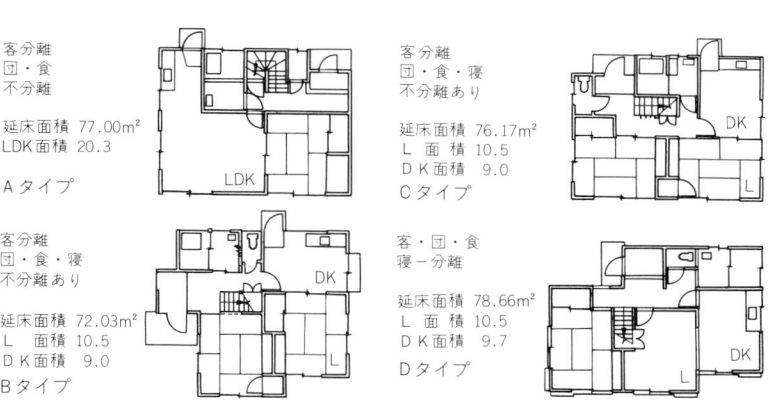

ほぼ同一の面積ながら，公室構成，その床形式などの違いで，大きく生活に差がある例。Dタイプは，各室が独立性が高く，Lが洋室であるため，団らん，食事，接客，就寝の分離がなされるが，それと対照的にBタイプでは団・食・寝の不分離が見られる。

図7　空間の規定性*3

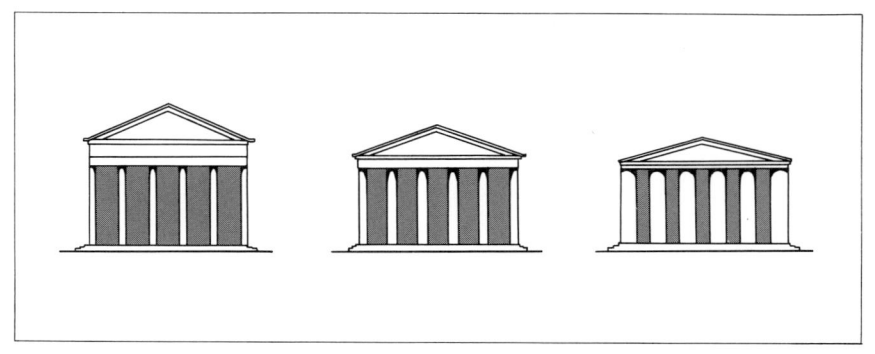

図8　荷重を支える列柱*1

2.3 性能と評価

機能的な要求条件と性能

　機能とは使い手である人間の要求に応答するものの働きであることは前にも述べたが，この機能に関する要求が，普通にはものの造り手，使い手の欲求の大半を占める。そこで，もし前もって機能的な要求条件が明らかになっていれば，それに制約条件を加えて，施設や道具をはるかに合理的に計画し，設計することができるはずであるし，さらに出来上がったものが，はたして当初の要求を満たすかどうかも判断できるはずである。問題は，そうした機能的要求をどこまでもれなくとらえて正確にあらわすことができるかということと，要求に対する満足度をどのようにして測れるかということである。性能という考え方は，このような必要に応じて生まれてきたものである。性能についてはさまざまな定義があるが，ふつうには次のように理解してよい。建物や道具には，その用途に応じていろいろな機能を果たすことが要求されている。予想される使用条件のもとで，そのような要求が満足されているかどうかを知るためには，判断の目安となる物差しが必要である。この物差しとなる物理的な性質を性能 (Performance) という言葉であらわす。例えば「ドアの開閉がスムーズにいくように」という要求条件を，「開閉に要する力は 5 kgf 以下であること」と言いあらわすとき，この物理的な数値のもつ意味を性能と呼ぶのである。

　性能がこのようにものの物理的な性質に基づいて表示されるのは，要求を定量的に評価できる尺度が望まれているからである。そのため，逆に定性的な要求条件や定性的にも言いあらわしようのない要求条件は，性能の考え方には含めにくいことになる。したがって，性能の考え方を有効に生かすには，要求をなるべく定量的な表現に置き換えるように努めるとともに，性能で説明し得る範囲とその限界を認識しておくことが大切である。性能として客観的に把握しにくい要求条件についても，少なくともその項目だけは示して，配慮の妥当性をたしかめる必要がある。このような要求条件の一覧を，一般にチェックリストと呼ぶ（図1）。

性能のとらえ方と応用

　要求条件を整理していくには，いろいろな考え方がある。視覚・聴覚・触覚などの人間の感覚，知覚などに基づいて要求を整理することもその一つである。また，もののもつ物理的な性質によって要求に対する機能を評価するということは，言い換えれば環境から及ぼされるいろいろな作用を，建築やインテリアの構成材がどのように制御したり，あるいはそれに耐えて役割を果たし得る

プライバシー確保のための基本条件
(1) 所有者，訪問者のための効率よい駐車と適当な操車スペース。
(2) サービス，配達車のための一時的駐車スペース。
(3) 集団に対する受け渡しの場。覆われた配達口および待合。情報取得のための設備。
(4) 公共的サービス施設の維持管理と制御のためのスペースの確保，電話，電力，上水，下水，地域暖房，ガス，気候調査，焼却炉。
(5) 休息と談話のスペース。子供の遊びと監視。
(6) 私的な住戸への出入口。安全に到達できること。覆われた玄関前スペース。運ばれた土埃の除去。
(7) くつろげる私的な会合のスペース。洗い場，戸外の仕事着，ポータブルな器具，車輪のついた物の置場。
(8) におい，ピールス，バクテリア，塵埃などのろ過，飛来する昆虫，風に運ばれる土埃，屑，煤煙，塵芥を防ぐしゃ断物。
(9) は上がってくる昆虫，害虫，は虫類，鳥，動物などを防ぐ防止物。
(10) 訪問者がもつ一方向の視界。一方向視界をもつ接近の場。
(11) 安全に戸締まりのできる接近の場。
(12) 車と子供および愛玩動物の分離。
(13) 走行する車と歩行者の分離。
(14) 人が速度の速い車の運転者から歩行者に移り変わる際の安全。
(15) 過熱，風，水たまり，氷結および雪など気象上の障害から通路を保護する装置。
(16) 火災に対する障壁。
(17) 半私的領域における隣人どうし，および借家人と管理者との間の明瞭な境界。
(18) 半私的領域と公共領域との間の明瞭な境界。
(19) 適切な照明と急激な輝度対比の回避。
(20) トラック，乗用車，機械類の発生する騒音源の制御。
(21) 共同の領域で発生する騒音源の制御。
(22) 都市騒音から住居を保護する配慮。
(23) 共同の歩行者領域に侵入する都市環境騒音を低減する配置。
(24) 地区で発生する騒音から住居を守る配置。
(25) 近隣の戸外空間で発生する騒音から各戸の戸外空間を保護する配置。
(26) ピーク時でも混乱しない車路の確保。
(27) 火災，救急，工事，修理など，緊急時の接近および避難路の確保。
(28) 車から住戸へ最短で，楽な歩行路。
(29) 危険がなく，レベル差や乱れた方向づけによって混乱しない歩行者交通。
(30) 安全で快適な歩行面および走行面。
(31) 環境が不潔になることを防ぐ囲われた集塵の場。
(32) サービス上の集配のための効率よい構成。
(33) 車と住居との間の部分的な気象制御。

図1　チェックリストの例（C. アレグザンダー）*1

i) 空間または空気を媒体とするエネルギー	光 幅射線 熱 音 放射線
ii) 空気以外の物質を媒体とするエネルギー	電気 力
iii) 気体	空気（一般的に） 特殊ガス
iv) 液体	水（一般的に） 薬液
v) 固体	家具 飛来物 その他
vi) 植物	
vii) 動物	虫 鳥およびその部分 けだものおよびその部分
viii) 人間	人間全般 人間の部分

図2　作用因子*2

作用因子	制御機能（制御性能）の例
光	透過または遮断(透過率)・反射(反射率)
熱	遮断(熱貫流率)・吸収(熱容量)・排出(熱伝達率)
音	遮断または反射(遮音)・透過または吸収(吸音率)
電気	透過(伝導率)
空気	遮断(気密性・通気量)・透過(通気量)
水	遮断(透水量)・吸収(吸水率)
水蒸気	遮断(透湿抵抗)
力	反射(強度)・吸収(変形率・復元力)・排出(伝達)

図3　作用因子と制御性能*2

1 安全性	(1) 構造耐力性能	設計条件	構造強度
			地盤の長期地耐力
			垂直最深積雪量
			速度圧
			水平震度
			積載荷重
	(2) 防火性能	外装	屋根
			外壁・軒裏
			開口部
		内装	(室名)
			長屋等の界壁
	(3) 転落防止性能		
2 居住性	(1) 開放性能		
	(2) 通風性能		
	(3) 断熱性能		屋根
			外壁
			床
	熱に関する性能	保温性能	
		防露性能	
	(4) 遮音性能		居住室の外壁等
			寝室間の間仕切壁等
	音に関する性能		長屋等の界壁
			長屋等の床衝撃音遮断性能
			設備の静ひつ性能
3 耐久性	(1) 防錆・防腐・防蟻性能		
	(2) 防水・排水性能		

図4　工業化住宅の性能

かを評価するということになるから，その作用を及ぼす外力（作用因子）ごとに要求一性能を整理することも有効である。特に床・壁・屋根など外部と内部を仕切る構成材については，作用因子とその制御という観点で性能をとらえることも多い。その例を図2，3に示した。図4は，工業化住宅認定制度（建設省）に定められている性能項目であるが，この例では，住宅性能を大きく安全性，居住性，耐久性の三つに分けて整理されている。

建築や室内は，いろいろな材料やエレメントの組合せによって構成されているので，同じ性能項目であってもその内容が異なることがある。例えば，同じ壁の断熱性といっても，熱的な性能の弱点となる開口部を含む外壁全体の断熱性と局所的な壁の断面性能とは異なるし，それらはまた断熱材そのものの材料性能とも異なる。また防水性のように，B.E.の表面を構成する素材のみの性能によって，全体の性能が決定される例も少なくない。したがって，性能を考える際にはどの部位のどのレベルの部分に対して性能を記述し，要求するのかを十分に考慮しなくてはならない。性能値の算出法や試験方法についても全く同様で，同じ性能でも対象とする部分やレベルによっては，その内容が異なるので注意する必要がある。

代表的なものはJIS規格やその他の規準に取り上げられているので，参考にするとよい。

性能の評価と応用

性能のもとになるものの物理的性質を，尺度としてみるのにもいろいろな場合と方法がある。尺度の種類と特性を図5に示した。性能基準の最も単純な応用の仕方は，ある部位や製品に要求される最低限の性能の水準を定め，これによって対象の適否を判断するような場合である。この場合には最低限の要求水準が保証されるが，それをはるかに超える性能をもつことがいつでも望ましいとは限らない。そうした矛盾を避けるために，JIS規格やその他の基準では何段階かの等級に分けて性能基準を決めていることが多い。こうすることにより，特定の使用条件に見合った仕様や，他のエレメントとの適切な組合せを選択することが可能になる。

構法や製品のよしあしを判定する方法の一つに，その性能を価格（コスト）で割った値を指標とすることがある。これは同じ程度の価格なら性能の優れたものがよく，同じ程度の性能であれば価格の安いもののほうがよいという考え方に基づいたものである。したがって，同種の製品について価格を横軸，性能値を縦軸にとったグラフでは左上のもののほうが常に効率がよいということになる（図6）。

しかし，性能一価格の分布によっては必ずしもそう言えないこともあるので注意が必要である（図7）。

近年，性能の記述とその評価方法が次第に確立されてきたので，設計図などで具体的に仕様を特定せず，性能の仕様を与えるだけで建築部品の発注や開発を行うことが可能となってきている。性能発注と呼ばれるこの方法を利用した代表的な例に，BL（優良住宅部品）認定制度（財団法人ベターリビング）がある。

種類	使用目的	評価指標の相互関係（A, B, Cは評価指標）	評価指標の求め方	尺度の変換	例
名義尺度	分類 命名 符号付与	$A = B$（AとBは同じ） または $A \neq B$（AとBは異なる）	用意されている分類項目等への適合性を示す 評価客体相互の類似性や相異を示す	1対1対応による変換	○内装部品の配置方式（シングルグリッド面押え=1，シングルグリッド心押え=2，ダブルグリッド面押え=3，……） ○内装材の材種（木=1，合板=2，プラスターボード=3，タイル=4，クロス張り=5，……） ○開口部障子の開閉作動方式（はめ殺し=1，片開き=2，両開き=3，引違い=4，片引き=5，上げ下げ=6，……）
順位尺度	順序づけ ランキング グレーディング	$A > B$（AはBより優れる） または $A = B$（AとBは同じ） または $A < B$（AはBより劣る）	用意されている順位，ランク，グレードへの適合性を示す 評価客体相互の優劣を示す	平行移動による変換	○材料の燃焼性（不燃=1，準不燃=2，難燃=3，その他=4） ○空間の親しみやすさ（親しみやすい=1，やや親しみやすい=2，どちらでもない=3，やや親しみにくい=4，親しみにくい=5）
間隔尺度	等間隔な単位の尺度によって示される評価指標を用いる評価	$(A-B)+(B-C)=(A-C)$ が成立する	評価客体について計測，計算などによって，間隔尺度で示される評価指標の値を求める	1次変換 $A' = aA + b$	○温度（華氏，摂氏） ○100点満点法による得点
比率尺度	絶対原点から出発する等間隔な単位の尺度によって示される評価指標を用いる評価	$A = kB, B = lC$ ならば $A = k \cdot l \cdot C$ が成立する （$k \cdot l \neq 0$）	評価客体について計測・計算などによって，比率尺度で示される評価指標の値を求める	比例変換 $A' = aA$	○絶対温度 ○偏差値，標準化値 ○コスト（総額，単価） ○耐用年数

図5　評価尺度の種類とその特性

図6　性能と価格（内田祥哉）[*3]

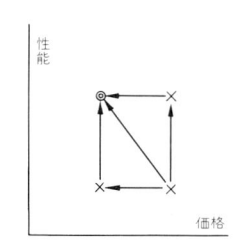

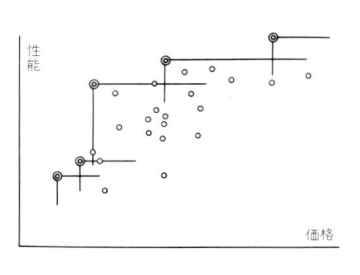

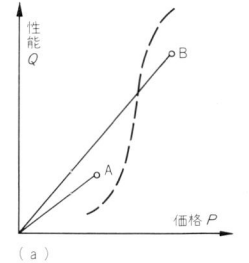

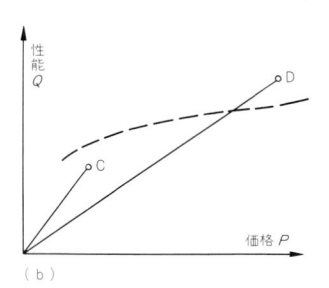

図7　コストパフォーマンス（Q/P）と評価（内田祥哉）[*3]

2.4
生活と空間

生活行為・生活像と生活空間

　前述の要求と機能の項でも触れたように，建築空間の計画は，人間と空間の相互作用を十分に把握したうえで進められなければならない。ところで建築空間全体の目的が決まってくると，それぞれの構成空間および，その中でとられる行動を具体的に設定したり，予測したりすることが可能になる。その結果，空間と行動の相互のかかわりを調整したり，設定を変えてみたりといった操作もできるようになる。また住空間を例にとれば，その中での生活行為も，ある程度まで整理してとらえることができるようになる（図1）。生活行為には生理的欲求のレベルに対応するものから，より高次の欲求に対する行為までいろいろある。その緊急度による順位づけや階層性などを考慮しながら，まず，基本的な要素をとらえ，さらに要素間の関連性を含めた全体像についても大きくつかむ。次に居住者の持つそれぞれの特性や生活の目的を考慮し，その生活像をいろいろと想定しながら，対応する空間を設計していくことになる。今もし生活の設計が十分に把握されていないと，空間の設計も対応の基盤を失い，単に類型的な物的空間の設計に終わってしまうことになる。つまり良い住空間の設計というのは，生活の実態と空間のあり方をよくとらえて，それを矛盾なく有機的に結びつけるもの，と言うことができる。つまり空間を設計しながら，生活も設計しているのである。

一室空間から多室空間への空間分化

　最も原始的な住居は，一つの空間でできている。そこで行われた生活行為は，かなり限定されたものであったに違いない。それは建築的要素で分けられてはいない。しかしよく見ると，ものの位置と人の位置の約束事がほぼ決まっていて，距離的な意味合いでの空間の使い分けがされていたことが分かる。つまりゾーン分けがされていたのである。その後住居が発達していく過程の中で，室外で行われていた行為が次第に室内に入ってくるようになると，半外部空間といったものが付け加わり，やがて前室・付室が生まれ，さらには母屋の空間が拡大していった。そして性格の違った生活行為を分けるために，やがて間仕切が発達するという経過をたどっていったのである（図2）。住空間の構成を歴史的に見てくると，地域の違いや文化の特性との関連でその経過は違うが，次第に多室空間へと発展する。

　この多室空間を得る方法には，棟を多く設けるものと，一つの棟を多くの部屋に分割するものとの二つがある。これをそれぞれ多棟化，一棟分化と呼んでいる。わが国では，恐らく屋根構造を一棟ごとに完成させる必要から，主として矩形平面の棟をいくつか建てる形式がとられた。そのためそれらの棟を連結する空間として早くから渡廊がつくられたのである。一方住宅の構造材料として石・土などを用いたヨーロッパでは，恐らく壁の重複を避けて，開口部によって部屋を結ぶ形式が普及した。しかしながらわが国にも，古くから一つの棟を二つの部分に分けて使ったと思われる資料がある。またヨーロッパの石造家屋にも別棟によって多室化をはかった例がある。いずれにせよ，ここでは空間を分ける方法には，多棟化と一棟分化の二つがあることを述べるにとどめたい。この二つの方法は現代でも室構成の基本的な方法であるが，現代では1棟内の多室化が通常のやり方になってきている。

　多室空間は，建築的な要素によって空間の性格を分けるものであり，それぞれの室内は，各々分化した空間機能を満たすことができるようにしつらえられていた。しかし人間の生活に対応する

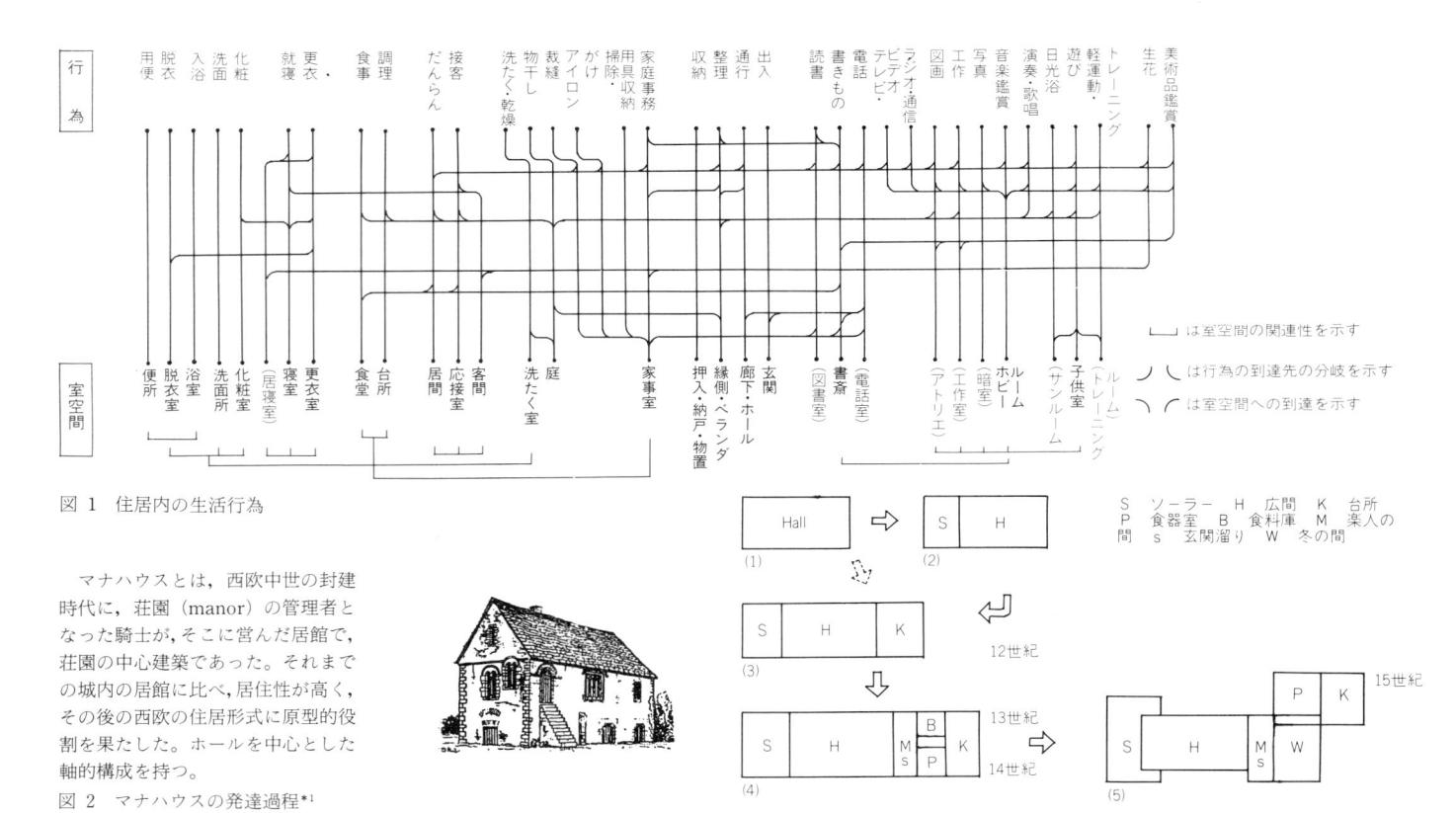

図1　住居内の生活行為

　マナハウスとは，西欧中世の封建時代に，荘園（manor）の管理者となった騎士が，そこに営んだ居館で，荘園の中心建築であった。それまでの城内の居館に比べ，居住性が高く，その後の西欧の住居形式に原型的役割を果たした。ホールを中心とした軸的構成を持つ。

図2　マナハウスの発達過程[*1]

S　ソーラー　H　広間　K　台所
P　食器室　B　食料庫　M　楽人の間　s　玄関溜り　W　冬の間

のは空間全体であるから，個々の空間どうしの関連は，個々の生活行為の関連に対応するように，何らかの形で解決されていた。この関係の解決が間取りの問題である。しかし原始的な住空間では，それは構造形式，慣習，さらには文化全体のあり方によっても強く制約を受けていた。したがって，現代のように自由な間取りの可能性は小さかったのである。

生活像と間取り

現代では，住居形態に対する文化の影響は残っているが，技術的な制限は小さくなった。そのためかなり自由度の高い間取りをすることが可能になっている。したがって住空間を計画するに当たっては，まず生活行為のまとまりをとらえ，それに対応する室空間の配置を優先させて，こだわりなく自由に行うことができる。つまり生活像に対応した間取りをしていけばよいのである。

それでもなお制約は残っている。その一つは経済的な制約である。これは基本的に住空間全体の規模を制約する。と同時に，建設技術・建築生産の実情に沿った設計をして，コストを下げる努力も必要である。それらの結果，間取りが制約を受けることになる。もう一つの制約は住意識の問題である。文化のあり方，社会の状況，生活習慣などといったものが背景になって，急激な変化を拒んだり，しばしば容易に変わり得ない部分を残したりすることがある。これは必ずしも定まった形で現れるものではない。しかし設計を進めていく過程の中で，しばしば住み手の住意識が背景となった，コントロールできない不合理が出てくることがある。そのため設計の結果出来上がった住居の中に混乱が残ることになる。したがって良い住空間の設計をするには，空間設計と生活設計の両面がうまく連動するだけでなく，住意識にも配慮した幅広い立場をとらないと，矛盾をかかえた不合理な設計になってしまうことになる。よく設計された新しい生活容器を使いこなすには，それなりの住意識の変革が必要なこともある。

間取りとは，室空間の個々の大きさが深く関係するとしても，基本的には室空間をうまくつなげていく技術である。室の隣接関係は，同時に生活行為の分節との関係づけに対応している。したがって，生活像を暗示するものでもある。現代住宅には廊下型，ホール型，続き間型などの平面類型が見てとれよう。

最後に，間取りと生活像の対応を考えるとき，あまり固定的に考えることの問題点を指摘しておきたい。確かに一般的な空間設計では，間取りとか平面パターンとか言われるものは，生活像の間接的な表現である。現代の住空間における生活の実態を見ると，さほど意表をつくような生活像を見ることは少ない。ましてや，ある時代の中で安定した住意識にともなってつくられた間取りでは，その背後にある生活像もまた，多くが類型化していると言ってよい。だからといって，類型化した平面パターンを前提にした狭い視野で生活像をとらえると，そのさまざまな展開の可能性を見いだすことができなくなる。

現代における人間の生活要求はさまざまである。少しでも視野を広げて可能性を見いだし，それを助けるような計画を行うべきであろう。特に室内を設計する場合には，それが大切である。大まかな見方でものをまとめようとすれば，わざわざ室内設計などという必要はない。生活のひだの中からにじみ出る微細な要求に対しても，きめ細かく対処でき，またそうした要求を大切にする視点が必要である。そうすれば平面型の固定された集合住宅の中からでも，個性的な生活を見つけ出すことが可能である。

図4には，F.L.ライトの設計による三つの住宅の平面型を示した。これらの中で単位となっている室空間はいずれもほぼ同じもので，リニアグラフで示されたその隣接関係もほとんど変わらない。設計者が個々の居住者に対して，ほぼ同じような生活行為の分節と関係づけを設定し，空間の構成をそれに対応させたということが分かるが，三つの住宅の空間形態は，全く異なっている。そこにはそれぞれ個性的な，生き生きとした生活像が浮かんでくるのである。

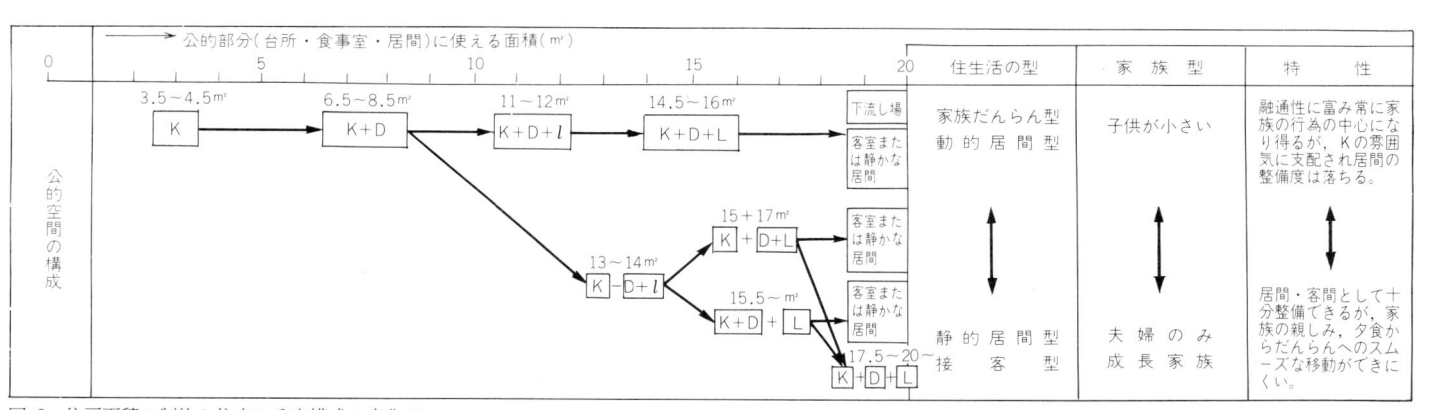

図3 住戸面積の制約と住宅の公室構成の変化 [*2]
　面積の制約によって，住宅の構成は変化する。それぞれの特徴があり，生活に影響を及ぼす。

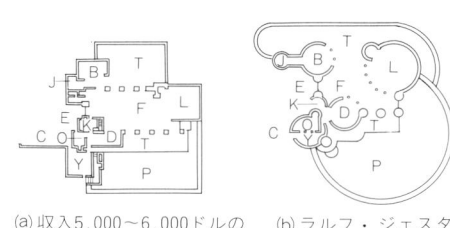

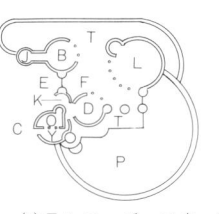

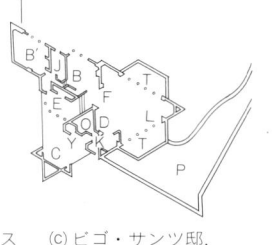

(a) 収入5,000〜6,000ドルの家族のための住宅，ライフ，1938年
(b) ラルフ・ジェスター邸，カルフォルニア州，パロス・ベルデス，1938年
(c) ビゴ・サンツ邸，ウィスコンシン州，マディソン，1941年

B　寝室
B'　副寝室
C　カーポート
D　食堂
E　入口
F　家族室
J　浴室
K　台所
L　居間
O　書斎
P　プール
T　テラス
Y　使い庭

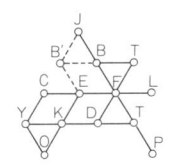

図4 フランク・ロイド・ライトの三つの住宅プロジェクト [*3]

図5 フランク・ロイド・ライトの三つのプロジェクトに対応する室空間の隣接グラフ（破線は，サンツ邸における副寝室B'に関するもの）[*3]

2.5 規模と配置

空間規模と施設規模

建築や室内の適切な大きさとは何かを一口で述べるのは難しい。それは物品の収納・配置や日常の起居振舞に十分な空間の広がりを意味することもあれば，心理的に圧迫感のない空間の大きさを意味することもある。さらには座席数や便所の数のように，収容能力やサービス能力で建物の規模を表すこともある。ここでは，機能的，知覚的に見た空間の大きさを空間規模に関する問題，収容能力やサービス能力を施設規模に関する問題と二つに分けて，それぞれの考え方を整理してみることにする。

空間規模に関する問題のうち，インテリアの計画・設計に最も関連が深いのは，いろいろな生活行為のために必要な要素空間の機能寸法であるが，これらについては人間工学の節や住空間の計画の章で具体的に示されているので，ここでは詳しい説明を省く。単位空間（室空間）の大きさもまずこうした要素空間を集積したものとして評価されるが，このレベルでは床・壁・天井に区切られた空間そのものの大きさが問題となる。そして，この大きさの評価に関係してくるのが，人間の心理，感覚である。E. T. ホールは対人距離によって一人の人間を取り巻く空間領域の大きさを階層的に整理した（図1）。この例のほかにも，行為と距離，あるいは行為と空間領域との関連やその法則性に関する研究は多くあり，空間規模を考える上での基礎的な資料として用いられている。また，音を明瞭に聞き分け，所作を仔細に見取れる限界が劇場や音楽ホールの大きさを決めるように，知覚，感覚が直接空間規模を限定する例も少なくない。特定の行為が想定された空間に対しては，人口密度や1人当りに必要な面積として，規模水準が整理されているので参考にするとよい（図3）。

施設規模は，施設のサービス能力で空間規模を評価する手法を中心としており，公共施設や商業施設においてより重要な意味を持つ。大まかに言えば，利用者に不便のないようにいかに過不足なく施設規模（例えば，便所の数，利用できる窓口の数など）を決めるかを，主として統計・確率的な手法によって算定するものである。そのためには，潜在的な利用者の集団からどのように需要が発生するかということや，利用者の行動特性をつかみ，また利用者の受けるサービスの実態を把握することが必要となる。待ち行列と呼ばれる手法は，利用者が到着した後にサービスを受け退去するまでを一連の行為のモデルとしてとらえる。ある確率分

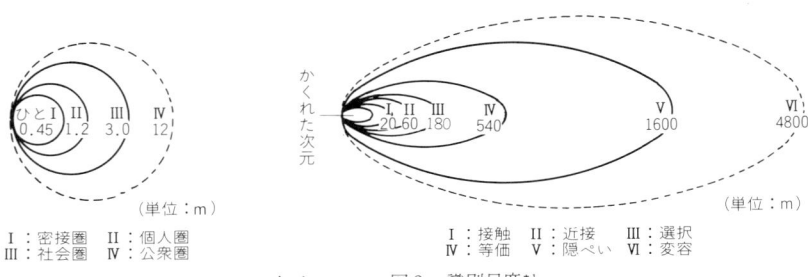

図1　E. T. ホールのかくれた次元[*1]　図2　識別尺度[*1]

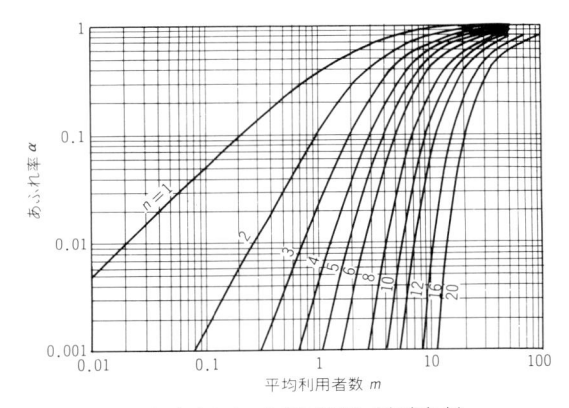

図4　あふれ率（ポアソン分布の場合）（吉武泰水）
　　　（n：施設）[*1]

たとえば，360人の男子従業員が働く工場で必要な小便器の個数を決めるには次のようにすればよい。まず初めに平均利用者数を求める。小用を足す要求が発生するのは180分に1度，また1回に要する時間を30秒とすると，平均利用者数は $1/180 \times 1/2 \times 360 = 1$（人）となる。あふれ率を0.01の値に設定すると，必要な小便器の数は4個である。

あふれ率を0.01の水準に固定したとき，施設数1に対応する平均利用者数は0.02人，施設数2に対応する平均利用者数は0.26人である。このことからも分かるように，施設数を少し増やすだけでサービス能力は格段に向上する。

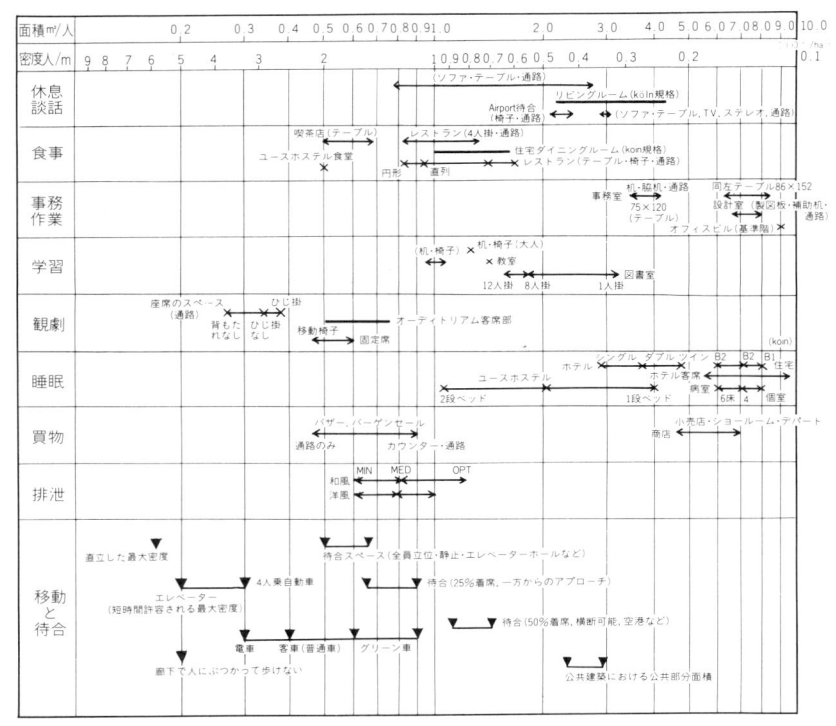

図3　要素空間の規模水準（ひと－ひと，ひと－もの，ひと－うごき）[*1]

布型をあてはめられた到着分布およびサービス時間の分布の条件の下で，いかに待ち時間を少なくし，待ち行列の長さを短くするかを評価し，サービス窓口の数を決めるのがこの手法の骨子である。このような手法には，しばしば電子計算機を用いたシミュレーションも応用される。

図4はこのような考え方を簡易に利用できるようにした例の一つで，あふれ率a（用意した施設数を超えてあふれるであろうと予想される人数の，予想される利用者数に対する割合）を評価基準として施設数nを求めればよい。

配置と動線

空間を機能的に見れば，それぞれ特定の用途に対応した部分空間を集積し，配列したものということになる。それぞれの部分空間をいかに使いやすく配列するかが，室配置や動線と呼ばれる問題である。配置や動線の評価においては，空間単位や機能単位を抽出し，それぞれの接続（あるいは隣接）関係を記述することが基本となる。

設計を始めるときには，まず必要な機能単位を洗い出し，それぞれの関連の度合いを単位どうしの近さや相互に結ぶ線で表現することが多い。このような図を一般に機能図という。機能図ないしはそれと同等の記述の内容を表すのには各種の方法がある（図6）。マトリックスは縦軸，横軸に空間単位を並べ，各々の接続関係を数字で表現したもの，ベンダイアグラムは空間単位の並列，包含関係を視覚的に表したもの，またデンドログラム（トリー図）は空間の隣接関係を階層的に表したものである。空間（機能）単位を節点で表し，その接続関係を相互に結ばれた線（矢線）で示したものをグラフないしはネットワークと呼ぶ。平面図はこれらの単位と関係に具体的な形と大きさを与えたものと解釈することができる。

これらの図式は単位間の関係の有無だけを表現したものであるが，さらにこれらに基づいて関係（結び付き）の強さを表すこともできる。図5-(a)は空間の移動回数をマトリックスの要素として結び付きの強さを表したもの，また同図(b)はそれをグラフの線の太さで示したものである。

図7は空間単位間の関係を示すグラフから実際に平面図を生成する方法を例示したものである。空間単位の隣接関係を示すグラフ(a)中の線で区切られた領域内に新たな節点を設け，もとの線を必ず横切るように新たな線（点線で表示）で結ぶことにより，最初のグラフの関係を保存した平面の原型が出来上がる（(b), (d)）。大切なことは，空間Oを外部空間と見なせば同じグラフより外庭型と中庭型の平面が作られるように，図式的な関係だけからは空間の形を具体的に生成することはできないということである。近年，電子計算機による自動設計あるいは設計支援システムが開発されてきたが，それらでは，ここに触れたような空間とその関係を記述する手法がさまざまに応用されている。

(a) 3LDK 数字は回数

前\後	1 夫婦室	2 子供室	3 祖母室	4 DK	5 リビングルーム	6 便所	7 浴室	8 洗面室
1. 夫婦室		0	1	126	79	122	32	51
2. 子供室	1		0	146	25	191	40	0
3. 祖母室	0	11		117	178	109	20	0
4. D K	112	152	136		1,203	402	50	17
5. リビングルーム	64	142	212	989		171	40	3
6. 便所	58	109	181	607	733		31	14
7. 浴室	62	52	38	72	38	35		0
8. 洗面室	0	0	0	1	0	7	0	

(b) 2DK 数字は回数

前\後	1 夫婦室	2 子供室	4 DK	6 便所	7 浴室	8 洗面室
1. 夫婦室		0	175	147	32	52
2. 子供室	3		427	293	44	0
4. D K	159	465		560	116	45
6. 便所	93	201	1,283		49	14
7. 浴室	79	79	155	41		0
8. 洗面室	0	0	1	8	0	

(a) マトリックスによる表現

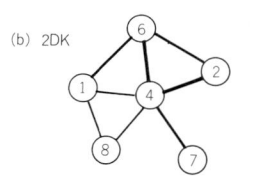

(b) グラフによる表現

図5 空間の結び付きの強さ*2

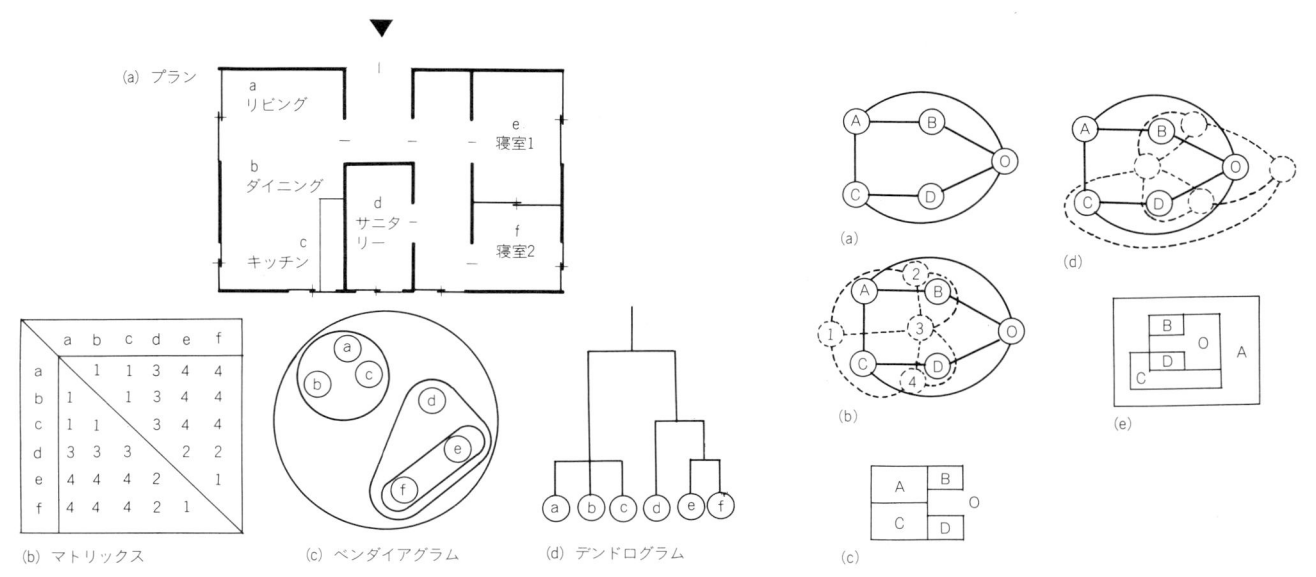

図6 空間の構造の記述*3

(a) プラン / (b) マトリックス / (c) ベンダイアグラム / (d) デンドログラム

図7 リニアグラフ化*3

2.6 寸法計画

寸法の四つの意味

寸法には大きく四つの意味がある。第1は機能寸法，つまり空間や家具の使いやすい大きさの目安となる寸法としての意味である。第2番目は寸法の比例で，見た目の美しさを導き出すためのものである。古くは，黄金比などの例があるが，これらはしばしばある地域や時代に固有の文化として出来上がってきたもので，様式（スタイル）と深く結び付いている。第3番目は生産・流通のための寸法である。近代は，生産と同時に消費の主役としての大衆が登場したことで特徴付けられる。建築生産の工業化や量産部品の製造は，こうした時代背景の中で進展してきたものであるが，生産が分業化され，広域の経済圏の中で流通する部品を一つの建築に組み立てるために共通ルール，標準が新たに要求されてきた。これが規格としての寸法の意味である。第4番目は，設計者のための手法ないしは，道具として寸法が持つ意味である。個々の設計者は，経験を積むうちに，各自の寸法感覚や寸法設計の手法を身につける。もちろんそれらの多くは，社会全体の慣行として多くの人に共有されているはずである。しかし，設計は本来自由であり，それ以上にこうした手法を各人が蓄積することなしには合理的な設計を効率よく行うことは困難である。

設計や生産に用いられる寸法の単位，または，寸法の体系をモデュールという。また，これらのモデュールを用いて建築空間を構成することをモデュラーコーディネーション（MCと略されることもある）という。

古典ギリシアの神殿建築では，柱の基部の直径を1モデュルスと呼び，柱間隔や柱高さその他の各部の寸法を定める基本単位としていた。これがモデュールの語源である。私たちは間取り図を描くとき，1目盛を3尺とした方眼紙を使う。これも3尺という寸法の単位をモデュールとして使っているわけである。このように建築モデュールには寸法の単位としての性格を強くもっている。国際的に流通する製品の規格を定める国際標準機構（ISO）では，建築構成材の寸法を10cmの倍数で定めることとし，この寸法を唯一基本単位となるモデュール，すなわちベーシックモデュールと呼びMであらわす（ただし水平方向では3M，垂直方向では2Mの倍数を優先的に用いることとされている）。

寸法の単位そのものも，実はモデュールの一種とみなしてよい場合がある。「尺」は人体の尺骨の長さに相当する寸法である。ま

図1 柱基部直径を1とする比例（アッティカ風ベースをもつイオニア式オーダー）*1

等 差 数 列
〔初項1，公差1〕　1, 2, 3, 4, 5, 6, 7, ……
〔初項10，公差10〕　10, 20, 30, 40, 50, 60, 70, ……

フィボナッチの数列
フィボナッチの数列 $\phi(n)$ は，
$$\phi(n) = \phi(n-1) + \phi(n-2)$$
て定義される。
〔初項1，第2項2〕　1, 2, 3, 5, 8, 13, 21, ……
〔となり合う項の比〕　$\frac{2}{1}, \frac{3}{2}, \frac{5}{3}, \frac{8}{5}, \frac{13}{8}, \cdots \rightarrow \frac{1+\sqrt{5}}{2}$

等 比 数 列
a. 1を中心とした2倍系列
…, $\frac{1}{32}, \frac{1}{16}, \frac{1}{8}, \frac{1}{4}, \frac{1}{2}, 1, 2, 4, 8, 16, 32, \cdots$
b. 1を中心とした3倍系列
…, $\frac{1}{81}, \frac{1}{27}, \frac{1}{9}, \frac{1}{3}, 1, 3, 9, 27, 81, \cdots$
c. a の左側を小数になおしたもの
…, 0.0625, 0.125, 0.25, 0.5, 1, 2, 4, 8, 16, 32, ……
d. c の位取りを無視して5倍系列を得る
…, 625, 125, 25, 5, 1, 2, 4, 8, 32, ……

図2 モデュールをつくる各種の数列

図3 等比数列の組合せによるモデュールの案（EPA案）
1, 2, 3, 4, 5 を基本数値として2倍と3倍の数列を三角形に組み合わせたシステムで，等比数列を単純明快な型で展開している点に注目される。単位は10cmまたは4inで，10cmの場合は1を10とし，4inの場合は1を4として数列を読みかえればよい。1955年に公表されたものである。

				1					
			2		3				
		4		10	6		15	9	
	8		20	12	30	18	45	27	
16	40	24	60	36	90	54	135	81	
32	80	48	120	72	180	108	270	162	405	243

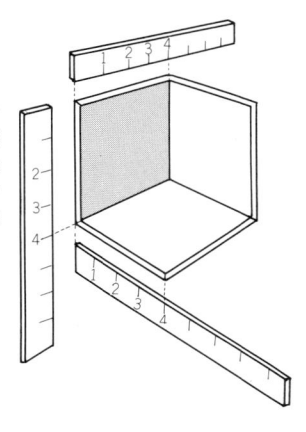

図4 立体格子方式（A. F. Bemis）
等差数列によるモデュールの典型。三次元空間のX, Y, Zの3軸を10cmまたは4incの基準単位により等分してできた立体格子をMCの基準格子とするもの。

た「フィート」も文字通り一足長に相当する長さの意味である。「起きて半畳，寝て一畳」という言葉があるように，1畳分の大きさもそれから出た1間も人体と密接に結び付いて生まれた建築の寸法の単位である。このような場合は，建築寸法の単位とモデュールが同時に機能寸法の性格を併せ持っていると理解してよい。

建築物の設計という特殊性を考えると，モデュールが単に寸法の単位としてのみ存在しているのでは不十分である。なぜなら第一に，建築物の寸法はすべてが同じ単位で測れるようなものではない。小さいディテールのレベルの寸法に対しては細かい寸法が決められている必要があるし，建物の配置を決めるときなどには，もっと粗い寸法の決め方で用が足りる。したがって，モデュールを設計の道具として考えるのであれば，それを単一の寸法としてではなく，小さい寸法には小さいなりに，大きい寸法には大きいなりに，選ばれた寸法の集合としてとらえたいという考え方もある。設計の道具としての寸法の集合をモデュールと考えると，それにはもう一つの条件が要求されてくる。設計という作業には，個々の資材を紙面上で組み立てる作業だといってよい。換言すれば，寸法を組み合わせたり，分解したりする作業だということである。そうだとすると，モデュール寸法にもそれらを加え合わせたり，割り込んだりするときに，その結果が再びモデュール寸法であると都合がよい。こうした条件をここではモデュール寸法の加算性，あるいは分解可能性と呼んでおこう。

さて，こうした条件を満たす寸法（単位を外せば数値）の集合を定義するとき，まず基本となるのは数列である。その数列の中でも，基本的なものが等差数列と等比数列である。等差数列は，初項と公差によって決まる。例えば，初項が1で公差が1ならば，1，2，3，…といった正の整数の数列が定義される。この数列に90 cmという単位を与えると，90 cm，180 cm，…といったなじみの深いモデュールが現れる。しかし，この数列で定義される寸法の集合としてのモデュールは，実は90 cmという単位の寸法を唯一のモデュールとした場合と何ら変わりはない。等差数列から導かれるモデュールは，小さい寸法には粗すぎるし，大きい寸法には細かすぎる。また加算性は常に保証されてはいるが，分解可能性には制限がある。

次に等比数列は初項と公比によって定義される。初項が1で公比が2なら，1，2，4，…，公比が3なら1，3，9，…といった2倍系列，3倍系列の数列が現れる。等比数列を基本としたモデュールは，小さい寸法にはより細かく，また分解可能性も公比によって保証されているが，加算性に難点がある。2倍系列を例にとると，2と4を加えた6は同じ系列の中には見当たらない。そこで等比数列をモデュールの基本とする場合にはいくつかの倍数系列を組み合わせることが多い。2倍系列と3倍系列を組み合わせると，10以下の整数では5，7，10がそれに含まれないだけである。さらに，5倍系列も加えると7を除くすべての数値が含

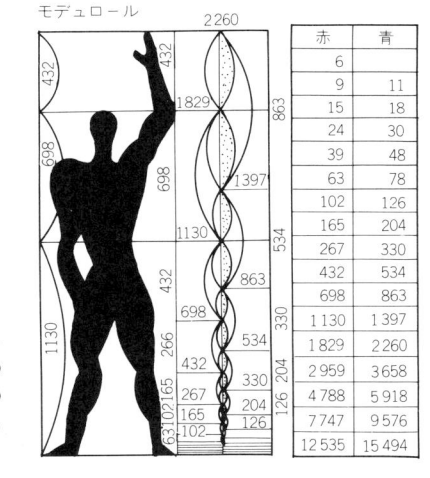

図5　モデュロール（ル・コルビュジエ）
人間が手を上げた場合に空間を占める主要点（足，へそ，頭上にあげた手の指先）の3点の間隔を含め，黄金比の等比数列に展開して赤系列とし，さらに数列の倍数を青系列としている。

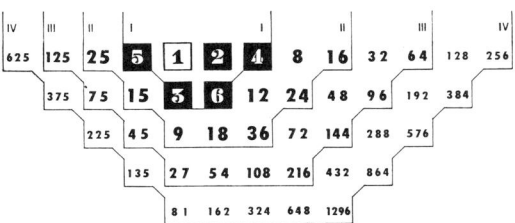

図6　Dφ（内田祥哉）
10進法を基本にして，10の約数とそれにフィボナッチに分割した1, 2, 3, 5の2組の数値を対等に組み合わせ，単位は10進法のものであればその種類を問わない。フィボナッチ数列の3欠点（約数が少ない，大小の差の大きい数値の組合せが不十分，グリッドプランニングが不可能）を除去しているところが重要である。

図7　ナンバー・パターン（エーレンクランツ）
初期値としたフィボナッチ数列と，その2倍数列，3倍数列を組み合わせて三次元に展開した数列で，インチスケールである。

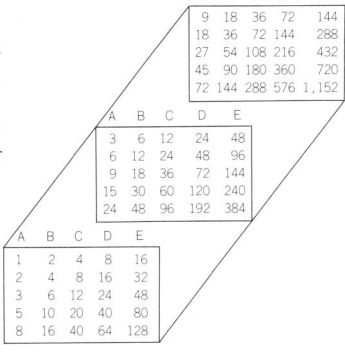

図8　建築モデュール（JIS A 0001）

まれることになる。10進法では $\frac{1}{2}=0.5=5\times\frac{1}{10}$ というように、2倍系列の一部に5倍系列が含まれていると考えることもできる。日本工業規格（JIS）の建築モデュールは、このように2（5）倍系列と、3倍系列を組み合わせ、さらに7を加えた数値群にいくつかのレベルの寸法の単位を掛け合わせて導かれたものである。

一般にはあまり多く使われていないが、デザインに関連ある数列に、フィボナッチの数列がある。これは前2項の和が次の項になるといった一般項の関係によって定まる数列である。例えば、初項を1、第2項を2とすれば、1，2，3，5，8…といった数列が導かれる。この数列がデザイン分野で重視されてきた理由は、ひとえにその隣り合う2項の比が黄金比（$\frac{1+\sqrt{5}}{2}\fallingdotseq1.618$）に急速に収束するという性質にある。フィボナッチの数列によって導かれたモデュール寸法は、寸法の分布にすぐれているが、可算性、特に分解可能性にはこの数列ならではの制約がある。そこで、この数列も、等比数列など他の数列と組み合わせて用いられることが多い。フィボナッチの数列を応用した例としてはル・コルビュジエのモデュロールが有名である。ただし、これは高さ方向の寸法への適用を前提としたもので、人体寸法に即した機能性と同時に、比例の感覚が強く意図されていたことが分かる。

建築やインテリアの寸法設計よりも、むしろ工業製品の性能規格により関連の深いものであるが、工業標準数（ルナール数）もこのようなモデュールの例として覚えておいてよいであろう。これは乗除算を冪数の加減算と、限られた数値の桁取りだけに単純化したものである。具体的には、ルナール数は10の n 乗根とその冪乗によって定義される。工業製品のもろもろの規格がすべてこのルナール数によって決められていたとすると、それらの乗除算はきわめて単純化される。10の5乗根に基づいたルナール5の演算では、例えば、$1.6\times6.3\div2.5$ の演算結果は、$10^{\frac{1}{5}}\times10^{\frac{4}{5}}\div10^{\frac{3}{5}}=10^{\frac{1}{5}+\frac{4}{5}-\frac{3}{5}}=10^{\frac{2}{5}}=2.5$ というようになる。

モデュラー・コーディネーションの方法

モデュールによって空間と構成材に共通の寸法を与えれば、無駄なくしかも配列の互換性を許しながら構成材を並べることができる。これがMCの基本的な考え方である。空間にはモデュールに従って設けたグリッドによって、組立基準系が与えられる。一方構成材の側にも構成材基準面（線）があって、これはその構成材の位置または領域を示す基準となる。領域を示す基準面間の距離が構成材の呼び寸法で、ふつう、これにはモデュール寸法が与えられる。構成材の製作寸法は、一般的にモデュール呼び寸法よりはやや小さめに決められる。これは施工や部品をうまく納めるために必要なゆとりを見込んでおくためである。

構成材は大きく柱・梁の構造、空間を仕切る壁、大きな面を仕上げる面材、空間ユニットなどに分けられる（図9）。それぞれにふさわしい構成材基準面の設け方があることに注意しておきたい。グリッドを使って設計するグリッドプランニングにはいく通りかの方法がある。ここでは空間を仕切る壁、それも部品化された間仕切パネルを代表的な構成材の例として、それらの特性をみることにしよう。プランニングにあたっては、パネルのすべての

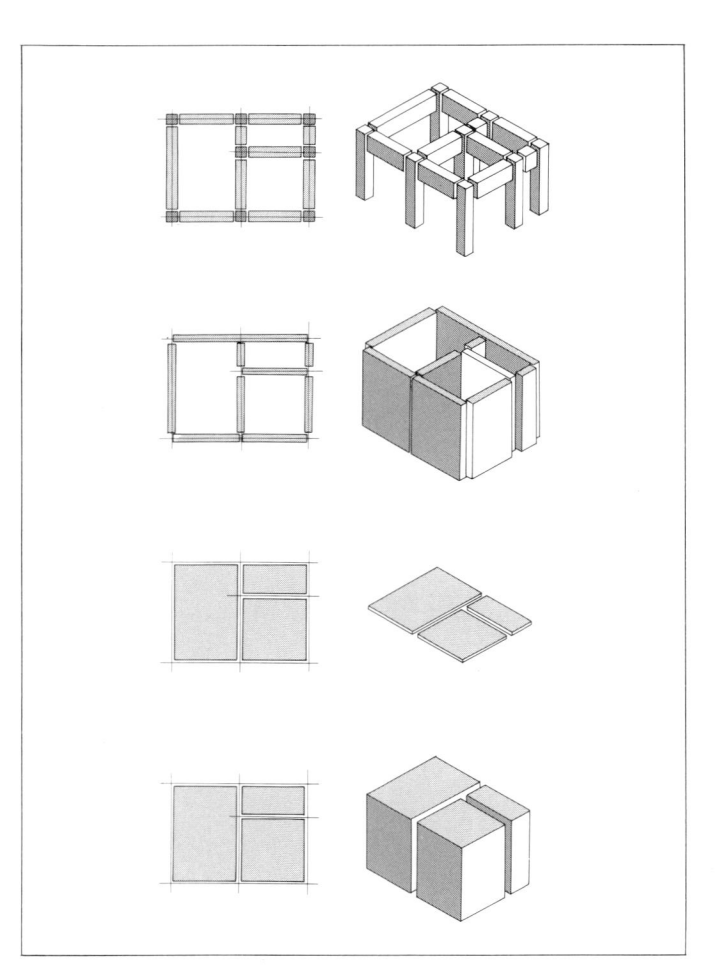

図9　構成材の四つのタイプ

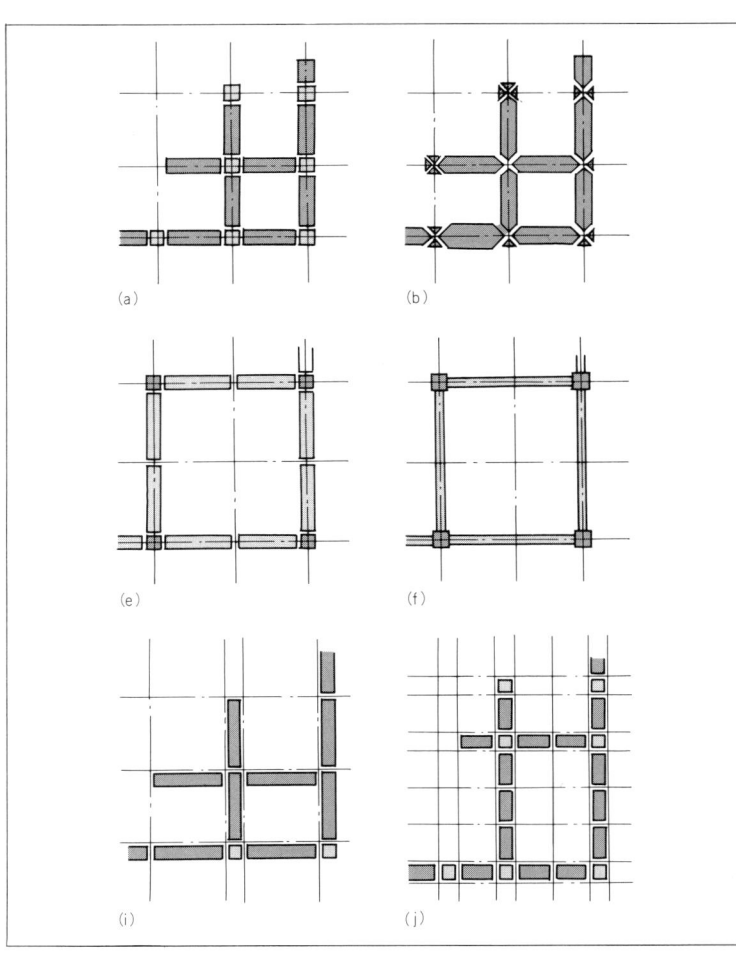

図10　空間を仕切る構成材と空間グリッド

配列の形が可能で，かつパネルの寸法の種類がなるべく少なくなることを評価の条件とする。

均一な間隔で一様にひかれたグリッドがシングルグリッドである。シングルグリッドに構成材の中心線を合わせて配置していく方法をシングルグリッド心押さえという。シングルグリッド心押さえで前の二つの条件を満たす解決法としては，図10の(a)，(b)に示した二つが代表的なものである。(a)の具体例はオフィスの可動間仕切に多く見られる。(b)のような形の接合部は特殊な工夫を必要とするので，実際には(c)，(d)のような簡単な形の方が多く用いられる。これらの場合パネルの寸法の互換性は多少犠牲になる。

構造上必要な位置のみに柱が必要であるという考え方をとれば，プレハブ住宅によく見られる(e)のような方法になる。この場合の柱だけに注目すれば(f)の形になる。関東間と呼ばれる木造在来構法のMCがこれに相当する。

シングルグリッド心押さえの手法は，このように構成材（この場合は間仕切）の位置を主に意識したものである。一方，これに対してシングルグリッド面押さえと呼ばれる方法がある。こちらはグリッドによって与えられた領域にさまざまの構成材を対応させていく手法と考えてよい。間仕切パネルをシングルグリッド面押さえの手法によって配列する場合，(g)のような方法をとれば同じ寸法のパネルであらゆる平面形を構成することができる。しかし，そのままでは室空間を間仕切る壁としては不適当なので，パネルの寸法の種類は増えるが，普通は(h)のような方法をとる。

グリッドを引くとき(i)のようにあらかじめパネルの厚みに相当する領域をとっておけば，(h)のようなパネル寸法の互換性の問題は解消される。この特別な領域，あるいはそれを用いた手法をダブルグリッドという。しかし，パネルの配列を変えようとすると，ダブルグリッドが邪魔になることから分かるように，位置の互換性に関しては制約がある。軽量鉄骨の柱を用いたプレハブ住宅のように，パネルを設ける位置が決まっている場合には，その位置にダブルグリッドを設けてパネルの寸法を統一できるという利点がある(j)。またこの場合，室空間としてモデュールの整数倍の大きさの空間がそのまま残るので，他の構成材や単位空間を無理なく納めるのに都合がよい。(j)のパネル部分を真壁に変えると，京間と呼ばれる木造住宅のもう一つのMCの方法になる(k)。ダブルグリッド面押さえのこの場合には，関東間の場合と違って畳の寸法はすべて同じにできるわけである。パネルを配列する位置の自由度を増やそうと考えるのであれば，(l)のようにダブルグリッドを一様に設ければよい。このとき(l)はグリッドの大きさが違うことのほかは，(a)と全く同じMCであるということができる。

現在では住宅部品が多く用いられるようになっており，またそれらを耐用年限に応じて取り替えることによって建物の耐久性を伸ばそうという気運が強くなってきているため，空間と構成材の寸法を調整することが一層重要な課題となっている。建設省が開発したCHS（センチュリー・ハウジング・システム）はこれにこたえたものである。それには，RC造の場合は構造体をダブルグリッドとし，内部に900㎜の整数倍の空間を確保することなどのルールが示されている（図11）。

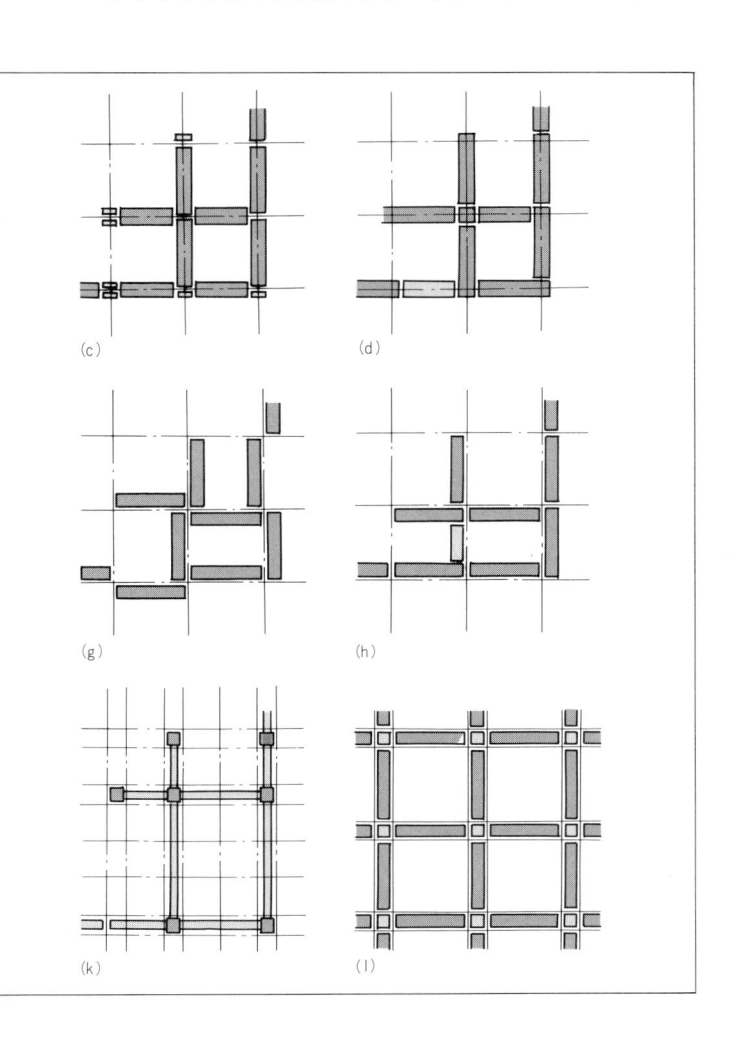

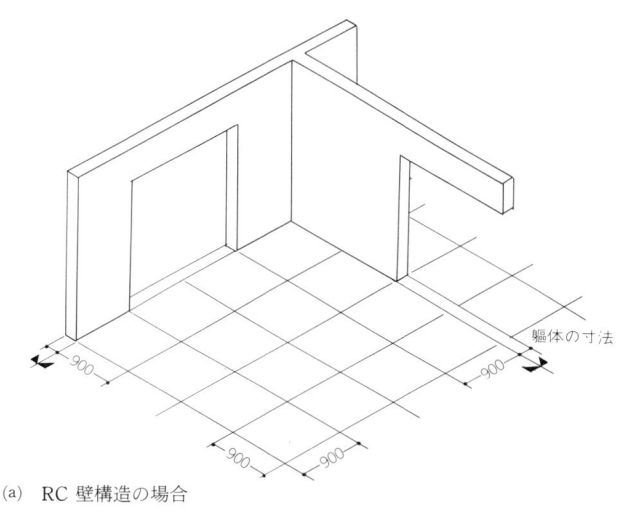

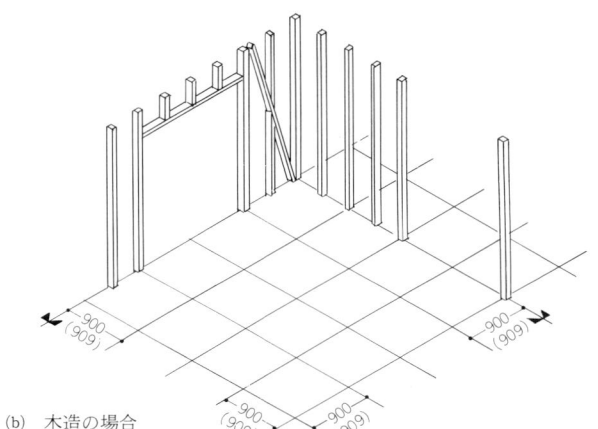

(a) RC壁構造の場合

(b) 木造の場合

図11 構造とグリッド（C.H.S.のルールより）

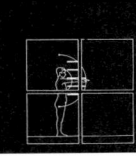

3 インテリアの人間工学

3.1 人間工学の意味と人体寸法

人間工学の意味

　人間工学にはいろいろな立場からの定義があるが，普通には，人間の作業能力とその限界とを知って，仕事を人間の生理・心理的な諸特性に適合させていく科学というように理解してよい。

　現在のところ，人間工学が産業の中で広く応用されているのは，環境の改善，作業の改善，安全性の確保といった分野においてである。一方人間工学は，これとは別に機器を設計する分野においても有効に役立ってきた。本節では主として後者の分野について説明する。

　道具や機械は，それを使うのは人間だから，使いやすいように設計されていなくてはならない。そのためには人間の特性に合わせることが必要であるが，人間は肉体的にも精神的にもばらつきが大きい。そこでばらつきの実態をとらえて，これを数量的に表示する手段が必要になってくる。人間工学はそのための有効な手段として役立つのである。

　なお，ここで人間工学の効用と限界について触れておきたい。これまで設計の基礎資料として発表されているさまざまなデータは，主として分析的な学問の系列に属するものが多い。ところが設計は総合と分析の過程を繰り返しながら，一歩ずつ目標に近づいていく技術であるから，分析的なデータがそのままの形で設計に使えるとは限らない。そうした場合に，人間工学は総合への橋渡しとして役立つ。それは視点が人間の側にあるからである。

　一方，人間工学は設計のチェックの手段としてもまた有効である。その意味は，どんなに注意深く設計を進めても，機能的に欠陥のない製品をつくることは不可能である。思わぬところで抜け落ちる項目もあろうし，相反する要求をどのように妥協させるかで迷うこともあろう。そうしたとき人間工学はチェックの手段として有効な役割を果たす。

人 体 寸 法

　人体寸法が人間工学のいちばん基本になる資料であることはいうまでもない。しかしながら現状では，必要に応じて満足できるデータをすぐに捜し出すことは容易ではない。その理由は，従来の資料は人類学の立場から作られたものが多いために，骨を対象にして計測が行われてきており，人体の軟部や動作についての数値は比較的少なかったためである。

　人体寸法には静的なものと動的なものとがある。静的とは静止した人体そのものの寸法を指し，動的とは生活行為を中心にして人間の移動に必要な空間，および人間と物とを組み合わせた空間を対象にした寸法の意味である。建築の分野における人体寸法は動的なもののほうが重要である。

　人体寸法を使うに当たって注意を要することが二つある。その一つはたとえ人体寸法が明らかになったとしても，それがそのまま設計寸法にはならないということである。設計図に示される寸法は，人体寸法になにほどかの「あき」の寸法を加えるか，または減じたものである。このあきの寸法はきわめて重要で，設計の対象によっては，あきのほうが人体寸法そのものよりも重要な意味をもつ場合すらある。

　もう一つの注意は，人体寸法は民族・職業・年齢・性別などによって違いがあるほか，地域によっても差があるということである。したがって，ある一つの数値をもって全体に共通する寸法と考えることは危険である。しかし実際には，ある数値をよりどころにして設計を進めていかなくてはならない。そのため，計測値を使用するに当たっては慎重な配慮が必要である。

　図1には幼児から成人までの人体寸法を，図2には老人の人体寸法を，また図3には乳幼児の人体寸法を示した。

　図4は各府県ごとの体位の差を示したものである。最大は東京，最小は沖縄である。

　図5は代表的な各国人の身長と体重を示したものである。

　図6は日本人の各年齢における全身長と各部位の比率を，見やすいように一覧表にしたものである。新生児は4等身で，成人になると8等身に変わることが分かる。

　図7は身長を基準にした人体寸法の略算値である。この数値を覚えておくと設計に便利である。

　図8は人体各部の断面形態を示す。肩の付近は矩形，腹部は楕円というように変わっていくことが分かる。

　図9は人体各部の重さの割合を示したものである。これから頭部と胴部に対する四肢の比は54：46であること，シートに腰掛けたとき座面にかかる重量は，全体の85％といったことが分かる。

　図10には設備，ものの寸法と身長との関係を示した。横軸に身長が表してあるので，それに適した寸法を読み取ればよい。

　図11は全身で押したときと引いたときにかかる力の大きさを示したものである。

　図12は立った姿勢のままで手で押したり引いたりしたとき，どれだけの力がかかるかを体重を100として示したものである。

　ここで戦後の体位の伸びについて触れておこう。日本人の場合，1900年から1960年までの間では，身長は1年当り約1mmの割合で伸びてきている。戦後は成長が幼齢期に移行したため，全体が著しく伸びつつあるように見えるが，実は成人の最終的な伸びはせいぜい4.0cmである。そして，それは下肢が伸びたためであった。しかし，この段階で一段落するものとみられている。

　以下人体寸法を理解するうえでの要点について述べる。

　① 身長についていうと男子の-2σ（標準偏差の2倍）が女子の平均身長に当たり，女子の$+2\sigma$が男子の平均身長に当たる。

　② 世界的にみて身長は南方ほど小さく，北に行くほど大きくなる傾向がある。

　③ 人体各部の寸法は，長さ方向は身長に比例し，横方向は体重に比例するとみなすことができる。

　④ からだ全体の重心の位置は中央よりやや下寄りで，へその下に当たっている。

　⑤ 物を設計するとき，とかく平均値をよりどころにすればよいと思いがちであるが，平均値でつくったものは50％の人しか満足させられないことに注意すべきである。

測定部位	年齢（歳）	1	3	5	6	7	8	9	10	11	12	13	14	15	16	17	成人
① 身　　　　長	男	774	932	1,104	1,159	1,215	1,270	1,322	1,373	1,428	1,498	1,573	1,636	1,671	1,692	1,701	1,651
	σ	28	44	45.7	47.6	50.5	52.0	55.6	58.6	66.6	77.7	79.2	70.0	59.9	56.4	56.1	52
	女	758	938	1,096	1,152	1,208	1,263	1,320	1,383	1,450	1,506	1,542	1,560	1,566	1,573	1,573	1,542
	σ	19	25	45.9	47.2	49.9	53.5	58.4	65.5	67.4	60.9	53.6	50.9	50.2	50.4	50.3	50
② 眼　　　　高	男	—	—	980	1,029	1,098	1,143	1,200	1,245	1,296	1,375	1,457	1,516	1,551	1,560	1,570	1,542
	女			988	1,039	1,088	1,147	1,196	1,260	1,330	1,391	1,419	1,449	1,453	1,457	1,461	1,431
③ 肩　峰　高	男	576	705	856	899	958	1,001	1,053	1,097	1,142	1,201	1,272	1,325	1,353	1,364	1,374	1,309
	女	562	695	851	894	949	998	1,047	1,104	1,154	1,203	1,253	1,258	1,263	1,286	1,274	1,219
④ 肘　頭　高	男			669	702	742	772	811	848	885	934	987	1,027	1,046	1,059	1,062	1,034
	女			661	695	736	773	807	854	900	936	944	952	960	968	979	952
⑤ 指先端高	男	268	324	381	400	438	460	483	505	525	555	586	616	628	632	636	615
	女	254	307	386	406	441	472	487	514	542	561	588	589	590	591	591	570
⑥ 上　肢　長	男	308	381	473	500	517	540	568	591	615	646	683	709	723	730	736	694
	女	308	388	468	492	508	535	511	584	614	643	664	668	672	676	681	649
⑦ 指　　　　極	男	—	—	1,072	1,125	1,186	1,249	1,305	1,330	1,414	1,484	1,571	1,630	1,679	1,690	1,701	1,653
	女			1,068	1,123	1,171	1,225	1,297	1,356	1,432	1,498	1,547	1,551	1,555	1,562	1,574	1,541
⑧ 前方腕長	男	—	—	533	560	581	552	634	661	690	724	764	799	814	818	818	795
	女			536	563	582	606	634	665	689	716	740	748	752	755	764	740
⑨ 肩　　　　幅	男	201	242	276	290	300	309	319	325	342	359	374	381	385	389	393	400
	女	199	246	278	292	301	311	319	327	342	355	360	363	366	369	372	370
⑩ 胸　　　　幅	男			181	189	190	194	202	210	219	225	228	250	251	271	265	259
	女			173	182	188	192	195	208	214	221	235	238	242	246	248	262
⑪ 下　腿　高	男	156	225	267	280	299	314	330	345	359	375	402	417	421	425	428	414
	女	153	229	268	282	296	313	329	344	361	369	372	374	377	380	394	375
⑫ 座　　　　高	男	446	542	625	650	675	699	721	742	765	798	835	868	891	902	908	911
	σ	22	23	27.3	27.0	27.9	28.9	30.1	30.7	35.2	43.0	45.3	41.1	35.4	32.4	31.4	31
	女	438	534	620	645	671	695	720	749	782	814	833	843	850	851	850	856
	σ	22	21	27.5	26.9	27.8	29.6	31.7	35.9	38.6	36.5	31.9	29.2	28.1	28.4	28.2	25
⑬ 座面肘頭距離	男			172	181	188	191	198	205	208	219	226	236	243	248	253	260
	女			169	178	188	193	203	212	218	224	238	239	241	246	249	257
⑭ 座位膝蓋骨上縁高	男			306	321	342	364	379	397	418	441	463	471	478	484	487	480
	女			297	312	341	361	378	399	424	436	444	447	450	453	454	440
⑮ 座　位　臀　幅	男	129	191	206	216	226	233	246	251	263	280	283	296	308	319	329	337
	女	128	195	210	221	227	239	249	263	278	294	294	309	325	334	339	330
⑯ 座位臀膝窩間距離	男			294	311	325	340	353	369	390	410	433	449	465	472	485	451
	女			303	318	323	339	357	378	396	412	419	425	431	437	444	442
⑰ 座位臀膝蓋骨前縁距離	男	204	277	357	375	393	414	432	452	478	502	529	554	564	571	577	557
	女	204	292	362	380	393	416	438	460	478	507	536	537	540	542	545	534
⑱ 座　位　下肢長	男	384	485	608	638	674	706	737	769	809	855	889	923	943	958	969	940
	女	389	495	610	641	676	710	737	775	808	845	885	901	907	912	915	885
体　　重　(kg)	男	10.1	14.1	19.0	20.9	23.3	26.1	29.1	32.3	36.1	41.4	47.1	52.6	57.1	59.4	60.9	58.8
	σ	0.9	1.5	2.42	2.96	3.43	4.19	5.19	6.02	7.14	8.33	8.89	8.91	9.29	8.40	8.20	6.8
	女	9.3	14.0	18.6	20.5	22.8	25.6	28.8	32.6	37.4	42.5	46.5	49.5	51.7	52.5	52.4	48.7
	σ	0.6	1.0	2.45	2.91	3.39	4.16	5.04	6.14	7.09	7.45	7.10	6.91	7.13	6.74	6.64	5.0

σ：標準偏差（単位：mm）

注 1) 5歳〜成人までの欄のうち，成人を除く身長，座高，体重の数値は，文部省 昭和57年度学校保健統計調査による実測値，その他の数値は，千葉大学建築学科室内計画研究の資料（1965）から文部省の実測値を使って換算したものである。
2) 成人の数値は，日本建築学会関東支部第22回学術研究報告「設計のための人体計測」（1965）による。
3) 1〜3歳の数値は，全国児童乗物団体連合会「乳幼児身体計測報告書」（1973）による。

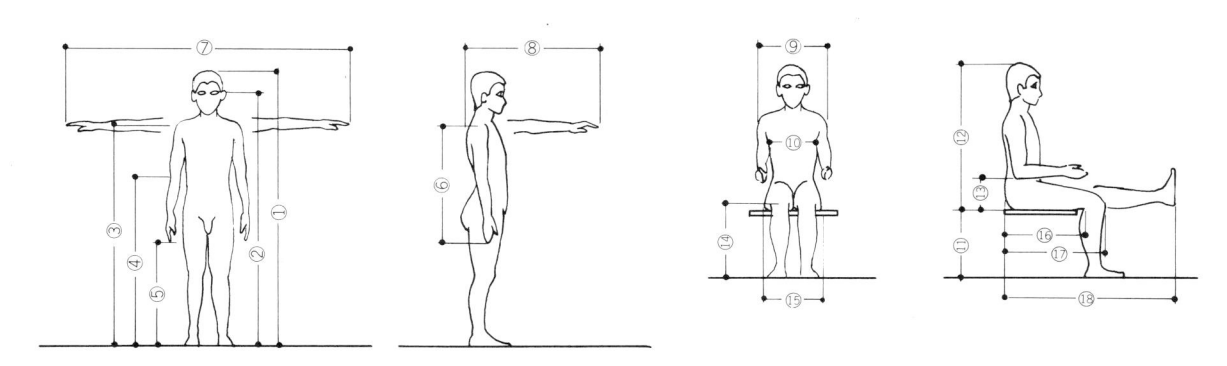

図 1 人体寸法[*1]

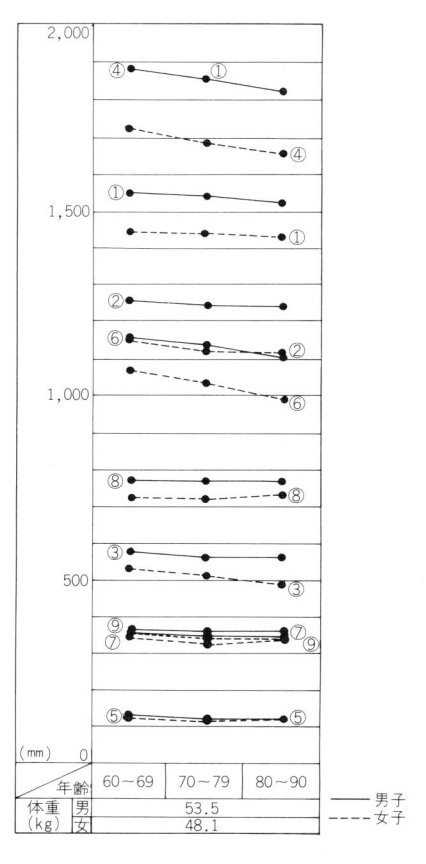

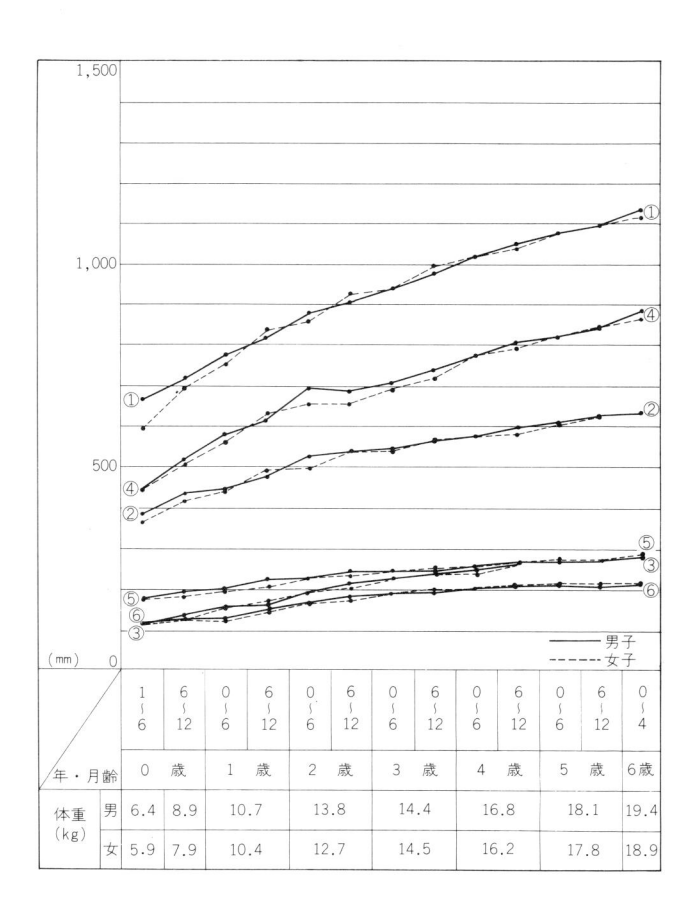

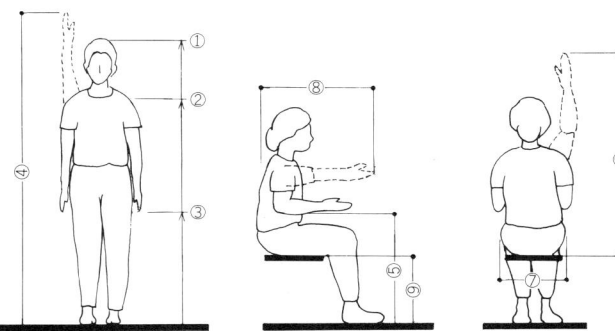

年齢	60～69	70～79	80～90
体重 男 (kg)		53.5	
女		48.1	

―― 男子
---- 女子

	1～6	6～12	0～6	6～12	0～6	6～12	0～6	6～12	0～6	6～12	0～6	6～12	0～4
年・月齢	0歳		1歳		2歳		3歳		4歳		5歳		6歳
体重 男 (kg)	6.4		8.9		10.7		13.8		14.4		16.8		18.1	19.4
女	5.9		7.9		10.4		12.7		14.5		16.2		17.8	18.9

図2　老人の年齢別人体寸法[*2]

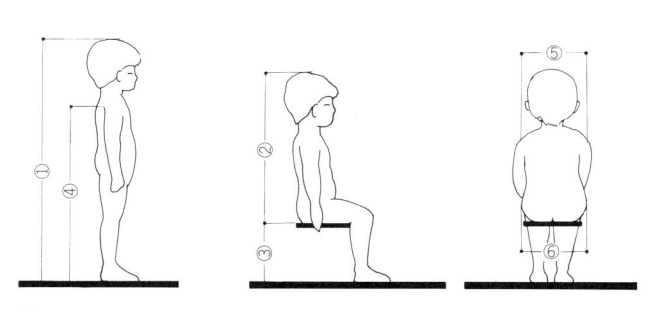

図3　乳幼児の年齢別人体寸法[*2]

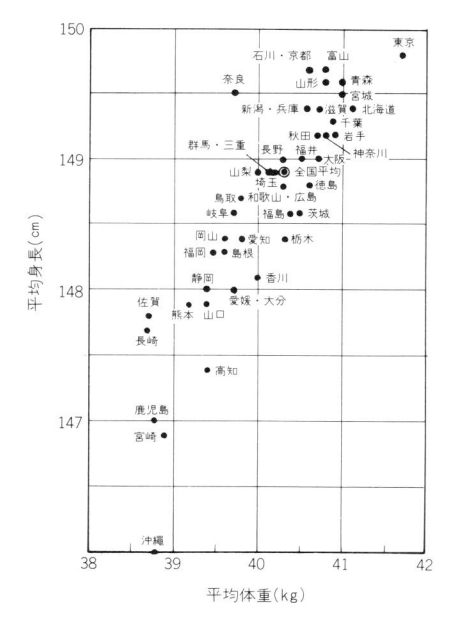

図4　国内における体位の地域差（12歳，男子）[*3]

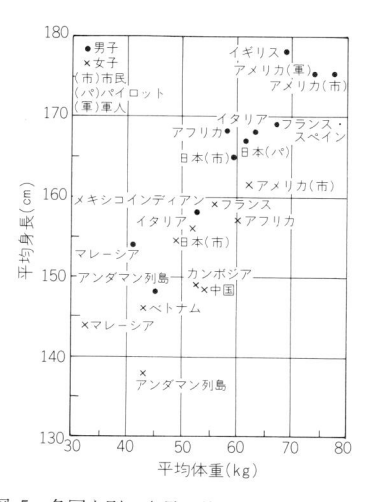

図5　各国人別の身長と体重[*4]
　　身長と体重は比例的な関係にある。また南方に行くほど身長は小さくなる傾向がある。

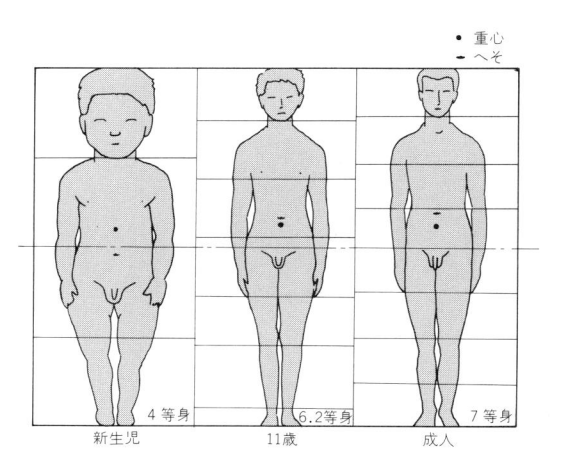

図6　年齢と体形の変化[*5]

図 7 人体寸法の略算値

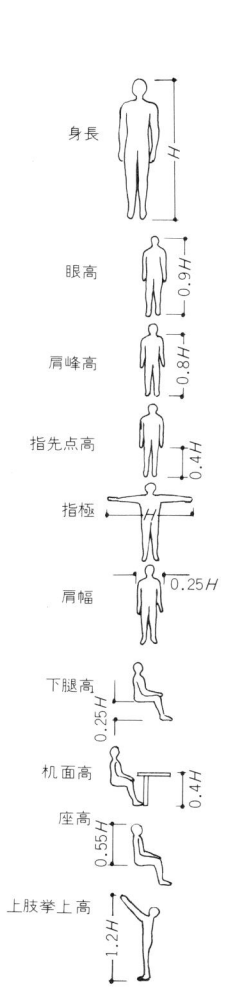

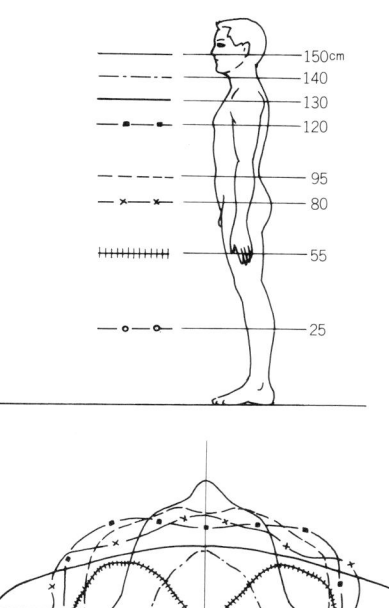

図 8 人体各部の断面形状
下図は上図に記載した各高さの断面を重ねて書いたもの。上方が正面である。

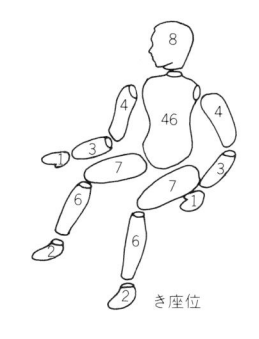

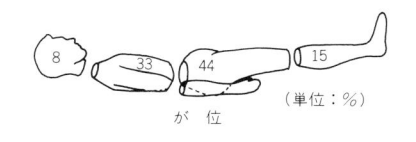

図 9 人体各部の重量比
（単位：％）

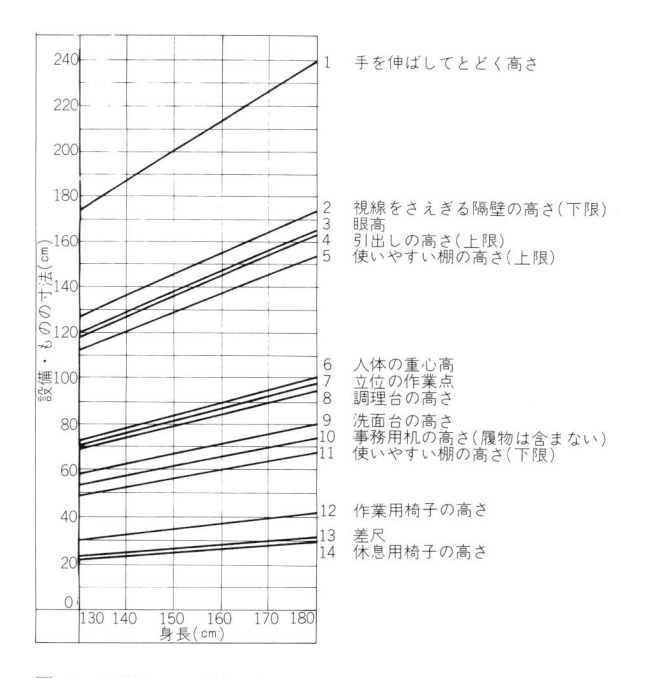

図 10 設備ものの寸法と身長の関係

1 手を伸ばしてとどく高さ
2 視線をさえぎる隔壁の高さ（下限）
3 眼高
4 引出しの高さ（上限）
5 使いやすい棚の高さ（上限）
6 人体の重心高
7 立位の作業点
8 調理台の高さ
9 洗面台の高さ
10 事務用机の高さ（履物は含まない）
11 使いやすい棚の高さ（下限）
12 作業用椅子の高さ
13 差尺
14 休息用椅子の高さ

図 11 全身で押す力と引く力（日本人成人男子）
複数の人が力をかけるときは，1人の力の人数倍にはならない。男子5人で4,000 N，女子5人で3,000 N 程度とみなしてよい。

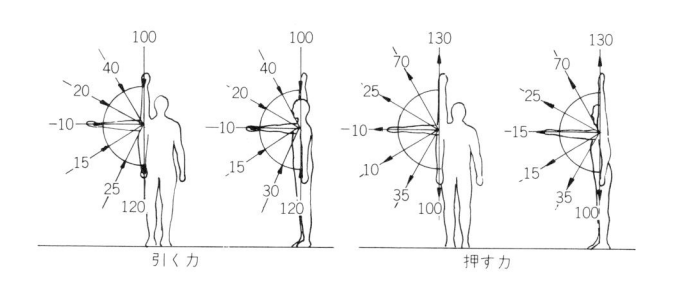

		持続力(N)平均	衝撃力(N)平均
押す	高さ(cm) 140 120 100 80	382 529 568 539	2,080 2,390 2,260 2,100
押す	高さ(cm) 140 120 100 80	167 363 588 617	892 1,430 1,530 1,650
押す	奥行(cm) 100 80 60 40	1,050 774 1,640 696	2,310 2,210 2,160 1,960
押す	高さ(cm) 200 180 160 140 120	696 853 627 843 676	2,010 2,230 1,830 1,980 2,160
引く	高さ(cm) 140 120 100 80	333 431 461 480	1,070 1,200 1,210 1,360
引く	高さ(cm) 140 120 100 80	274 353 441 480	1,040 1,110 1,110 1,010
引く	奥行(cm) 80 60 40 20 0	1,000 1,130 1,030 990 960	931 1,240 1,230 1,430 1,220
引く	高さ(cm) 80 70 60	941 1,030 1,160	1,050 951 911

図 12 立位のときの押す力と引く力（体重を100にして示してある）*4

3.2 動作空間

姿勢の基本になるものとしては，図1に示す①立位，②椅座位，③平座位，④臥位の四つに分けることができる。これが生活行為と結びついて，さまざまな生活姿勢をつくることになる。

人間が一定の場所にあって身体の各部位を動かしたとき，そこに平面的，または立体的にある領域の空間がつくられる。これが動作域である（図2）。

無理な動作は作業能率を低下させ，疲労を招き，事故を起こす原因につながることになる。機械を操作するときに必要な空間は，動作域に身体そのものの空間と機械の空間を組み合わせて求めればよい。

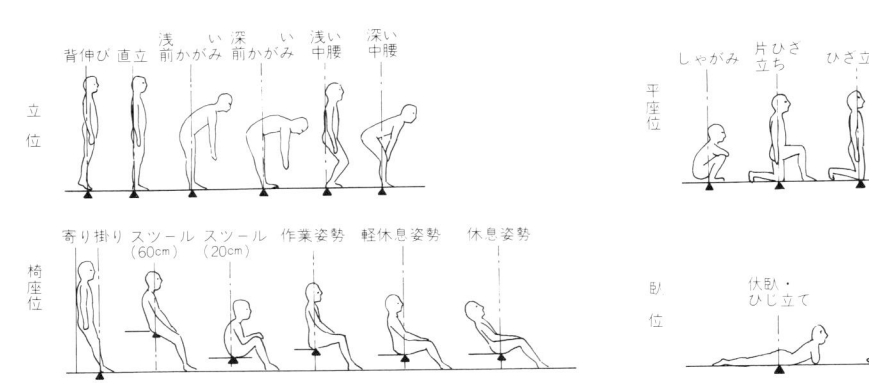

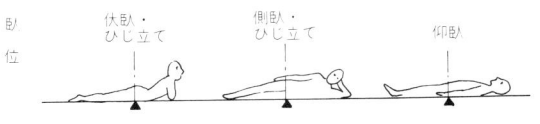

図1 生活の中でとる姿勢のいろいろ[*1]

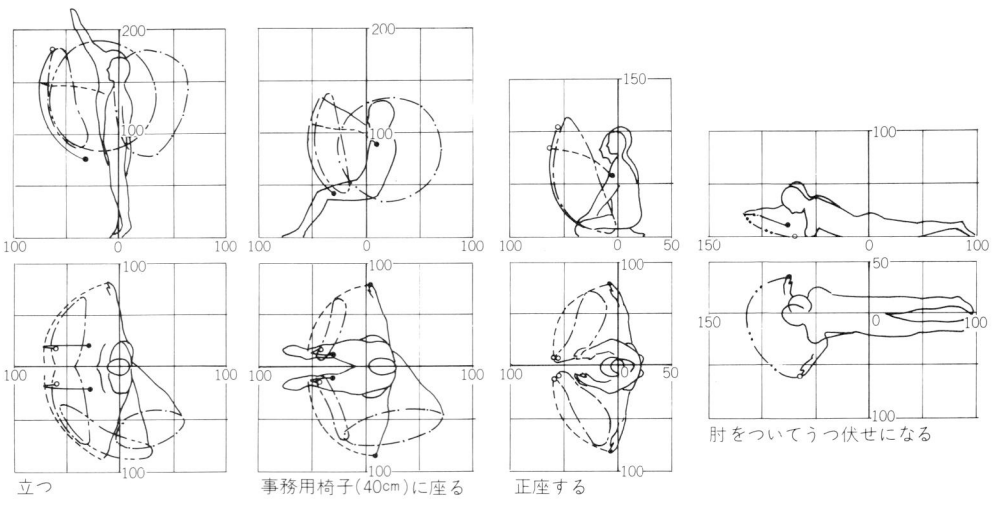

図2 生活姿勢の動作域（単位 cm）[*2]

図3 手の届く範囲[*3]
（水平作業域・成人の場合，単位 cm）

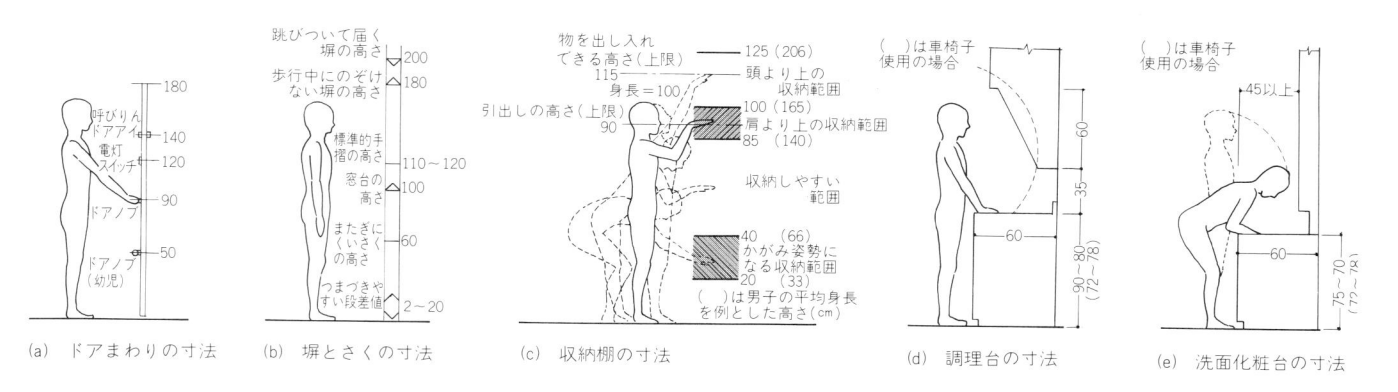

図4 設備の寸法（単位 cm）[*1]

(a) ドアまわりの寸法
(b) 塀とさくの寸法
(c) 収納棚の寸法
(d) 調理台の寸法
(e) 洗面化粧台の寸法

手による作業は水平の作業面上で行われることが多い。この場合,作業面は通常作業域と最大作業域に分けることができる（図3）。

図4は設備の標準的な高さを示した図である。この寸法は成人男子および女子を満足させるものとみてよい。

図5は立つ,座るの動作を分析したもので,上に床座の場合,下は椅子座の場合である。左側にはそれに必要な空間を示し,右側には時間の経過と姿勢の変化を表している。

図6はテーブルまわりで必要とされる寸法について示したものである。

図7には車椅子のために必要な設備の寸法を示した。また図8は車椅子に必要な下肢の領域について示してある。

図9はにぎりやすい大きさを示したものである。

手が機器を操作するときの動きは,押す,引く,回すの三つで,それに,つかむ,にぎる,触れるという手の三つの形で分類すると,その周囲に必要な「ゆとり」の寸法を求めることができる。図10は,つまむとつかむを例にして,ゆとりを x, y, z で示したものである。

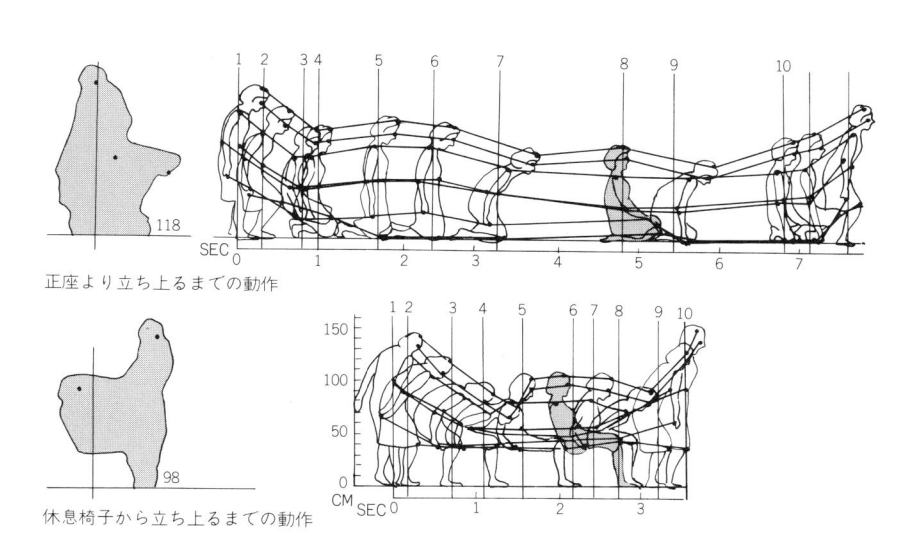

図5 動作の分析と動作空間

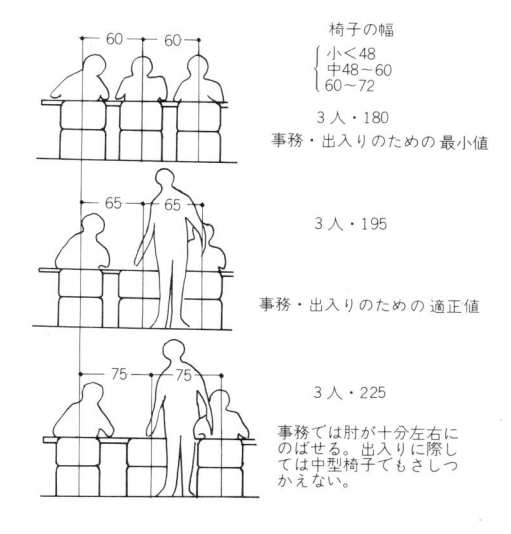

図6 テーブルまわりと必要寸法（単位cm）

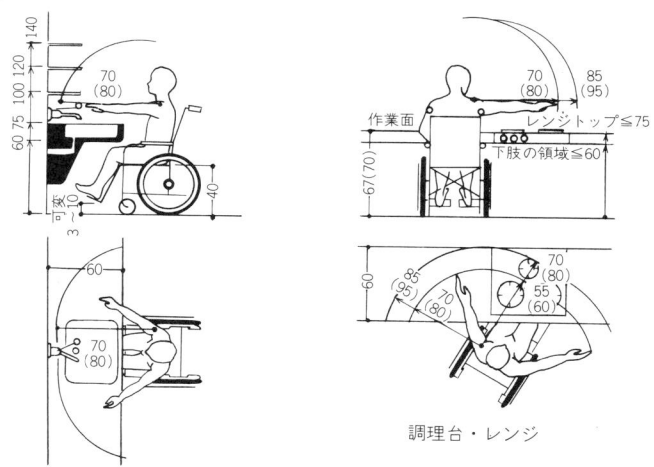

図7 車椅子のための設備の寸法（単位cm）*4 （ ）内は成人男子の場合

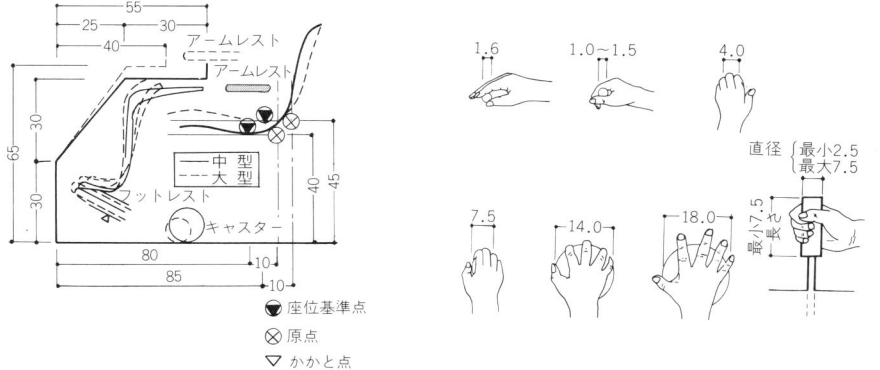

図8 車椅子の下肢領域*4

図9 にぎりやすい大きさ（単位cm）*5

図10 つまみの周囲のゆとり寸法（単位cm）*6

3.3
家具への応用(1)——椅子と机

椅子の役割

　人間工学は機能を測る物差しとして、家具と結びつくことになった。特に机と椅子は人間工学の登場によって評価が大きく変わることになったが、その理由は立った姿勢のほうが自然で、座った姿勢には無理がある、ということが証明されたためである。その論拠は以下のようである。

　人間が形態的にほかの四脚動物と大きく違う特徴は、2本の足で立って歩くということである。生物は長い進化の過程で常に重力の影響を受けながら、少しずつ形を変えて現在の姿が出来上がってきた。そういう観点から人間と四脚動物を比較すると、大きく違うところが三つある。

　一番めは頭である。頭は90度回転して背骨の上に乗り、首が細くなって回転しやすい形になった。もとの姿は顔が天井を向き、首はイノシシ首だったのである。

　二番めは背骨の形であり、もとの背骨はアーチ形で、それを4本の脚で支えていたのであるが、立つためにS字形に変形した。そして背骨がこの形をとったとき、上体は内臓のバランスがとれて苦しくないように、立位の自然の姿勢に落ち着いてきたのである。

　三番めは骨盤が発達したことである。四脚動物ではこの部分に腰帯と呼ぶ簡単な関節があるが、人間は立ったので立位の姿勢で胎児を保持できるように、腰帯が発達して骨盤になった。そして背骨の下端と骨盤は一体になって、腰の保護の役目を果たしているのである。

　こうした点を考慮に入れると、立ったときの姿勢は自然だが、座ると無理が生ずるということに気がつく。なぜなら、座るためには骨盤を後方へ回転させなければならないが、骨盤が回転すると背骨の下端の仙骨も回転する。そのため背骨はもはやS字形を保つことができないで、アーチ形になってしまう。つまり、座ると400万年前の四脚のときの形に戻ってしまうわけである。そのため内臓は圧迫されて苦しくなるし、背骨にも無理がかかる。以

図1　家具の分け方

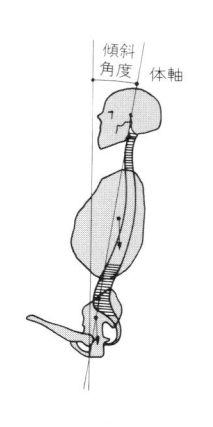

図2　椅子と人体の構造[*1]

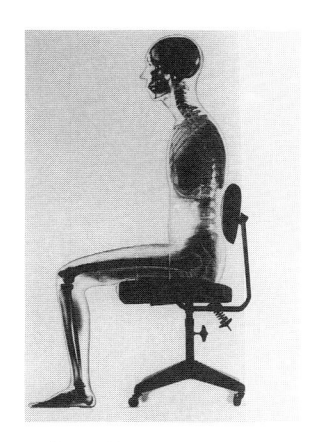

椅子姿勢のX線写真

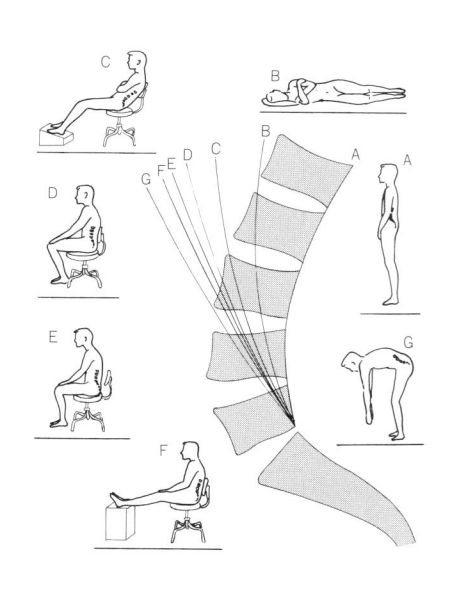

図3　姿勢と腰椎の形状（キーガン）[*1]

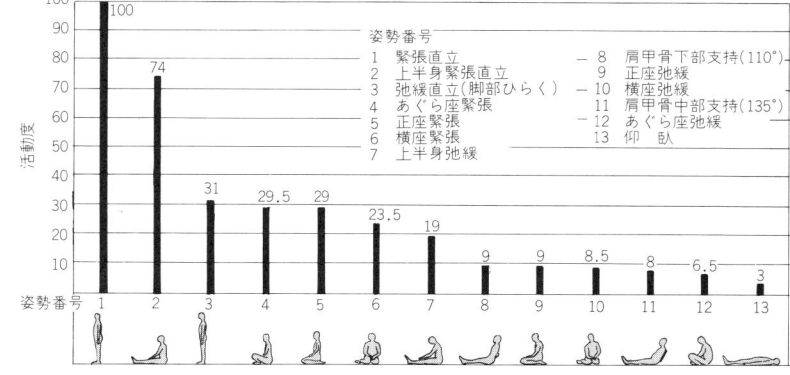

図4　生活姿勢と筋の活動度

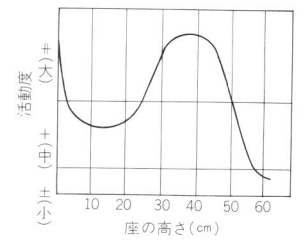

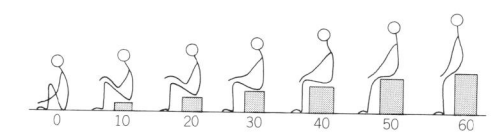

図5　座面の高さと筋の活動度

上を要約すると，立ったときは下肢は疲れるが，上体のほうは自然である。座ると下肢は楽だが，上体には無理がかかるということである。

座った姿勢に無理があるとすれば，自然に戻してやるために何らかの補助具が必要になってくる。その補助具が実は椅子なのだというのが人間工学からみた椅子の定義である。つまり椅子には二つの顔がある。一つの顔はステイタスシンボルの役割で，もう一つの顔は人体支持の補助具としての役割である。この二つの顔のバランスが使用目的に合うように作られたものが，本当によい椅子となるわけである。

以上のように考えてくると，次のことに気がつく。いまもし理想の椅子というものがあったとしても，それは座ることによって起こる上体の無理を，どこまでゼロに近づけ得るかというものでしかない。全く疲れない椅子などは存在しないと考えるほうが正しい。これが機能の立場からみた椅子についての基本になる考え方である。

図1は家具の分け方の一例である。ここでは人と物とのかかわり合いに視点をおいて，アーゴノミー系（人体系）家具と，セミアーゴノミー系（準人体系）家具，およびシェルター系（建物系）家具に分けることを提案している。こうしてみると，椅子やベッドは家具というよりも，むしろ衣服に近い性格をもっていて，「体具」とでも呼んだほうが実態を表すことが分かる。

図2は椅子座姿勢のX線写真である。人体の骨格の構造を調べてみると，曲がりやすいところと曲がりにくい部分とがある。そこで椅子との関係を考える場合には，人体は図の右のようなモデルであると想定し，その支持条件を力学的に追究していったほうが合理的であることがわかる。それは人間の上体は①頭部，②胸部，③骨盤という三つのブロックと，これらをつなぐ接合部分からできていて，そのジョイントに当たるのが頸椎と腰椎だという考えである。つまり姿勢が変わるのはジョイントのところが動くからで，ブロックの内部は変形しないとみなすわけである。

図3は姿勢の変化に応じて，腰椎の形状がどのように変わるかを示した図である。横に寝たときが一番無理がかからないBで，座ったときはC，D，E，F，立ったときはA，Gの形になる。

図4は生活の中でとるさまざまな姿勢に対し，筋の活動がどのように変わるかを調べたものである。全身の筋肉のうちから主要なもの21を選び，立位の緊張時を100として示し，大きなものから順次並べてある。平座の姿勢は意外に活動度が少ないが，それ

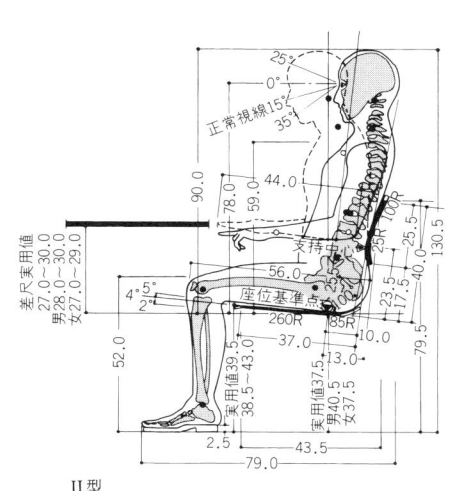

図6 椅子の支持面のプロトタイプ（単位 cm）

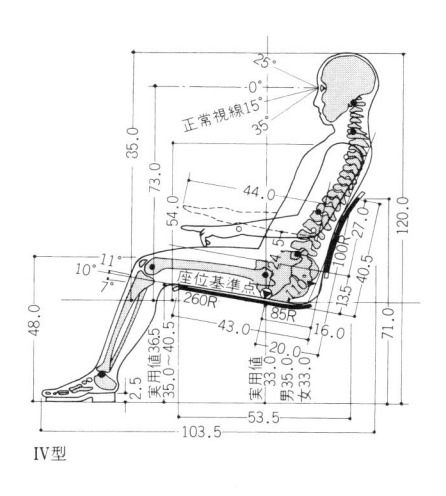

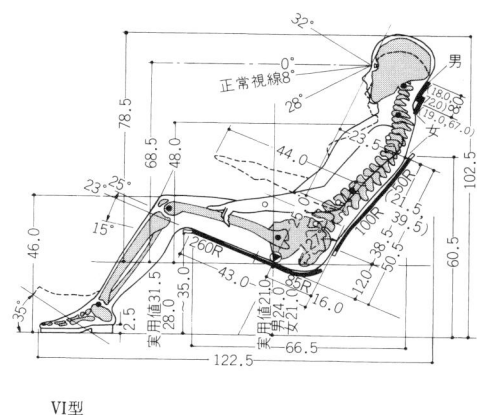

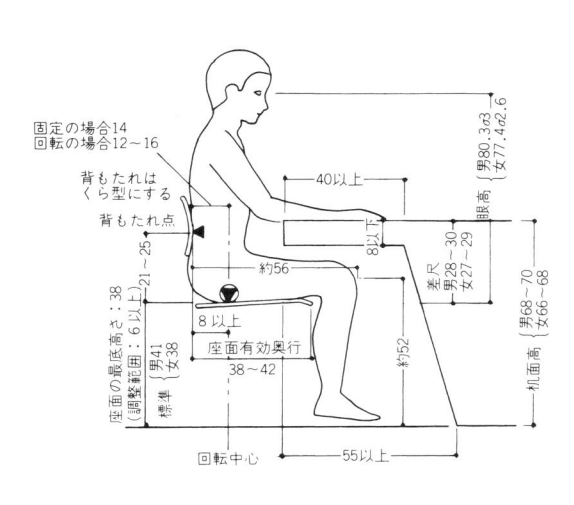

図7 事務用椅子と机の機能寸法（単位 cm）*2

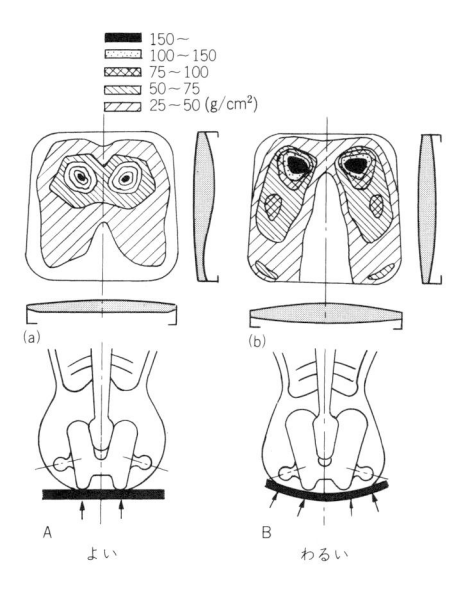

図8 体圧分布と座面形状

は脚への負担がないためと思われる。

図5は椅子の座面の高さによって、腹筋と背筋の活動がどのように変わるかを調べたものである。背もたれのないスツールでは40cmの高さのときが活動が最も大きく、それよりも高くなっても低くなっても、活動度は減ってくる。このことはスツールは腰がいかに疲れるかを示している。

椅子の支持条件についての多くの実験の結果を総合して、設計に応用できるように図にまとめたのが支持面のプロトタイプⅠ～Ⅵであるが、その中の三つを示した（図6）。Ⅱ型は一般の事務用椅子、Ⅳ型は休息用の椅子、Ⅵ型は枕つきの安楽椅子の原型である。ここで注意したいのは、図は支持面の標準形で最終安定姿勢で示されているから、椅子の外形とは違うということである。クッションのある椅子では仕上がりの形と最終安定姿勢との間には常に食い違いがともなうので注意する必要がある。

図7は成人男子、女子を対象にした事務用椅子・机の標準的な寸法を示す図である。寸法の原点は座骨結節点におかれている。これを座位基準点と呼んで、機能寸法はそこから前後、左右、上下方向に決めていく。ただし図では床面からの寸法で示してある。

図8は尻のどの部分にどれだけの圧力がかかるかという座面の体圧分布で、椅子の掛け心地を左右する重要な因子である。事務用椅子については、図の左のような分布がよく、右のような分布はよくない。外観が同じように見える二つの椅子に、このような違いがあらわれるのは、座面の金属製の底板の形状に違いがあるためである。下の図はその理由を人体との関係で示したものである。一般にBのような形のほうが安楽そうに見えるが、実は逆でAのほうがよく、Bのほうがよくない。

良い椅子と悪い椅子を体圧分布で比較すると図9のようになる。

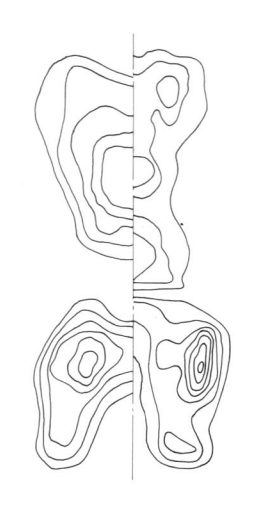

図9 よい椅子と悪い椅子の体圧分布の比較
　左側はよい椅子，右側は悪い椅子。上は背もたれ，下は座面。よい椅子は腰椎と座骨結節点に圧力の中心がある。

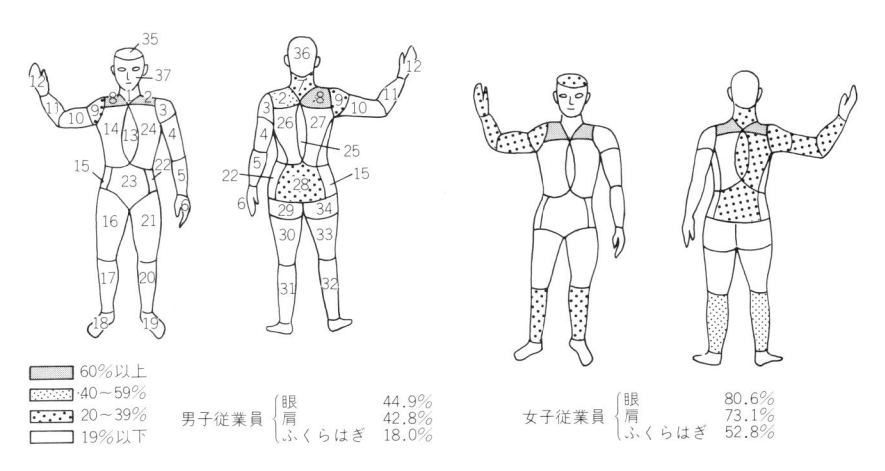

図10 高すぎる机を使ったときの疲労部位調査の結果
（図中の文字は測定した部位の番号である）

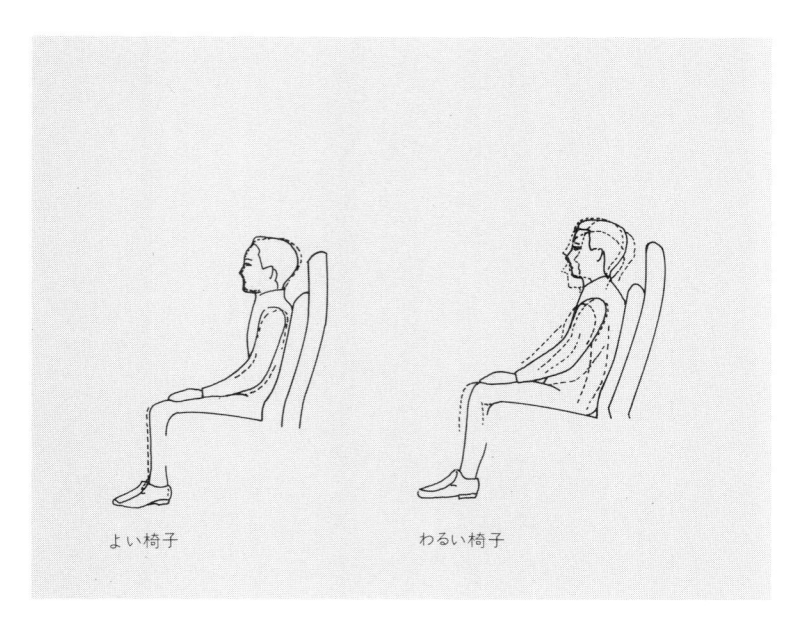

60%以上
40～59%
20～39%
19%以下

男子従業員　眼　44.9%
　　　　　　肩　42.8%
　　　　　　ふくらはぎ　18.0%

女子従業員　眼　80.6%
　　　　　　肩　73.1%
　　　　　　ふくらはぎ　52.8%

図11 椅子のよい悪いの比較

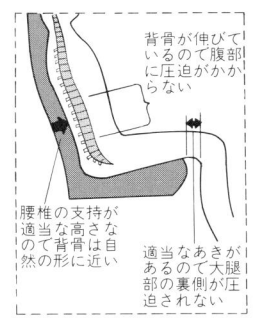

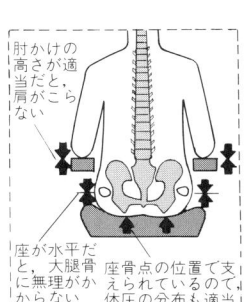

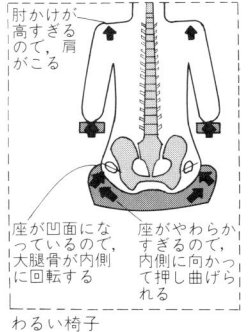

図12 椅子のチェック・ポイント（ヘンリー・ドレフュス）[*3]

図10は標準値より数cm高い机を使ったときの疲労部位の訴えを調べた例である。女子従業員についての目・肩・ふくらはぎの疲労の訴え数は，男子のそれよりも2倍も多い。このことは机が高すぎるために，女子が男子よりも無理な姿勢で仕事をしたことを示している。

　図11は良い椅子と悪い椅子を比較する方法の一例である。体の数箇所に豆ランプをつけ，腰掛けてから後の30分間の動きを撮影したものである。動きの少ないのは掛け心地のよいことを示している。

　図12は椅子の機能のチェックポイントとして，ヘンリー・ドレフュスがまとめたものである。一見当り前のことのように見えるが，よく見るとさすがにつぼを押さえた注意だと改めて感心させられる。この注意すら守られていない椅子がいかに多いかということは，市場の椅子を調べると痛感させられることである。

　図13は筋電図によって，肘掛けの高さと間隔の影響を調べたものである。高さは25cm前後がよく，間隔は42～44cm程度が適当であることを示している。

　図14は足掛けの位置をどこに置くのがよいかを筋電図によって調べ，かかとの位置で示したものである。これから下肢は上体と平行か，それよりも角度がやや大きくなるような位置に置くのが望ましいことが分かる。ただし実際の設計では，足を自由に動かせるスペースをこれに加えなければならない。

　立位で作業をするとき，最も筋活動の少ない点を筋電図によって求めてみると図15のようになる。なお，これをガス代謝法によって確かめてみたが，RMR（エネルギー代謝率）および酸素消費量についても全く同じ傾向を示すことが分かった。なお，図は作業点について示してあるので，作業台はそれよりも機器の高さだけ低くなることに注意する必要がある。

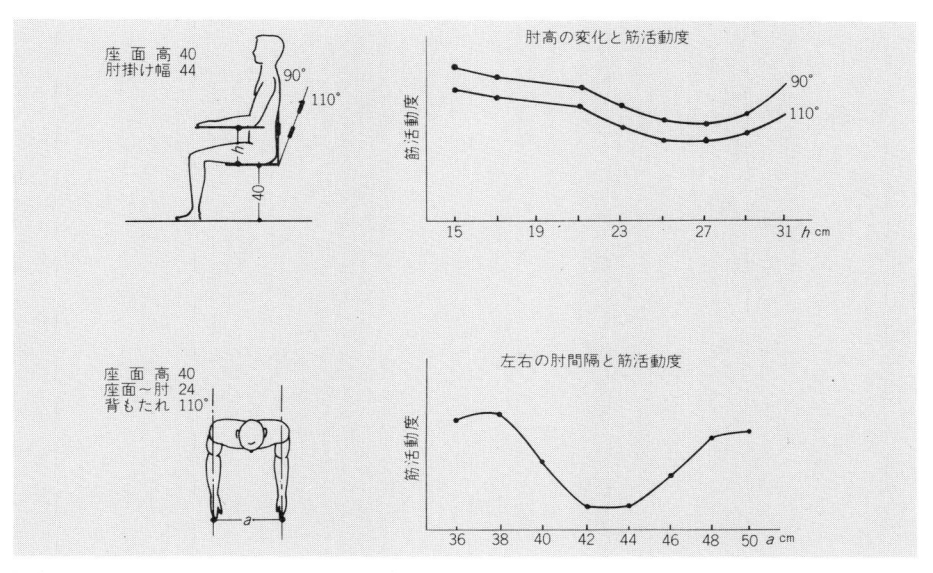

図13　筋電図による肘掛けの評価（単位 cm）

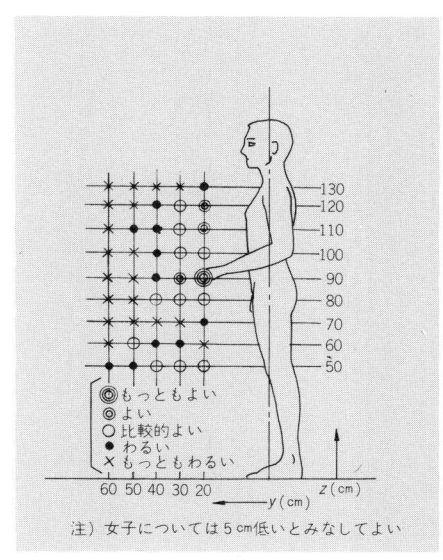

図15　作業点の選び方（単位 cm）

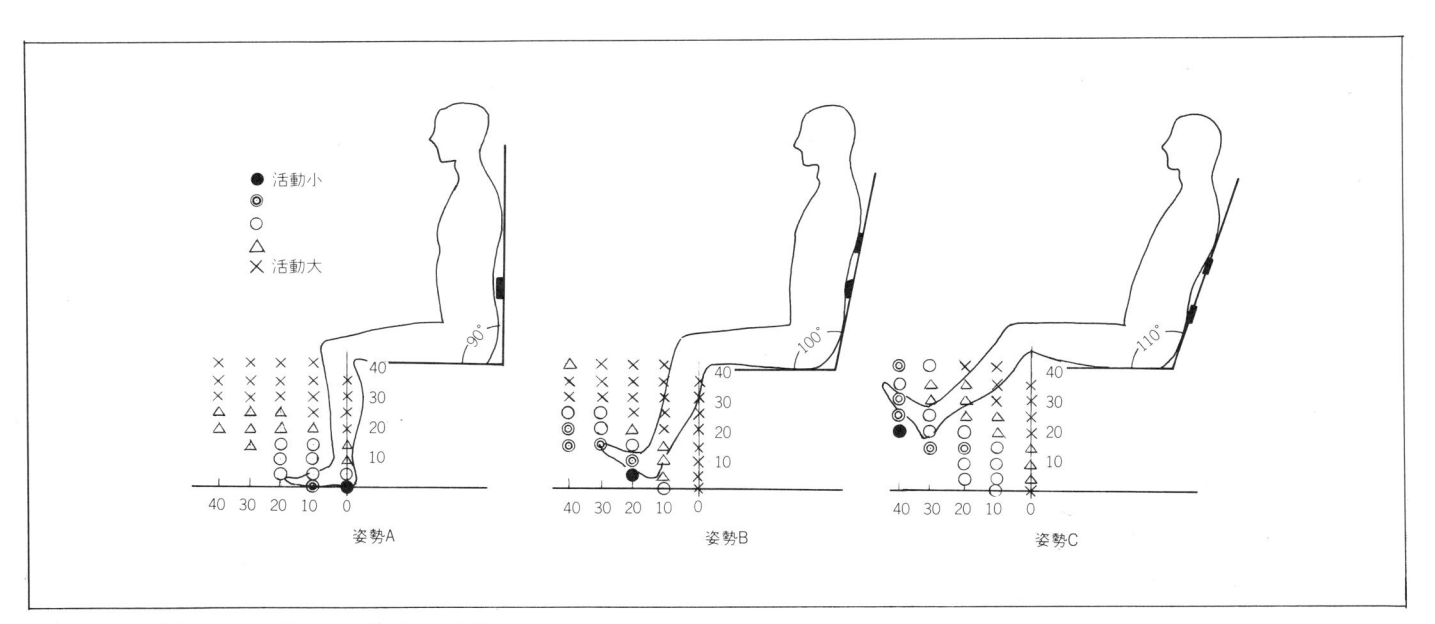

図14　筋の活動度からみた足掛けの位置の評価（単位 cm）

3.4
家具への応用(2)——ベッド

寝具への応用

　体を水平に支えるということは，きわめて簡単なことのように思いがちであるが，実際にはかなり難しい問題である。普通には，立った姿勢をそのまま背面から支えて，そっと上向きに倒したら，さぞかし寝心地の良いベッドができるだろうと思いがちである。だが，実際にやってみるとそうではない。おなかが突き出て寝にくいのである。安眠して疲労を回復させるためには，仰臥したときは，背骨は立ったときよりも真っすぐになっていることが必要である。これは簡単に解決できそうであるが，実際に寝具をつくる側からいうと，かなり難しい技術を必要とする。その理由は，支持面を硬くすれば寝姿勢を正しく保つことができるが，筋肉が痛くて寝られない。柔らかくすると肌ざわりはよくなるが，姿勢が崩れて寝苦しい。この矛盾をうまく解決するのがクッションの役割で，綿もスプリングも，フォーム材料も，この役目を果たすために使われているのである。

　図1は眠りの経過を模式的に表したものである。縦軸に睡眠の深さを4段階に分けて示してあるが，入眠期から第2期，第3期を経て，いちばん深い眠りの第4期に入っていく。それからしばらくすると浅い眠りに戻り，また深くなるというように，1時間半ないし2時間の間隔で，一晩のうちに4～5回の変動を繰り返しながら，明け方に目を覚ます。これが普通にみられる睡眠のパターンである。

　図の波形のうち，淡墨のかかったところは逆説睡眠と呼ばれるところで，体のための眠りであり，下側の徐波睡眠の部分は脳のための眠りであるといわれている。

　健康な人が立ったときの背骨のS字形の曲がりは，普通4～6cmであるが，寝て気持が良いと感ずる背骨の曲がりは，その半分に当たる2～3cmである（図2）。このように立ったときと寝たときの自然の姿勢が同じでない理由は，体にかかる重力の方向が90度違うためである。ついでながら腰掛けて疲れない姿勢をとったときの背骨の曲がりは1.0～1.5cmで，立ったときの1/4，寝たときの1/2に当たる。

　図3は，硬めのベッドに寝たとき（上図）と，柔らかいベッドに寝たとき（下図）の最終安定姿勢を示す。体を支えるものが柔らかいと，胸と臀部が沈んで，腹部の突き出た姿勢になり，全体はWの形になってしまう。

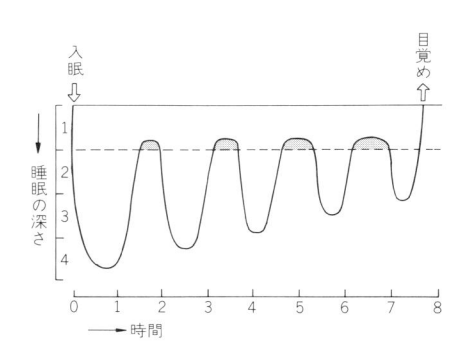

図1　睡眠の時間的変化[*1]

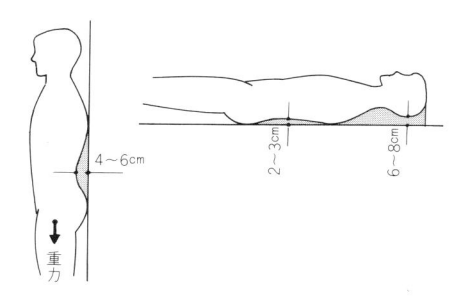

図2　立ったとき（左）と寝たとき（上）の背面の形状のちがい

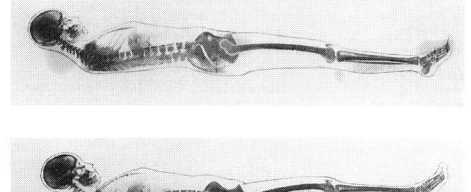

図3　寝姿勢のX線写真
　上は硬めのベッド，下は柔らかいベッドに寝たとき。体を支えるものが柔らかいと胸と臀部が沈んで，腹部の突き出た姿勢になる。

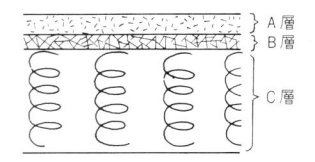

図4　弾性の三層構造

図5　ベッドの体圧分布図

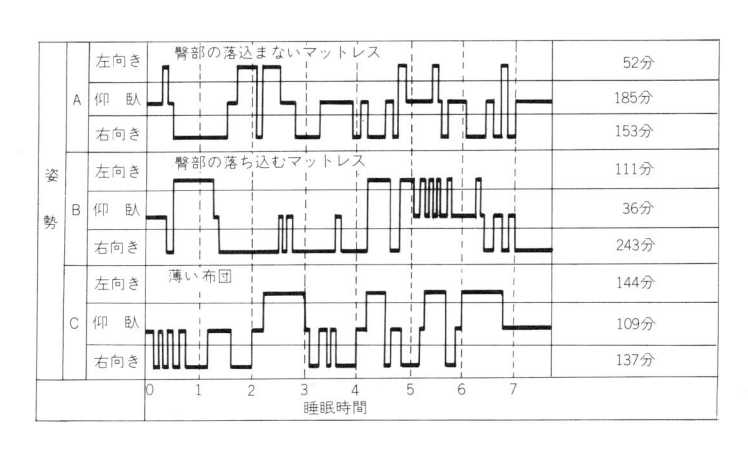

図6　姿勢と寝ごこち

クッションが柔らかいとふんわりと体を包んでくれるが，寝姿勢が悪くなる。硬いと寝姿勢は良くなるが痛くて寝にくい。この相反する要求をうまく満足させてやるのが三層構造の考え方で，図4はそれを模式的に示したものである。一番上のA層は体に接する部分であるから柔らかくなくてはならないが，その下のB層はかなり硬くあるべきで，この二つで寝たときの姿勢を正しく保つ。3番めのC層は衝撃をふんわりと受けとめるのが役割で，B層を平らに支えたまま上下するような構造になっていればよい。

寝たとき体に受ける圧力の分布する状態も，寝心地を左右する重要な因子である。図5の上は硬めのベッドに寝たとき，下は柔らかいベッドに寝たときの体圧分布のパターンである。硬めのベッドでは，圧力の分布する状態と感覚の鋭敏さとがほぼ比例するが，柔らかすぎると分布は一様で悪平等になってしまう。

図6では一番上のAは三層構造をもつ硬めのベッド，中央のBは柔らかすぎるベッド，一番下のCはせんべい布団である。左から右への軸は時間の経過を示すが，被験者は左向き，右向きと寝返りを打ちながら7時間半後に目を覚ますことを表している。これを見ると，Aでは一晩のうち約45％は上を向いて寝ており，Bでは8％，Cでは30％である。このことから，寝具に大事なのは，柔らかさよりもむしろ姿勢の保持のほうだということが分かる。

図7はせんべい布団と柔らかいマットレスに寝かせたときの動きを示したものである。寝具が柔らかくても硬くても，寝返りを打つ幅は肩幅の2.5～3.0倍である。この寸法が畳の幅と同じであることは注目してよい。

図8は寝具の幅をどこまで狭くすることができるかを実験した結果である。まず広いベッドに寝かせておいて，段階的に次第に幅を狭くしながら脳波計で睡眠の深さを測り，寝返りを観察した。これによって必要な幅の最小の限界は，およそ70 cmとみなしてよいことが分かった。それよりも狭くなると，眠りは浅くなり，寝返りの回数も減ってくる。

各人の体位に合った寝具の大きさは，図9によっておよその目安を求めればよい。

住宅用のベッドにはJISがあってその大きさは図10のように決められている。これはベッドメーキングしたときの大きさで表されているので，実際のマットレスの実寸法は幅で約5～15 cm小さく，長さでは2.5～12.5 cmまで小さくてもよいことになっている。このほか性能についてのJISがあり，耐久性と強度を規定している。図11はクッション材料の特性を荷重―たわみ線図で示したものである。線図が直線に近く，荷重をかけたときと，取り除いたときの二つの線の間に食い違いのないものほどクッションとしての感じがよい。

図12は市販の三つ折りマットレスについて最終安定の寝姿勢を調べたもので，A，Bは良いがC以下はお尻が落ち込んで寝苦しいことを示す。

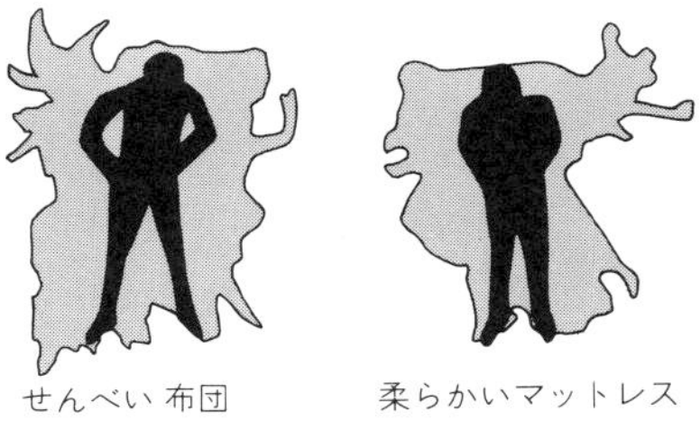

図7 寝返りと寝具の柔らかさ

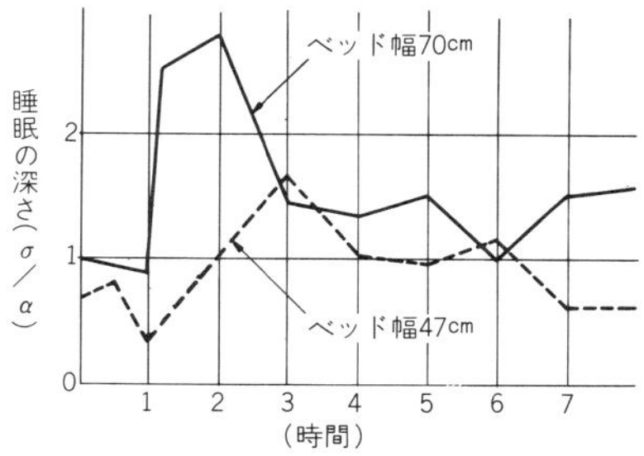

図8 寝具の幅と睡眠の深さ

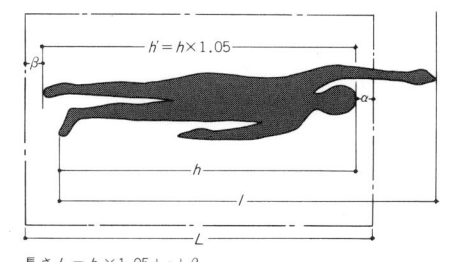

長さ $L = h \times 1.05 + \alpha + \beta$
ただし h = 身長（身長の平均 男子=165cm，女子=155cm），$\alpha=10$，$\beta=8$
幅 $W = 2.5 \times w$
ただし w = 肩幅（肩幅の平均 男子=43cm，女子=41cm）

図9 寝具の大きさ

長さ \ 幅	800	900	1,000	1,100	1,300	1,500	1,600	1,700	1,800
1,900	○	○							
2,000	○	○	○	○	○	○	○	○	○
2,100			○	○	○	○	○	○	○

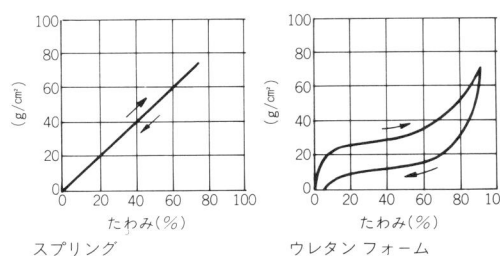

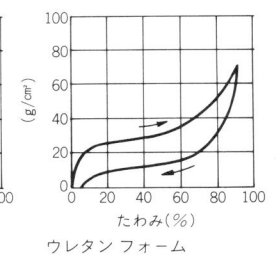

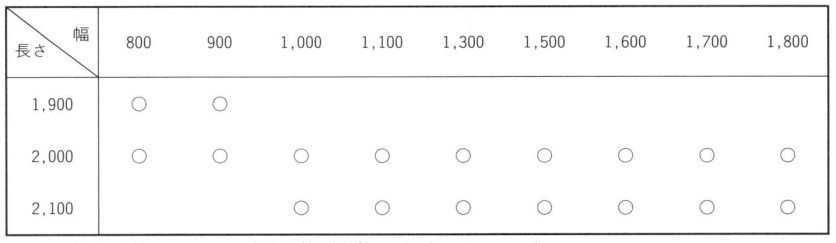

図10 住宅用普通ベッドの寸法規格（単位cm）（S 1102-1993）

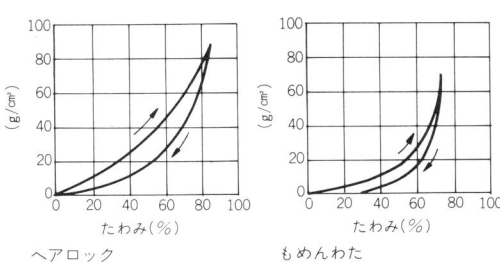

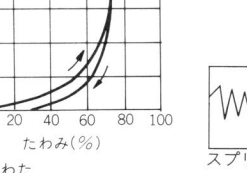

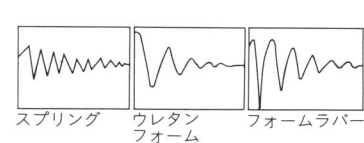

〈荷重―たわみ線図：線図が直線に近く，荷重をかけたときの線と除いたときの線との間に食い違いのないものほど感じがよい〉

振動の減衰特性：振動の減っていく経過を示す。左端から右端までは2秒間である。

図11 クッション材料の特性

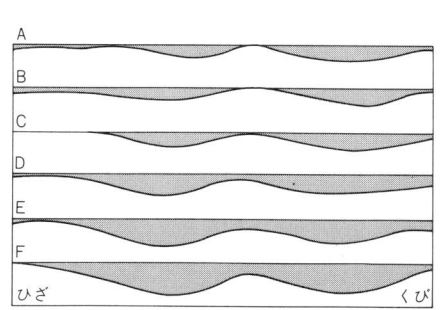

図12 各種フォーム・マットレスの寝姿勢のちがい
市販の三つ折りマットレスについて調べたもの。A，Bはよいが，C以下はお尻が落ち込んで寝苦しい。

3.5 室空間とモデュール

　ものを設計するときの寸法は，用途，使用場所，材料，構造，生産性，輸送といったような，いろいろな条件から決まってくる。それらの中で人間工学は人間尺度的な資料を提供する役割をもつが，いちばん初めから人間工学が寸法の決定に関与することはむしろ少なく，上に述べたような項目によって大まかな寸法の目安がついたあとで，果たしてその寸法が人間尺度に合っているかどうかをチェックする手段として役立つことが多い。以下は一例として，住宅で使われる機器ユニットを取り上げ，人間工学がどのようなかかわりをもつかを述べることにする。

　いま機器の寸法についておよその目安がついたとき，次の段階として必要になってくることが二つある。その一つは機器と人間を含んだ空間の大きさが，部屋の内のり寸法にうまく納まるかどうかということ，もう一つはその空間の外郭寸法どうしを，うまく組み合わせることができるかどうかということである。

　この二つはいずれも寸法調整の問題であるが，これがうまく考えられていないと，せっかく設計した機器やユニットの納まりが悪く，無駄なスペースが残ったりして，部屋は全体として使いにくいものになってしまう。そういう立場から考えられたのがイン

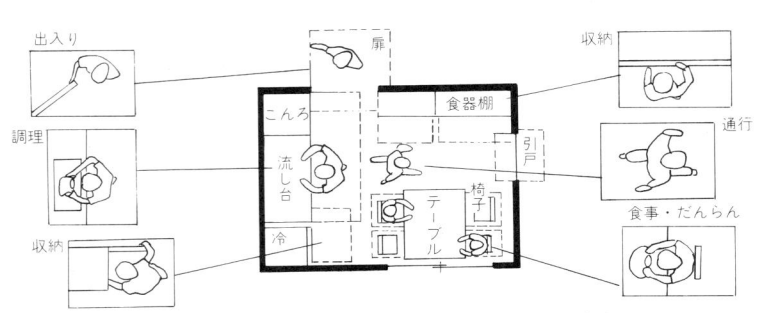

図1　部屋の空間の構成*1
動作空間には重なってよい場合と，そうでない場合があることに注意する。

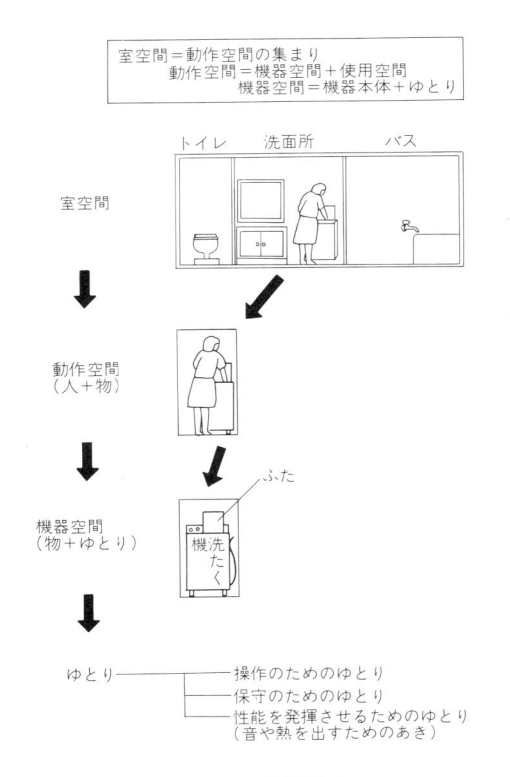

図2　空間のレベル分けと寸法調整*2

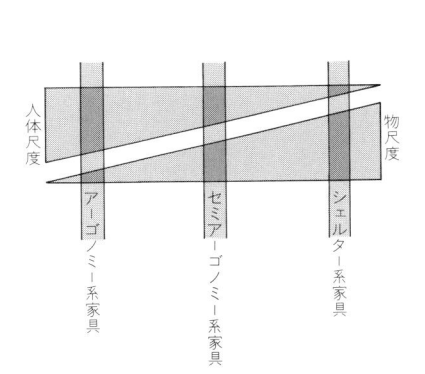

図3　要素空間のコーディネーティングサイズ

図4　家具の分類とモデュールの関係
アーゴノミー系の家具は人体寸法が主で物寸法は従，準人体系の家具は人体寸法と物寸法の重みがほぼ等しく，シェルター系の家具は物寸法が主で，人体寸法が従であることを意味する。

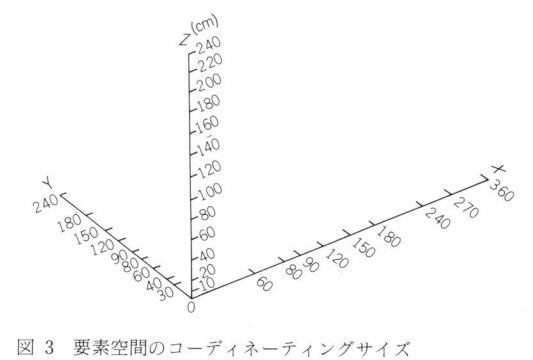

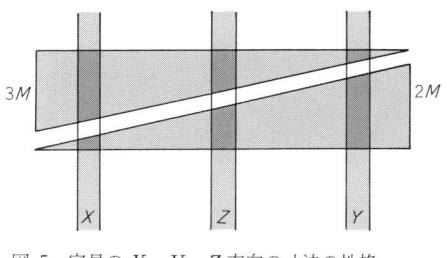

図5　家具のX，Y，Z方向の寸法の性格

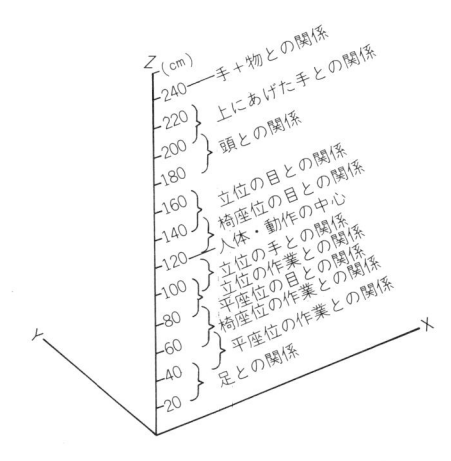

図6　垂直方向における人と物のかかわり

テリア・モデュラー・コーディネーションである。

部屋の空間についての構想がまとまったら，それぞれの単位の空間に分けて，人体尺度から矛盾がないかどうかをチェックする（図1）。

図2は室空間と機器空間との関係を上部に表し，下図にサニタリーユニットを例にして，室空間→要素空間→機器空間に分解していくときの考え方を示す。

インテリアのモデュラー・コーディネーションを成り立たせるためには，まず，室内構成材の全体を包含するような要素空間のモデュールを想定し，これをよりどころにして全体の体系化を図っていくほうが解決が早い。ここに示した立体グリッドはインテリアの空間格子である。室内に置かれる家具や機器の大きさは，このグリッドをよりどころにして決めていけばよい（図3）。

家具をアーゴノミー系，セミアーゴノミー系，シェルター系に分け，それぞれの寸法のよりどころを人体尺度と物尺度とに分けてみると図4のようになる。アーゴノミー系は人体尺度が主で物尺度は従，シェルター系は物尺度が主で人体尺度は従であり，セミアーゴノミー系はその中間的性格をもつことを意味している。

収納家具を例にして，x, y, z の寸法の性格を考えてみると，x は $3M$（$M=10\,\text{cm}$）が主になり，y は $3M$ と $2M$ が半分ずつで，z は $2M$ が主になっている（図5）。その理由は図6をみると理解できる。

垂直方向における人と物とのかかわり合いはおよそ図6に示すようで，20 cm を単位にすると納得できる区切りになる。

住宅の天井の高さは 2,400 mm が標準となっているが，比較のため図10に車両の天井の高さを示してある。

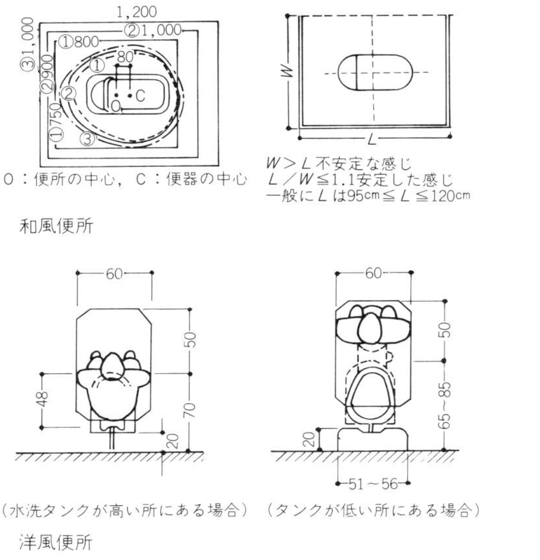

図7 便所の広さと人体寸法（単位 cm）[*3]

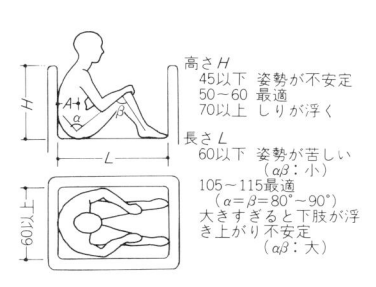

図8 浴槽と人体寸法（単位 cm）[*4]

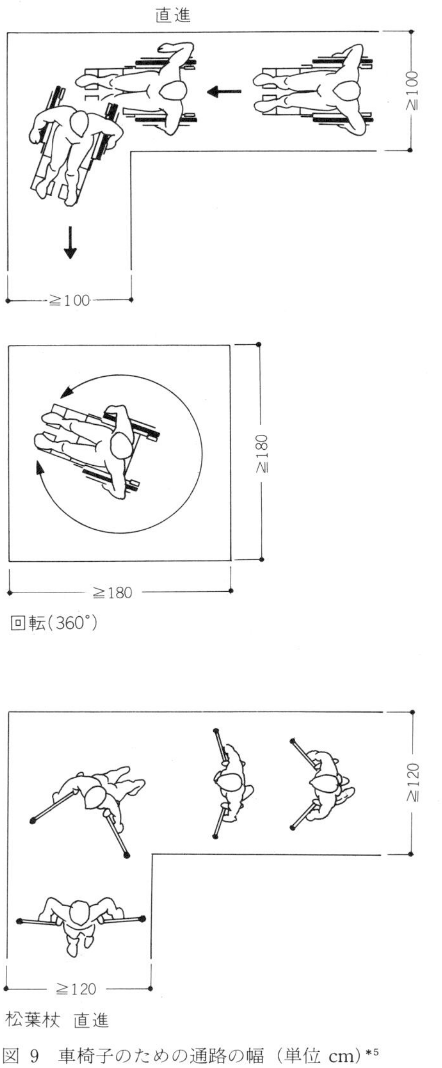

図9 車椅子のための通路の幅（単位 cm）[*5]

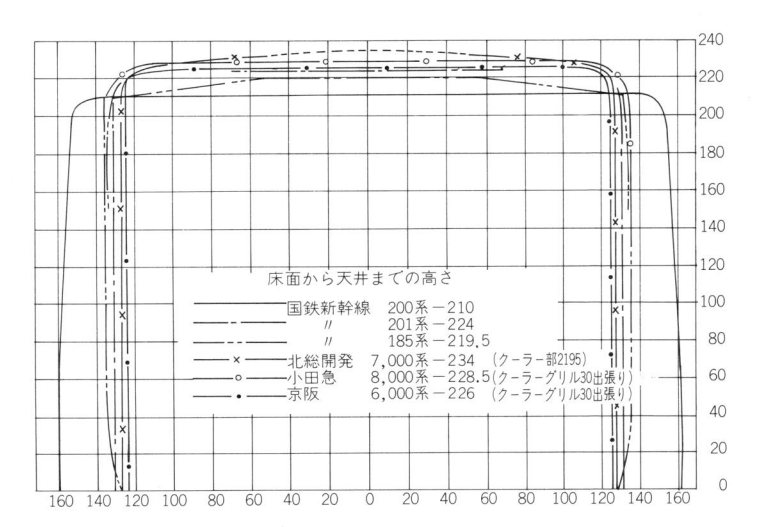

図10 車両の天井の高さ（単位 cm）[*6]

3.6
動作・行動の特性

　人間の動作，行動には，人それぞれにある決まった傾向やくせをもつものがある。例えば，ドアに向かうと無意識のうちに押す人がいる。押して開くと思って押したドアが実は引いて開けるのだったという経験をした人は多いことだろう。

　このような人間の動作，行動に見られる傾向やくせは，ある人間集団を取り出してみたとき，その人間集団に共通して見られるものである。このような傾向あるいはくせをポピュレーション・ステレオタイプという。これは「利き腕」のような人間自身の持っている特性だけによるのではなく，空間や機器などの実際の状況や慣習などにも影響されるものであり（例えば右に回すと出力が大きくなる機器が多いということなど），その仕組みは明らかにされていない。機器や空間の設計においては，緊急時に迷わないで正しい操作ができるように，このようなポピュレーション・ステレオタイプに考慮を払っておく必要がある。しかしステレオタイプは，習慣などの，文化の違いによって異なるため，適用には十分な注意が必要である。例えば，非常レバーのようなものを設計するとき，押すようにするか引くようにするかは慎重にしなければならない。日本ではのこぎりは引いて切るが，西欧では押すといった習性の違いを考慮する必要があるということである。

　ノブ，レバー，ボタンなどの操作方向にはステレオタイプが見られる。図1は，ドア，ガス，水道，電気などのノブ，レバー，ボタンなどの操作を想定したときどちらに動かすかということを，アンケート調査した結果である。操作具とそれのついている操作面ごとに，操作目的別にA・B二つの方向のうちそれぞれを

操作具	操作具各設置面における操作方向説明のモデル図	操作目的と操作方向		正面	上面	右側面	底面	左側面
回転ノブ		扉を開ける	A B	81 19				
		水・ガスの出力	A B	60 40	54 46	58 42	59 41	44 56
		電気の出力	A B	83 17	71 29	76 24	67 33	52 47
		出力を増大する	A B	73 26	71 29	70 29	62 38	50 50
回転レバー		扉を開ける	A B	31 68				
		水・ガスの出力	A B	30 70	28 73	58 41	73 26	33 67
		電気の出力	A B	33 67	35 64	65 35	68 31	39 61
		出力を増大する	A B	39 61	37 63	58 42	70 30	40 60
ボタン		扉を開ける	A B	58 42				
		水・ガスの出力	A B	51 49	47 52	61 39	65 35	58 42
		電気の出力	A B	32 67	29 71	41 59	49 51	37 63
		出力を増大する	A B	52 47	49 50	57 43	59 41	52 47

A＋B＋無回答＝100（小数点第1位を四捨五入・単位：％）

図1　ノブ，レバー，ボタンなどの操作方向
（堀田らによる）[*1]
操作具の種類ごとに，操作具のある面別に，操作目的別に，どちらに操作するか答えた人のパーセンテージ。日本人大学生男子326人，女子313人についてアンケート調査したもの。

片開きドア	A ○○ B		
部屋から出るとき		押す	引く
	Aのノブを Bのノブを	34 14	42 8
部屋に入るとき		押す	引く
	Aのノブを Bのノブを	28 15	45 10
引戸			
部屋から出るとき	左の引手をAに引く 右の引手をBに引く	75 25	
部屋に入るとき	左の引手をAに引く 右の引手をBに引く	71 29	
引違いふすま			
部屋から出るとき	引手をAに引く 引手をBに引く	65 35	
部屋に入るとき	引手をAに引く 引手をBに引く	67 33	

A＋B＋無回答＝100（小数点第1位を四捨五入）
（単位：％）

図2　ドア，引き戸を開ける操作（堀田らによる）[*1]
各種出入り口と，どちらに動かすかを図1と同様に調査した結果。それぞれを選んだ比率。

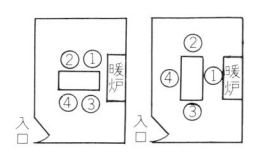

図4　上座と下座[*2]

　和室　　　　　洋室

選んだ比率が示されている。オーディオ機器などのボリュームは出力を増大するときには右に回す。これは人間のステレオタイプもそうであるし，たいていの機器もそうなっている。ところが，普通のガスや水道の栓は，出すときはねじをゆるめる方向，Bに回すものだが，この調査の結果では，回転ノブの場合，Aと答える人が過半数であったのが興味深い。このようなことは「右回し＝出力増大」という固定観念ができていて，実際はそうでないのにそう思い込んでいる人がかなり多いことを示している。

ドアや引戸をどちらに動かすかについてもステレオタイプが見られる。図2は，それぞれの種類のドア，引戸について，A・Bいずれの開け方を選ぶか調査した結果である。右手による操作の方向が選ばれる傾向が強い。

室内空間における人間の座のとり方にも，ある傾向が見られる。このような空間における行動には，より多くの要因が関係していると思われるが，一種のステレオタイプと考えることもできる。

図3は，壁，窓，出入口に対して，机に椅子で座るとき，および和机に平座で座るときどちらを向いて座るか，またベッド，布団で寝るときにはどちら向きに寝るかを調査した結果である。座り方では，壁，窓を左側，正面に，あるいは出入口を背面にする傾向がある。日本人はこのように壁や窓に向かって座るのを好み，西欧人は逆に壁や窓を背にするのを好むといわれる。寝方では，壁，窓を頭側に，あるいは出入口を右側，足側にする傾向があることが認められる。

上座・下座の問題は，社会的ルールとでもいうべきものであろうが，これも多くの人に習得され，一般化されれば，その文化圏特有のポピュレーション・ステレオタイプを形成することになる（図4，図5）。図6は，日本人に対するアンケートにより，和室，洋室のそれぞれについて，どのような位置を上席と考えるかを示したもので，出入口より遠い席，床の間，マントルピースの前，壁側の席（洋室）を上位と考える人は9割近くかそれ以上いるのに対し，見晴らしの良い席を上席と考える人は75％程度であり，左右については，かなり認識にばらつきが見られる。

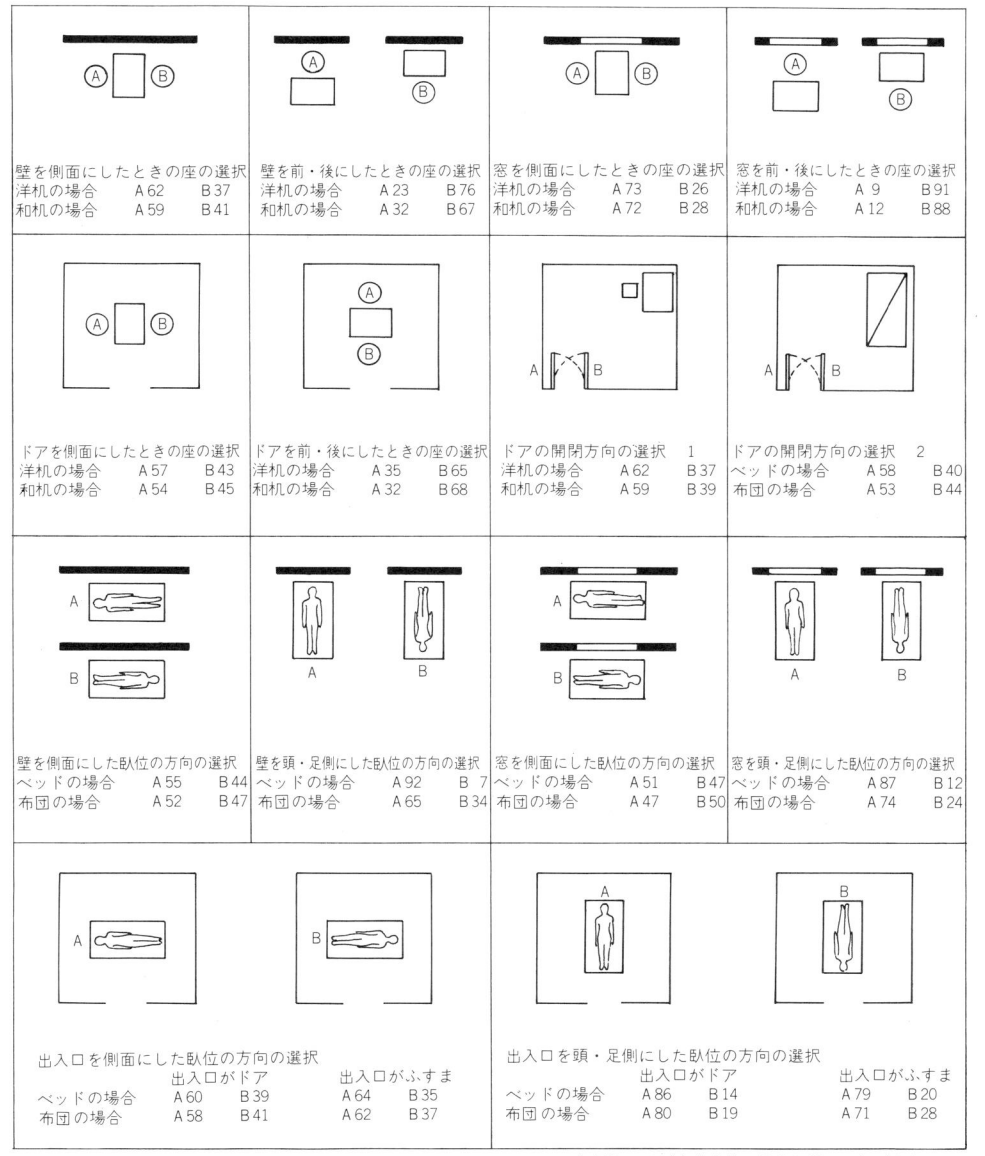

図3 住空間における座のとり方（高橋・堀田らによる）*1
座のとり方，寝る時の向きについて図1と同様に調査した結果，それぞれを選んだ比率。

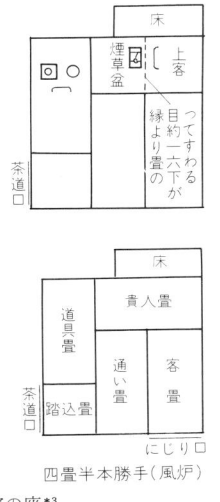

図5 茶室の座*3

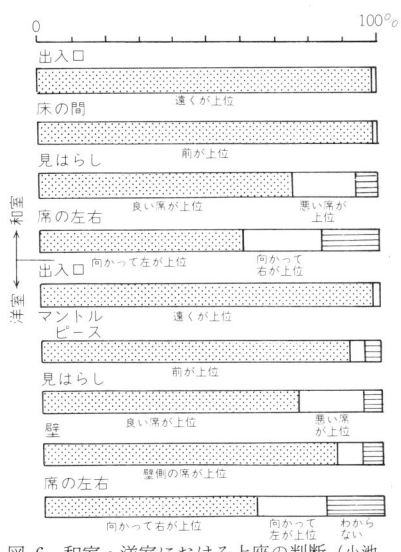

図6 和室・洋室における上座の判断（小池らによる）*4
和室，洋室それぞれの項目に対し，どちらを上席と考えるかを日本人332人（有効回答）に対するアンケートにより調査した結果。回答の比率。

3.7
人間集合の特性

　人は，例えば会話のような対人行為をするとき，相手から遠すぎもせず近すぎもしない距離をとる。その距離は人間関係，状況などにより異なる。一方，他人とかかわり合いになりたくないときは，距離をあけたり，そっぽを向いたりする。また公共の場での席の選択や場所の占め方は，単に個人のくせだけでなく，他人の存在や，その場の込み合いの状況判断に関連する。

　文化人類学者の E. ホールは，人間は他者との間の距離によってコミュニケーションの仕方が異なるとし，その距離は四つの距離帯――密接距離，個体距離，社会距離，公衆距離――に分類できるとした。また，このような距離のとり方は，文化の違いにより異なっていることを指摘し，さらに，アメリカ人についてはこれらの距離帯をインチで測定した。

　R. ソマーは，人間は「侵入者が入れないように，その人の身体をとり囲む見えない境界をもった領域」を持っているとし，これをパーソナルスペース（Personal Space）と呼んだ。そしてこれは「必ずしも球形ではないし，また各方角に等しく拡がっているわけでもない」ことも指摘した。このように対人関係は距離だけでなく，双方の体の向きの影響も受け，その結果コミュニケーションなどの行為の可能性が変化する。

　コミュニケーションなどをしない他人どうしは，お互いに離れるかそっぽを向くようにしようとする。つまり R. ソマーのいうようなパーソナルスペースを保とうとするのである。図1は，他人に対しての「離れたさ」の度合いをスケールにして実験により求めたパーソナルスペースである。図では，それぞれの位置に周りから他人が接近してきたとき，中心にいる人が感じる「離れたさ」の度合いを示している。パーソナルスペースは，自分の後方で小さくなるだけでなく，相手がそっぽを向いていれば小さくなる。また，この実験例では，男女で差も見られ，男子は前方に他人がいるのをいやがるのに対し，女子は周囲から他人に見られるのをいやがるという傾向を，パーソナルスペースの形から見いだすことができる。

　ある一定のコミュニケーション行為をとる人は，その目的のためにふさわしい位置関係をとろうとする。例えば広い空間で立ち話をする人を観察すると，だいたい決まった距離と型をとるもの

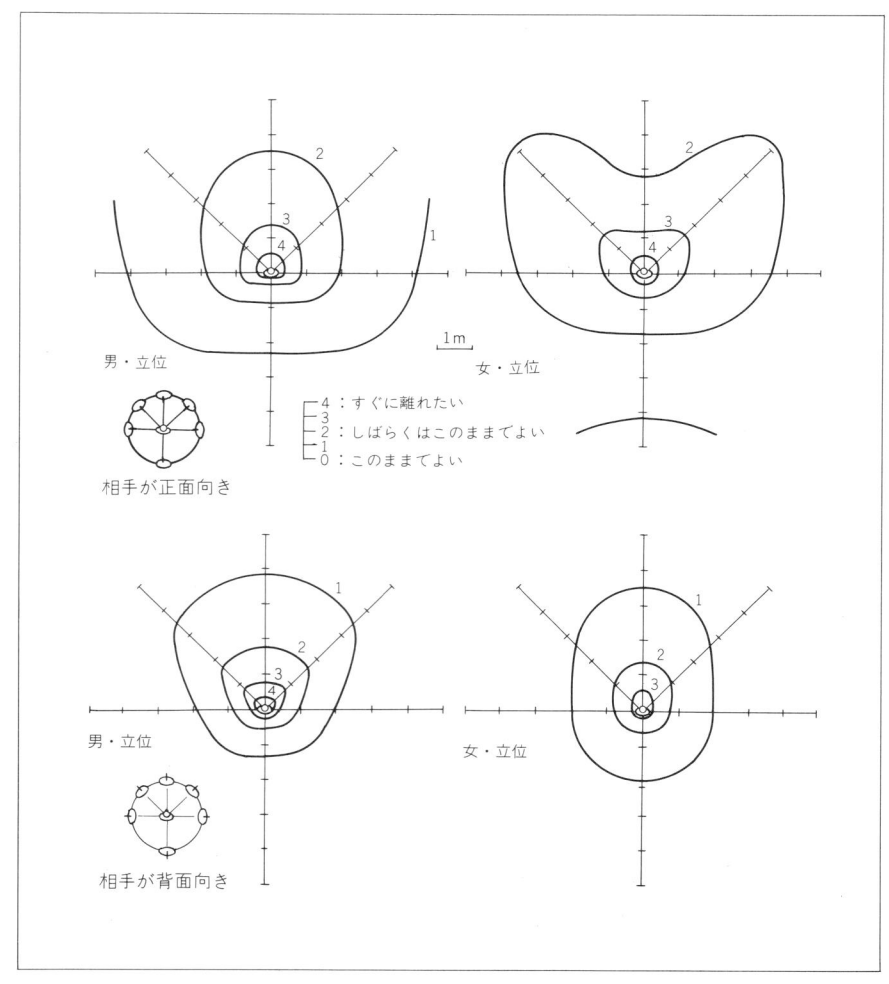

図1　実験によるパーソナルスペース
　　　日本人学生を被験者とした実験結果。相手が正面向きの場合と相手が背面向きの場合。

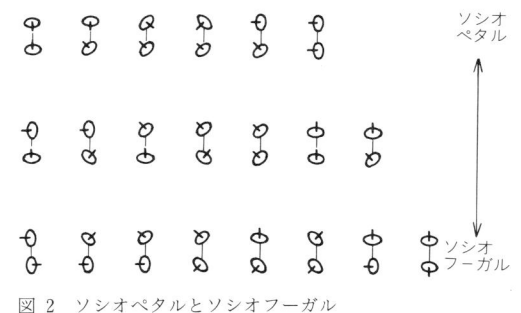

図2　ソシオペタルとソシオフーガル

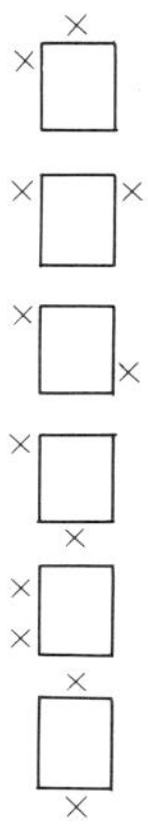

配置	条件1 （会話）	条件2 （協力）	条件3 （同時作業）	条件4 （競争）
×□×	42	19	3	7
×□×	46	25	32	41
×□×	1	5	43	20
□	0	0	3	5
×□×	11	51	7	8
×□×	0	0	13	18
合計	100	100	100	99

配置を選んだ被験者の％

図3　矩形のテーブルでの席の選択
　　　（R. ソマーによる）[*1]
　それぞれの条件で配置を選んだ被験者
　のパーセント

である。ある観察の結果によると，立ち話をする人どうしは60〜70 cm前後の距離で，双方の体の向きが対称になるような型（ソシオペタル―後述図2）をとる。

二人の人間どうしの位置関係はいろいろあり得るが，この例でも分かるように，何かコミュニケーションする目的のある人間どうしのそれは，図2の上段に示されるようなパターンに限られる。このようなパターンをソシオペタルと呼び，そうでないパターンをソシオフーガルと呼んで区別している。これらのパターンが距離と同じように他人との関係を調整するのに役立っている。

前述のソマーは，矩形，円形のテーブルに自分と友人が座るとき，会話，協力，同時作業，競争のそれぞれの場合，どのような位置関係が選ばれるかを実験している。それによると，会話なら，矩形テーブルの角を挟むようにするか，向かい合うように（ソシオペタルな形になるように）座る。逆に同時作業などでは遠い席を選ぶ（図3）。

会話をしている人間どうしは，座席などの家具があってもなるべくソシオペタルな型と距離を保とうとする。一方，お互いに他人どうしが座る電車や閲覧室の座席は，端から埋まるのが普通である（図4〜6）。このように公共的空間の中で他人どうしが交渉を持たないようなときは，なるべく距離をとるかソシオフーガルな型をとるようになる。

通勤電車のように，限定された空間に多くの人間がつめ込まれるような場合，人間どうしはいやおうなく接近するが，それでも他人を避けるようにソシオフーガルな位置をとる。

室内空間を考える場合は，このようなソシオペタルと，ソシオフーガルの両局面を考慮に入れておく必要がある。その場をどちらの局面に設定すればよいのか，あるいは両局面とも想定するのかをあらかじめ検討しておく必要があるであろう。

さて，E.ホールをはじめとする多くの研究をまとめると，人間どうしの間の距離は図7のように整理できる。それぞれは排他域，会話域，近接域，相互認識域，識別域といった，いくつかの段階によって特徴付けられ，距離も大まかに次のように区分できる（図7）。

Ⅰ　排他域――〜0.5 m：通常他人どうしはこの範囲には入らない。

Ⅱ　会話域――0.5〜1.5 m：会話をする人間どうしのとる距離。会話をしない他人はこの範囲にも入りたくない。

Ⅲ　近接域――1.5〜3 m：会話をしようと思えばできるが，他人どうしがこの範囲にいると視線を合わせるのが難しい。

Ⅳ　相互認識域――3〜20 m：相手の表情が分かり，挨拶を交わす。

Ⅴ　認別域――20〜50 m：相手がだれだか分かる。

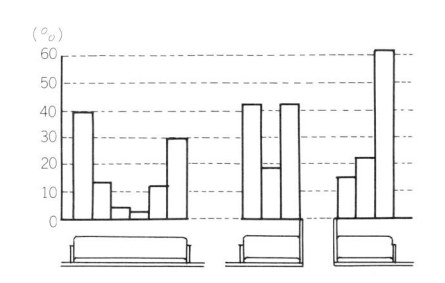

図4　ベンチシートの占め方[*2]
観察による地下鉄電車の席のとられやすい位置

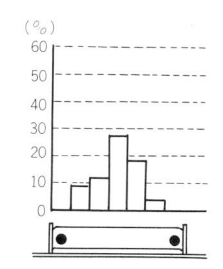

図5　両端が埋まっているベンチシートの占め方
観察による国電の席のとられやすい位置[*3]

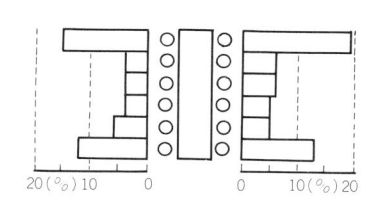

図6　閲覧室の席の占め方（R.ソマーによる）
閲覧室にきた最初の10人が選んだ席[*4]

図7　対人距離のグレーディング

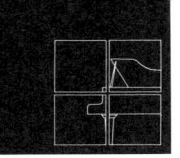

4 室内環境とその調整

4.1 感覚と知覚

　感覚と知覚の概念は，心理学的には議論の多いところで，厳密には区別しにくい部分もあるが，一応区別するとすれば，目・耳といった感覚器が外界からの刺激を受け，それを脳に伝えるところまでが感覚で，その感覚をそれまでの経験やその時点での状態に照らし合わせて認知したり認識する過程（同じ感覚によって異なった認識が生ずることもある）が知覚であると考えてもよいであろう。

　人間には，いわゆる五感（視・聴・嗅・味・触）があって，それによって外界の状態を的確に判断できる能力がある。五感は，味覚を除けば何らかの形で空間の知覚に関連を持つが，とりわけ視覚の役割は大きい。

視 覚

　視覚は目を通じて生ずるものであるが，その構造は基本的にはカメラと似ている。しかしカメラとは比べものにならないほど精巧な機構をもっている（図1）。図2に見るように両眼によって同時に見える視野の範囲は左右約200度，上下約130度に限られている（ただし色によってこの範囲はもっと狭くなる）が，目や首を動かすことができるので，短時間にすべての方向を見ることができる。

　目の機能の一側面を表すものとして視力がある。視力とはどれくらいまで細かい対象を区別できるかを表す尺度であるが（図3），対象の色，形，明るさなどによって変化する。

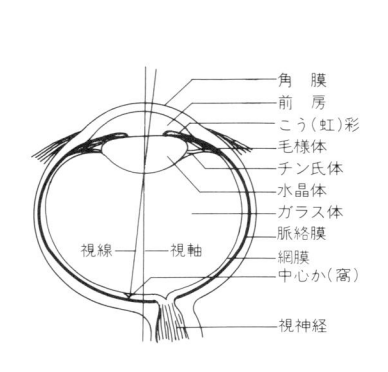

図1　眼球水平断面（左目）[*1]

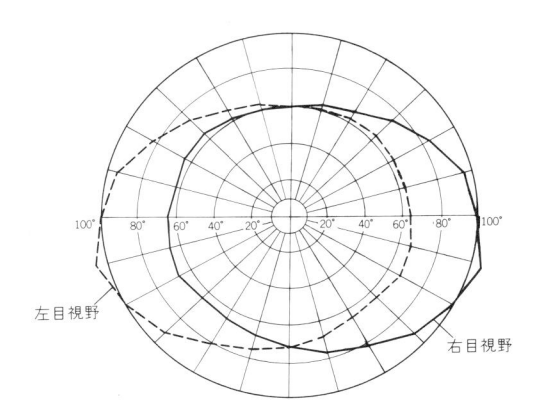

図2　視野（日本人）[*2]

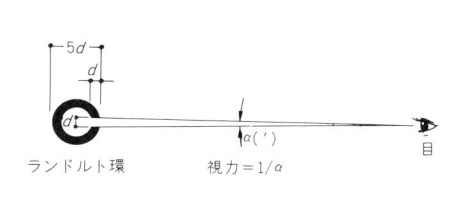

図3　視力[*1]

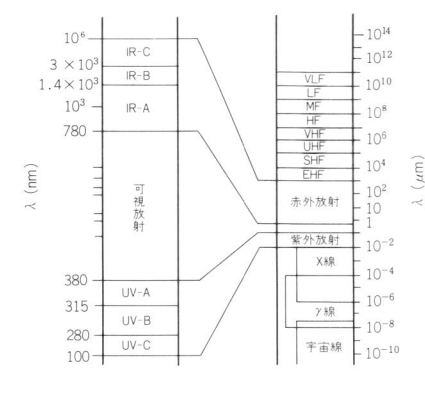

図4　可視光域

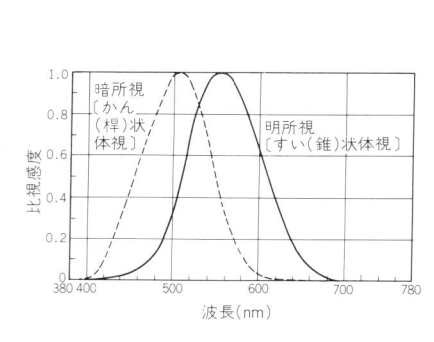

図5　比視感度[*1]

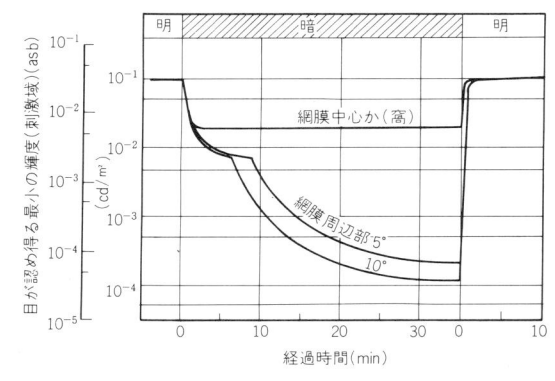

図6　明暗順応経過（模型図）[*1]

用語の解説

電磁波　一般に光，電波，X線などと呼ばれているものの総称。横波の一種で光速と等しい速度で真空中も伝わる。その波長によってさまざまな呼び方がされる。波長の単位は nm（ナノメータ）で，1 nm は 10^{-9}m である。

錐状体・桿状体　網膜にある2種類の視細胞のことで，錐状体細胞は主として色に，桿状体は明るさに対して機能する。したがって，錐状体が機能し得ないような暗い場所では，色覚は生じない。

ランドルト環　視力の測定に用いられてきたC字型の指標で，C字の切れ目を判別できるか否かで視力を判定する。なお，視力は，図3に見るとおり，判別し得る最小の視角（分）の逆数であるので，視力1.0というのが標準であるという意味はない。

図4に示すように人間が光として知覚できる範囲は，電磁波のごく一部の領域だけであって，それを可視光域という。しかも可視光域のすべてに対して同じ明るさに感じてはいない（図5，比視感度）。網膜を構成する2種類の細胞（錐状体と桿状体）の特性によって明るい所における感度と，暗い所における感度は異なる。この感度の移行には時間が必要で，図6に示すように，明るい状態から暗い状態になる場合には，約30分が必要とされている。これを暗順応という。

　物理的に同じ刺激が目に入ったとしても，全く同じものとして知覚するとは限らず，対象までの距離，対象の周辺状況，両眼視か単眼視か，元の形に対しての知識をもっているか否かなどによって，さまざまに知覚される。また，対象の状況によっては，2次元のものが3次元に感じられたり，曲がっているものが真っすぐに見えたりすることがある（視覚の恒常性）。

　物理的な事実と異なって知覚されることを錯覚というが，視覚現象による錯覚を錯視と呼ぶ。錯視については，古くから心理学の分野で取り扱われており，さまざまな錯視図形（図7）が考え出されている。しかしこれを統一的に説明できるような原理はまだ見いだされていない。また，同じ対象がいく通りにも見えたり（図8　多義図形），実在し得ない形をあたかもありそうに表現された図形（図9　矛盾図形）なども錯視図形の一種と考えられる。

　人間はふつう両眼で見ることによって距離の違いを感じ取り，空間の奥行を知覚するが，対象の重なり具合や，大きさ，鮮明度などを経験と照らし合わすことによって，単眼でも奥行をある程度まで知覚することができる。また，本来奥行のない2次元図形でも，奥行を感ずることがあり（図10），各種の図法に応用されている。

　経験や知識の作用によると考えられている知覚は，物理的な刺激とは違った知覚を生ずるという点では錯視と同じであるが，これを特に恒常視と呼ぶ。例えば，長方形のテーブルは，真上から見ない限り網膜には菱形に映るはずであるが，知覚で受け取るテーブルは元の長方形に近い形に感じられる。恒常視には，このような形に関するものだけでなく，大きさ，色，明るさなどにも見られる現象もある（図11）。

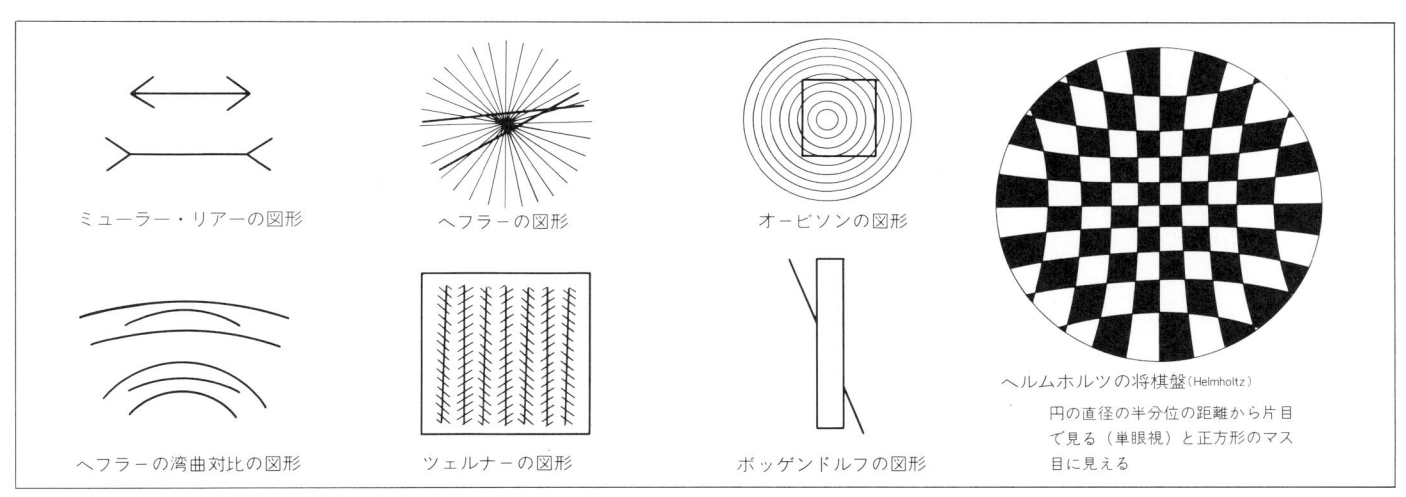

図7　いろいろな錯視図形

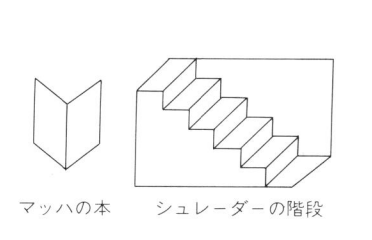

ミューラー・リアーの図形／ヘフラーの図形／オービソンの図形／ヘルムホルツの将棋盤 (Helmholtz)　円の直径の半分位の距離から片目で見る（単眼視）と正方形のマス目に見える

ヘフラーの湾曲対比の図形／ツェルナーの図形／ポッゲンドルフの図形

図8　多義図形

マッハの本／シュレーダーの階段

図9　矛盾図形

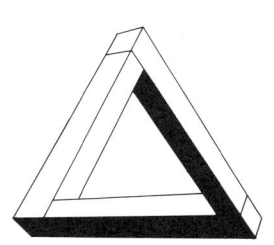

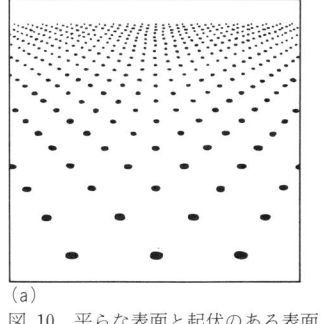

ペンローズの三角形

図10　平らな表面と起伏のある表面（Gibson）
(a), (b)とも奥行を感じるが，(b)ではさらに起伏を感じる

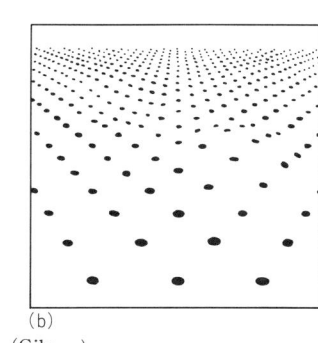

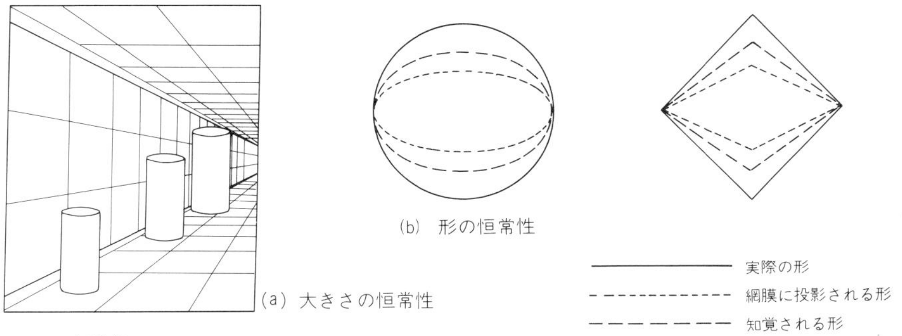

図11　恒常視
(a)　大きさの恒常性
(b)　形の恒常性

――――――　実際の形
------------　網膜に投影される形
――――――　知覚される形

網膜中心窩　網膜のほぼ中央のくぼんだ部分であり，視野の中心の像がここに結ばれる。この部分には錐状体細胞が密集しており，通常の明るさでは正確に形と色を知覚することができる。なお，網膜の細胞からの神経が束になって脳の方へ送られる場所には視細胞が存在せず，ここでは光を知覚することはできない（盲点）。

聴 覚

聴覚器官である耳は，平衡器から発達したものと考えられ，音による情報だけでなく，自分の身体がどういう状態にあるかを知るのにも必要な器官である。

耳は外部から鼓膜までの外耳と，鼓膜の振動を増幅して伝える中耳と，伝えられた振動を的確に脳に伝えるための内耳とに分けられる。中耳は，鼓膜の振動を伝えるだけでなく，過大な音に対して内耳を保護するようなクッションの役目も果たしている。

聴覚も視覚と同じように，ある範囲の周波数（1秒間に振動する回数：Hz〔ヘルツ〕で表す）の振動だけを音として知覚する。また，同じ強さの音も周波数によって知覚される大きさが異なる。各周波数について同じ大きさに知覚される強さで表したものが等ラウドネス曲線である。

聴覚は，耳の身体的な位置や耳介の形態などからも分かるように，前方に対して高い感度を持っており，特に高周波の音に対してその効果は顕著である（図13）。

音の知覚過程はかなり複雑で，単純に大きさのレベルだけでは片付けられない側面がある。心をなごませる音楽も，時としては騒音として受けとられることもあるし，逆に適当な雑音が他のちょっとした気になる音を気づかせない（うるさいと知覚しない）こともある（対象としている音以外の音を暗騒音という）。ひと口で騒音といっても，工場周辺などのようにあるレベルの音が比較的継続するような状況と，飛行場周辺のように，断続的にかなり大きな音が発せられるような状況とでは，その程度を同一の物差しで測ることはできないので，状況に応じてさまざまな騒音の指標が考えられている。

同じ音でも，人間の側が聴こうとする音は騒音ではない。音楽ホール，劇場，映画館などでは，聴こうとする音をいかによく聴こえるようにするかの工夫がなされる。ここでは，音の質が問われることになるが，その評価はなかなか難しい。できるだけ共通した少数の尺度で評価できることが望ましいことはいうまでもない。

音源名称	中　心　周　波　数　(Hz)							騒音レベル (dB(A))	備　　　考
	63	125	250	500	1,000	2,000	4,000		
激しい降雨	42～57	41～55	38～49	39～48	42～50	43～51	44～51	49～57	屋外，アスファルト舗装，樹木多数あり
波浪音	59	59	57	57	57	48	46	58	岩の多い海岸，波高は普通
遠　雷	69～74	70～76	62～70	53～66	53～55			53～61	音は衝撃的で数値はそのピーク値
落水音	71	76	74	76	77	77	76	85	地下街で天井から水を落としている
犬のほえ声	96	84	83	93	90	81	71	92	中型犬の正面2m
せみの鳴声	―	―	-36	-29	-29	-28	-3	-2	あぶらぜみ，オーバーオールレベルを0とする
秋の虫の声					22	29	52	52	こおろぎ・すずむしなど，草むらの中

（単位：dB）

図 12　自然界の音[*1]

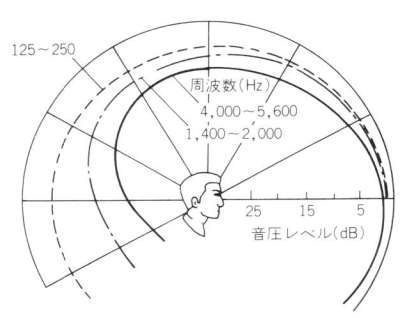

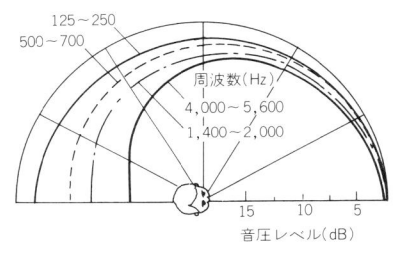

図 13　音声の指向特性[*3]

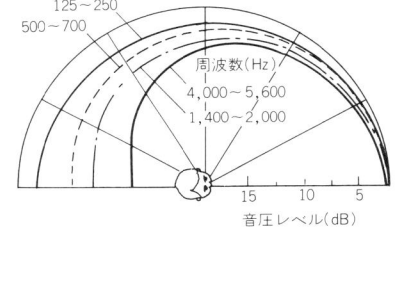

図 14　室内音響特性を表す評価尺度[*1]

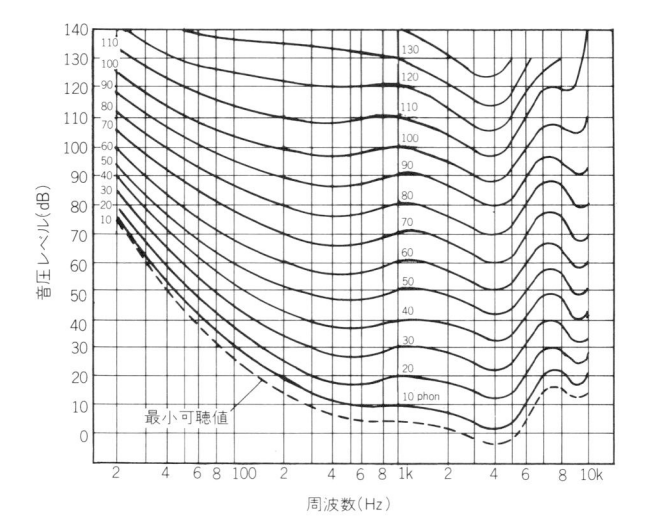

図 15　等ラウドネス曲線（ISO）

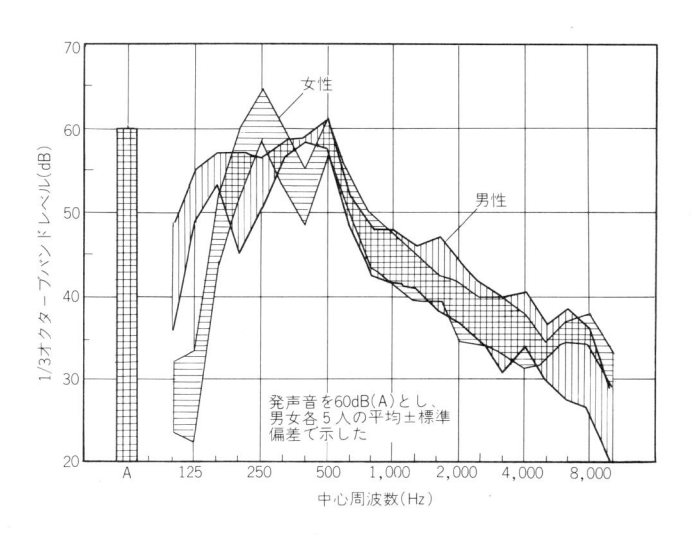

図 16　音声の長時間周波数特性[*1]（Hutchinson, F. W., 1942）

温熱感覚

人間を含めて恒温動物は，体内の温度をごく限られた範囲内（せいぜい5℃前後）に保つような調整能力を備えている。ただし，周囲の環境にさらされている皮膚の温度は，環境の状態に応じて変化する。温熱感覚は基本的には皮膚のもっている受容器を通じて感じ取るが，その受容器の数は，他の皮膚感覚である痛覚・触覚などに比べてかなり少ない。また，皮膚は全身を覆っていて，その温度も部位によって違っているのが普通である。図17に室温と身体各部の皮膚温との関係を示すが，気温が低いほどばらつきが大きい。したがって，室温など人間をとりまく環境に対しての温熱感覚は，勢い総合的な感覚にならざるを得ない。

例えば，冬の暖房時に部屋の中央部の気温は十分であっても，足元をすき間風が通るような状態では，決して「暖かい」とは知覚されず，「顔だけほてる」といった感じになる。

温熱感覚は，年齢，性別，育った環境によって異なるともいわれ，主観的なものであるには違いないが，これまでの実験的な研究によると，皮膚温との相関が高いことも知られている。なかでも皮膚の面積に応じた係数を用いて得られる平均皮膚温との対応がよいとされている（図18）。

温熱感覚は，人間という発熱体（静かに座っていても100Wに相当する熱量を発散している）と環境との熱のやりとりによって決まるが，伝導，対流，放射（4章3節参照）といったやりとりのほかに，汗をかくという形で熱を放出する（図19）。発汗は体温より環境の温度が高い場合には，必須の生理現象である。汗（水）が気体になる際には1gにつき約0.58kcalの熱（潜熱）が奪われる。これがすべて人間の側から奪われるとすると，100gの発汗によって体重70kgの人間の体温は1℃下げられることになる。

人間の発熱量は，どんな活動をしているかによっても大きく変化し（図20），着衣といった第二の皮膚の調節によって，環境との熱のやりとりの状態も大きく変化する。したがって部屋の最適な温熱状態も当然，使用目的や季節に応じて変える必要がある。また他の感覚と同様，その順応過程（図22）を考慮する必要がある。

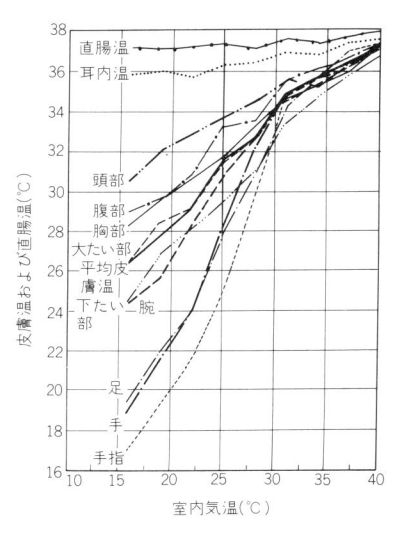

図17 室内気温と皮膚温[*4]

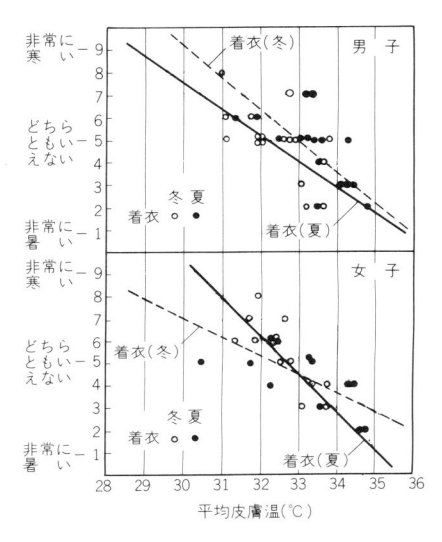

図18 温冷感と平均皮膚温[*5]

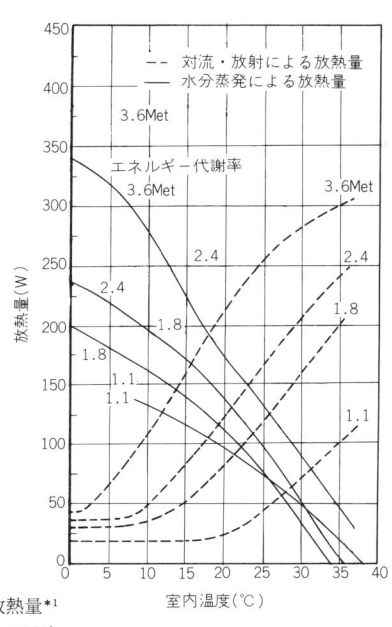

図19 人体の放熱量[*1]
（ASHRAE, 1960）

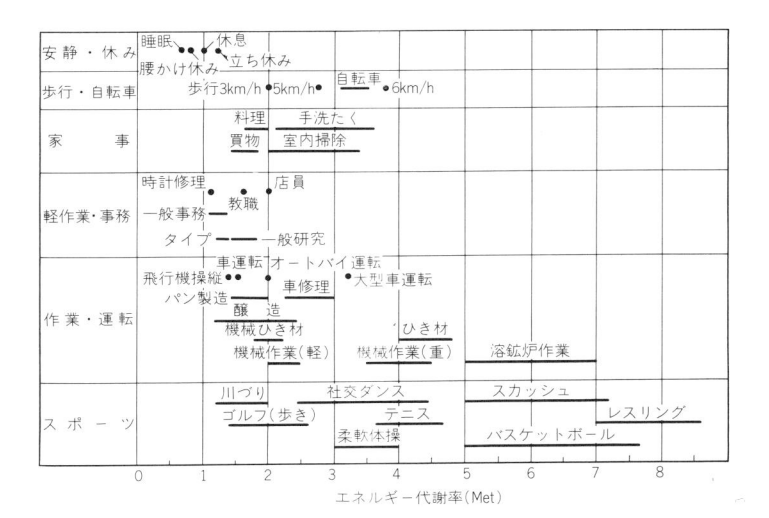

図20 作業内容別エネルギー代謝率[*1]（ASHRAE, 1972）

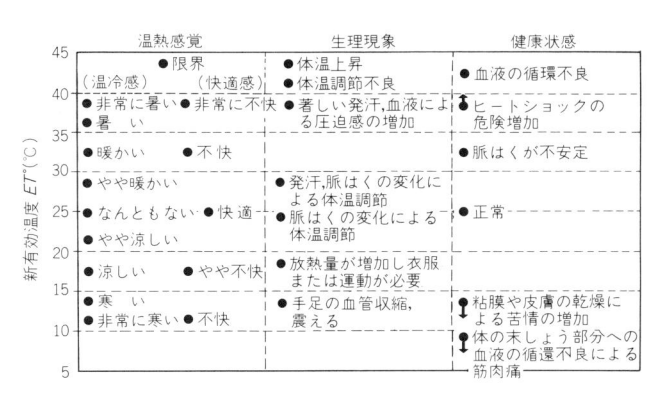

図21 温熱感覚と生理現象・健康状態との関係[*1]

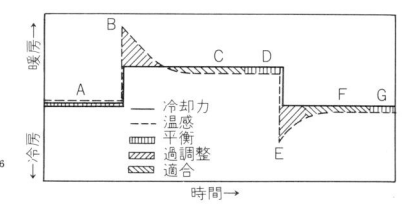

図22 温度変化にともなう順応[*6]
（ASHRAE, 1972）

4.2
室内環境の形成

人間は長い歴史の中で，さまざまな工夫によって地球上にその生活圏を拡大してきた。もちろん建築物におけるシェルターとしての工夫や仕組みも，より安全に，より快適に生活できる領域を確保するためのものである。

シェルターによって形成される室内の環境は，それを取りまく屋外環境に密接に関連している。室内の環境を一定水準以上に維持するためには，外部の環境の変化を適切に制御しなければならない。

屋外環境の様相

屋外環境のうち，いわゆる自然環境は地球の自転と公転によって支配される。自転により昼夜が生じ，公転によって季節が変わる（図1）。太陽からはさまざまな波長の電磁波が降りそそぎ，光と熱が地球に供給されている。地球の公転にともなって，地球上から見える太陽の位置が変化するので，それから受ける熱量（日射量）も変化する（図2，図3参照）。また，大気や陸地，水面などの熱の出し入れの違いや地球の自転によって，雲や気流（風）

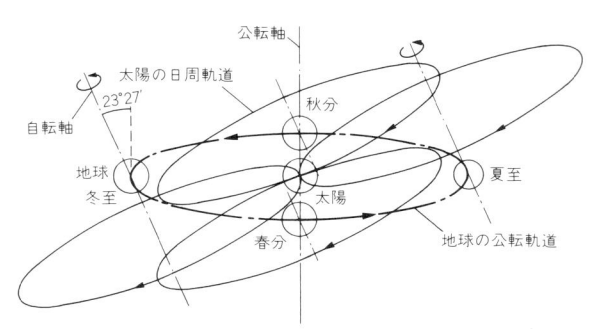

図1 地球と太陽の動き[*1]

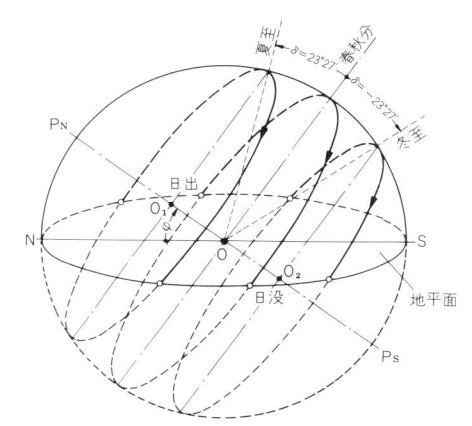

図2 天球上の太陽の日周運動[*2]

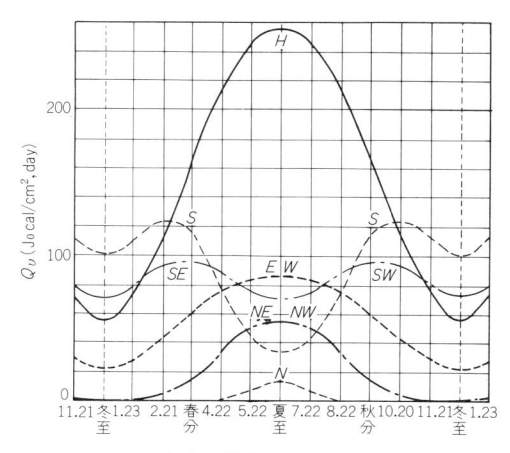

図3 鉛直面に対する終日の直達日射量[*3]
（φ：35°，$P=0.6$）

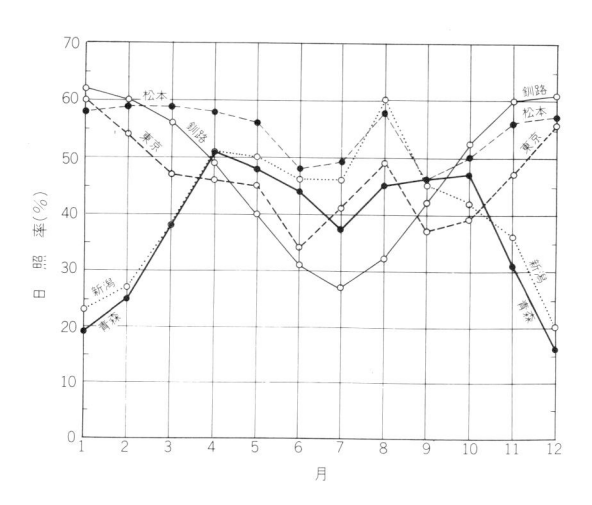

図4 日照率の年変化例[*4]

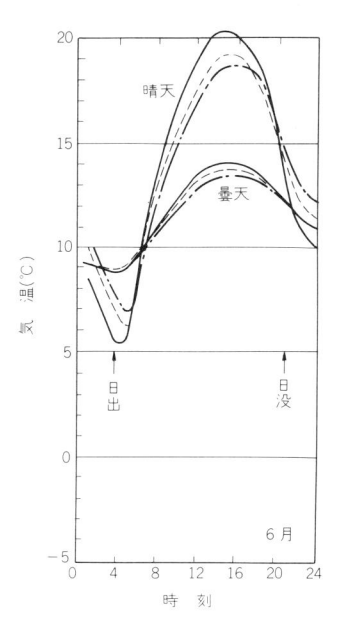

図5 気温の日変化例[*4]

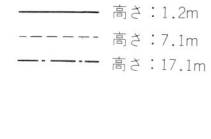

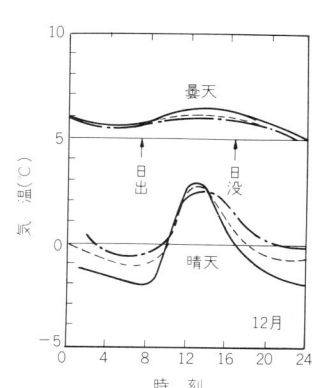

といったさまざまな気象現象が生まれる。

気温は空気の温度で，図5に見るように一日周期で変化を繰り返すが（最高気温と最低気温の差を日較差と呼び，晴天の日ほど日較差は大きい），大きい周期は年周期として観察される。各月の平均気温と湿度との関係を1年間にわたって表示したものをクリモグラフと呼ぶが，これによって地球上の気候の特性を大まかに知ることができる（図6）。

また，気まぐれに降ったり吹いたりする雨や風も地域の統計量としては比較的安定しているのが普通である。

自然環境としては他に緑や水，動物などが考えられるし，屋外環境としては，こういった自然環境だけではなく，騒音や汚染空気などといった，人間の社会活動によってもたらされる環境要素も考えなければならない。

室内環境の形成

人間が室内で安全かつ快適に生活するためには，雨風をしのぐだけでは不十分であり，次節以降で扱う各要素を適切にコントロールする必要がある。そのコントロールは本来的には自然現象を利用してなされるべきであるが，設備機器の発達と普及にともなって，設備機器への依存度が急激に高まった。それによって空間の自由度もまた増大したのである。しかし，一定水準の室内環境を生み出すための代償（エネルギー消費，大気汚染，騒音など）は決して小さなものではない。その代償への配慮を欠くと自らの首を締めることになるのも忘れてはならないことである（図8(a)〜(d)）。

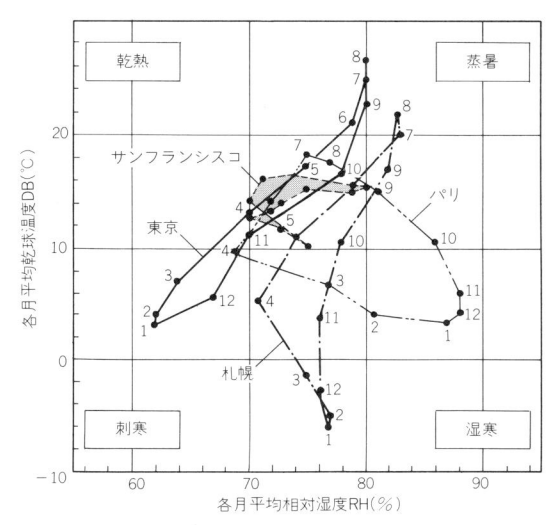

図6 代表的な都市のクリモグラフ[*5]

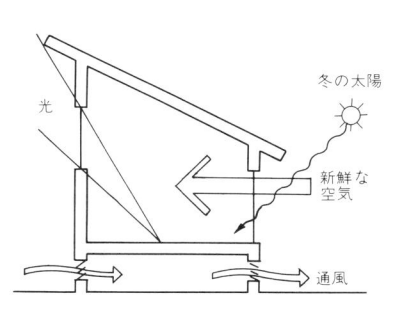

(a) 取り入れたい外部環境

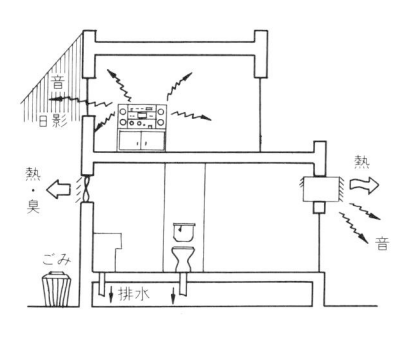

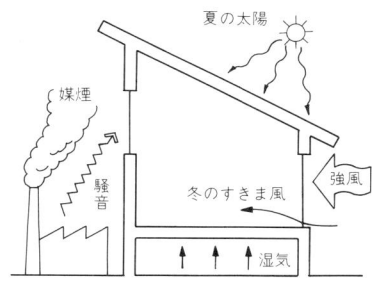

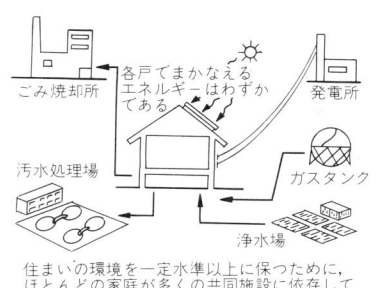

(b) 防ぎたい外部環境

(c) 住まいから出るマイナス要因

(d) 室内環境を維持するための共同施設

図8 室内環境の形成[*7]

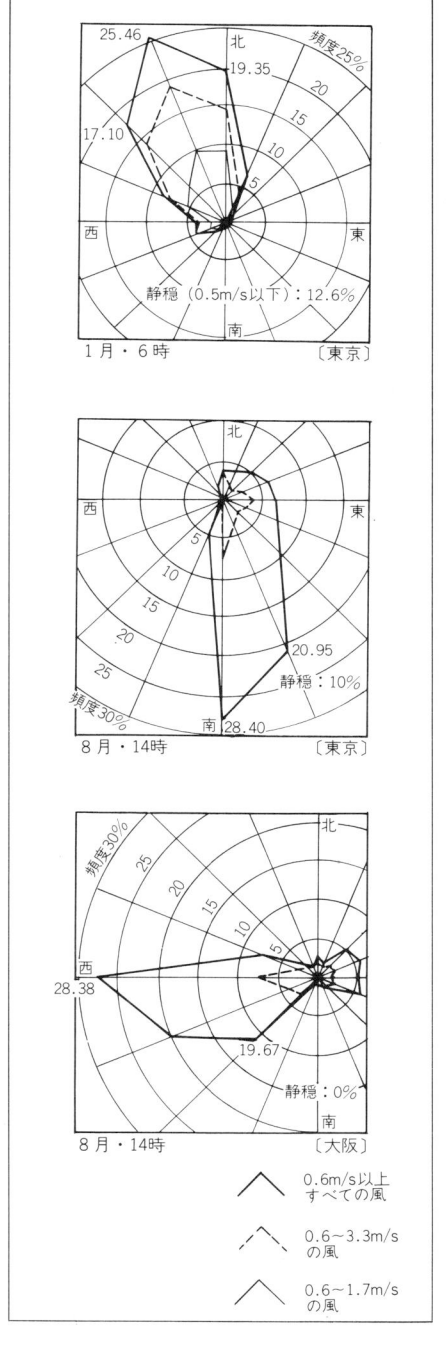

図7 風配図（東京，大阪）[*6]

4.3 温度と湿度

熱の移動と人間の温熱感

熱は高温部から低温部へ移動する性質をもっているが，その伝わり方には伝導，対流，放射（ふく射）と呼ばれる三つの種類がある（図1）。伝導は同じ物質内や接触した物質間における熱の移動であり，物質の移動はともなわない。同じ温度を持つ物体に触れた場合に温かく感じる物と冷たく感じる物とがあるが，これはその物質の熱伝導の度合いが異なるためである。板床の洋間にカーペットを敷く一つの目的は，この熱伝導の調節にある（カーペットの方が熱伝導比が小さい）。対流は風呂の湯が沸くような現象で，水や空気のような流体が，物質の移動にともなって熱を運ぶ現象であり，熱せられた部分は上方へ，冷やされた部分は下方へと移動する。暖房をするとき，天井付近の温度が著しく高くなるのは対流現象によるものである。放射は，空間的に離れた物質間で熱をやりとりする現象で電磁波（可視光より波長の長いもの）によって伝えられる。したがって，光に似た性質をもち，真空中でも伝わるかわりに，中間に何か障害物があると遮られてしまう。

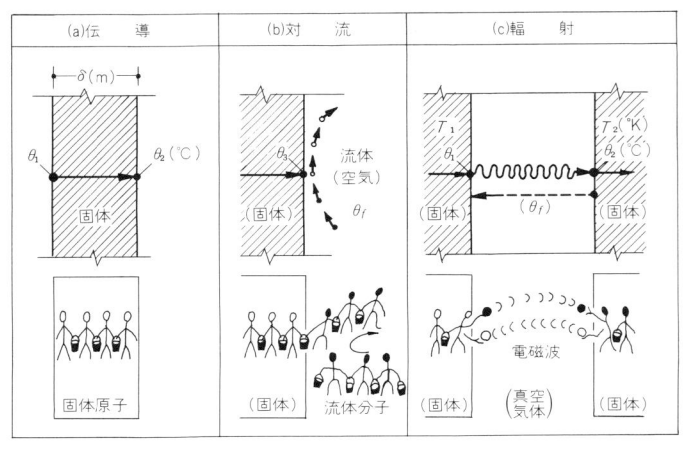

図1　熱の移動[*1]

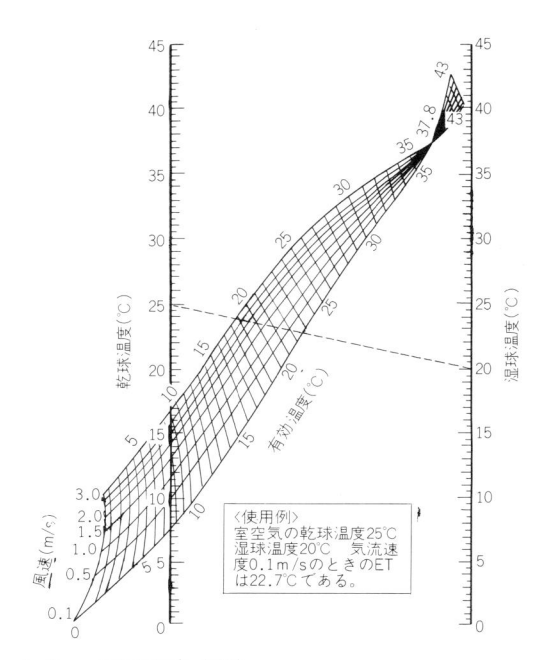

図2　ヤグローの有効温度（ET）

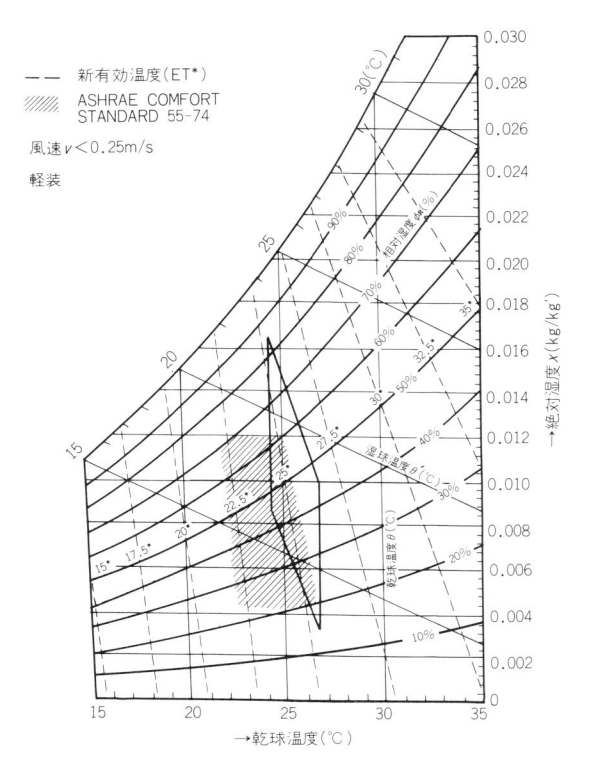

図3　新有効温度（ET*）線図[*2]

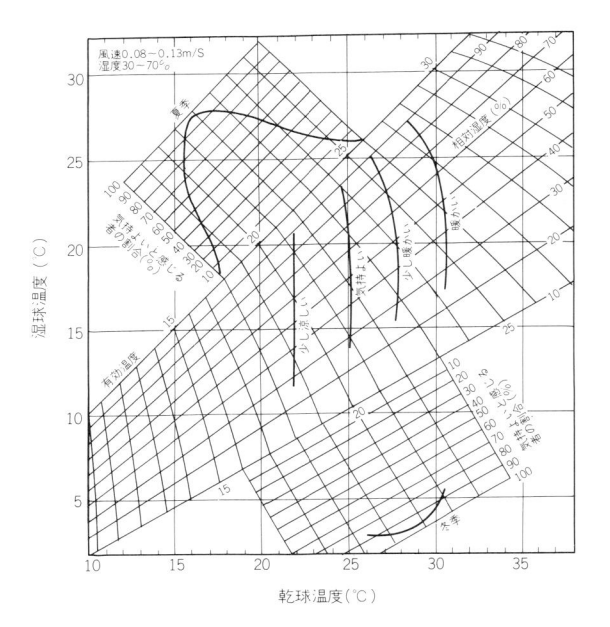

図4　ASHRAEの改訂快適図[*2]

夏の日の木陰が涼しいのは，太陽からの放射熱を木の葉が遮るからである。熱の伝わり方には，こういった三つの形態があるが，それらが独立して起こることはまれである。例えば，空気から壁には，主として対流による熱移動が行われるが，伝導や放射による移動も同時に行われている（流体と固体との間での熱移動を熱伝達という）。

われわれの温熱感覚は4章1節で見たように周囲の環境との熱の出し入れによって決まるわけである。周囲の物体と前記の三つの形態で熱のやりとりをするだけではなく，汗をかくという形で熱を放出する。したがって温熱感覚の要素としては，空気温度や壁面の表面温度（放射温度）のみならず，湿度や気流といった発汗作用に影響する因子も考えに入れなければならない。これらの因子の組合せは無数にあるわけであるが，組合せは異なっていても同じ温熱感覚を生じさせるものを一つの同じ数値で表したほうが便利である。そのためにさまざまな指標が考えられてきた（図2，図3）。一般に用いられる不快指数もその一つであるが，より学問的には新有効温度（ET^*）が用いられている。

室内の熱環境

室内の熱環境は屋外との熱の出入りによるほか，人間を含めた室内側での発熱の多寡によって左右される（図5）。

室内と屋外との間に気温の差があると，建物の壁や屋根，床を通して熱の流出入が生じる。また，太陽の放射熱により屋根や壁に熱が蓄えられ（温度も上昇する），その後その熱が再放出される際に室内側にも相当量の熱が入り込む。この効果は時として気温

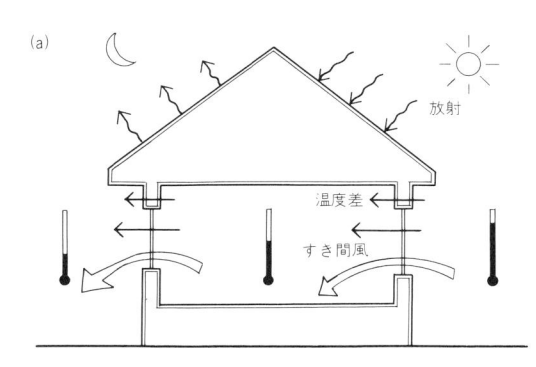

図5　建物の熱の出入

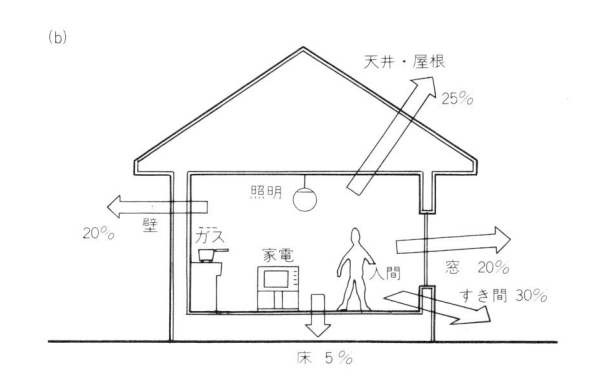

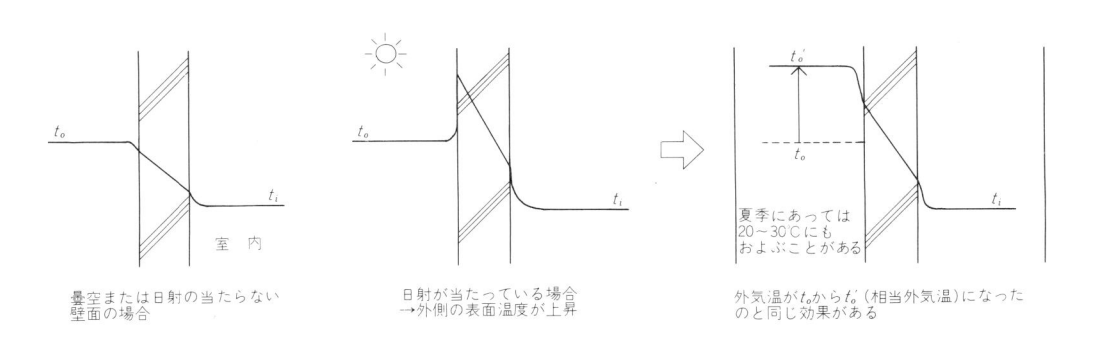

図6　日射の影響

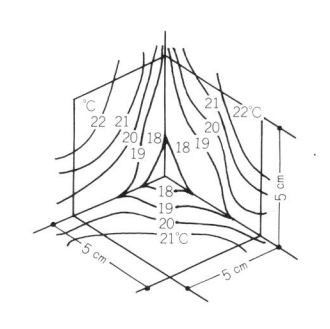

図7　隅角下部の表面温度降下（堀江の実測値）[*3] 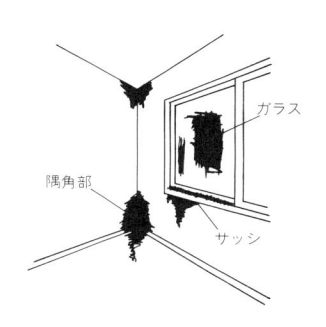　　図8　結露の生じやすい場所 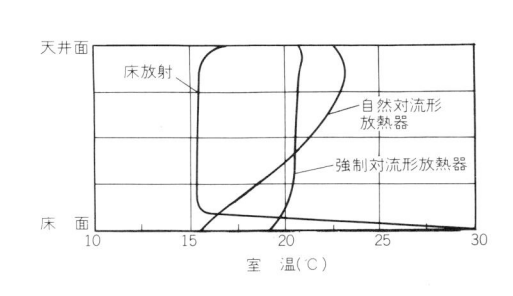　　図9　暖房方式と室温分布[*4]

差にして20～30℃にも及ぶことがある（日射の影響を考慮した仮想の外気温を相当外気温という―図6）。室内に直射光が到達する場合には，より直接的に室内気温の上昇につながる。

一般的な住宅の場合，窓とすき間からの熱の流出入は全体の約半分もあり，そのことだけからすれば，なるべく窓を小さくし，気密性を高めればよいことになるが，採光や換気・通風を考えると，必ずしも好ましいことではなく，バランスのとれた工夫が必要である。

屋外条件や内部発熱，建物の諸特性の結果として形成される室内の熱的状態は普通には空間的に均質ではない。気温には上下温度勾配が生じ，壁の隅部は他の部分より表面温度がかなり低下したりする（後述するように，そこには結露が生じやすく，カビの発生する原因になる―図7，図8）。

建物全体としての熱の出入りの量は，建物を構成する部位の熱の通しやすさを示す熱貫流率（材料そのものの熱の伝えやすさは熱伝導率で表される）によって決まる。すなわち，熱貫流率の小さい（断熱性の高い）壁体（図10）で構成された室内は，熱の出入りが少ないため，気温の変動は小さくなる。一方，熱容量の大きい（温まりにくく冷めにくい）壁体（図11）で構成された室内での気温変動は，外気温の変動より小さくなるが，時間的なずれが生じる。

西向きの鉄筋コンクリート造の部屋では，日没後になお気温が上昇することなどはその例である（図12）。

断熱性を高めるために用いられる断熱材は，その位置によって

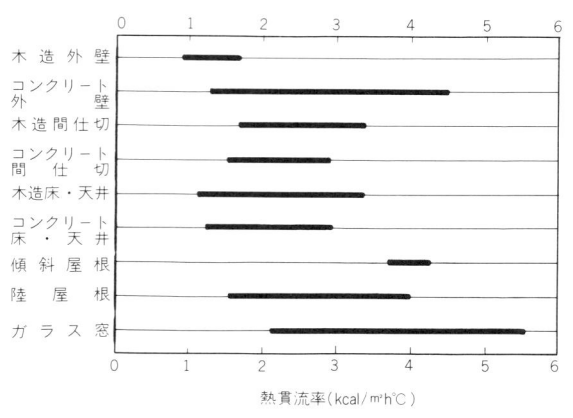

図10 エレメントの熱貫流率[*5]

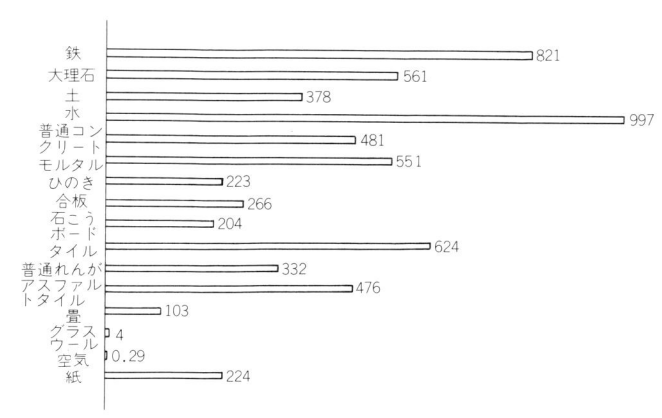

図11 諸材料の熱容量（kcal／cm³）[*5]

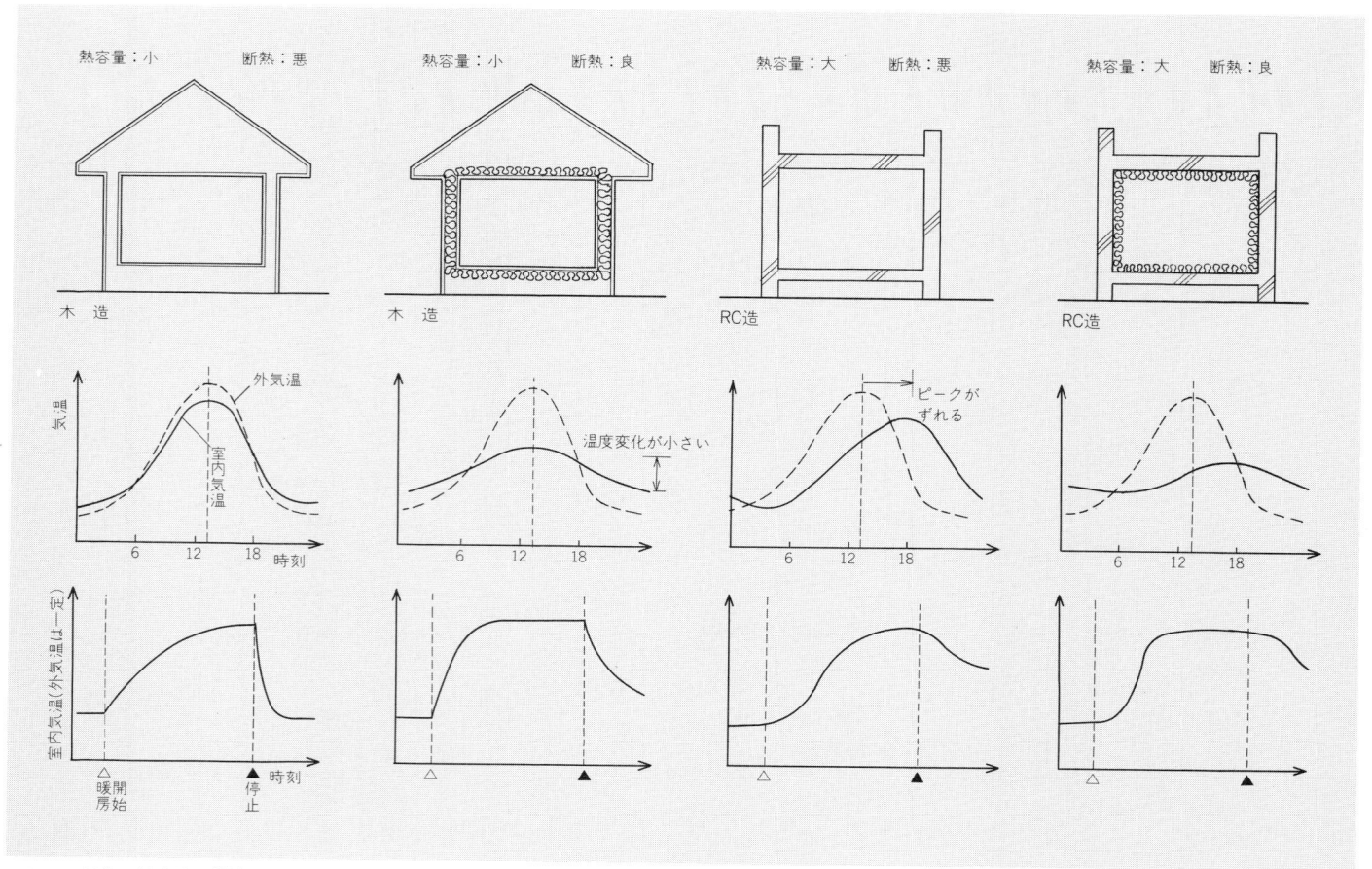

図12 断熱と熱容量の効果

効果は異なるが，断熱性がよく熱容量の大きな壁体によって構成した建物は熱的性能が高いということができる。断熱性を高める工夫は，壁や天井のみならず，熱的に最も弱い部分の窓についてもなされなければならない（図13）。

温度と湿度

空気には多かれ少なかれ水分が含まれている。その量を示すには目的に応じてさまざまな表示法がある。また，単に湿度といっても重量絶対湿度（kg/kg'），容積絶対湿度（kg/m³），相対湿度（その温度の空気に含み得る水分の量と現に含まれている量との比率）などがある。水分を含む空気の湿度や温度などの関係を図として表したものが湿り空気線図（または，単に空気線図）で，空気調和の設計の際に用いられている。これによって空気の混合，加熱，冷却，加湿，除湿などの状態の変化を知ることができる（図14）。

結露は，ある状態の湿り空気が，それより低い温度の物体に触れて，空気中の水分が水滴として物体表面に，また場合によっては物体内部に現れる現象で，重量絶対湿度が変化せずに気温（乾球温度）が低下し，相対湿度が100％になる温度（露点温度）以下になった場合におこる（図15，図16）。

したがって，結露を防ぐには，壁面の表面温度を下げないこと（その対策としては断熱を良くするか，温風を当てるなど），室内空気の湿度を高めないこと（適当に換気をするなど），内装材に防湿性のものを用いること（壁体内の内部結露を防ぐため）などの工夫が必要である。

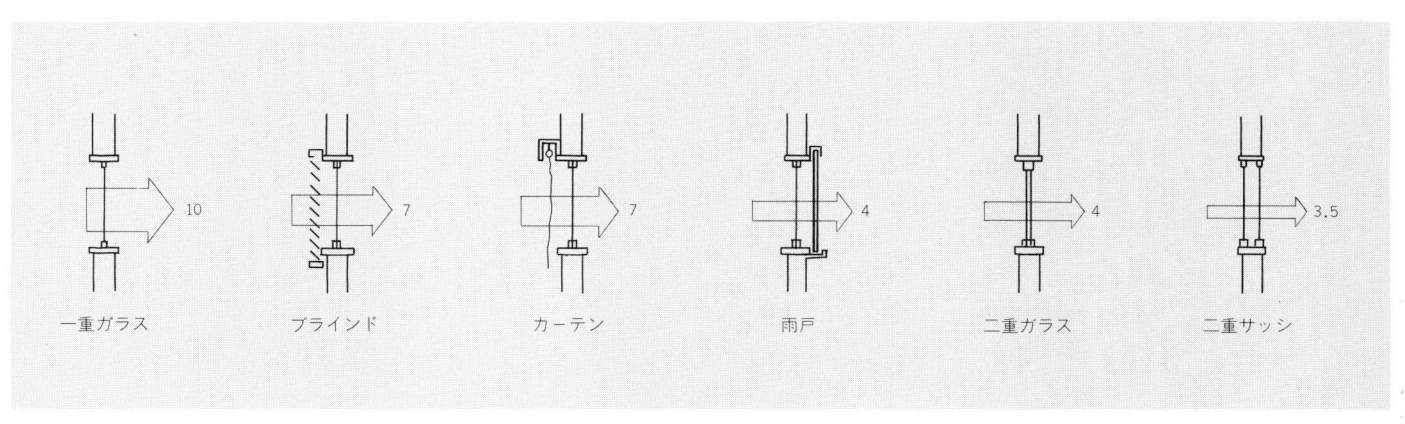

図 13 ガラス窓の熱の通しやすさ（温度差が同じ場合の単位面積当りの熱の出入り）

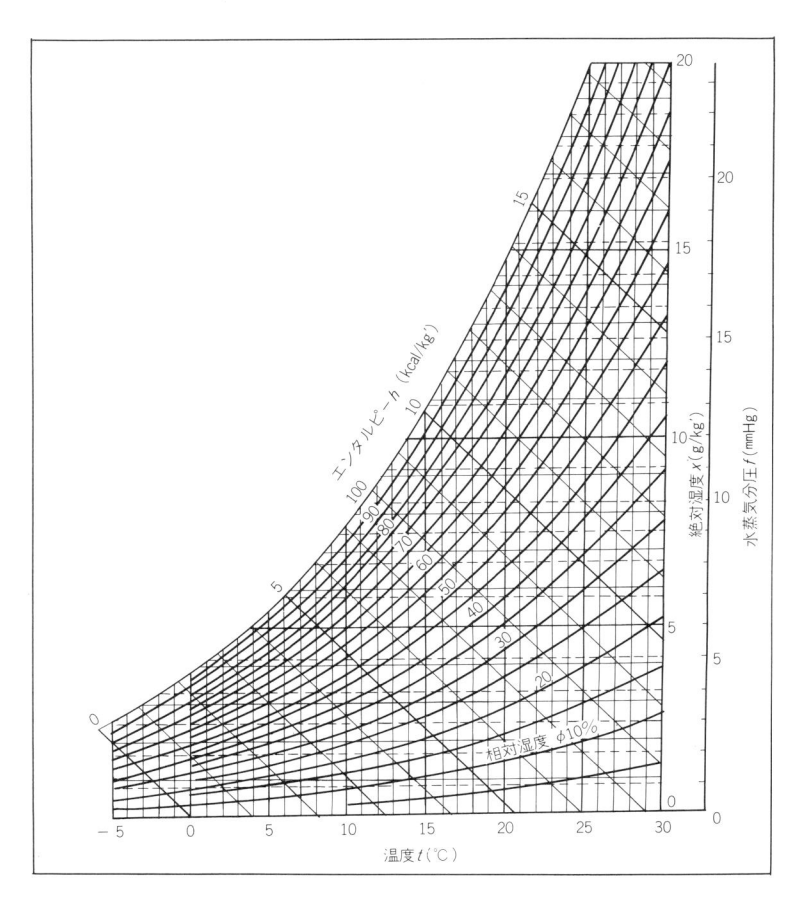

図 14 湿り空気線図 *6

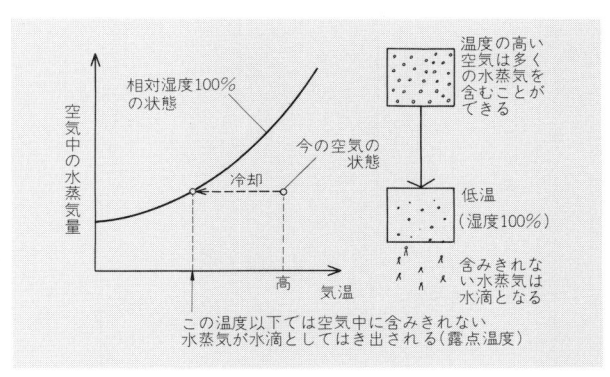

図 15 結露現象 *7

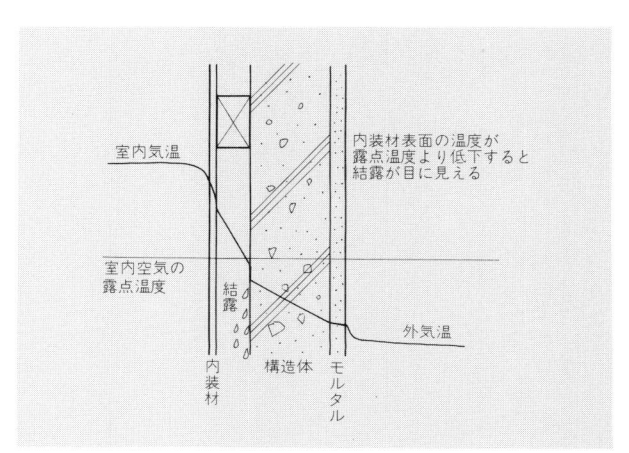

図 16 壁体の温度分布と結露 *7

4.4
通風と換気

換気とは，部屋の内外の空気を入れ換えることである。一方通風とは，開口部を通して大量の外気を通すことであり，普通は相当な速度の気流をともなう。

換気の目的は，室内の熱，湿気，有害物質，においなどの除去であり，居住部分のみならず，天井裏の排熱，床下の除湿などのためにも必要である（図1）。排熱を必要としない冬季においては，換気が不十分になりがちで，室内空気は相当劣悪な状態になりやすいので注意しなければならない。

空気の汚染状態の目安は，一般に炭酸ガス（二酸化炭素，CO_2）の濃度で測定したり表示したりするが，炭酸ガスそのものの毒性は他の有害物質に比べてきわめて弱い。ただ，炭酸ガス濃度が高ければ，他の有害物質もそれだけ多く含まれている可能性があるため，一つの物差しとして利用している。とはいうものの，炭酸ガスも0.1%（1,000 ppm）を超えると人体に何らかの影響がある（図2）。一般に燃焼器具を用いていない場合は，この値を超えないように必要換気量が求められる。

炭酸ガスは人間の呼気の中にも含まれている。その発生量は寝ているときでも11 l/h程度あり，活動が盛んになるに従ってその量も増える（図3）。室内の各種燃焼器具からも相当量の炭酸ガスが発生するし，たばこを吸うことによっても発生する（図4）。したがって，室の利用状況によって必要とされる換気量も変わるわけであるが，燃焼器具のない一般の部屋では，およそ 30 m³/h·人

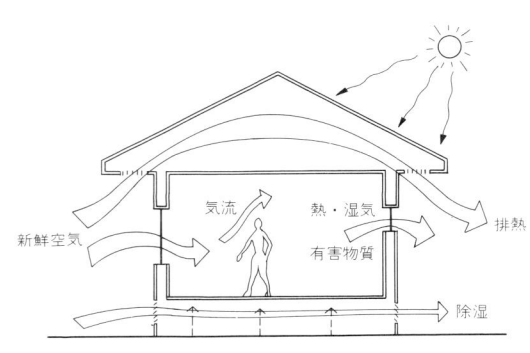

図1　換気，通風の目的

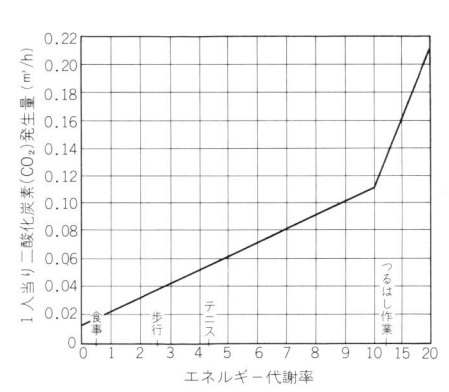

図3　人体からの二酸化炭素発生量[*2]

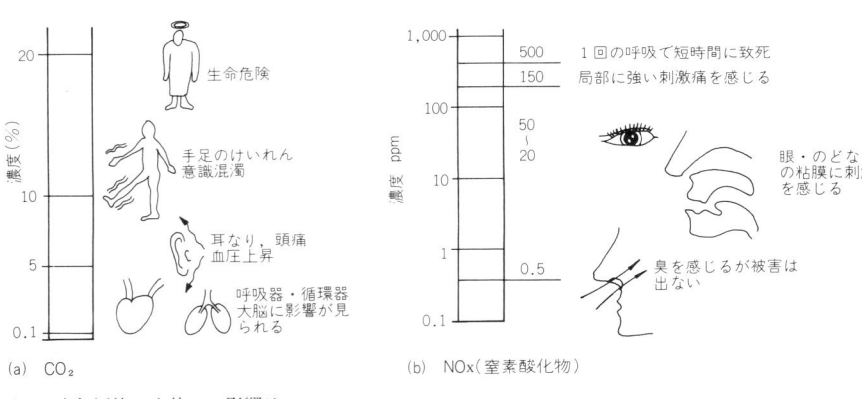

図2　空気汚染の人体への影響[*1]
(a) CO_2
(b) NOx（窒素酸化物）

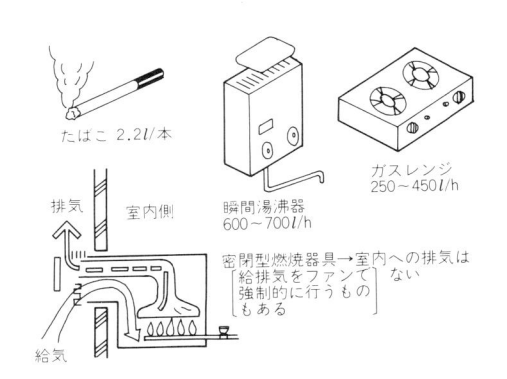

図4　器具などからの CO_2 発生[*1]

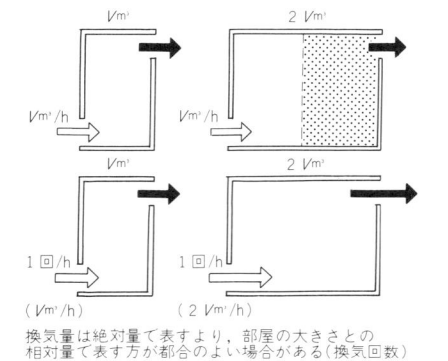

図5　換気量[*1]

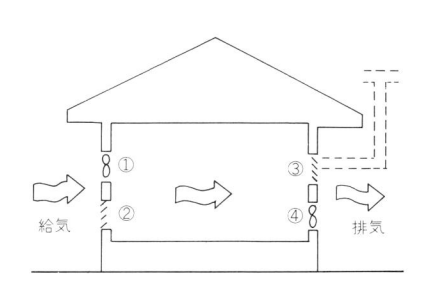

図6　機械換気の種類[*1]

種　類	給気	排気
第1種機械換気設備	機械①	機械④
第2種　〃	機械①	③
第3種　〃	②	機械④

を目安にすればよいであろう。換気量は，このように絶対量で表すより部屋の大きさとの比で表すほうが都合がよい場合があり，その場合には，1時間当りの換気量を室容積で除した値（換気回数　回/h）を用いる（図5）。

換気の方法には，機械による方法と風や温度差などを利用する方法とがある。機械による場合には，給気・排気とも器具で行う方法から，排気のみを機械に頼る方法まで3種類に分類される（図6）。住宅の台所などは機械によることが多い。

風や温度差を利用する換気を自然換気という。この方法は必ずしも安定した換気量を期待することはできないが，住宅の場合の換気ではむしろ自然換気が主となり，台所や便所などの局所排気に機械換気を用いるのが普通である。自然換気は，いずれも室の内外に生ずる圧力差を利用するもので，換気量はこの圧力差の平方根に比例する。

圧力差は，風による場合には風速の2乗に比例する（図7）。温度差による場合には，内外温度差に比例し，さらに給気口と排気口の高さの差にも比例する（図8）。また，空気の通しやすさは，窓などの開口部の状態や位置によっても異なる（図9）。単位面積当りの空気の通しやすさは流量係数で表し，すき間のように面積では表しにくい部分については，単位長さ当りの空気の通しやすさで表す。これを風量係数という。

自然換気は，風による換気と温度差による換気が同時に行われるのが一般的であるが，風向きと開口部の位置によって，両者が加算されたり，相殺されたりした結果，ある量の換気が行われることになる。通風の目的は，換気の目的に加えて，適当な気流を起こすことにある。特に日本の夏のように高温多湿の気候にあっては，体感温度を低くする効果は大きい。

通風の原則は，風の通り道をつけることであり，風の主方向に沿って風の入口と出口を設ければよい。なお，庇や袖壁，植込みなどによって通風経路は変化する。

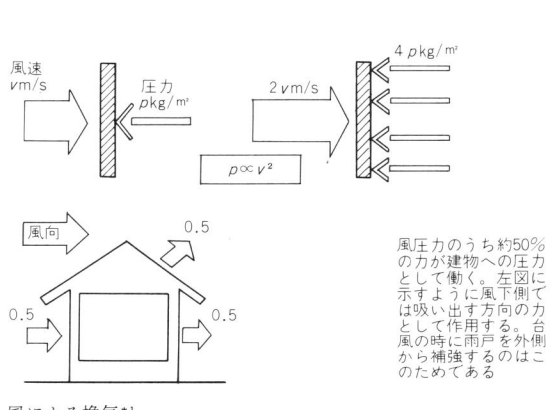

図7　風による換気[*1]

図8　温度差による換気[*1]

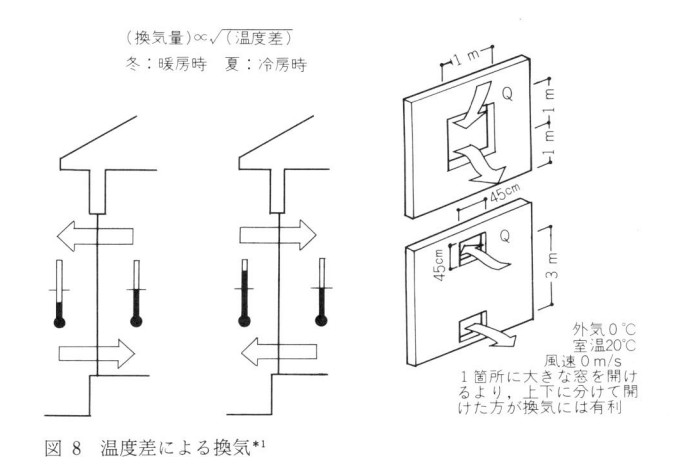

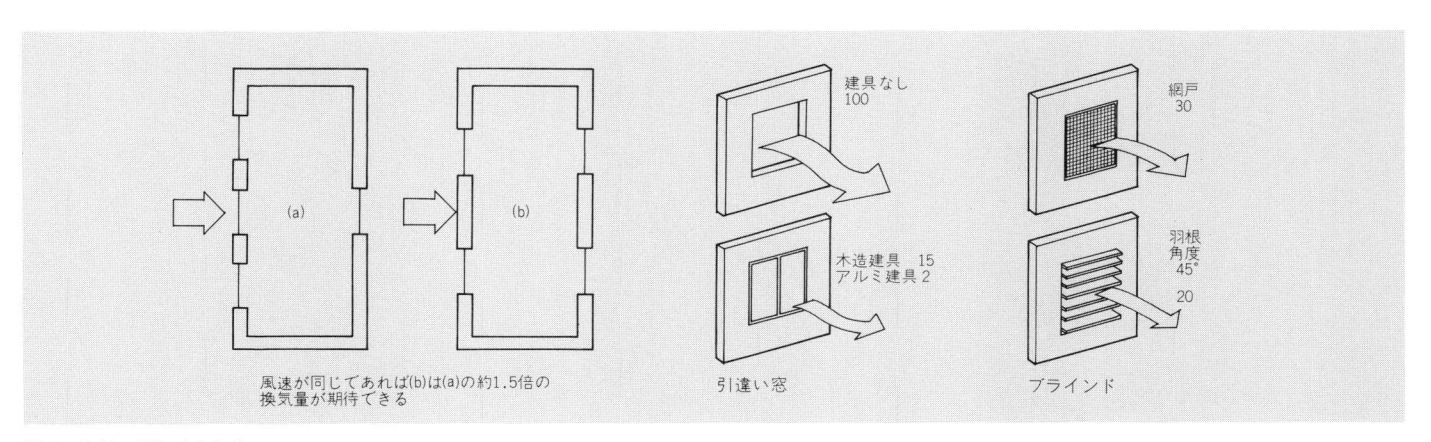

図9　空気の通しやすさ[*1]

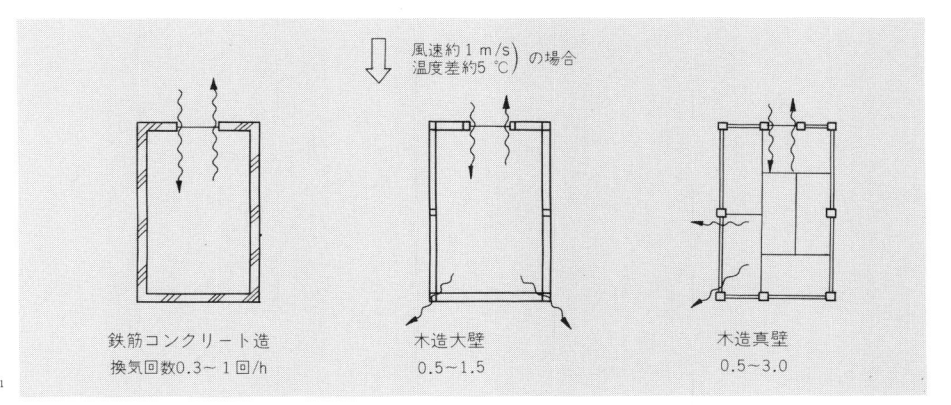

図10　すき間からの換気[*1]

4.5 音

音の性状

音とは一般に空気中を伝わる縦波（粗密波）のうち，人間が聴こえる範囲のものをいう。しかし音源から耳に到達する経路の途中では，液体中でも固体中でも振動は伝わってくる。建物では空気中を伝わる音のほかに，軀体を伝わる音が問題になる場合が少なくない（図1）。

空気中を伝わる音は，秒速約340 m で進み，光と同じように，屈折，回折（まわり込み），干渉などのほかに，物体に当たると反射，吸収，透過などの現象が見られる（図2）。ただ，光に比べて波長が長いので，感覚的には光と異なるように感ずる場合がある（図3，図4）。

音には三つの属性があり，一般に強さ・高さ・音色と呼ばれている。音の高さはその音に含まれる最も低い周波数（1秒間に何回振動しているか）の成分音（基音）によって決まり，音色は成分音の周波数の複雑さや時間変動によって決まる。音の強さは，単位時間に単位面積を通過するエネルギーによって表される（W/m²）が，人間は 10^{-12}〜1 W/m² の範囲の音（周波数によって異なるが）を聴くことができるので，通常は，10^{-12}W/m²との比の対数を10倍にした値（10^{-12}〜1 W/m² が，0〜120〔dB〕〔デシベル〕に対応する）を用いる（音の強さのレベル）。この単位を用いると，同じレベルの音が二つ重なっても $10 \log_{10} 2 ≒ 3$〔dB〕しか増加しない。また，一般に15 dB 以上の差がある二つの音がある場合には，ほぼ高いレベルの音と等しい値となる。

人間の耳（あるいは脳）は，同じ強さの音を同じ大きさに聴くわけではなく，音の周波数によって同じ大きさに聴こえる音の強さは異なる（等ラウドネス曲線）。騒音計では，この人間の聴覚の特性（A特性）を加味して測定できるようになっており，測定値は dB(A) またはホン（phon ではない）で表される。ただ，騒音

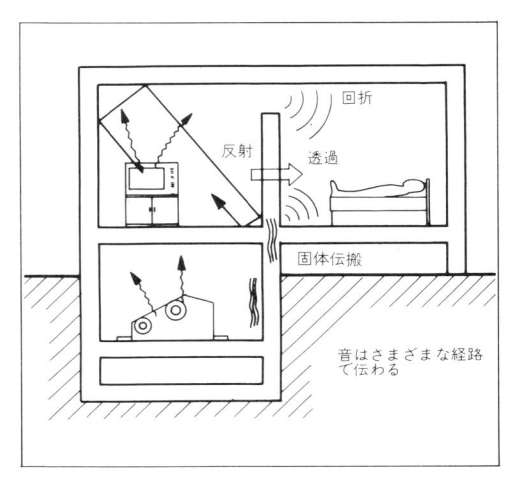

図1 音の伝わり方 *1

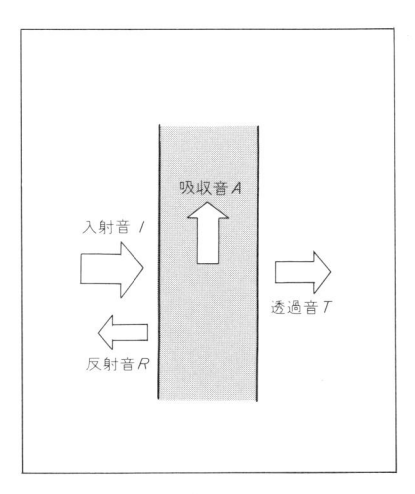

図2 音の反射・吸収・透過

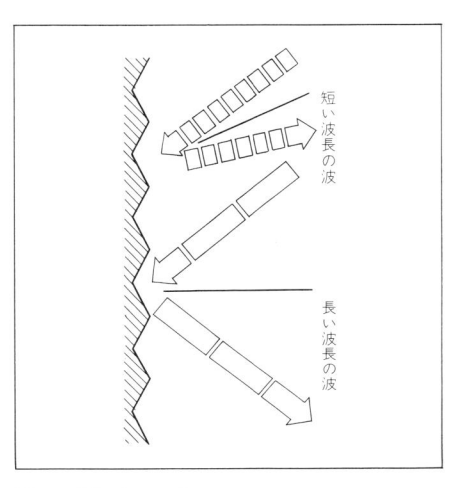

図3 凹凸面での反射

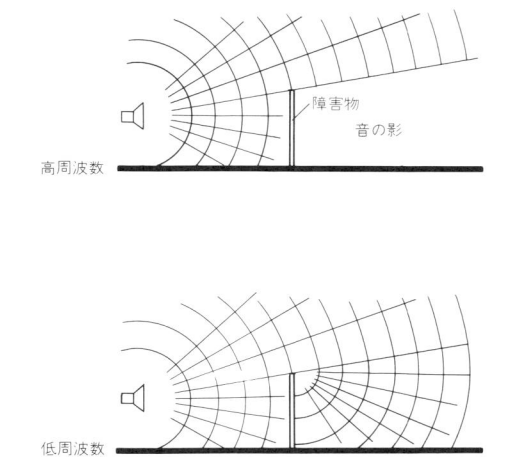

図4 音響的な影 *2

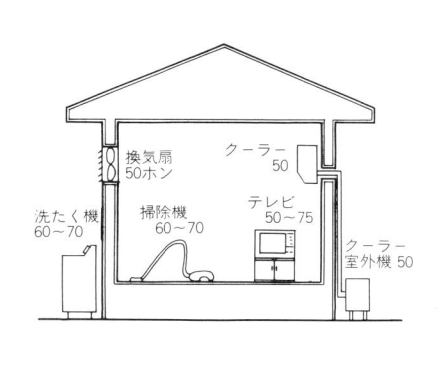

図5 住まいの騒音 *1

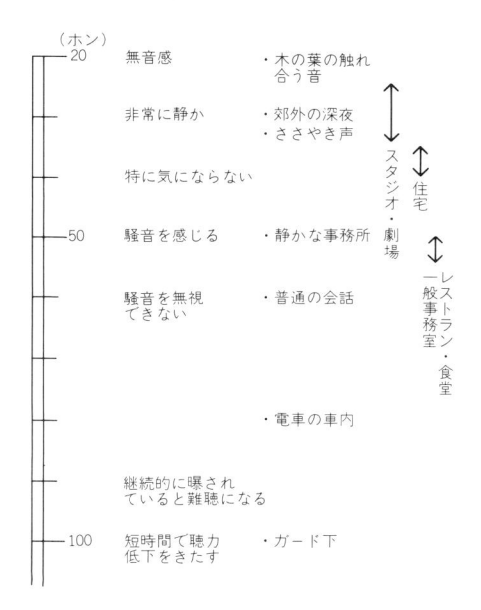

図6 騒音の目安

レベルが高いからといって，それがうるさいとは限らない。人間には聴きたい音と聴きたくない音があり，聴きたくない音は騒音レベルが低くても騒音として感じられる。図5には，住宅内のさまざまな機器から発生する騒音の程度を，また，図6に一般的な騒音レベルの目安をまとめておく。さらに何種類かの音が混在している場合，聴こうと思う音が聴こえにくくなるが，これは音のマスキング作用によるものである。静かな環境ほど些細な音が気になるのは，マスキング作用がほとんど見られないからである。

遮音と吸音

遮音とは透過する音を少なくすることであり，吸音とは反射する音を少なくすることである。したがって吸音力を高めることと遮音力を高めることとは別であり，例えば開け放たれた窓は，吸音力は極めて高いが，遮音力はゼロである。

遮音力の程度は透過損失で表され，この値の大きいものほど遮音力が高いことになる。透過損失は単位面積当りの質量（面密度）が大きいものほど大きくなる（質量則—図7）。床では，さらに衝撃による音が問題になり，いくつかの対策工法が試みられている（図9，図10）。

一方，吸音力は一般に軽い材料（多孔質系）や穴のある板状の面（背後に空気層などがある）で大きくなるので，吸音材だけでは遮音性を期待することはできない。吸音は，そのメカニズムによりその吸音特性が異なり（図11），目的に応じた方法を考える必要がある。室内の吸音力を調整する目的は，音の聴こえ方を調整することにある。タイル張りの浴室（吸音力が低い）では音が反射して会話もしにくいが，居間や寝室では会話や音楽が楽しめるよう適度に吸音力を高めるのが普通である。音楽ホールなどでは，その良し悪しは，この吸音力の調整にかかっているわけである。吸音力と室容積の違いによって，残響時間が異なり，音の聴こえ方が異なるためである。ただし，100 m²に満たないような室内では，残響時間よりもむしろ平均吸音率で考えたほうがよい。平均吸音率は日常生活の空間では0.2～0.4程度であるが，0.25以下ではライブ（響く）な感じとなり，0.35以上ではデッド（響かない）な感じとなる。室内にカーペットを敷いたり，厚手のカーテンを掛けたりすることも吸音力を増すための工夫であり，室内で発した音や入ってきた音による室内の平均音圧レベルが低くなり，結果的に静かになるが，遮音力はほとんど期待できない。

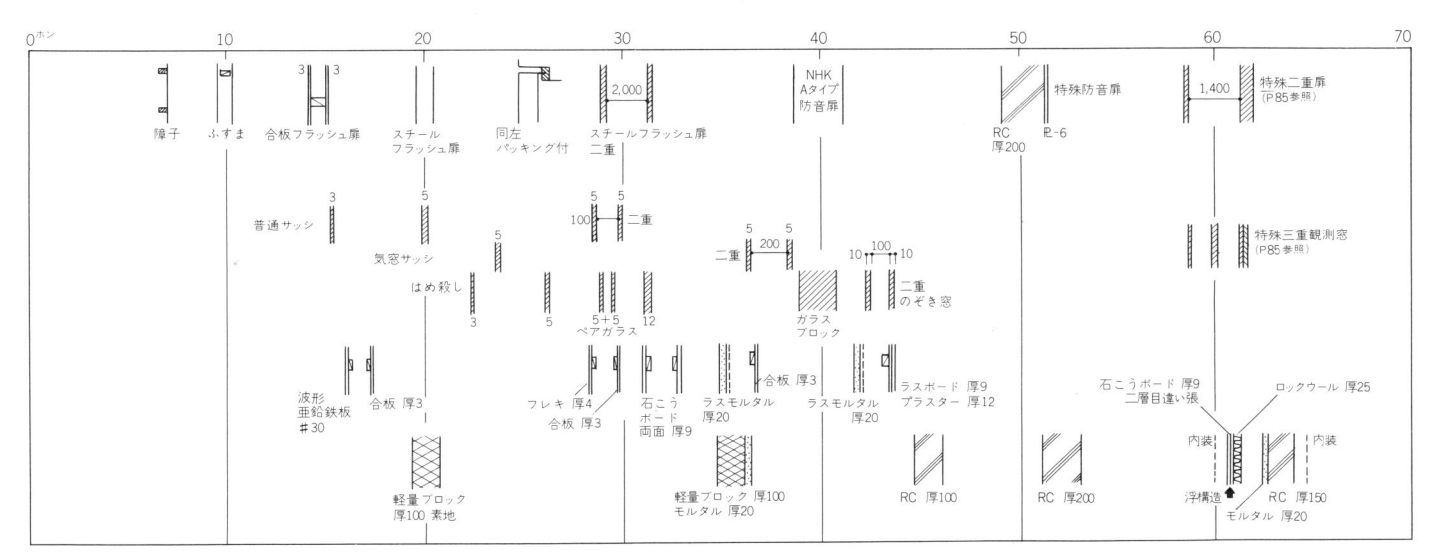

図7 遮音の大まかな目安（各遮音材の両側における騒音の大きさの差)*3

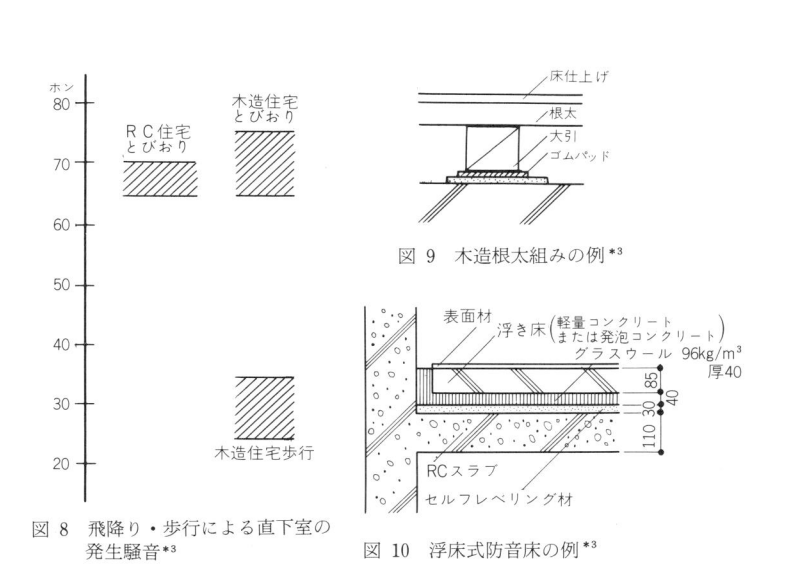

図8 飛降り・歩行による直下室の発生騒音*3

図9 木造根太組みの例*3

図10 浮床式防音床の例*3

図11 吸音周波数特性による分類*4

4.6 採光と照明

明るさの考え方

「明るい」とか「暗い」とかいう表現はごく日常的に用いられるが，その意味するところは必ずしも同じではない場合がある。読書や裁縫をする際に，どうも手元が暗いなどという場合は，主としてその面（作業面）にどれだけの光が当たっているか（照度：図1）が問題になっているし，この部屋はちょっと明るすぎて落ち着かないなどという場合には，照明器具などから発せられる光の量（光度）もさることながら，主として壁や天井などの各面から目に届く光の量（輝度：図2）が問題になっている。

照度を上げるには，大出力の光源を用いたり，照明器具の数を増したり，直射日光を利用したりすればよいわけであるが，その際に視野に入る各面（照明器具や窓なども含めて）の輝度に著しい差があると光の状態としては好ましくない。照度が高くなればそれだけ対象を見やすくなるが，見ている対象とその周辺との輝度の比が1：3〜1：5を超すような状態では，対象物が見にくくなり疲労も増す。太陽の下で本を読んではいけないと言われるのは，この輝度の著しいアンバランスによって目の機能を損なう恐れがあるためである。

また，視野の一部に極端に輝度が高い部分があると，他の部分が見えにくくなったり，不快感を引き起こしたりする（グレア）。照明器具や窓などが直接視野に入る場合はもちろん，光沢のある机面や家具・什器のガラス面などに光源が反射される場合にもグレアが生ずる（図3）。

光には大きく分けて2種類ある。方向性が強いもの（直射日光，白熱灯，スポットライトなどによる光など）と，拡散性の強いもの（曇り空からの光，室内各面からの反射光など）とである。直射日光は十分な光の量を供給してくれるが，非常に方向性が強い上に，一日の変化も激しいため，これを光源として直接室内の作業面に導くことは，明るさの状態としては好ましくなく，何らかの処置をとる必要がある。図4には直射日光を遮蔽する工夫例を示してあるが，これらは熱的環境の調整にも役立っている。通常の光の状態では，方向性の強い光と拡散性の強い光とが併存して

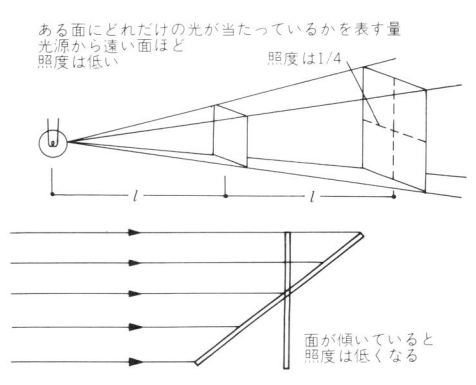

図1 照度[1]

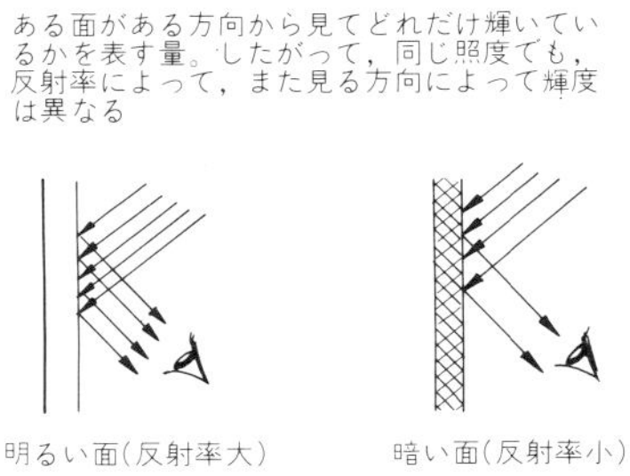

図2 輝度[1]

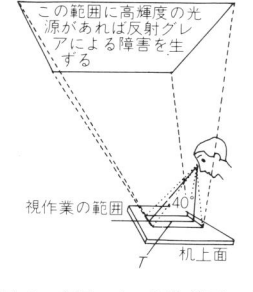

図3 光沢のある視作業面に生ずる反射グレアの原因となる光源の位置[2]

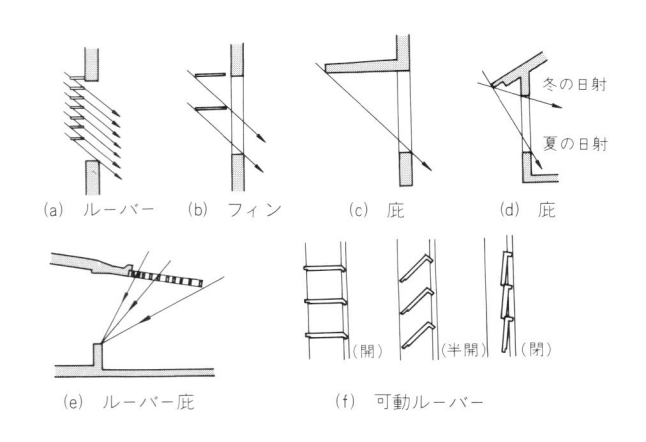

図4 直射日光を遮へいする装置のいろいろ[3]
(a) ルーバー (b) フィン (c) 庇 (d) 庇 (e) ルーバー庇 (f) 可動ルーバー

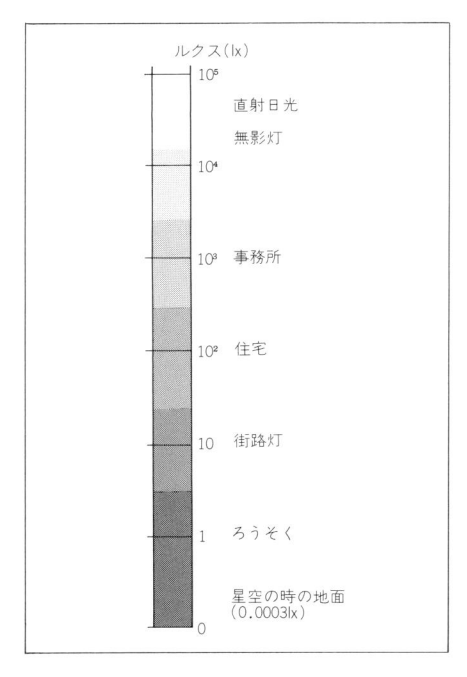

用語解説

照度 光を受ける面の単位面積にどれだけの光が入るかを示す量で，単位はlx（ルクス）であり，点光源の場合は，光源からの距離の2乗に反比例する。また，光線の方向に対して傾いている面ではその角度θに応じて照度が減少する（$\cos\theta$に比例する）。

輝度 光源面，反射面，透過面など光を発している面を，ある方向から見る場合にどれだけ輝いているかを表す量で，単位はcd/m^2（カンデラ/平方メートル）である。

全天空照度 直射光を除いた空からの光による地上の水平面照度で，太陽の位置や大気透過率にもよるが，一般に快晴時より薄曇時の方が明るい。

図5 照度の日安

いるが，その多寡によって，物の見え方が変わり，空間の雰囲気が変化する。

方向性の強い光は陰影をはっきりさせ，物の凹凸を際立たせ，固い感じを与えるし，拡散性の強い光は，柔らかい感じを与えるが，物が平板に見えてしまい，奥行感が薄れてしまう。

このように，明るさの状態にはさまざまな側面があり，単に照度だけで判断することはできない。

照度の目安

明るさの状態は照度だけで判断できるものではないし，室の雰囲気なども，ただ明るければよいというものではない。また，人間の目はかなり広範囲の輝度状態に対応でき，蛍の光ならずとも満月の月明りの下では本を読むこともできる。図5には，一般に経験される明るさの状態を照度に対応させて示してある。一般に細かい作業をするためには，それなりの照度が必要であり，単に物があるか無いかの判別のためだけであれば，相当暗くても生活には差し支えない。

JISに示されている照度基準（図6）は，主としてこういった作業の能率性，安全性などと経済状況などとを勘案して定められた数値であり，実際にはその空間を使用する立場の人の判断なども加味されるのが普通である。種々の調査研究の結果では満足する割合が最も多いのは照度2,000 lxであり，各国の事務所の推奨照度も経済成長にともなって，この値を目指してきた（図7）が，石油ショック→省エネルギーといった時代では，むしろどの程度まで照度を落とせるかが問題となる。

照度をコントロールするには，光源から発する光の量を調節するのが一番直接的であり手軽である。窓に取り付けたカーテンやブラインド，住宅の居間などにも取り付けられるようになった調光スイッチなどで，容易に照度をコントロールすることが可能である。一方，照度には，図8に示すように，直接照度と間接照度があり，光源からの光の量を調節した場合，この両者に影響がある。

間接照度は主として室内の仕上げ面の反射率に依存しており，反射率の大きい材料で仕上げてある室は，反射率の小さい材料で仕上げた室に比べて，同じ照明器具を用いても作業面照度が高くなる。また，室内の作業面には，高照度の部分と低照度の部分ができるのが普通で（照度分布），その最高照度と最低照度との比を均斉度と呼ぶが，ある程度より大きい室内で，なるべく均一な照度状態を得ようとする場合には，照明器具の配置などを十分に考慮する必要がある（図9）。均斉度の目安は，一般には人工照明のみの場合に1/3，昼光を利用する場合には1/10である。

照度	1,500 lx	1,000 lx	750 lx	500 lx	300 lx	200 lx	150 lx	100 lx	75 lx	50 lx	30 lx	20 lx	10 lx
居間	[2,000 lx～750 lx：手芸○裁縫]		○読書 ○化粧 ○電話*3			○団らん ○娯楽*2			全般				
書斎	—		○勉強 ○読書						全般				
子供室・勉強室	—		○勉強 ○読書			○遊び			全般				
応接室（洋間）	—					○テーブル*1 ○ソファ ○飾り棚				全般			
座敷	—					○座卓*1 ○床の間				全般			
食室・台所	—				○食卓 ○調理台 ○流し台				全般				
寝室	—		○読書 ○化粧								全般〔2 lx～1 lx：深夜〕		
浴室・脱衣室	—				○ひげそり ○化粧 ○洗面			全般					

（注）*1 全般照明の照度に対して局部的に数倍明るい場所を作ることにより，室内に明暗の変化を作り平たんな照明にならないことを目的とする。
　　*2 軽い読書は，娯楽とみなす。
　　*3 他の場所でも，これに準ずる。
　備考①それぞれの場所の用途に応じて全般照明と局部照明を併用することが望ましい。
　　②居間，応接室，寝室については調光を可能にすることが望ましい。

図6　JISにおける住宅の照度基準

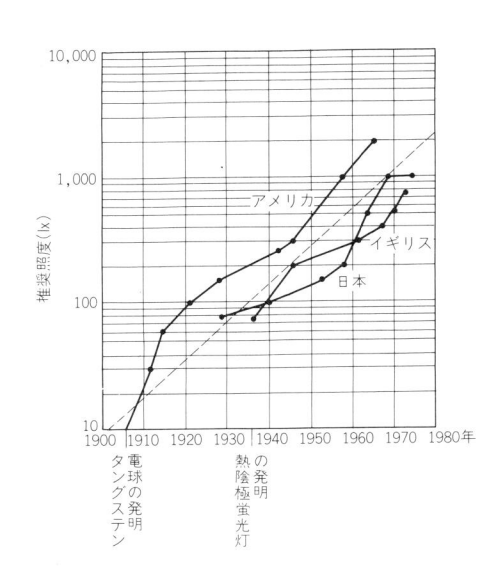

図7　事務室の推奨照度の変遷*4

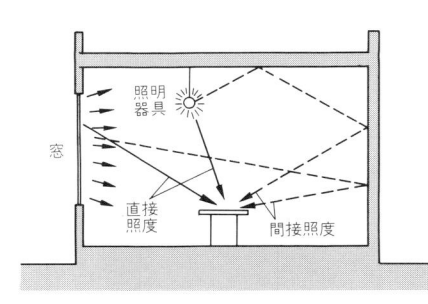

図8　直接照度と間接照度*5

室内の作業面上の照度を考える場合，光源として考えるものには照明器具と窓面とがある。作業面には，これら光源から直接到達する光のほかに，天井，壁などから到達する光があり，前者による照度を直接照度，後者による照度を間接照度と呼ぶ。この意味あいにおいて天井や壁は自らは光を出さないが，結果として光源の役目を果たしていることから二次光源ということがある。

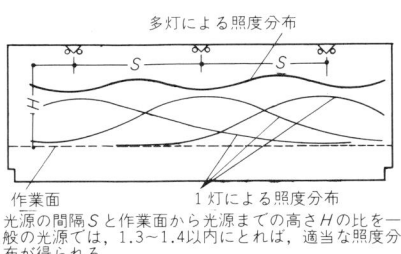

光源の間隔Sと作業面から光源までの高さHの比を一般の光源では，1.3～1.4以内にとれば，適当な照度分布が得られる

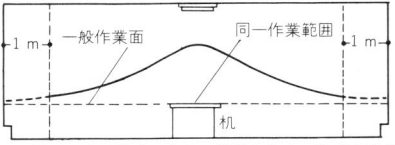

人工照明による均せい度は，周壁から1m以内の部分を除いた一般作業面では1/3以上，机上面内あるいは一つの黒板面内など同一作業範囲では，1/1.5以内にすべきである

図9　照度分布と均斉度*3

採光

　採光というのは，昼間の明るい（輝度の高い）空を利用して，窓から光を採り入れることである。ただ，直射日光は前述したようにそれを直接的に光源として利用するのは不適切である。

　直射光以外の空からの光（天空光）は，十分に拡散された光でもあり，直射日光に比べて，その明るさの変化も小さいので，その天空光を利用するのが一般的である。もちろん天空光といえども，天候や季節，時刻（太陽高度）によって変化する（図10）。天空光のみによる屋外水平面照度（障害物が何もない状態での）を全天空照度と呼ぶが，この全天空照度は，よく澄んだ晴天時よりも明るい曇天時のほうが大きくなる。また，全天空照度が変化すれば，当然室内で期待し得る照度も変化するが，室内側の諸条件が固定していれば，その比は一定であり，室内の採光状態の指標として用いられる。

　この比を昼光率と呼び百分率で表す（図11）。

　昼光率は天候などによって左右されることはないが，窓の大きさや位置，ガラスの種類，窓の外の障害物などの状況，室内仕上げ材の反射率によって変化する量である。窓面で同じ量の光を受けても，ガラスの種類によって室内側の昼光率は異なり，作業面の照度分布が異なる（図12）。また，室内の仕上げが明るければ（反射率が大きければ）間接照度が高くなり，昼光率もそれだけ大きくなる。

　窓の面積は大きいほど採光には有利であるが，夏季の受熱量も大きくなり，熱的環境にとっては不利になる。また，同じ窓面積であれば，高い位置に設けたほうが室奥の昼光率は大きくなり，障害物による影響も受けにくくなる。いわゆる天窓は，隣接建物などの障害物の影響が少ないうえに，天頂付近の明るい空の部分からの光を採り入れられるので，水平面（床面や作業面）の昼光率を高めることができ，また照度分布も比較的均等になる（図13）。建築基準法において，天窓の面積を実際の3倍に見積もってよいことになっているゆえんである。しかし，天窓は最上階にしか設けられなかったり，雨仕舞，補修，開閉がしにくかったり，眺望，遮熱，通風に不利であったりすることから，一般には側窓が多用されている。側窓も室の目的や大きさによってさまざまな工夫の余地があり，工夫次第で採光条件のみならず室内全体のイメージにも大きな影響がある（図14）。

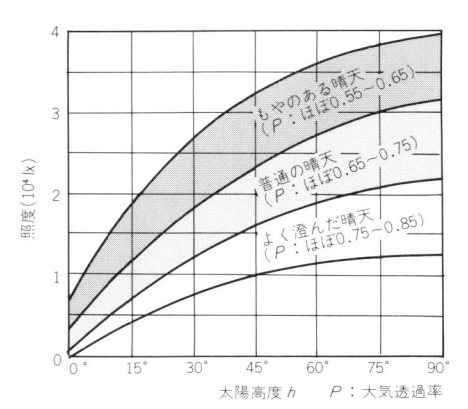

図10　晴天時の全天空照度[*3]

図11　昼光率[*5]

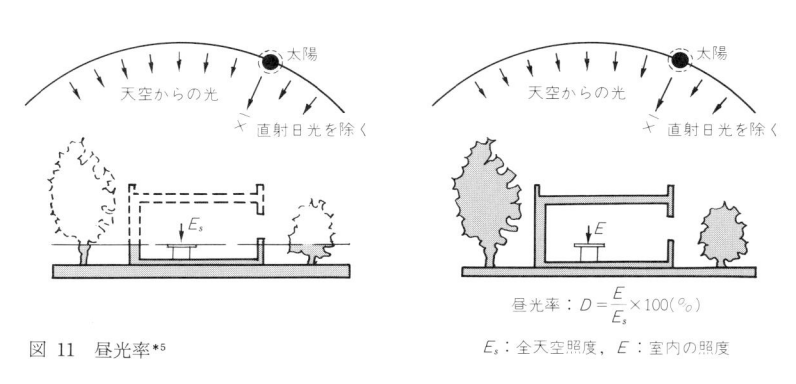

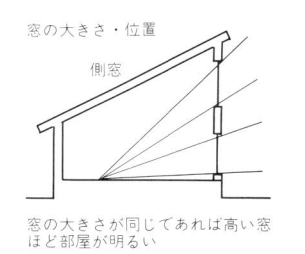

昼光率：$D = \dfrac{E}{E_s} \times 100(\%)$

E_s：全天空照度，E：室内の照度

図13　窓の位置と室内の照度[*1]

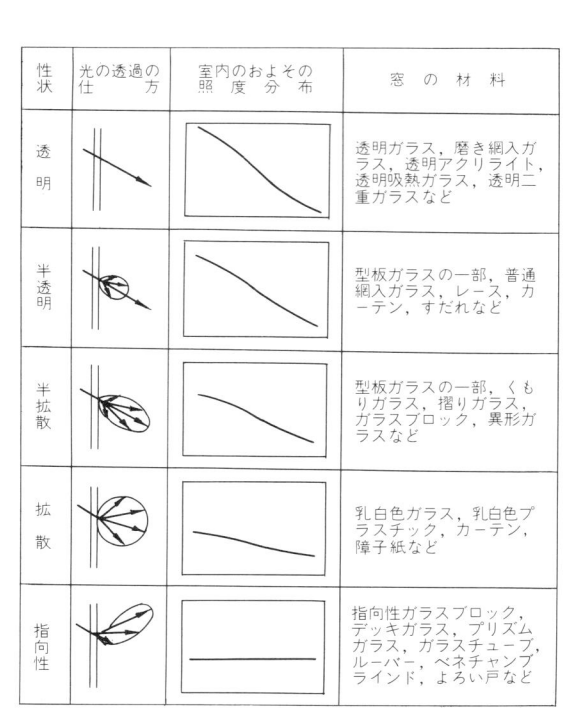

窓の大きさが同じであれば高い窓ほど部屋が明るい

天窓は採光的には非常に有利

性状	光の透過の仕方	室内のおよその照度分布	窓の材料
透明			透明ガラス，磨き網入ガラス，透明アクリライト，透明吸熱ガラス，透明二重ガラスなど
半透明			型板ガラスの一部，普通網入ガラス，レース，カーテン，すだれなど
半拡散			型板ガラスの一部，くもりガラス，摺りガラス，ガラスブロック，異形ガラスなど
拡散			乳白色ガラス，乳白色プラスチック，カーテン，障子紙など
指向性			指向性ガラスブロック，デッキガラス，プリズムガラス，ガラスチューブ，ルーバー，ベネチャンブラインド，よろい戸など

図12　窓ガラスの種類とその特徴[*5]

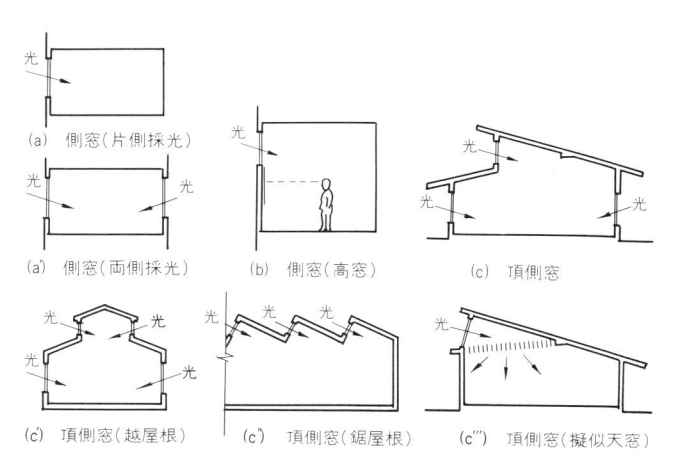

図14　側窓の例[*5]

(a) 側窓（片側採光）
(a') 側窓（両側採光）
(b) 側窓（高窓）
(c) 頂側窓
(c') 頂側窓（越屋根）
(c'') 頂側窓（鋸屋根）
(c''') 頂側窓（擬似天窓）

照明

人工照明器具を用いて明るさを確保することを照明と呼んで，採光と区別する。

照明は夜間の生活には不可欠であり，昼間でも暗い日や窓の無い部屋，奥行の長い部屋などには多用されている。また，採光による照度分布の偏りや光の方向性を是正するために明るい昼間にも積極的に照明を用いることがある。

照明による光は，太陽光とは異なり，光の方向性や色味などを比較的自由に作り出すことができるので，室の用途や作業の目的に応じた光の演出をすることができる。照明器具によって変化する室内の光の様相の概略を図15に示す。これらの様相の変化は，照明器具の配光（どちらの方向にどれだけの量の光〔光束〕を発しているかを示すもの）の特性によるところが多い。その観点から照明器具を分類したのが図16であるが，一般に間接照明は効率は良くないが，柔らかい良質の光が提供できるとされている。

これら照明器具に用いられる光源には，白熱電球のように，物体そのもの（フィラメント）を高温にすることで発光させるものと，蛍光ランプや水銀ランプのように，いわゆる蛍光物質を利用して発光させる（ルミネセンスという）ものとがある。後者のタイプではさらに高効率，高出力の高強度放電ランプ（HIDランプ）が実用化され，大規模空間や屋外照明に利用されている。

照明による光の色味は，光源の色温度によって異なる。色温度が高いほど青白くなり，冷たい（寒い）感じになり，色温度が低いほど赤っぽくなり，暖かい（暑い）感じとなる（図17）。高い照度を得る場合にあまり低い色温度の光源を用いたり，逆に低い照度を高い色温度の光源で作り出したりすると不快感があるといわれている（図18）。

また，照明に用いられる光源が発する光は，太陽光とは異なった成分特性を持つのが普通であり，その光の下で見る物の色が不自然に感じたり，昼間とは別の色に見えたりすることがある。この色の見え方の違いを演色性といい，光源を選ぶ際に重要な判断指標となる。

最後に，住宅などで一般に用いられる照明器具のワット数の目安と室の広さの関係をまとめておくが（図19），器具が目に触れる場合には，器具そのもののデザインも室のイメージを左右することを忘れてはならない。

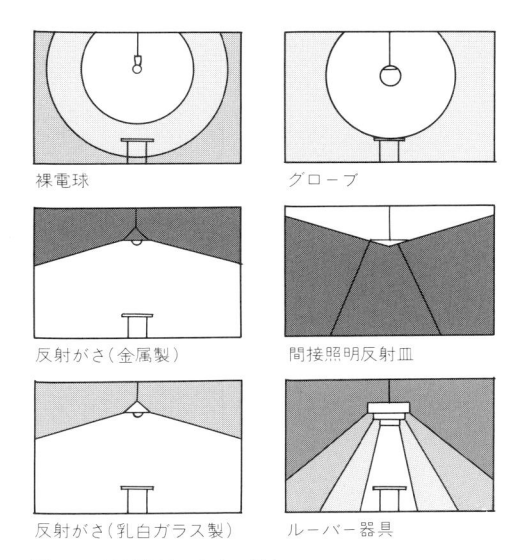

図15 照明器具と室内の様相[5]

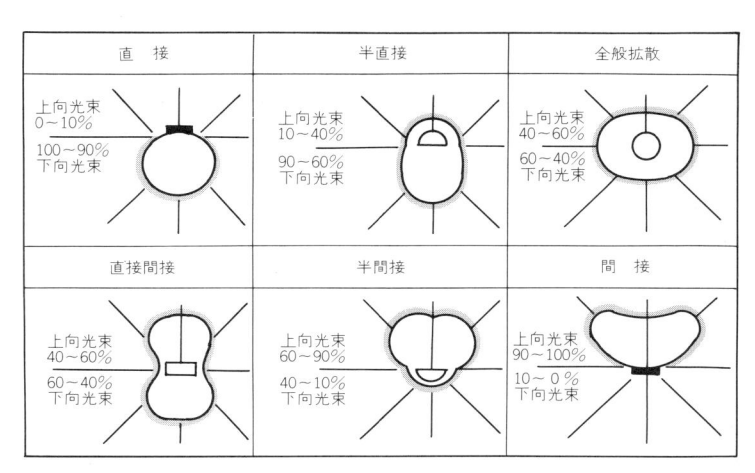

図16 配光による照明器具の分類（アメリカ IES, CIE）

光源	色温度
昼光 青空光	10,000K以上
昼光 曇天光	6,500K
昼光 直射日光	5,500K
人工光源 昼光色蛍光ランプ	6,500K
人工光源 三波長域発光形蛍光ランプ	5,000K
人工光源 メタルハライドランプ（蛍光形）	5,000K
人工光源 白色蛍光ランプ	4,500K
人工光源 蛍光水銀ランプ	4,100K
人工光源 温白色蛍光ランプ	3,500K
人工光源 白熱電球	2,850K
人工光源 高圧ナトリウムランプ	2,100K
人工光源 ろうそくの炎	2,000K

K：絶対温度

図17 昼光と人工光の色温度[5]

図18 光源の色温度と快適な照度[6]

室の広さ	蛍光灯 直付け	蛍光灯 吊り下げ(直)	蛍光灯 吊り下げ(環)	白熱灯 グローブ	白熱灯 不透明セード
4.5畳	80W	40	60	200	180
6	100	60	90	220	190
8	120	60	90	300	260
10	120	80	120	330	290
12	140	80	120	400	350

照明は一般に器具そのものの輝度は低くして，作業面の照度を高くすることが望ましい。机上面の照度を同じにするためには，コーブ→埋込→グローブ→裸電球の順に，器具の輝度を高くする必要がある。

図19 室の広さと照明器具[1]

4.7 色彩

　色彩は空間を豊かにし，情報量を高めるなど，さまざまな形で日常生活の中でその役割を果たしている。

　色彩は基本的に目に入ってくる光の成分によって決まるが，対象物体が透明体であるか，不透明体なのかによって，その性質は異なる。透明体の色彩（カラースライド，ステンドグラスなど）は，光がその物体を通過する際に吸収されずに残った成分によって決まり，反射は，ほぼ一様にされるので，その表面はただ光って見えるのが普通である。一方，目に触れる多くの色彩は，いわゆる表面色であって，その面に当たった光が選択吸収されて反射された結果の反射光の成分の特性によって決まる。

　また，色彩には「流行色」という言葉があるように，時代や文化などによって，その評価が変化したり，素材との関係や使用目的によって同じ色に対する評価が逆転したりする側面があり，好みの個人差も大きい。

　いずれにしても，色彩を扱う上では，さまざまな色を特定できるような物差しが必要である。その物差しに当たるのが表色系であり，マンセル（図1），オストワルト（図2），CIE（XYZ）（図3）などの表色系が用いられている。これらの表色系ではいずれも独立に変化させられる三つの量を用いており（三属性），一般に用いられているマンセル表色系では，色相（ヒュー），明度（バリュー），彩度（クロマ）を用いて，2.5YR 7/4 といった記号で表示し（2.5YR…色相，7…明度，4…彩度），色彩が特定できるようになっている。

　こういった尺度を用いて色彩を扱えば，信号の色（表面色ではないが）が「青」だとか「緑」〔いわゆる慣用色名（図4）〕だとかいう議論はなくなり，第三者に対して正確な色を伝えることができる。

　色彩をより厳密に区別するには，図5に示すような分光特性（各波長に対する反射率特性）を比較すればよいが，色彩というものが，その物体に当たる光の特性によっても左右され，同じ分光特

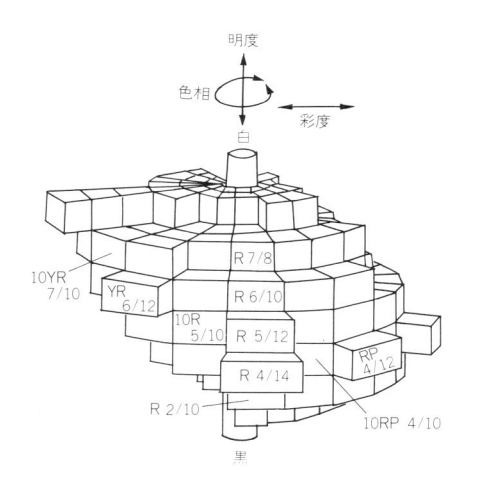

図1　マンセル色立体

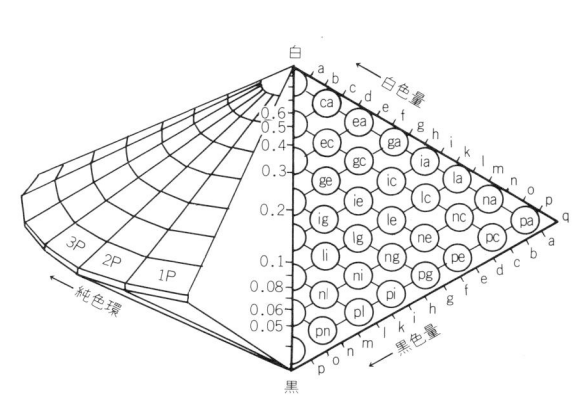

図2　オストワルト色立体

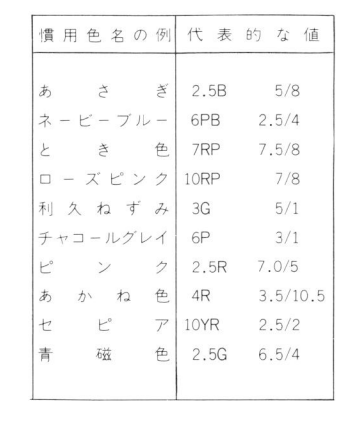

図4　慣用色名の例[2]

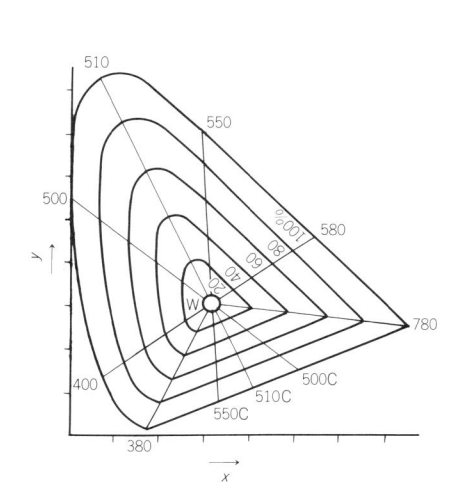

慣用色名の例	代表的な値	
あさぎ	2.5B	5/8
ネービーブルー	6PB	2.5/4
とき色	7RP	7.5/8
ローズピンク	10RP	7/8
利久ねずみ	3G	5/1
チャコールグレイ	6P	3/1
ピンク	2.5R	7.0/5
あかね色	4R	3.5/10.5
セピア	10YR	2.5/2
青磁色	2.5G	6.5/4

図3　CIE 色度図[1]

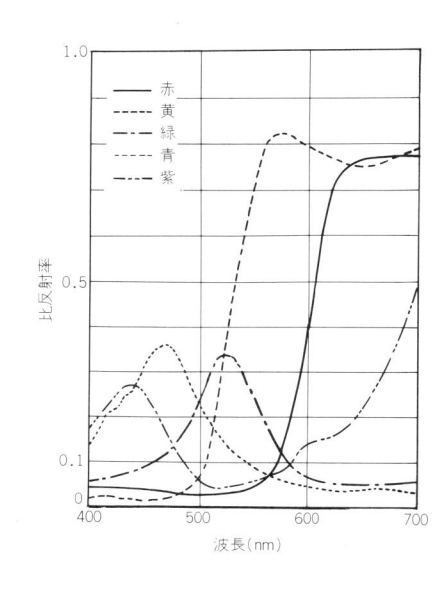

図5　色の分光特性[1]

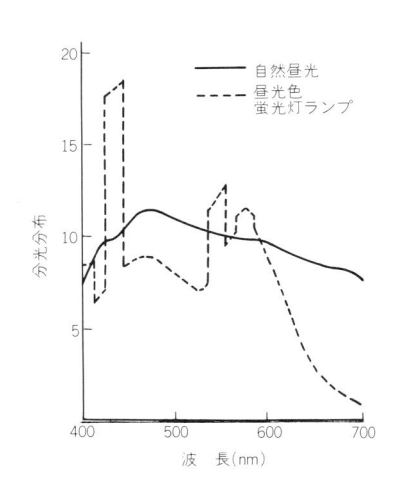

図6　自然昼光と昼光色蛍光ランプの分光分布[3]

性をもつ物体の色彩が異なって見えたり，逆に分光特性が異なるにもかかわらず，ある照明条件下で同じ色彩に見えたり（メタメル現象）するので，必ずしも実用的ではない。

同じ物体が照明条件の違いによって，異なった色に見えるという現象は，日常経験としてもよく体験されることであり，特に人工照明下での色の選択には注意を要するところである。これは，物体に当たっていない光は反射されないという，ごく当然の理由によるものであり，光源から発する光の成分が太陽光に近ければ，こういった問題は生じない（図6）。

さて，室内の色彩であるが，実際に用いられている仕上げの色彩は，考えるほど広範囲にわたっているわけではなく，図7に見るように，かなり限られた範囲の色彩の組合せで構成されている。色相は部位による違いがほとんどなく，いわゆる木質系の材料の色相が多い。明度・彩度では，一般に天井が高明度，低彩度，床が低明度，中彩度で，壁がその中間といった構成が無難であり，高明度，高彩度の原色系で大面積を構成しないほうがよいとされている。

また，色彩には，単色であっても暖色・寒色，進出色・後退色（図8参照），膨張色・収縮色〔膨張性，収縮性は無彩色にも見られる（図9）〕などと呼ばれるように，さまざまな効果があり，一般に暖色(R，YR，Y系)は，進出，膨張の傾向が強く，寒色(G，BG，B系)は，後退，収縮の傾向が強い。さらに，同じ色彩であっても面積によって感じ方が異なるのが普通で，大面積になるとより高明度，高彩度に感じられるので，色見本などで色決めをする場合には，前述の照明条件の違いもさることながら，その色を用いる部位や面積にも配慮が必要である。

2色以上の色彩が隣接すると，さらに種々の効果が見られる。一般に対比効果と言われ，色相・明度・彩度においてそれぞれの対比効果が見られる。お互いの三属性をそれぞれ強め合う方向にずれて感じられる。

図10は明度対比の例であるが，黒に囲まれた灰色も，白に囲まれた灰色も同じ明度であるにもかかわらず，黒に囲まれた灰色の方が白っぽく見える。

このような対比効果とは逆に，類似した色彩どうしが近づく方向に感じられる場合もある（同化効果）が，特別な場合に限られていると言われている。また，対比効果とは別に調和しやすい色とそうでない色とがあり，すべての効果を体系的に扱うことが難しく，感覚的，経験的な判断をせざるを得ない部分も多い。

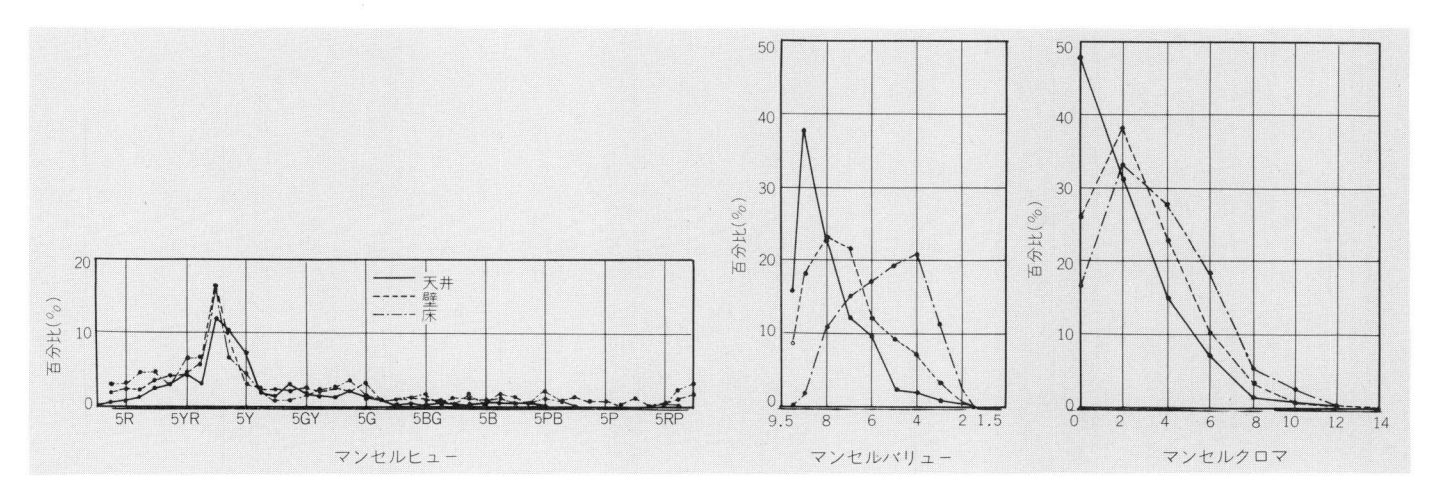

図7　建築室内の部位別色彩頻度*4 (Masao Inui)

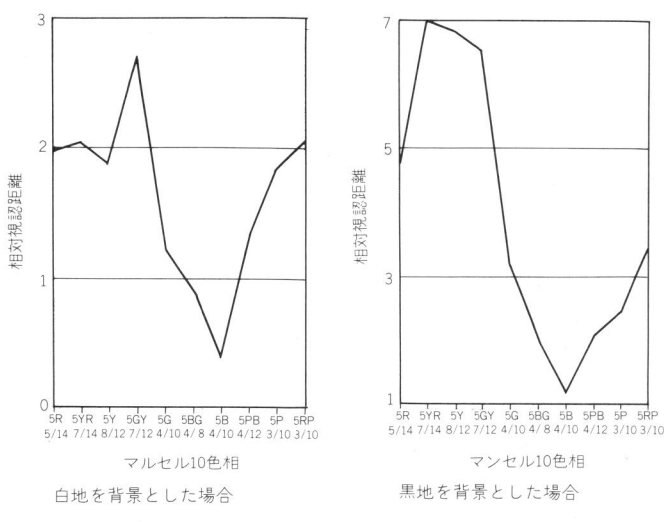

図8　進出色・後退色*1
白を背景色，黒を背景色とした場合の，マンセル10色相の純色色票の相対視認距離

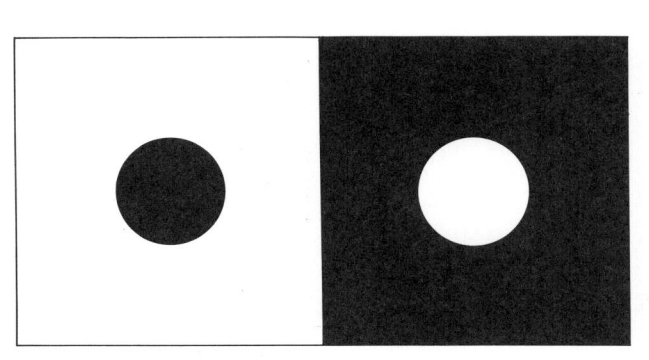

図9　色の膨張性（右），収縮性（左）

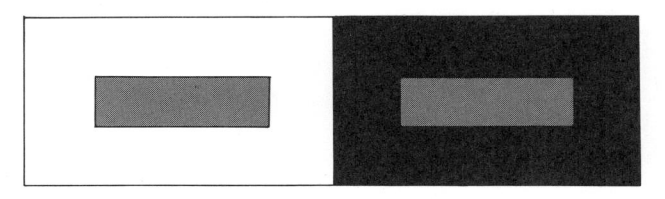

図10　明度対比現象

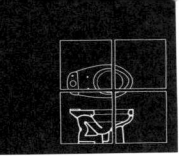

5 設備計画と機器

5.1 住宅設備の概要

　ふつう住宅設備というのは，その中に給排水・衛生設備，電気設備，冷暖房空調設備などの広い範囲の機器類を含んでいる。

　エネルギーの使用という立場でこれを見ると，建物の周辺に敷設されている都市設備（電力・上下水道・ガス・情報など）を建物の中まで引き込み，設備機器を通して生活に都合のよいように供給し，室内環境を快適で便利にすることを意味する（図1）。

　最近，生活の質的向上や室内環境を快適にする要求が強くなったために，機器は多様化し，性能は高くなってきた。そのため，建築の総工事費の中に占める設備工事費の割合も当然大きくなってきている。したがって，住宅を設計するとき，設備をどのようにするかということは重要な問題である。

　省エネルギー，省資源の立場からも機器自体の効率はよくなった。また，エレクトロニクス技術の進歩にともない，ホームオートメーションの名のもとに，情報処理制御システムも急速に進歩したので，住宅設備を効率的に計画する技術は，ますますその重要度を増している。

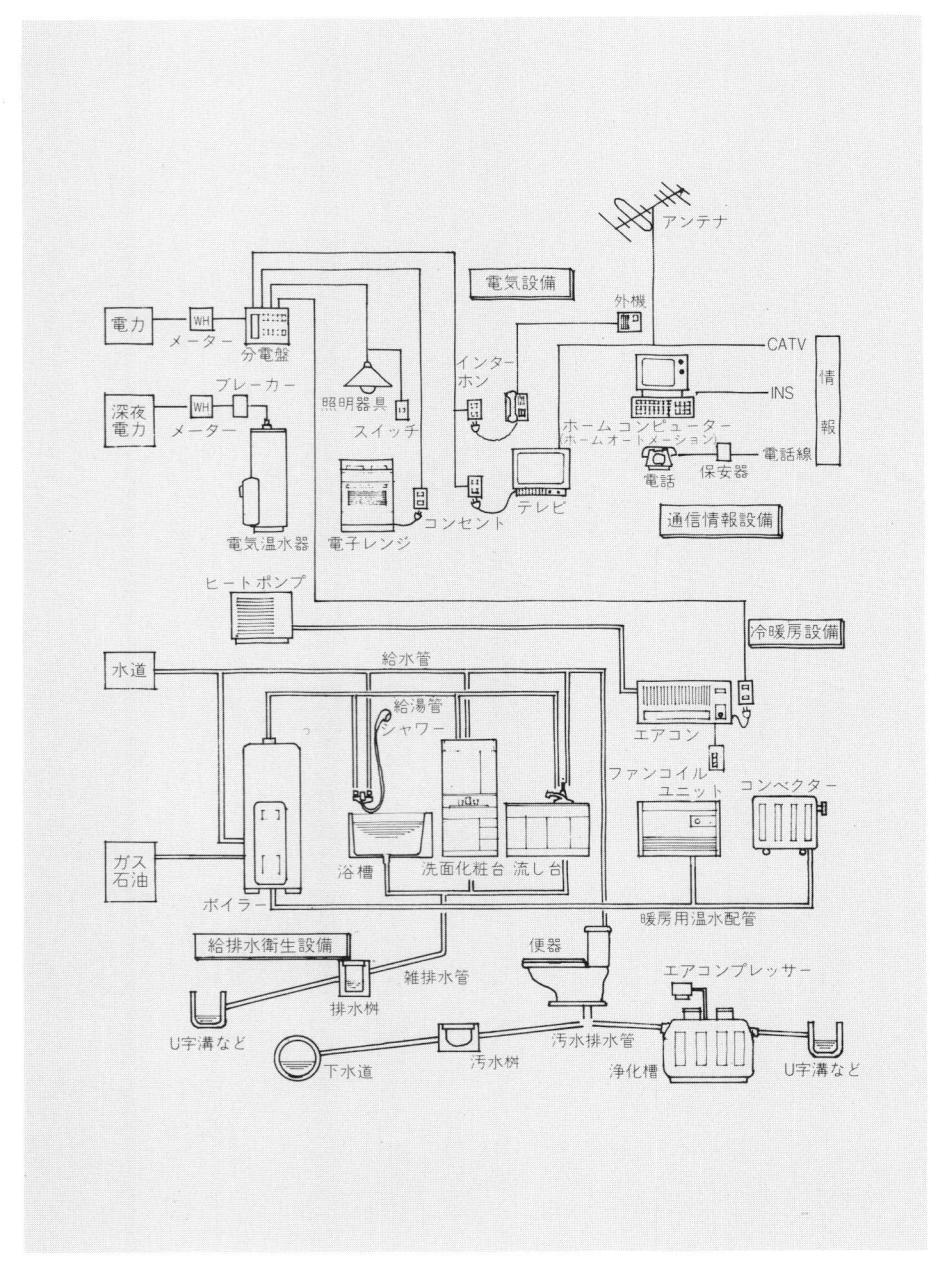

図1　住宅設備とエネルギー

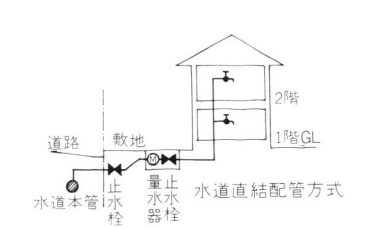

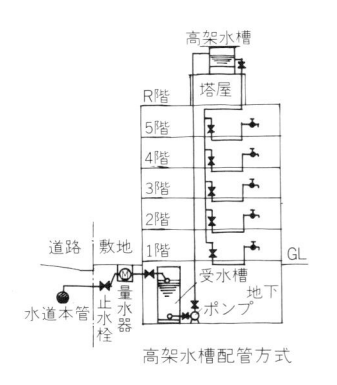

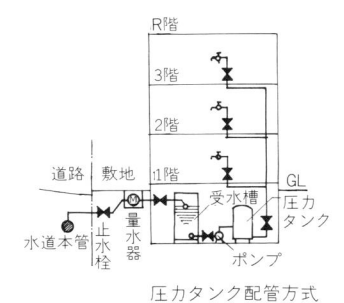

図1　給水方式

器　具　名	必要圧力（kg/cm²）
洗浄弁	0.7
一般水栓	0.3
自閉水栓	0.7
シャワー	0.7
瞬間湯沸器（大）	0.5
〃　　　　（中）	0.4
〃　　　　（小）	0.1*

＊低圧用

図2　器具の最低必要圧力[*1]

5.2 給水設備

水は生活に欠かせないものであるが、単に生命を維持するためだけなら最低1.5 l/人・日の水があればよい。しかし、洗面・炊事・洗濯・入浴など日常生活を快適に過ごすためには、200〜250 l/人・日を確保しなければならない。また、量だけでなく品質も重要であるが、これは水道法によって規定されている。井戸水の場合には保健所で水質検査をしてもらう必要がある。

給水方式には、図1のような3種類がある。2階建て以下の住宅では「水道直結方式」が多く用いられる。これは水道本管の水圧（通常2 kg/cm² 前後）を利用して、止水栓・量水器を経て屋内の水栓や器具に直接に接続するもので、費用も安い。しかし、水は単に出ればよいというわけではなく、末端の水栓や器具を正しく働かせるためには、図3のように接続する管径を適当に選んで図2のような水圧を確保しなければならない。そのため、高台などの水圧の低い地域や単位時間当りの使用水量の大きい場合、あるいは中高層集合住宅などでは、「高架タンク方式」か「圧力タンク方式」が用いられる。「高架タンク方式」は給水の水圧が安定し、故障も少ないが、建物の最上部にタンクを設置しなければならないので、建物の構造上の負担や北側の日照、タンクの保守点検に注意が必要である。「圧力タンク方式」は受水槽から先に送水ポンプと圧力タンクを設け、ポンプによって必要な水圧を確保するものである。この方式は停電すると断水となり、タンクの材質や内部の表面処理によっては水が赤く濁る心配がある。

水道工事は、水道供給事業者（地域の水道管理者）が指定する「指定水道工事店」が行うことになっており、「直結方式」の場合には、本管からの引込み工事はもちろん、屋内配管の変更も、素人が日曜大工的に勝手に行ってはならないと決められている。また、水栓なども検定合格品以外のものは使用してはならない。こうした禁止制限は、給水施設の保護と保健衛生上の危険を防ぐためである。受水槽を設ける場合は、受水槽から先が水道管理者の責任とならないため、通常、規制は設けられていないが、集合住宅などについては規制をつくっている地域も多い。

水資源の有効利用という立場からは、節水が重要である。水栓は通常、止水部分には平型パッキン（通称はこま）が使われているが、これを円錐型パッキン（通称節水ごま）に改めると吐水量が約1/2になり、節水することができる。水洗便器にも節水型がある。節水に有効なのは、ふだんから漏水がないかどうかを点検し、水を流しっ放しにしないで、コップや洗面器にためて使用することであろう。寒冷地では水が凍結するために、水道管が破裂することがある。これを防ぐには、配管を断熱材で保温することが有効で、また、寒冷地用の不凍結栓を用いるのも効果がある。

端末に使う水栓には図5のようなものがあるので、使用目的に合った水栓を選ぶようにする。混合水栓は水と湯を混ぜて使用するためのもので、最近は多く使われるようになった。使い勝手の面からはシングルレバー式が便利である。自動的に温度調節をするサーモスタット式混合水栓や、指定した水量で自動的に止まる定量止水型水栓などは便利であるが、価格が高いうらみがある。

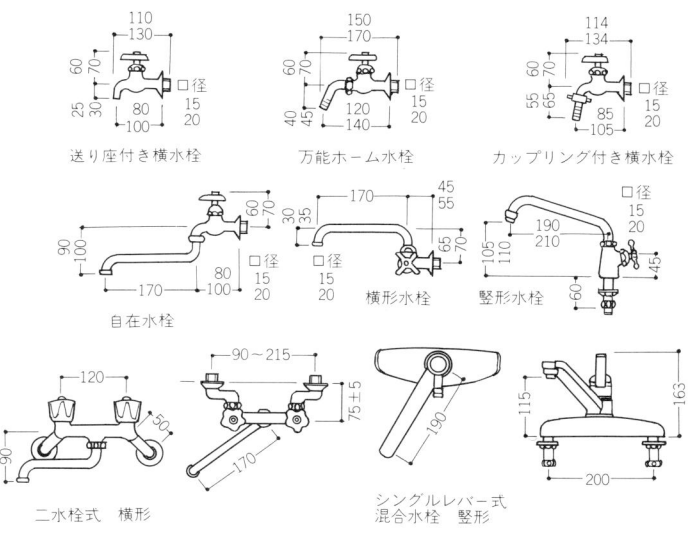

器具種類	1回当りの使用量 (l/回)	瞬間最大流量 (l/min)	接続管径 (mm)
大便器（洗浄弁）	13.5〜16.5	110〜180	25
〃 （洗浄水槽）	15	10	13
小便器（洗浄弁）	4〜6	30〜60	20
〃 （洗浄水槽）	4.5	8	13
手洗器	3	8	13
洗面器	10	10	13
流し類（13mm水栓）	15	15	13
〃 （20mm水栓）	25	15〜25	20
吹上げ水洗器		3	13
散水栓		20〜50	13〜20
和風浴槽	大きさによる	25〜30	20
洋風浴槽	125	25〜30	20
シャワー	24〜60	12〜20	13〜20

図3 各種衛生器具および水栓類の流量と接続管径[*1]

図5 水栓の種類
（送り座付き横水栓、万能ホーム水栓、カップリング付き横水栓、自在水栓、横形水栓、竪形水栓、二水栓式 横形、シングルレバー式混合水栓 竪形）

図4 自動止水・サーモスタット機構付き水栓の例

用途	水量	用途	水量
飲料用	1	洗たく用	15
料理用	5〜10	大便器	30
皿洗い用	3〜6	小便器	20
洗面用	20	掃除用	10
浴用	和風 50 洋風 75〜300	雑用	10
		合計	164〜422

図6 生活用水の内訳（l/人・日）

5.3 給湯設備

住宅で必要とする給湯量は，4人家族で300 l／日前後が標準である。計画に当たっては，単に量だけでなく，朝晩の同時使用率（一般住宅では30％）を考えて，給湯能力を決める必要がある。ただし，給湯量は家庭ごとの生活のしかたによって大きく違うので，一様に想定することは適当ではない。

飲料用を別にすれば，給湯の温度は60～70℃を目安にし，混合水栓によって水と混ぜて所望の温度にして使用するのが経済的である。住宅における給湯負荷は風呂用が最も大きい。また，日本的な入浴方法にする場合は追い焚きの必要があるので，この給湯方法をよく検討すると経済的な計画をすることができる。

給湯用ボイラーの種類は，大きく分けて瞬間式と貯湯式とになる。それぞれの特徴は図3のようである。

ガス瞬間湯沸器には元止め式と先止め式がある。元止め式は流し台の前壁などに設置し，湯沸器から1か所のみに直接給湯するものである。また，先止め式は配管により2か所以上に給湯できるので，湯沸器の能力は中型以上であることが必要である。先止め式の場合は端末の水栓を開くと，給水圧と2次側圧との水圧差によって点火する。つまり，使用水栓と給湯配管の抵抗と湯沸器の最低差動圧力の和よりも，給水側の圧力が高いときに点火する仕組みになっている。

瞬間式湯沸器の場合は，風呂でシャワーを使っているとき，同時に台所で湯を出すと湯温が低くなり，水量も小さくなることがある。それは機器の能力が不足しているためである。瞬間式湯沸器の給湯能力の大きさは号数で表示されている。1号とは湯沸器に入る毎分1 l の水の温度を25℃ 上昇させる能力をもつことを意味している。したがって，16号湯沸器とは給水温度15℃ のとき，40℃の湯を毎分16 l 出す能力があるという意味である（図4参照）。

給湯の配管はできるだけ短くし，またしっかり保温材を巻いて熱損失を防ぐようにする。配管の抵抗を減らすには，曲がりを少なくし，配管の中に空気だまりが生じないようにするのがよい。配管材料には，加工性や耐食性の観点から一般に銅管が使われる。

器具	1日当り給湯量(l)	1時間当り使用回数(回)	1時間当り給湯量(l)	備考
個人洗面器	7.5	1	7.5	
一般洗面器	5	2～8	10～40	
洋風バス	100	1～3	100～300	
シャワー	50	1～6	50～300	
台所流し	15	3～5	45～75	住宅・アパート（営業用の食堂は別計算）
配膳流し	10	2～4	20～40	
洗たく流し	15	4～6	60～90	洗たく機の場合は機械容量による
掃除流し	15	3～5	45～75	

図1　各種器具別の給湯量

用途	使用温度(℃)
飲料用	90～95
浴用	43～45
洗面・手洗い用	40
ひげそり用	52
厨房用	
一般	45
皿洗い機洗浄用	45
皿洗い機すすぎ用	80
洗たく用	
絹および毛織物	33～37
リンネルおよび綿織物	49～52

図2　用途別使用温度[*1]

	瞬間式	貯湯式
設置条件	・設置面積が小さい ・水圧条件の制約あり	・1～2m² 程が必要 ・ボイラーの重量が大きい
給湯条件	・いつでも給湯可能	・貯湯された湯がなくなると，暖めるのに時間がかかる
設備価格	・比較的安い	・安くない（電気温水器を除く）
熱効率	・よい	・やや高い
水圧条件	・水圧が変化すると湯温が不安定となる	・湯温は安定している
その他	・冬季の凍結に注意する	

図3　瞬間式と貯湯式との比較表

○は給湯箇所，△は同時使用不可能

区分＼大きさ	5号	8号	10号	13号	16号
台所	○	○	○	○	○
洗面所	○	○	○	○	○
シャワー	△	△	△	△	△
風呂			○	○	○
その他				○	○
同時使用	△	△	2箇所	2箇所	3箇所
最低作動水圧	0.4kg/cm²	0.4kg/cm²	0.5kg/cm²	0.5kg/cm²	0.5kg/cm²

注 1．この表は，通常の風呂に冬季30分前後で給湯できることを目安としているので，夏季には，もう少し条件はよくなる。また，使用可能箇所も1箇所程度は増やせる。
2．能力切換装置が装備されていない湯沸し器では，シャワーを使用中は他の場所の湯温が変化することがあるので注意が必要である。
3．この数値は市販器具の標準的性能のものである。

図4　瞬間式給湯機器の能力

5.4 排水設備

排水の種類には図1のようなものがある。その処理方法は自治体の取決めや下水道の有無，あるいは排水の種類によって違う。

屋内排水は，図3のように各種器具に適合した管径を選ぶ。また，図2のような排水勾配をとり，曲がり部分や横引き部分を少なくして，単純な排水経路にする。

各種器具には必ずトラップをつける。トラップは図4のようにいつも封水があり，下水道から逆流する悪臭の侵入を遮り，ねずみや虫が入り込むことを防ぐ役目をする。流し台からの排水の流れが悪いのはトラップがあるためだと思い，わんトラップのわんを取り除く人がいるが，これは絶対にやってはならないことである。台所では，油などを排水とともに流しがちであるが，硬化した油は排水管を詰まらせる原因になる。ごみを粉砕して水とともに流すディスポーザーは便利であるが，衛生上の問題があるので使用に当たっては注意したい。

トラップには図5のような種類があるが，封水は通常50mm以上が必要で，封水の浅いわんトラップや，吸引によって封水の切れやすいSトラップはできるだけ避けて，Pトラップを使用したい。局所的に大量の排水があると，封水がはね出たり，吸い出されることがある。途中に通気管を設け，管内の圧力を調整するとよい。

屋外排水は，排水管の集合点や種類の違う排水管の接点に桝を設ける。また，管が真っすぐになった部分では管径の300倍程度のところに，排水桝を設けて掃除や点検がしやすいようにする。

下水道のない地域でトイレを水洗にするには，「し尿浄化槽」を設けなければならない。下水道の完備した地域では，トイレは水洗にすることが義務づけられている。戸建て住宅で単独処理する「し尿浄化槽」は図6のような構造になっていて，バクテリアの助けをかり，汚水浄化を行っている。したがって，薬品を流したり，酸素の供給を止めたりしてはならない。集合住宅などでは合併して処理するので，浄化の基準も厳しくなる。いずれにしても，浄化槽の設置，維持管理，清掃は役所の指定する業者が行うことになるので，管轄役所とよく打合せをすることが必要である。

汚　水	大小便器などからの汚水
雑排水	厨房流し，浴室浴槽，床排水，洗面器などからの雑排水
雨　水	屋根，庭などからの雨水排水
特殊排水	工場，研究所・病院などからの酸，アルカリなどの薬品，放射性物質などが含まれる特殊排水

図1　排水の種類

	屋内排水		屋外排水	
	勾配	材質	勾配	材質
汚　水	1/50以上	塩ビ管	1/100以上	塩ビ管 ヒューム管
雑排水	1/75以上	塩ビ管 白ガス管	1/200以上	塩ビ管 ヒューム管

図2　排水管の勾配と材質

管径(mm)	30	40	50	65	75	80	100	125	150
洗面器排水	○								
台所排水		○							
浴室床排水			○						
洗たく機排水			○	○	○	○			
掃除用流し（SK）					○				
浴槽排水			○	○	○	○			
便器						○	○		
下水本管の接続管として								○	○
雨樋　竪				○	○	○	○		
横							○		

図3　各種器具の排水管管径（ただし塩ビ管）

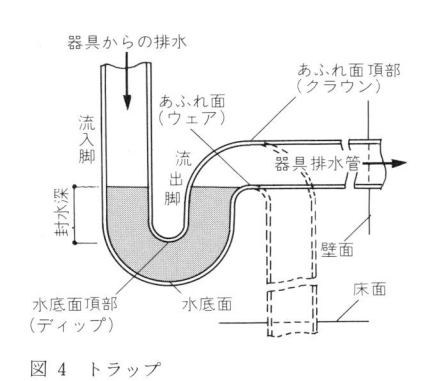

図4　トラップ

図5　トラップの基本形

図6　ばっ気式浄化槽（分離ばっ気型）[*1]

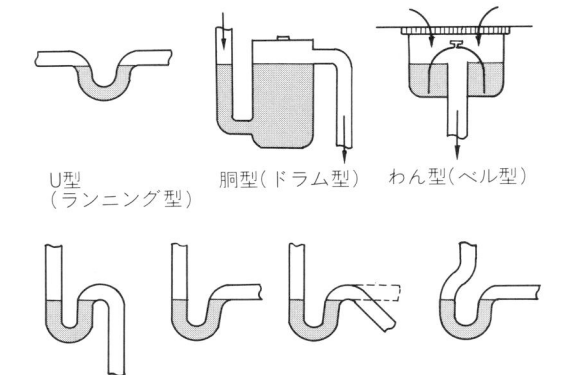

5.5 冷暖房・空調設備

　日本の気候は，夏は高温多湿，冬は低温乾燥というところが多い。そのため室内環境を快適に生活しやすくするためには，室内気候を人工的に作り出す必要がある。冷暖房および空調設備には，いろいろなシステムやこれを構成する機器があるが，大きく分けると，熱源を1か所に集中して熱を各部屋に運ぶセントラル方式と，各部屋ごとに冷暖房機器を分けて置く個別方式との二つがある。

　セントラル方式の熱源機器には，暖房用の温熱源装置と冷房用の冷熱源装置とがある。温熱源には，灯油・ガスなどを燃焼させて水を温める温水ボイラーと，空気を温める温風ボイラーとがある。冷熱源には，電気エネルギーによって往復式冷凍機で冷水をつくるチラーと，冷凍機・冷却コイル・送風機を一体に組み込んだパッケージ型空調器とがある。また，冷熱源と温熱源の併用機器としては，夏は冷水をつくり，冬は温水をつくるヒートポンプチラーと，夏は冷風をつくり，冬は温風をつくるヒートポンプパッケージ型空調器などがある。ヒートポンプの場合は，冬季に外気温が下がると暖房能力が著しく低下することがある。したがって，採用に当たっては暖房能力をよく確かめておくことが重要である。

　熱源機器を設置する場所を決めるには，熱損失が少なく，搬送エネルギーも少なくてすむように，各部屋までの配管を短くするのがよい。燃焼型機器は換気と防火に十分注意する。屋外に設置する空冷ヒートポンプは直射日光を避け，風通しがよく，ほこりが少なく，騒音によって近隣に迷惑のかからない位置を選ぶ。

　熱源装置でつくられた熱を各部屋に運ぶ方式には，空気で送るものと，水などで送るものとがある。空気で送る場合は，ダクトを床・壁・天井の裏側に取り付け，必要な箇所に吹出し口を設けて送風の圧力によって冷風または温風を吹き出す（図4）。ダクトは断熱の必要があるから，納まりのスペースを十分に確保する。その際，部屋から空気器に戻る還気の経路のスペースを取ることを忘れてはならない。また，ダクトを通して騒音が伝わることがあるので施工に注意する。熱の搬送を水による場合は，銅管などを床下か天井裏に取り付け，ポンプによって各部屋の室内ユニットに送る。その際，冷水は8℃前後，温水は40～50℃である（図5）。

　熱媒体として空気を利用する場合と，水を利用する場合の長所・短所は次のとおりである。同じ時間内に同じ熱量を搬送するという立場からみると，水のほうが電力消費量においても，搬送装置の寸法においてもはるかに有利である。また，部屋別の個別運転もやりやすい。しかし，室内ユニットが占める空間の大きさという立場からみると，水のほうが不利である。空気の場合は新鮮な外気の取入れによる換気，さらに湿度の調整も同時にできる

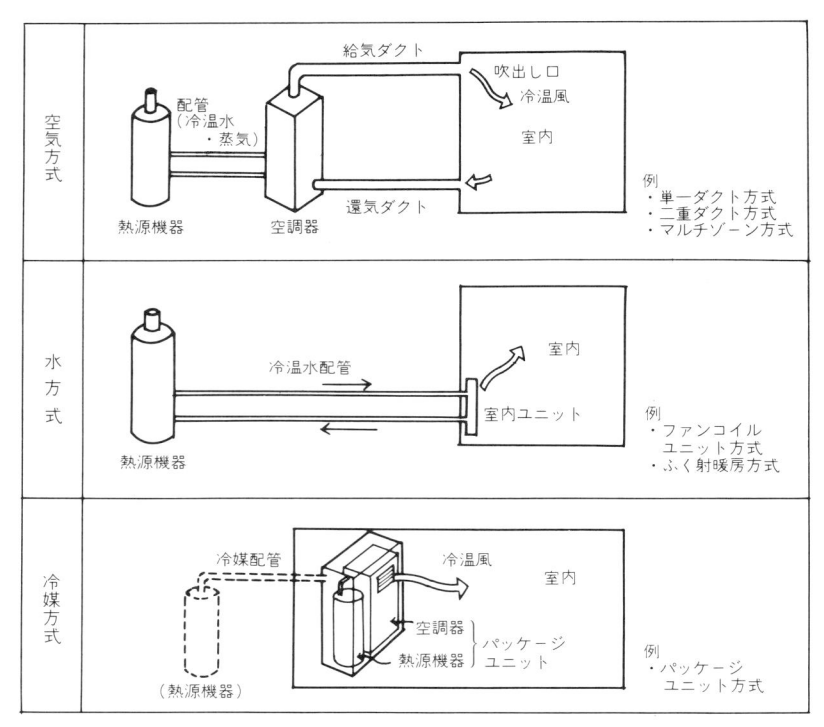

図1　熱媒体による空気調和方式の分類

	暖房負荷 W/m²·h（kcal/m²·h）	冷房負荷 W/m²·h（kcal/m²·h）
木造	105～128（90～110）	163～233（140～200）
鉄筋コンクリート造	81～105（70～90）	151～198（130～170）

注）m²：延べ床面積

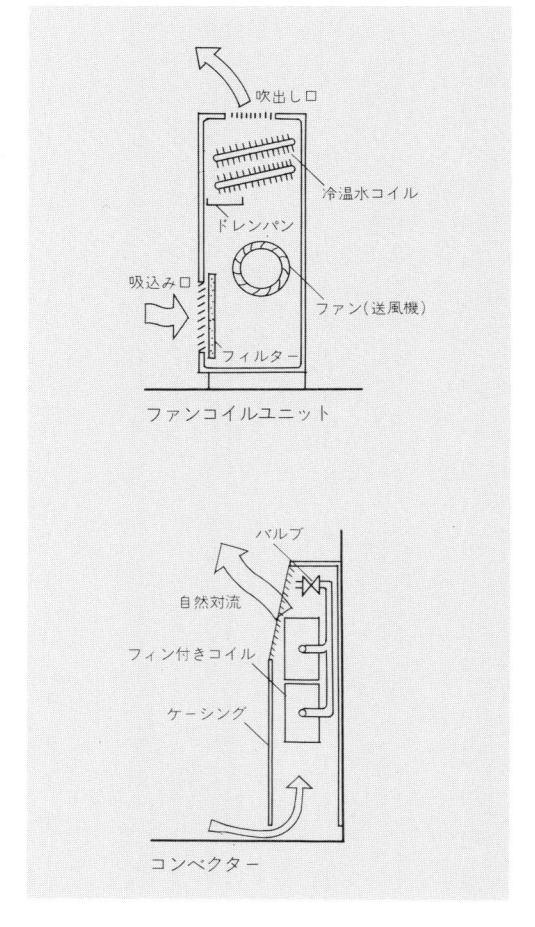

図3　住宅の冷暖房負荷[*1]

図2　室内ユニットの構造

という便利さがある。

室内ユニットは，各部屋に送られてきた冷温水などと，室内空気の間で熱交換をするものであるが，ほこりを除去する役目もする。代表的なものとしてファンコイルユニットとコンベクターがある。ファンコイルユニットは冷温水を通すフィン付きのコイルと，送風機，およびエアフィルターを一体化したもので，送風量を加減することにより熱交換量を変化させ，室温を調整するものである。これには，床置き型と壁掛け型，および天井吊り型など形態的な変化があるので，使用範囲が広い。

一方，コンベクターは温水または蒸気を通すフィン付きのコイルと外装ケースとからなり，室内空気はケースの下部から自然対流によって入り，コンベクターの中を上昇するあいだに熱交換をする。対流効果を増すために送風機をつけたものをファンコンベクターといい，最近，住宅用として薄型のものが普及してきた(図2)。

上記のセントラル方式以外の個別式の冷暖房機器についても，単純な開放型石油ストーブなどとは違ったセパレート型空調器や，室内空気を汚さない強制吸排気型ヒーターなど，セントラル式と同様に快適な機器も普及してきた。

個別式の場合には，燃料（灯油）補給などのわずらわしさはあるが，既存の住宅に取り付けることが簡単で，部屋ごとに独立運転でき，故障のときにはほかの部屋に関係なく修理ができるという利点もある。

部屋と冷暖房機器の関係については，平面の形状，天井高，窓の大きさと位置などを考慮し，室内ユニットの性能，設置場所を決める必要がある。例えば，吹抜けの部屋では床面を 30～35°C 程度に暖め，ふく射熱によって，体感温度を上げる床暖房にするのが効果的である。その場合には，図7のように暖房方式によって室内垂直温度分布が変わってくる。

室内ユニット設置の一般的な注意事項は，

① できるだけ壁の中心に置いて，空気が均等に流動するようにする。

② 家具などで空気の流れを遮らないように配置する。

③ 室内ユニットの周囲に取り付け，修理・清掃のためのスペースをとる。

④ 床置き型を使用するときは，冷風は上に向け，温風は横に向けるようにする。

⑤ 放熱器は，コールドドラフトによる不快感を防ぐため，外壁側の窓下に設置する。

⑥ 放熱器は，幼児のやけどなどの恐れがないような安全な形状にするか，手の届かない位置におく。

⑦ 間欠的に暖房運転する場合は，朝の急速な暖房立上がり能力のあるものを選ぶ。

⑧ セントラル式の場合は，昼と夜の部屋の使われ方によってゾーニングを行い，室内ユニットをゾーン別に制御できるようにする。

⑨ 冷房装置は冷気分散のため，天井付近に設置することが望ましく，冷えすぎのないように温度設定および分布に注意する。

⑩ 暖房は 18°C 以下を目安にし，また冷房は戸外との温度差の標準を 5°C にする。

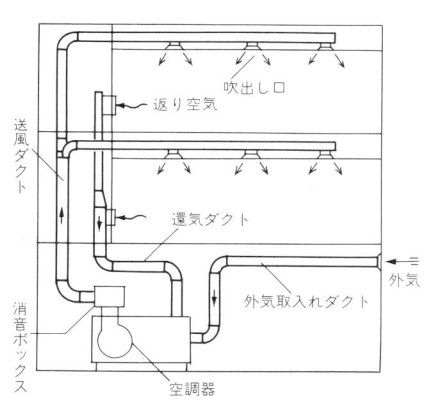

図4 単一ダクト方式[*1]

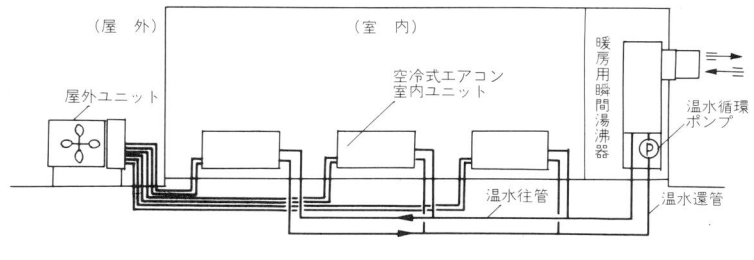

図5 パッケージユニット方式[*1]

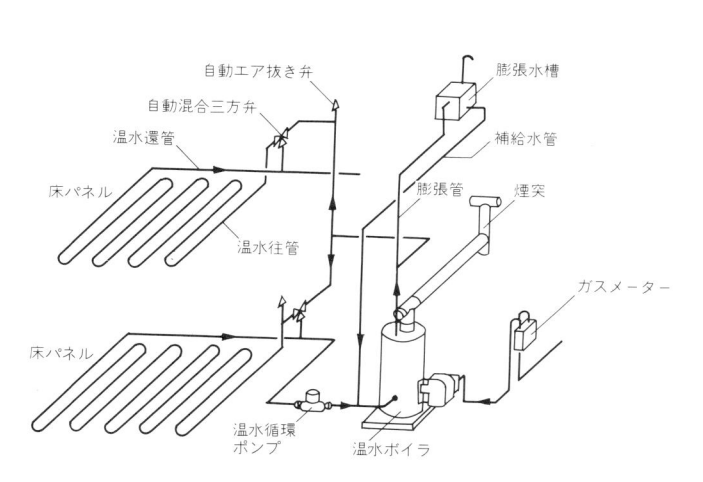

図6 ふく射（放射）暖房配管系統図[*1]

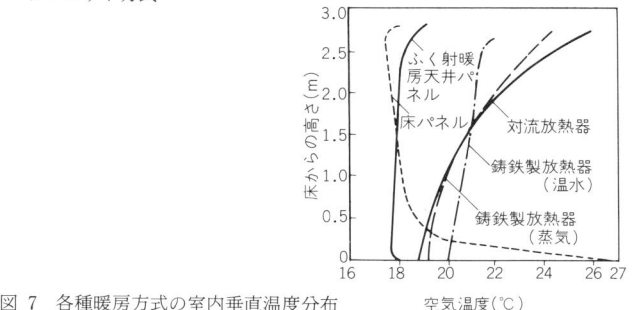

図7 各種暖房方式の室内垂直温度分布

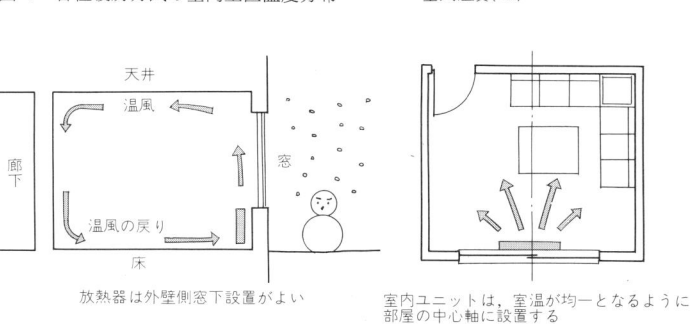

図8 室内ユニット設置位置

5.6 電気設備

電気配線

住生活のレベルの向上にともない，電気機器の種類と量は増える傾向にある。住宅で使う電気は交流であるが，東日本は50サイクル，西日本は60サイクルになっているため，テープレコーダーのように一定速度で回転する器具や蛍光灯器具は，引っ越すと使えないことがある。

住宅の受電方法には図1のように，①架空引込み，②地中引込み，③架空と地中の併用引込みの3種類がある。一般には①が多いが，体裁や安全性を考えれば③がよい。②は工事費が高く，官公庁の許可が必要なためあまり採用されていない。架空線は道路上で5m以上，その他で4m以上，やむを得ない場合でも2.5m以上の高さにしなければならない。

引込み線は，積算電力計を経由して屋内の分電盤に入る。分電盤は分岐回路を構成し，過電流や漏電に対する安全装置としてブレーカーと漏電遮断器が取り付けられている（図2）。回路構成は，1回路15アンペア以下で，照明用とコンセント用とは分離し，クーラーなどの大型機器は専用回路とする。100m²程度の住宅でも7～8回路は必要で，将来に備えた余裕のある配線が望ましい。

電力料金は，契約種別に契約容量とメーター検針によって算定される。契約種別は12種類あるが，家庭用では従量電灯の乙が一般的である。それによると，契約電流が10アンペア以上，60アンペア以下で，供給電気方式も図4の3種が選定でき，冷暖房機器を含めたすべての機器類に対応できるので便利である。契約容量の算定は図3のように行う。

スイッチ，コンセント

スイッチは使用頻度が高いので，日常生活の中の人の動きと使い方および安全性を検討して，取付け位置と種類を決める。取付け位置は原則として部屋の内側で，部屋に入ってすぐ点灯できる位置がよい。取付け高さは，ふつう床面から1,200mm程度である。便所や納戸のように平時人がいない部屋とか湿気が多くて危険な浴室などは，部屋の外側に取り付ける。

階段・廊下など2か所以上で点滅したい場合には，3路スイッチまたは4路スイッチを使う（図6）。便所や門灯には発光ダイオードで，消し忘れ表示灯のついたスイッチを使用するとよい。また玄関灯や便所の換気扇用スイッチは，スイッチを切った後に，一定時間遅れて通電が切れるタイマー付きスイッチが便利である。応接室や居間では，照度を変えることのできる調光スイッチが使われるが，白熱灯と蛍光灯では種類が違うので注意が必要である。

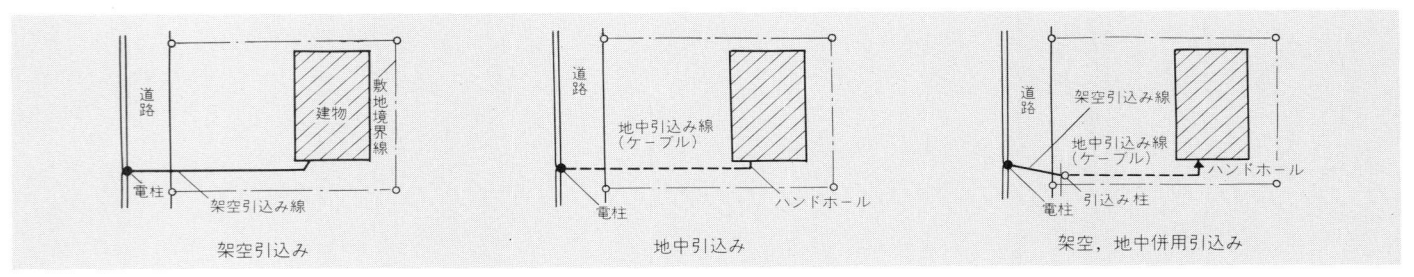

図1 受電方法

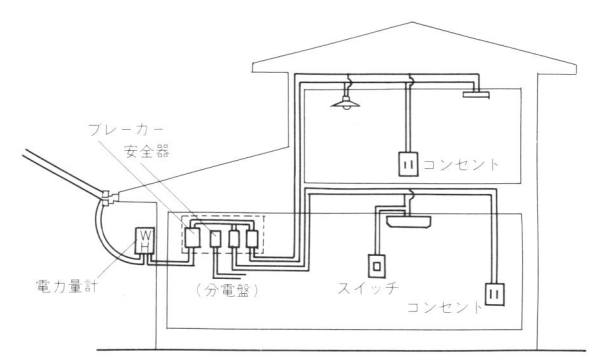

図2 住宅の屋内配線[*1]

Ⓐ 常時または長時間使用する電気機器		Ⓑ 短時間使用の電気機器	
・冷蔵庫	2.0 アンペア	・洗たく機	3.0 〃
・熱帯魚水槽	0.8 〃	・トースター	4.0 〃
・エアコン	9.5 〃	・電気こんろ	6.0 〃
・テレビ	1.5 〃	・炊飯器	6.0 〃
・蛍光灯 40W×2	0.8 〃	・ミキサー	3.5 〃
〃 30W×1	0.3 〃	・掃除機	4.5 〃
〃 10W×1	0.1 〃	・アイロン	6.0 〃
・白熱灯 100W×1	1.0 〃	・ストーブ	6.0 〃
〃 60W×1	1.2 〃	・プレイヤー	0.6 〃
〃 20W×2	0.4 〃	・電気かみそり	0.2 〃
Ⓐ全体の合計 17.6アンペア…①		Ⓑの内で最大のもの 6.0アンペア…②	
17.6+6.0=23.6アンペア（必要容量）若干余裕を加えて契約要量=30アンペア 　①　　②			

図3 電気容量の計算例

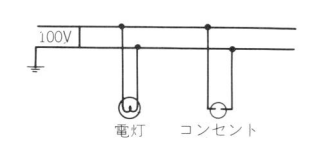

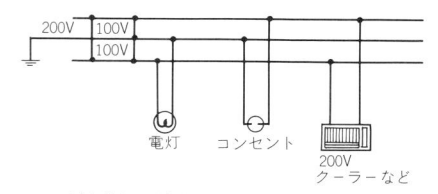

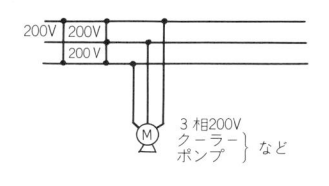

図4 供給電気方式

コンセントは電気機器の種類や量に応じ，また，家具の配置，ドアの開閉の関係などを考えて使いやすい位置に取り付ける。コンセントの数は，機器を並行して使用する場合を予想し，余裕を持たせるようにする（図5）。

取付けの高さは，洋室なら床上から20〜30 cm，和室なら畳の上から10〜20 cmが標準である。冷蔵庫・電子レンジ・クーラーなどの容量の大きい機器に対しては専用のコンセントを使う。アースの必要な機器に対しては接地端子付きのコンセントにする。屋外に取り付けるコンセントは必ず防水型にし，地上30 cm以上に取り付けるように定められている。浴室内は湿気が多く危険であるからコンセントは取り付けない。コンセントにはタイマー付きのものや，家具専用のもの，漏電ブレーカーを内蔵したものなどいろいろな形式がある。

電話，インターホン

電話，インターホンは，ライフスタイルの変化に対応して，いろいろな製品が開発されてきている。それらを選択するに当たっては，使用目的，使用人数，取付け場所などをよく考えなければならない。

また，新築や増改築の際には，後になって増設したときに，配線を露出しなくてもよいように，あらかじめそれを見込んで配線するか配管をしておくほうがよい。

電話には使用目的によって図7のような種類がある。また，インターホンには「親子式」，「相互式」，「複合式」の3種類がある。「親子式」は，親機と選局された子機の間でのみ通話するもの，「相互式」は，すべての機器がどこからでも自由に通話できるもの，「複合式」は，「相互式」と「親子式」を組み合わせたものである。インターホンの電源には乾電池式と電灯線から取る形式とがあるが，メンテナンスや事故の少ない点からいうと後者のほうが便利である。

ホーム・オートメーション

エレクトロニクスの発展と，センサー技術の進歩により，ホーム・オートメーション（H. A.）と呼ぶ設備が注目されるようになってきた。H. A. とは，各種のセンサーによりガス漏れ，火災の発生，ドアの開閉，照明の点灯，空調機器による室内の温度・湿度の調節，およびボイラーの運転状態などを監視して，表示，通報したり，または機器の制御を自動的に行うものである。コンピューターを利用した住宅の情報処理システムと考えればよい。

実用化されているH. A. の機能は二つある。一つは空調機器，照明，換気，給湯，湯の温度などを自動的に制御するホーム・コントロールであり，もう一つは火災，ガス漏れ，地震に対する防災や，防犯といった非常時の緊急連絡，避難指示などを行うホーム・セキュリティである。

情報革新が進みつつある現状では，H. A. は今後ますます多様化し，価格も安くなっていくものと思われる。CATVやINSなどの通信・情報網が整備されれば，H. A. は情報端末としてホーム・マネジメント，ホーム・エデュケーション，ホーム・ビジネスといった高度の情報処理，業務処理まで包含し，生活に大きな変化をもたらすことが予想される。

部屋の大きさ	標準的な施設数	望ましい施設数
3 畳	1	2
4.5 畳	2	2
6 畳	2	3
8 畳	3	4
10 畳	3	5
12 畳	3	5
台 所	2	4

（注）
- クーラーなどの大容量機器専用のコンセントは含まない。
- コンセントは2口以上のものが望ましい。
- 台所には，換気扇用のコンセントを別に1個追加すること。
〔内線規程，電気技術基準調査委員会編〕

図5 住宅におけるコンセント数

図6 2か所点滅の場合（3路スイッチ）

①電話1回線：単体電話1台
②電話1回線：差込み電話
　　　　　　（コンセント10個まで）
③電話1回線：親子電話
　　　　　　（電話機2〜3台まで）
④電話1回線：ホームテレホン
　　　　　　（電話機2〜4台まで）
⑤電話2回線：単体電話2台
⑥電話2回線：小型ビジネスホン
　　　　　　（電話機6台まで）

図7 住宅の電話システムの選択

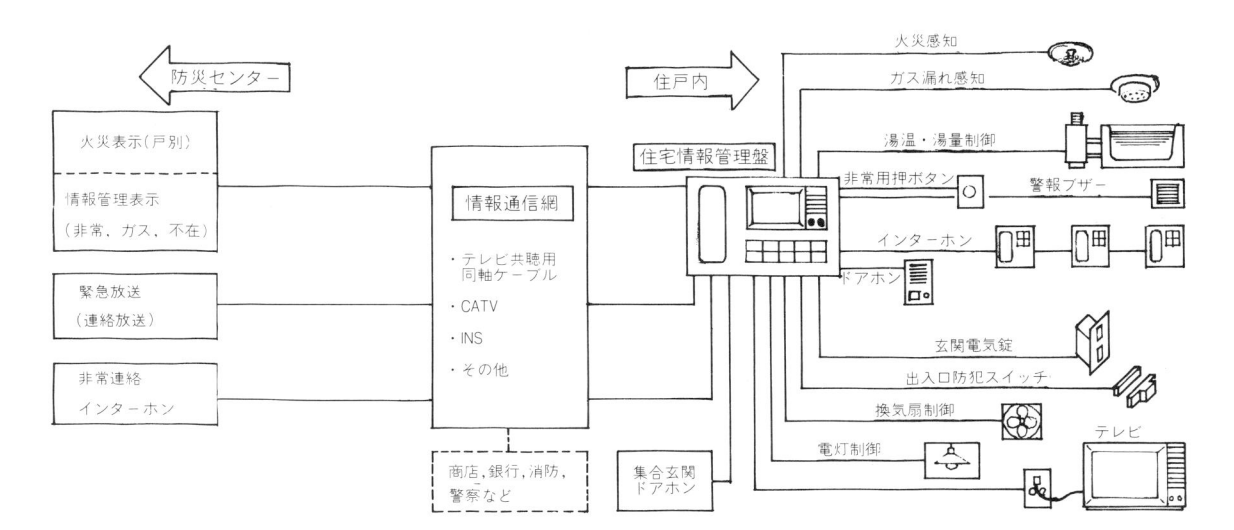

図8 ホームオートメーションのモデル

5.7 熱源

燃焼機器の給排気方式は，器具形式や設置場所に応じた適切なものとする（図1）。室内より燃焼用空気を取り，排気もそのまま室内に出す開放型機器（ガスレンジなど）では給気口を設け，機械排気する。燃焼用空気を室内から取り，煙突で排気する半密閉型機器には，自然ドラフトを利用する方法と送風機で強制排気する方法とがある。燃焼用空気を直接外気から取り入れ，直接外気へ排気する機器が密閉型である。自然ドラフトを利用して給排気を行う BF 型とファンで強制給排気を行う FF 型とがある。共用竪シャフトのUダクト，SE ダクト方式は BF 型専用である。住宅構造の気密化や生活環境の安全性向上の面から，密閉型や外置き型の機器の採用が望まれている。いずれの場合も排気の逆流，騒音，保守に十分な注意を払う必要がある。

給湯や冷暖房に利用する熱源機器の種類と機構について補足する。温水ボイラーは図2のようである。これらはガスや灯油を燃焼させるものだが，貯湯式では電力を利用するものもある（図6）。冷暖房や熱回収に用いるヒートポンプの原理を図3に示す。電気冷蔵庫の庫内のコイル（蒸発器）は冷たいが，庫外のコイル（凝縮器）は温かいのは同じ原理である。一台でありながら，冷媒の循環サイクルを変えることにより，発生する凝縮熱（高温），蒸発潜熱（低温）をそれぞれ暖房，冷房などに利用するものがヒートポンプである。空気を熱源としたものが多い。

太陽熱温水器は省エネルギーの項でも触れているので参照して

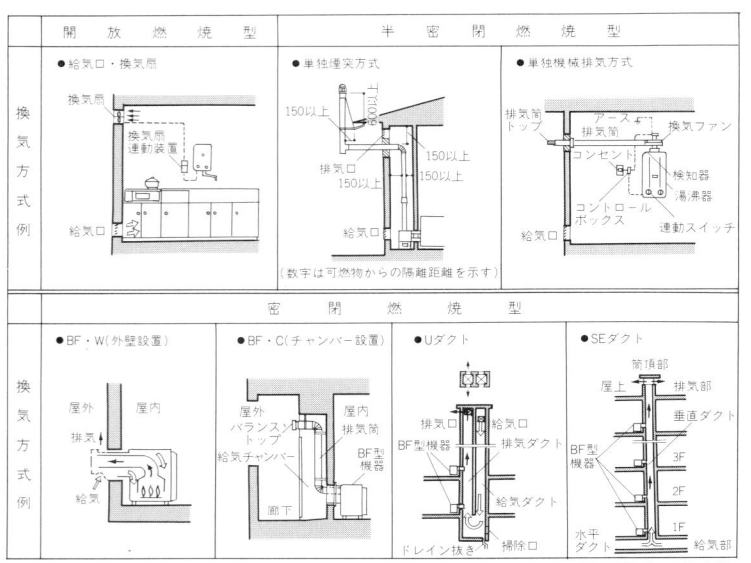

図1 燃焼機器の種類と給排気方式[*1]

BF: balanced flue, FF: forced draught balanced flue, CF: chimney draught flue

図2 温水ボイラーの種類

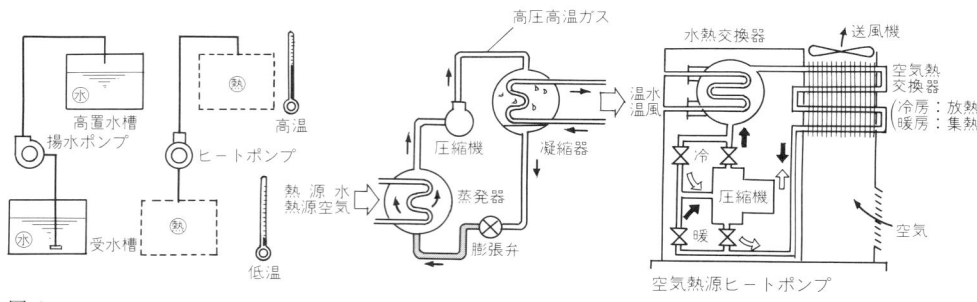

図3 ヒートポンプの原理[*2]

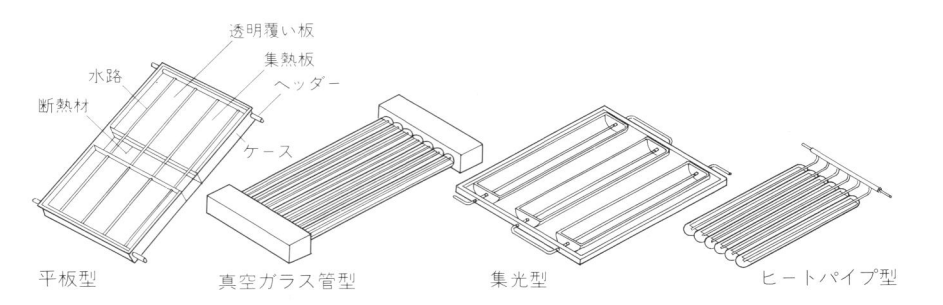

図4 各種太陽集熱器[*3]

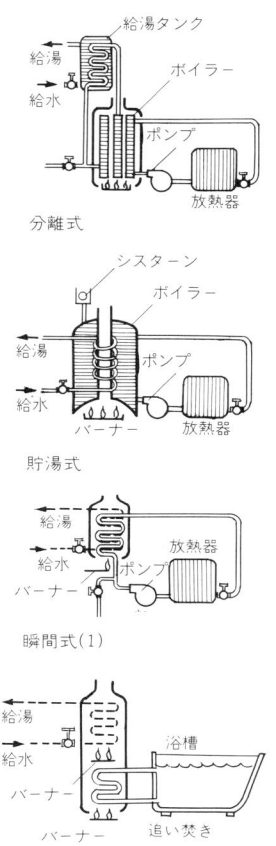

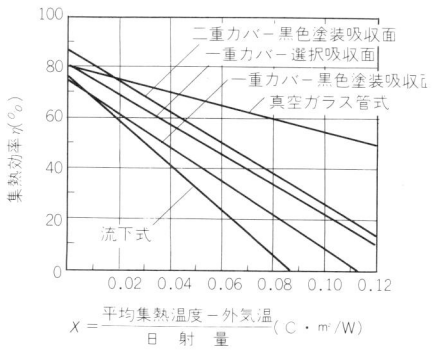

図5 各種太陽集熱器の集熱効率[*4]

$$X = \frac{\text{平均集熱温度} - \text{外気温}}{\text{日射量}} \; (\text{C} \cdot \text{m}^2/\text{W})$$

いただきたい。ここでは太陽集熱器の種類と性能を図4，図5に示す。一般に集熱温度が高くなると集熱効率は下がる。真空ガラス管型は内部の対流が生じないので高温集熱に向いている。

こんろ・オーブンなどの加熱調理機器は電気や電磁式のものもあるが，日本ではガスを利用したものが多い。ガスは地域により種類が異なり，発熱量が違う。種類に適合した機器を選ぶ必要がある。

ガスの配管は損傷や腐食を受けにくい経路とする。屋内の配管は，パイプシャフト内や点検の容易な場所に露出配管する。隠ぺい配管やコンクリート埋込み配管は避けるのがよい。また，使用機器により必要なガス栓・接続具が異なることに注意する。ガス栓の取付け位置は電気配線，スイッチ，コンセントなどから15cm以上離れていることや，機器取付けと維持管理が容易なことが必要である。

加熱調理機器の設置は点検・修理のできる場所と方法にする。

火災予防の立場からは，設置する場所の周囲は不燃化することが望ましい。可燃物がある場合は適当な隔離距離をとったり，可燃部分を有効に防護する必要がある。東京消防庁による「都市ガス機器設置基準」の一部を図7に示す。その内容を図示したものが図8である。

加熱調理機器を使う部屋は，ほとんどの場合，建築基準法28条により適当な換気設備を設けるよう義務づけられる。図9は法令の一部の定量的な規定を整理したものである。

給気口は天井高の1/2以下の高さに設け，燃焼を妨げないようにする。排気口は煙筒や排気フードのある場合を除き，天井から80cm以内の位置に設ける。換気扇などを利用することが多いが，必要換気量の計算法は図示のとおりで，選定機器の換気能力が必要換気量を上まわらなければいけない。また，基準法には換気扇などを使わない場合の，給排気口の必要断面積の算定方法も規定されている。

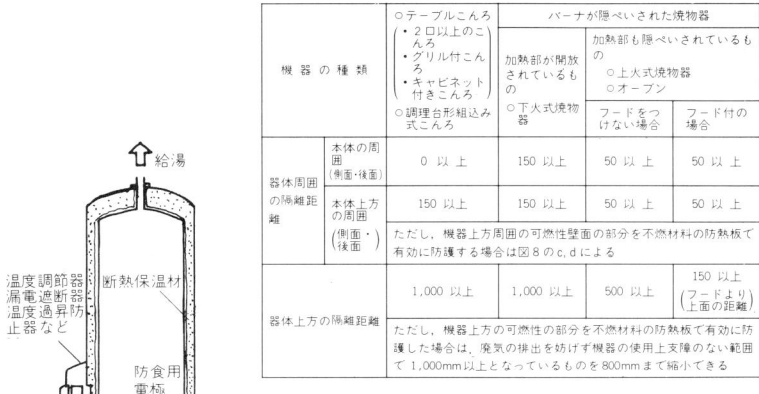

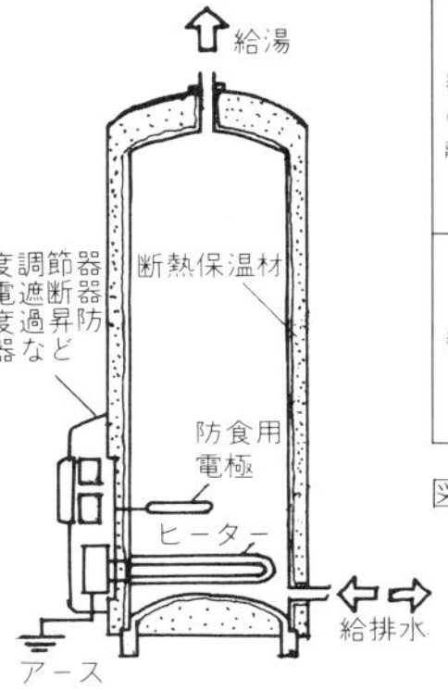

図6 電気貯湯式ボイラー

図7 厨房機器と周囲の可燃性部分との間隔
（都市ガス機器設置基準，東京消防庁による）

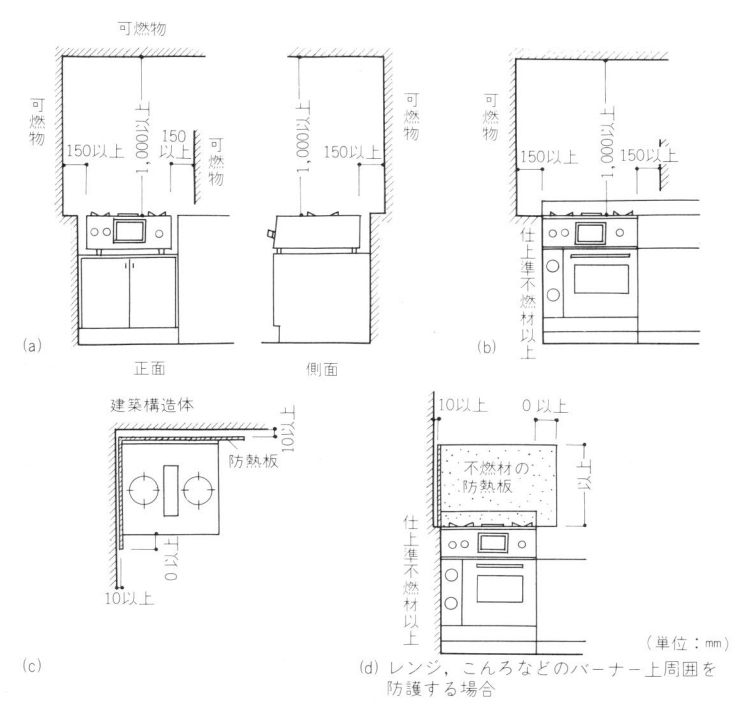

図8 厨房用機器と周囲の可燃性部分との間隔（単位mm）

図9 火を使用する室の換気（建築基準法第28条3，令20条4，告示1826号）

排気フード付きの必要断面積（排気扇なしのとき）

$$A_v \geq \frac{KQ}{3,600}\sqrt{\frac{2+4n+0.2l}{h}}$$

K：単位燃焼量当りの理論廃ガス量（別表参照）に20を乗じて得た量（m³/m³または m³/kg）
l：排気フード下端から排気筒頂部の外気に開放された部分の中心までの長さ（m）
h：排気フード下端から排気筒頂部中心までの高さ（m）

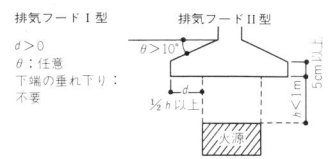

換気扇を設ける場合の換気扇の必要性能
$V \geq KQ$

V：換気扇必要換気量（m³/時）
K：単位燃焼量当りの理論廃ガス量（別表参照）に40（排気フードⅠ型は30，排気フードⅡ型は20，煙突は2）を乗じて得た量（m³/m³または m³/kg）

別表

種類	発熱量	理論廃ガス量
都市ガス	5,000 kcal/m³	5.34 m³/m³・fuel
都市ガス	3,600 kcal/m³	3.93 m³/m³・fuel
天然ガス	4,500 kcal/m³	4.95 m³/m³・fuel
天然ガス	9,500 kcal/m³	10.5 m³/m³・fuel
LPガス	12,000 kcal/kg	12.9 m³/kg・fuel
ブタンエアガス	7,000 kcal/m³	7.33 m³/m³・fuel
灯油	10,300 kcal/kg	12.1 m³/kg・fuel

注）理論廃ガス量は熱源の種類に関係なく，発熱量1,000kcal/時当り，ほぼ1～1.2 m³/時と見ればよい

5.8 省エネルギー

省エネルギーの考え方

省エネルギーというと、エネルギーを使わない我慢の哲学を連想しがちであるが、本来の意味は生活をより快適にするために、合理的な設計と機器の選択を行い、無駄なエネルギーを節約することの意味である。

住空間を快適にするための手段は、まず建築的手法によって合理的に計画をすすめることが第一である（図1）。エアコンを利用するなどという機械的手法は、単なる補助手段にすぎない。

建築的手法による合理的な計画の第一歩は、断熱性をよくすることである。断熱性がよくないと冷暖房費がかかるばかりでなく、床・壁からのふく射熱で人体にもよくない影響を及ぼす。インテリアのうち壁面の開口部はカーテン、ブラインドと内障子による開口部の断熱（窓とカーテン、ブラインドの間の空気を密閉すると断熱性がよくなる）を考える。また、床についてはカーペットと畳によって断熱をはかる。

室空間の形状もまた省エネの効果に関係がある。例えば、吹抜けの部屋は暖かい空気が上部に昇るので、足元が寒くなる。このような場合には床暖房が有効である。すき間風を防ぐことも大切であるが、最近の建具は気密性がよくなったので、逆に換気を忘れないようにしなければならない。

次に機械による調節は、暖め過ぎや冷やし過ぎを避けなければならない。空気調和・衛生工学会では、省エネのためには、夏季は28℃、湿度50％、冬季では18℃、湿度40％が室内の温度・湿度の設計条件であると提案している。

熱源の選択と省エネルギー

熱源の選択に当たっては、経済性だけでなく、安全性、利便性、快適性のほか、安定して供給できるかどうかなどを総合的に判断することが必要である。発熱量のコストで比較すると石油が一番安いが、安定して供給することや利便性には問題があろう。電気は値段は高いが、それ以外の条件ではすべて満足させる。欧米では、災害防止の立場から、調理機器をはじめ給湯機器に至るまですべて電化する傾向にある。これは電気料金が安いという事情もあるが、将来の方向を示唆するものであろう。

熱源と機器は、工事費や機器の効率、耐久性や維持費まで含めてトータルな立場から検討すべきである。例えば、低効率の石油温風暖房機と、高効率のガスボイラーで床暖房をした場合には、ランニングコストは大差はないが、快適性は後者がはるかに優れている。建物の断熱性をよくし熱を逃がさないことが、ランニングコストを節約させる最も有効な方法である。集中暖房の場合、断熱性のよい家は悪い家の半分程度の燃料費で暖房をすることが

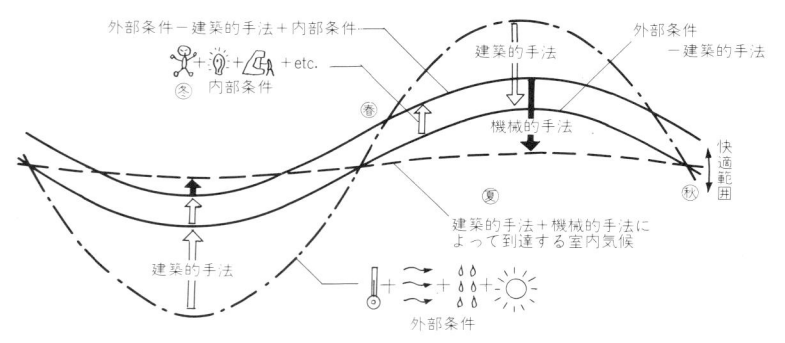

図1 外部条件と内部条件に対し「建築的手法」、「機械的手法」による快適範囲の関係[*1]

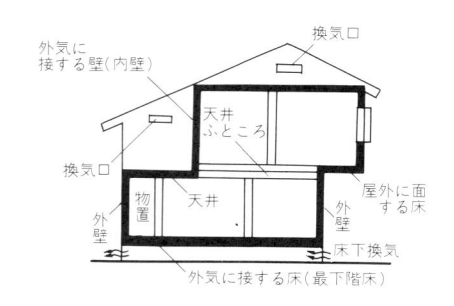

図2 断熱材の充填場所

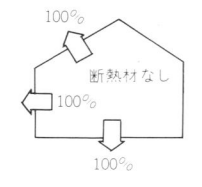

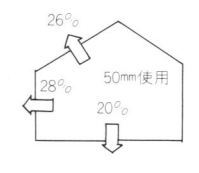

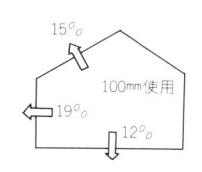

図3 断熱材の厚さと部分別の熱損失の比率

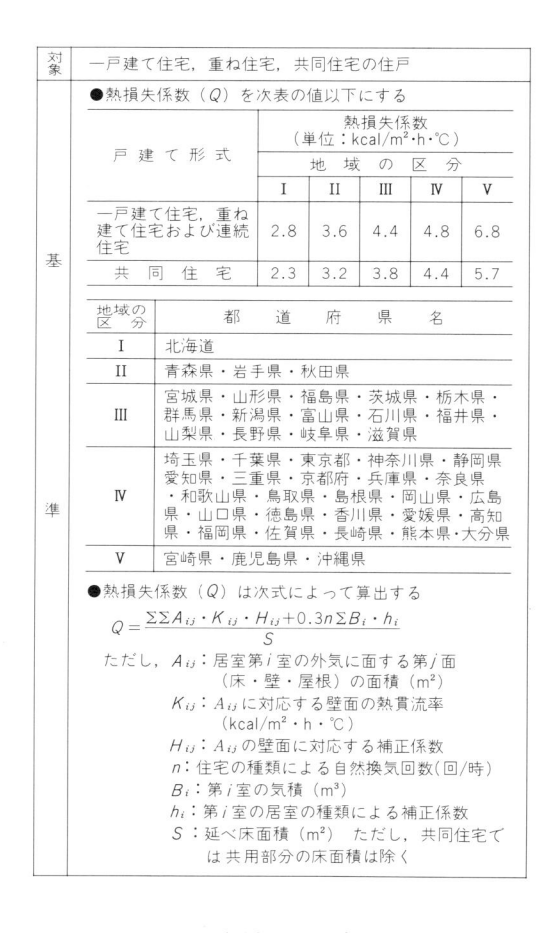

対象	一戸建て住宅，重ね住宅，共同住宅の住戸					
基準	●熱損失係数（Q）を次表の値以下にする					
	戸建て形式	熱損失係数 （単位：kcal/m²·h·℃） 地域の区分				
		I	II	III	IV	V
	一戸建て住宅，重ね建て住宅および連続住宅	2.8	3.6	4.4	4.8	6.8
	共 同 住 宅	2.3	3.2	3.8	4.4	5.7
	地域の区分	都　道　府　県　名				
	I	北海道				
	II	青森県・岩手県・秋田県				
	III	宮城県・山形県・福島県・茨城県・栃木県・群馬県・新潟県・富山県・石川県・福井県・山梨県・長野県・岐阜県・滋賀県				
	IV	埼玉県・千葉県・東京都・神奈川県・静岡県・愛知県・三重県・京都府・兵庫県・奈良県・和歌山県・鳥取県・島根県・岡山県・広島県・山口県・徳島県・香川県・愛媛県・高知県・福岡県・佐賀県・長崎県・熊本県・大分県				
	V	宮崎県・鹿児島県・沖縄県				
	●熱損失係数（Q）は次式によって算出する $$Q = \frac{\sum\sum A_{ij} \cdot K_{ij} \cdot H_{ij} + 0.3n\sum B_i \cdot h_i}{S}$$ ただし、A_{ij}：居室第 i 室の外気に面する第 j 面（床・壁・屋根）の面積（m²） K_{ij}：A_{ij}に対応する壁面の熱貫流率（kcal/m²·h·℃） H_{ij}：A_{ij}の壁面に対応する補正係数 n：住宅の種類による自然換気回数（回/時） B_i：第 i 室の気積（m³） h_i：第 i 室の居室の種類による補正係数 S：延べ床面積（m²）　ただし、共同住宅では共用部分の床面積は除く					

図4 省エネルギーの関連法規（法14条，通産省・建設省告示1号）

できる。

太陽熱の利用

人間は衣服をかえることによって、夏は涼しく冬は暖かくして、ある範囲まで温度の変化に対応することができる。建物もまた、設計のしかたと設備機器によって、自然条件に適応させることが可能である。日本の住宅が南面に大きな開口部を設け、庇をつけていることも環境への適応である。夏は庇で日射を遮り、窓を開けて通風をよくする。冬は高度の低い太陽光線を大きな開口部から入れて、室内を暖めるといった生活の知恵がそれである。

このように、自然エネルギーを上手に利用し、人工的な機械を使わないで、室内環境を快適にする方法をパッシブソーラーという。パッシブソーラーのいくつかの例を図5に示した。これらの提案は、蓄熱に難しい技術的な課題が残されているが、比較的安価でメンテナンスに手間がかからない。今後ともこうした研究への要求が高まっていくものと思われる。

パッシブソーラーに対し、人工的に機械を使って環境をよくする方法をアクティブソーラーという。住宅の場合、太陽エネルギーを冷暖房に利用することは可能であるが、設置に費用がかかりメンテナンスも容易でないため、いまのところ現実的ではない。

太陽熱温水器は、屋上に集熱器（ソーラーコレクター）を置き温水をつくるもので、給湯の方法により、「汲み置き式」と、水の比重の差を利用した「自然循環式」（図6―コレクターの上部に貯湯槽をおいて、夜も湯が使える）と、小型ポンプ、貯湯タンク、ボイラーを組み合わせた「強制循環式」の3種に分けることができる。コレクターは集熱効率がよく、錆びたり、汚れたりしない耐久性の強さが要求される。最近の製品は、東京地区で夏は70℃以上、冬は晴天なら40℃以上の湯温が得られるようになった。ソーラーをうまく利用すれば、標準的な住宅の年間給湯エネルギーの70％程度は、太陽熱の利用によってまかなうことができるので、その効果は大きい。経済的にみると、単純なもののほうが早く設備費を償却できるが、使い勝手からは、雨の日でも一定の湯温が出るように、補助の熱源ボイラーをつけたものや、冬には自動落水するものが便利である。

省エネルギーに関する対策

二度にわたる石油危機の経験から、昭和54年6月に「エネルギー使用の合理化に関する法律」（省エネルギー法）ができた。省エネルギー法では、建築物や自動車など、特定機器に関するエネルギーの効率的な利用を促すことが制定されている。住宅などを建てる場合には、すべての建築主が外壁や窓・床・天井の外周部の断熱性を高めること、および空調設備などの効率的な利用を計るように義務づけている。省エネルギー法に基づく通産省・建設省告示「住宅の省エネルギー判断基準」を図4に示した。これは、住宅の熱損失係数、つまり断熱性の程度の計算方法と、その地域別の最低基準を示したものである。ただし、これは努力の義務規定であって、他の法律（例えば建築基準法）のように強制的ではなく、罰則もない。しかし、住宅金融公庫などから公的融資を受ける場合には、断熱材の使用や太陽熱利用の機器の設置によって、割増融資が受けられるなどのメリットがある。

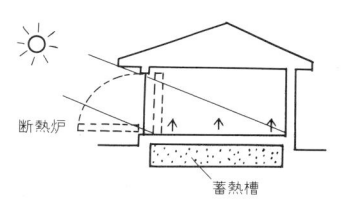

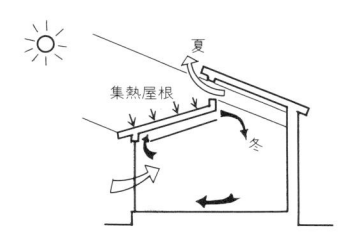

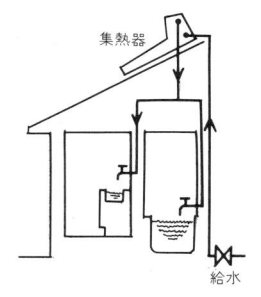

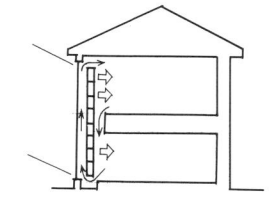

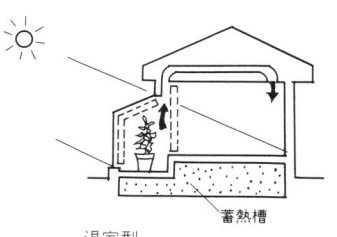

図5 ソーラーハウス

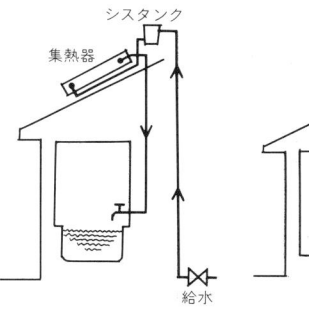

図6 太陽熱温水器の種類

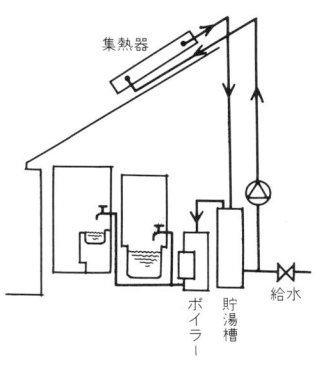

6 インテリアの構法

6.1 構造と構法

構造とは外力に抵抗して建物を存続させるもの，または仕組みのことをいうが，一方構法は建物そのものの造られ方，成り立ちを幅広く意味して用いられる言葉である。建物に要求される条件を満たすように建築がいかに構成されているかを表すという点で，構法は建物の造り方を意味する工法とは区別して用いられる。

外力と構造

建物に作用する荷重・外力は図1に示すような種類がある。鉛直方向の荷重は主に建物自体の重量（固定荷重）と人や家具，収納物などのように建物内部に含まれる荷重（積載荷重）とに分けられる。これはいつも作用する力なので常時（長期）荷重と呼ばれる。一方，風や地震として建物に作用する力は水平方向に働く力であり，その作用も強風時や地震時に限られているので非常時（短期）荷重と分類される。風圧力は風を受ける建物の向きや形状によっても異なるが，基本的にはその面の大きさに比例して作用する力と理解してよい。これに対して地震力は，建物の質量に比例して働く力，すなわち加速度である点が大きな違いである。

さて，これらの外力は構造体を介して，基礎・地盤へと伝えられる。そのときの力の流れを部位の明快なプレハブ住宅に即して例示したのが図2である。鉛直荷重は，屋根・床の水平部位から直接あるいは梁を介して壁・柱などの鉛直部位に伝えられ，最終的には基礎から地盤へと流れていく。水平荷重に対しては，床や屋根も重要な働きを持っているが，荷重に抵抗して建物を存続させるのは主に鉛直部位の働きである。

梁・柱・壁といった構造部材に作用する荷重・外力と，それによる変形の概要を図3に示す。構造部材は外力の大きさに比例して変形し，外力を取り除くと元の形状に戻る。しかし，外力が一定限度を超えると外力を取り去っても変形が残ったり，あるいは部材が壊れたりする。各構造部材がこのような限度内で働くように設計することを弾性設計といい，これが構造設計の基本的な考え方になっている。荷重・外力によって一つの構造部材の内部に生じる力を応力という。前述のように，弾性範囲内では荷重・外力と変形，応力は比例する。一方，その部材のもつ強度はまずこの弾性範囲の限度によって与えられるが，これにある安全率を加味したものが許容応力である。したがって，構造設計とは，各部材に生ずる応力が許容応力を下回るように全体を設計することであると言い換えることができる。梁のように細長い部材に横から荷重が加わると曲げが生ずる。梁の各部に曲げを生じる力は回転方向の力であるため，曲げモーメントと呼ばれる。しかし，伸び縮みのない部材の中心線（中立軸）を挟んで図の上側では圧縮，下側では引張りが働いており，曲げモーメントはこうした圧縮応

図1　各種荷重・外力の分類[*1]

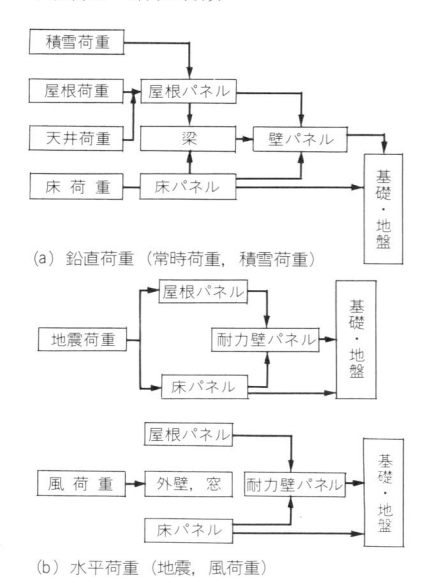

図2　力の流れの例[*2]

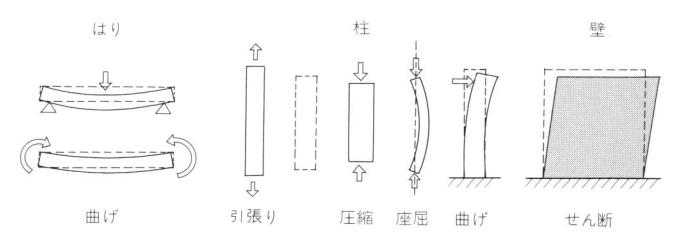

図3　部材にかかる力と変形

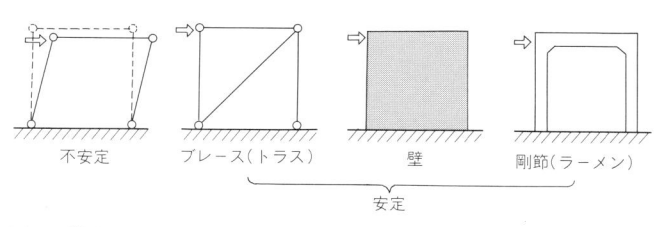

図4　構造の安定原理

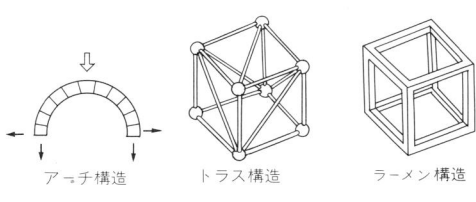

図5　各種の構造形式

力，引張応力が集まった結果，全体として現れてくるものといえる。柱の中心軸に作用する力は軸方向力と呼ばれ，方向によって部材内部に引張応力または圧縮応力を生ずる。部材はこれに応じて伸び縮みするし，一定限度を超えると引きちぎれるか圧壊する。圧縮力による変形，破壊には座屈と呼ばれるもう一つ別の現象がある。比較的細長い部材に圧縮力が加わったとき，つぶれるより先に突然横にはらみ出す現象がそれである。

下部を固定した柱に横から力を加えると梁の場合と同じように曲げが生ずる。一方，壁に横から加わる力は壁内部にせん断応力を発生させる。せん断応力とは，はさみで紙をきるときのように部材各部に働く平行逆向きの力である。

これらの部材が集まってつくりだす，外力に対して安定したシステムが構造である（図4）。節点が自由に回転して動く四辺形は不安定で構造としては成立しないが，これにブレース（筋かい）を加えると安定したトラス構造になる。このブレースに変えて面全体でせん断力を持たせるようにした壁も安定した構造である。また柱と梁を剛接し，節点で曲げとせん断を伝達するようにしたフレームも同様に安定した構造となる。

各種の構造形式

構造形式にはその原理によっていろいろな呼称がある（図5）。れんがや石材を用いた組積造に特有の構造形式にアーチがある。アーチは鉛直荷重を個々の組積材がその側面から受ける力とつり合わせて地面に伝える構造で，基部では鉛直力と共に水平方向に開く力を及ぼす。重量が重いため風荷重に対してはあまり問題がないが，地震に対しては弱く，日本には不適当である。トラス構造は，住宅では軽量鉄骨を用いたプレハブ住宅に多く見られる。ブレースを用いない剛接の構造はラーメン構造と呼ばれる。壁構造は，各方向からの水平荷重を主として壁のせん断抵抗で支えるものであるが，すべての壁にこの荷重を分散させ構造全体の強度を上げるのに床や屋根の水平構面が重要な役割を果たす。水平構面の剛性を確保することは，他の構造形式でも重要なことである。

このほか構造の分類としては，木構造，鉄骨造（鋼構造，S造と略称することもある），鉄筋コンクリート造（RC造），鉄骨鉄筋コンクリート造（SRC造）といった，主要な構造材料によって区分されることがある。枠組壁構法（ツー バイ フォー）は木造の壁構造というように，主要構造材料と構造形式を組み合わせると一層正確な表現になる。わが国で今日在来木造と呼ばれる一般的な住宅の構造は各種の構造形式が部分的に入り交じった複雑な構造である。

構法

構法は，建物全体の成り立ち，部位・部材の組立て方を表す全体構法と，屋根や壁などの特定の部位のそれらを表す各部構法とに分けて扱われる。近年の技術の進歩，あるいは生産をめぐる全般的な環境の変化により，構法は目覚ましく変わり，その幅も多様をきわめている（図6）。したがって，在来構法と工業化構法の間に明快な一線を引くことは不可能といってよい。しかし，設計者にとって大切なことは，利用可能な構法を知り，なぜそのような構法が成立しているかを理解し，さらに構法を新たに発想する能力を身につけることである。図7に示したように構法やディテールの一つ一つには機能的要求に即した意味がある。その要求を具体的な素材と形とその組立て方として表した構法は，それゆえに重要なのである。

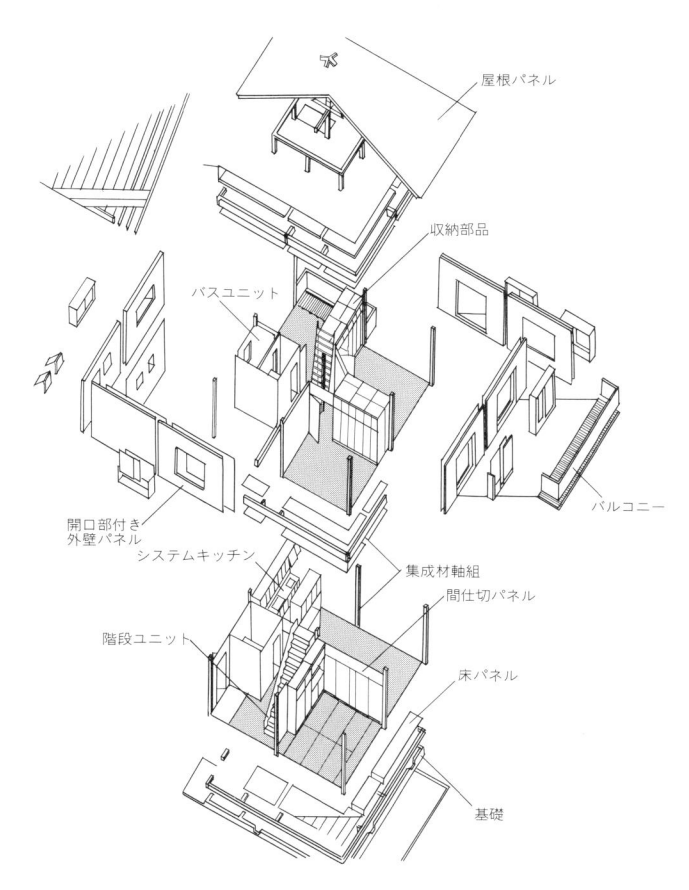

図6　部品化された住宅の構法[*3]

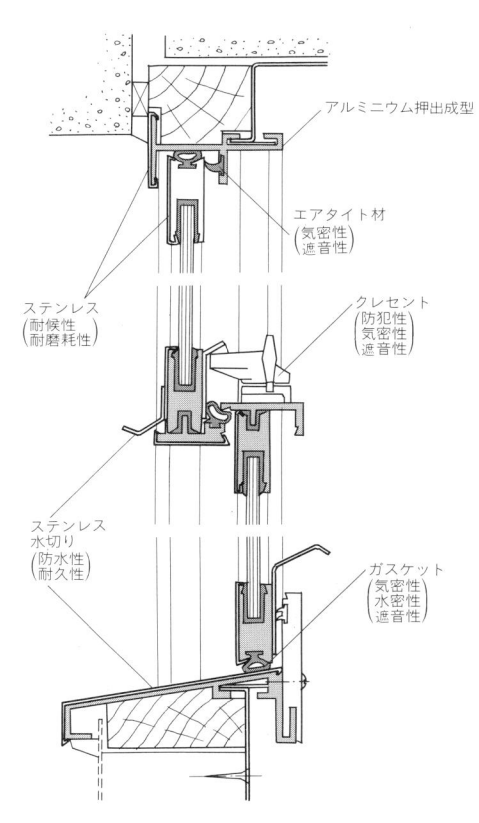

図7　上げ下げ窓にみる性能と構法[*4]

6.2 仕上げと納まり

材料と仕上げ

内装仕上げの種類は大きく分けて，①張り仕上げ，②塗り仕上げ，③敷き仕上げ，に分けられる。仕上げ方法の種類によって使用する材料が違ってくる。①の張り仕上げには板張り，石張り，タイル張り，シート張り，ボード張り，壁装材張りなどがあり，②の塗り仕上げにはモルタル，プラスターなどの左官仕上げと塗装とがある。また③の敷き仕上げには，床の畳敷き，カーペット敷きがある。ここでは，材料の性質と規格を図にしてまとめてある（カーペットは7章2節を参照）。

工法的な分類によれば，水を使う湿式工法と水を使わない乾式工法とになる。材料区分からいうと，モルタル，プラスター塗りは湿式工法で，ボード類は乾式工法であるから，この区分によって分けられるが，陶磁器タイルは，モルタルを使う湿式工法と接着剤を使う乾式工法とがあるので，必ずしも明確な区分にはなりにくい。

上に述べた組成による区分のほかに，特定機能材料といわれる性能による材料の区分がある。それは，断熱材料，吸音材料，遮音材料，防火材料，防水材料などである。適材を適所に使うにはこれらの材料の構法を含めた性能，およびコストを把握しておくことが望ましい。

内装材料の中には，天然素材で自然の色や柄をもつ石材のようなものも含まれるが，多くの素材は人工的に加工された色合いや柄を持つものである。そのため仕上げ材を決めるに当たっては単に材料の性能をよく知っているだけではなく，市場に流通している内装材の色，柄，テクスチュアといった視覚的性質についても精通していることが必要である。

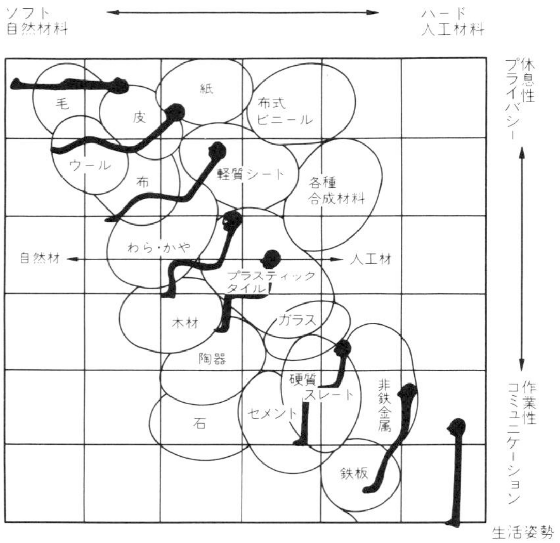

図1 インテリア空間の特質と材料

図2 材料選択の考え方

(1) 空間やものの使われ方（機能）を予測する
(2) その機能に応じた性能条件を整理する
(3) 求める性能を有する材料をリストアップする
(4) その中から空間のイメージ・コスト・嗜好などの要素を考慮して選択する
(5) 同時にその材料の加工法，流通条件などのチェックを行う
(6) 材料のもつテクスチュア，色彩などを決定する

図3 主な装飾用石材の種類と分類

	岩石名	主な用途	材質	著名な石材名
自然石	大理石 (水成岩系)	内装用 (張り石・床舗装)	白・桃色・赤・茶・黄・青・灰・黒など各種の色調を有し，美しい縞目のものも多い。硬質で比重2.6前後	ビヤンコカラーラ・ペルリーノ・ポテチーノ・トラバーチン・クレママルフィル・ノルウェイジャンローズ・ネロマルキーナ
	蛇紋岩 (火成岩系)	内外装用 (張り石・床舗装)	一般に黒緑色で紋様が蛇皮に似ているところからこの名がある。硬質で比重2.8前後	貴蛇紋・蛇紋
	花崗岩 (深成岩)	外装用(張り石・床舗装・階段積み)	灰・桃色・赤茶・黒などの色調があり，特有の紋様を有す。堅硬で比重2.6前後	北木・稲田・万成・ルナパール・中国ミカゲ・カレドニア・ジンバブエブラック
	安山岩 (火山岩)	外装用 (張り石・床舗装)	灰・淡褐色・淡緑色などの色調を有す。石質は緻密なものから粗いものまであって，一定しない	鉄平石・小松石・ポリフィールドレッド
	砂岩	外装用 (張り石)	灰色または赤色で色調がさえず，研磨しても光沢がない。軟質で比重1.8～2.7	ホワイトサンドストーン・レッドサンドストーン・多胡石
	凝灰岩	内装用 (張り石・彫刻など)	白・灰・淡緑色・緑などの色調を有す。軟質で比重1.8程度	大谷石・十和田石・竜山石
人造石	テラゾ	内装用 (張り石・床舗装)	種石の大理石をまねた色調・仕上げのものが多い。仕上がりは自然石より劣る	―
	擬石	外装用 (張り石・床舗装)	種石の花崗岩などをまねた色調・仕上げのものが多い	

図4 陶磁器タイルの種類と性質

素地の呼び名	素地の質	吸水率	原料	焼成温度	性質
磁器質	不浸透性	0	粘土（少量）石英・長石・陶石（その他花崗岩の半分解物）	1,300～1,350℃（溶化するまで十分に焼締める）	素地はおおむね白色。ガラス質で吸水性がない。透光性があり，打てば金属音がする。機械的強度大で破断面は貝殻状を呈する。
	溶化性	1未満			
炻器質	ほとんど溶化性	1以上3未満	低級粘土（炻器粘土・土壌粘土）原石（少量）	1,200～1,300℃（十分焼締める）	一般に有色で，吸水性は小さく，透光性に乏しい。打音は澄んだ音がする。
	半溶化性	3以上10未満			
陶器質	非溶化性	10以上	粘土 石英・陶石・ろう石 長石	1,200～1,300℃	素地は多孔質で吸水性があり，打てば濁音を発し，透光性はほとんどない。硬さや機械的強さは磁器に比べて小さい

	樹　種	材　質	用　途	比重	産　地	その他
国内材	なら（楢） WHITE OAK	黄褐色 柾目髄線美	一般家具	0.68	北海道 東北地方	外国材のOakはこれに近い
	しおぢ（塩地） ASH	漆褐色 木理明瞭	一般家具	0.72	北海道 東北地方	北海道のものは、たも（梻）という
	ぶな（橅） SIEBOLD'S BEECH	赤褐色 髄線明瞭	曲木家具 一般家具	0.63	北海道 中部、東北地方	曲従性に豊むが耐湿性に乏しく、斑木理出る
	さくら（桜） CHERRY	褐赤色 木理温雅	一般家具 床材	0.60	関東地方 近畿地方 北海道	北海道のかばざくら、がんびざくらなどは質劣る
	けやき（欅） ZELKOVA	黄褐色 光沢に富み木理美	和風家具	0.62	東北地方、関東地方、中部地方、九州	つき（槻）と称するのも同種類
	すぎ（杉） CEDAR	褐赤色 木理通直	引出し 裏板	0.38	関東地方 東北地方	普通の杉のほか、黒部杉、神代杉などあり、米杉は質やや劣る
	まつ（松） JAPANESE PINE	黄白色 光沢乏し	引出し	0.53	関東地方 四国 九州	普通の黒松のほか赤松、姫小松、蝦夷松などあり、米松は質やや劣る
	ひのき（檜） JAPANESE CYPRESS	淡黄白色 柾目美	上等家具	0.41	関東地方、中部地方、台湾	香気あり、米檜は質やや劣る
外国材	べいすぎ（米杉） WESTERN RED CEDAR	赤から黒に変色 〔辺材〕白色 木理通直	屋根材 下見板 家具	0.37	カナダからカリフォルニアにわたる西海岸地方	肌目中庸 強さは日本杉よりまさる
	べいひ（米檜） PORT ORFORD CEDAR, LAWSON'S CYPRESS	淡黄白 柾目美 光沢は失われてゆく	内装材 建具	0.47	オレゴン州西海岸 ～ カリフォルニア州マット州	香気少
	あかラワン RED LAUAN	〔辺材〕灰紅褐 〔心材〕紅、黄褐 重硬光沢 交錯木理　リボン茎	内装材 造作 一般家具 合板用	0.53	フィリピン 熱帯アジア地方	種類が多い 材質的ムラ 物理的性質が広範囲 耐久性少
	ウォールナット WALNUT	〔辺材〕淡色 〔心材〕深褐 木理美 光沢有	家具 内装材 器具	0.63	米北東部および南東部地方	耐久性大 日本ではクルミと呼ばれる
	オーク OAK	白 常赤	内装材 家具 レッドオークは酒樽		米国諸地方	日本産かば、ならに類する
	チーク TEAK INDIAN OAK	濃褐色 濃黄金色 木理通直～波状	内装材 家具 器具	0.57 ～0.69	タイ、ビルマ マライ、インド ジャワ	耐久性大 世界の最高級材のひとつ
	マホガニー MAHOGANY ソロモン マホガニー	淡褐、桃色 濃紅～紅褐 金色光沢強 木理緻密	内装材 家具	0.55	中南米、西インド諸島 メキシコ ニューギニア	乾燥がむずかしい
	ローズウッド ROSE WOOD	〔辺材〕白 〔心材〕朱黒 美麗 仕上なめらか	内装材 家具 工芸品	0.82 ～1.01	タイ インド マライ ブラジル	条斑あり 工作難

図 5　木材の種類

1	断熱材料	熱伝導率が0.024kJ/m·h·℃以下のもの
	a) 繊維質	ロックウール，グラスウール，インシュレーションボード
	b) 多泡質	発泡プラスチック類
	c) 反射性	アルミ箔
2	吸音材料	吸音率0.2以上のもの
	a) 多孔質	ロックウール，グラスウール，発泡プラスチック，石綿吹付材料
	b) 板と密閉空気層	合板，繊維板，石こうボード
	c) 有孔板	石こう吸音板，石綿吸音板，合板吸音板
3	遮音材料	緻密で質量が多いものが高性能 コンクリート，コンクリートブロック，ALC板，ガラス，ガラスブロック，石綿板
4	防炎材料	
	a) 不燃材料	
	1) 無機質繊維	（石綿，ロックウール，ガラスウール）
	2) ボード	（石綿スレート，石綿硅酸カルシウム板，炭酸マグネシウム板，金属板）
	b) 準不燃材料	
	1) 木毛セメント板　2) パルプセメント板	
	3) 石こうボード	
	c) 難燃材料	
	1) 有機質材料＋難燃薬剤処理	
	2) 〃　　＋不燃材料充てん	
	3) 〃　　＋不燃材料積層	
5	防水材料	
	a) アスファルト，アスファルトフェルト，アスファルトルーフィング	
	b) 合成高分子ルーフィング	
	c) 塗膜防水材料	
	d) モルタル防水材料	
	e) シーリング材料	

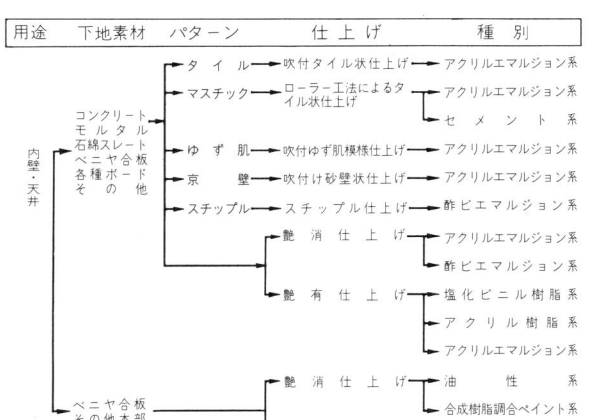

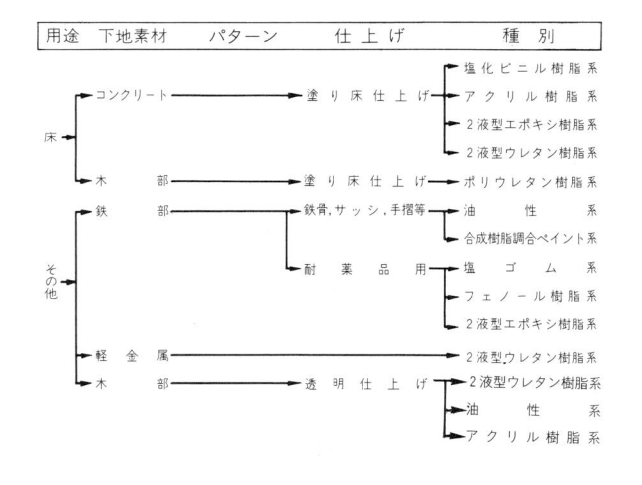

図 6　特定機能材料

図 7　塗装仕上げ

納まり
納まりの発生

人間に最も身近なインテリアの空間は，人の肌に直接触れる機会が多いうえに，細かい所まで目に触れることになる。したがって空間構成の詳細（ディテール）の良し悪しが，全体の評価を大きく左右することになる。また，インテリアは多様な材料が使われ，しかも多くのインテリアエレメントが集積し，ぶつかり合う場所であるから，入隅，出隅のほか凹凸や接合などの部分が出てくることになる。そうしたことのために，特に細部の納まりや接合には十分な配慮が要求される。

納まりや接合は，とかく意匠的な面のみで考えられがちであるが，施工性や生産性といった構法的な面からも，さらにまた遮音，遮光，換気，水仕舞いといった性能的な面とも深い関連を持っている。他方，安全性や感触性といった使用の立場からも合理的に処理されることが望ましい。

インテリアの空間は，床・壁・天井などの室内構成要素のほかにそれらを補うコンポーネント（構成材），あるいは材料（マテリアル），部材（パーツ）などさまざまなレベルの要素によって複雑に組み合って構成されている。納まりは，そうしたさまざまなレベルの要素間における"接点"，"継ぎ目"，"はぎ目"あるいは"きれ目"といったところに発生する。そうしたところでは性格の違うものが組み合わされるばかりでなく，材料や工法なども違うので相互の調整が必要になってくる。したがって納まりとは機能，性能，材料，工法などの調整部分と考えてよいことになる。

納まりの原理

納まりを必要とする箇所を整理すると次のようになる。
① 異なる室内構成要素の間の接点
② 材料，部材の継ぎ目，はぎ目
③ 構成材（コンポーネント）のもつ端部（エッジ）

床・壁・天井・開口部・雑作などの異なる構成要素が接すると

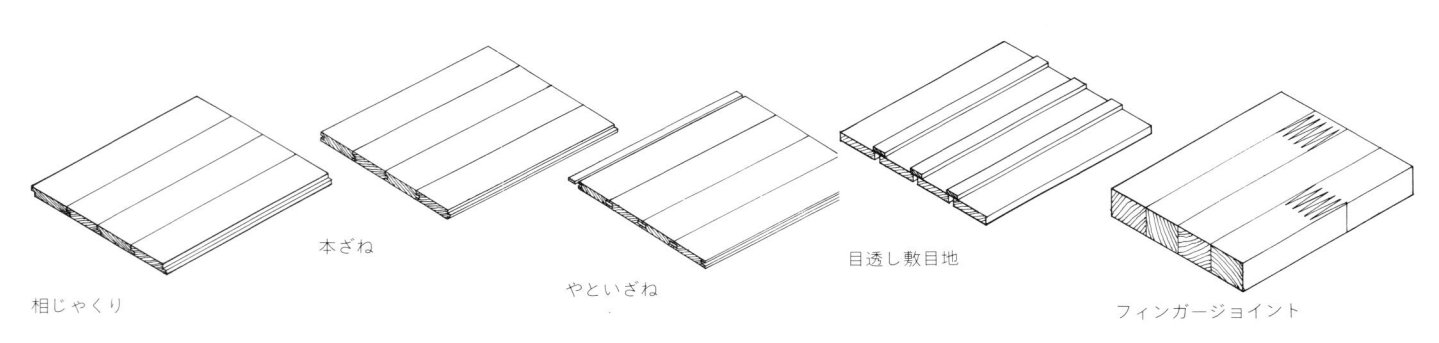

図 8 板のはぎ方

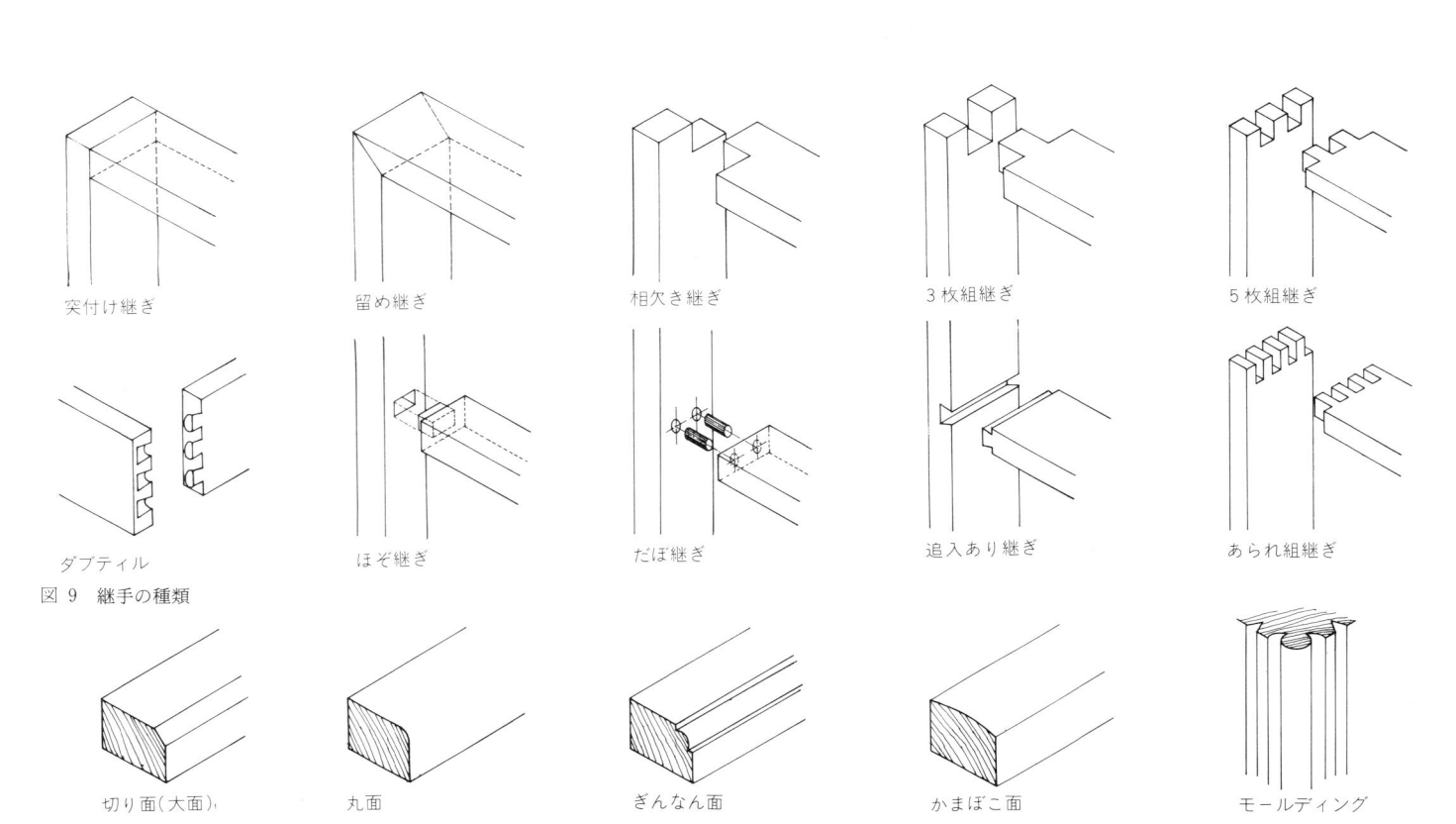

図 9 継手の種類

図 10 面の種類

ころでは，要求される性能，機能，材料，工法が著しく違う。一般にそうしたところは"あき"，"目地"，"ちり"といった逃げをとって調整するか，あるいは幅木，回り縁，枠，繰り型などのような部材を使って調整する。逃げの場合には，どちらの側の要素に逃げを負わせるかという"勝ち"，"負け"の問題がある。通常は施工の順序の遅いほうに逃げを取っておくのが便利である。

次に材料・部材の継ぎ目，はぎ目については，同一要素の中で行われることが多いので逃げの要求は比較的少ない。この種のものに対しては，"目地"，"面取り"，"ジョイナー"，"押え"，"つめる"，"かくす"などの基本的な手法を使って処理することになる。

以上のほかに納まりとしては手摺やテーブルの甲板，あるいは扉の縁などのように，コンポーネントにおける端部処理がある。こうした端部処理は他の要求とのかかわりがなく，人体との接触や見えがかりの美しさが優先する。普通には断面形状によって決定される性質のものであるから，人間の動作，使い方あるいは視覚に関することなどを考えておけば大きな誤りはない。いずれにしても納まりは小さい部分ではあるが全体に大きくかかわってくるので，それぞれのケースに応じて処理をすることが肝要である。

伝統的な納まり

わが国では古くから，木を使ったものについては伝統的な納まりが出来上がってきている。仕口と継手とがそれで，二つ以上の部材を角度をもって結合するか，あるいは長手方向に結合する。前者を差口または仕口といい，後者を継手という。両者を総称して継手と呼ぶこともある。仕口・継手には意匠を目的としたものと構造的な強度を主目的としたものとがある。その種類は非常に多いが，それぞれに内容を表すような名称がつけられているので覚えておくと便利である。

このほか伝統的な納まりにはインテリア空間に用いられる繰り型（モールディング）がある。これは様式的な色彩の強いものである。

図 11 部位間の納まり(1)

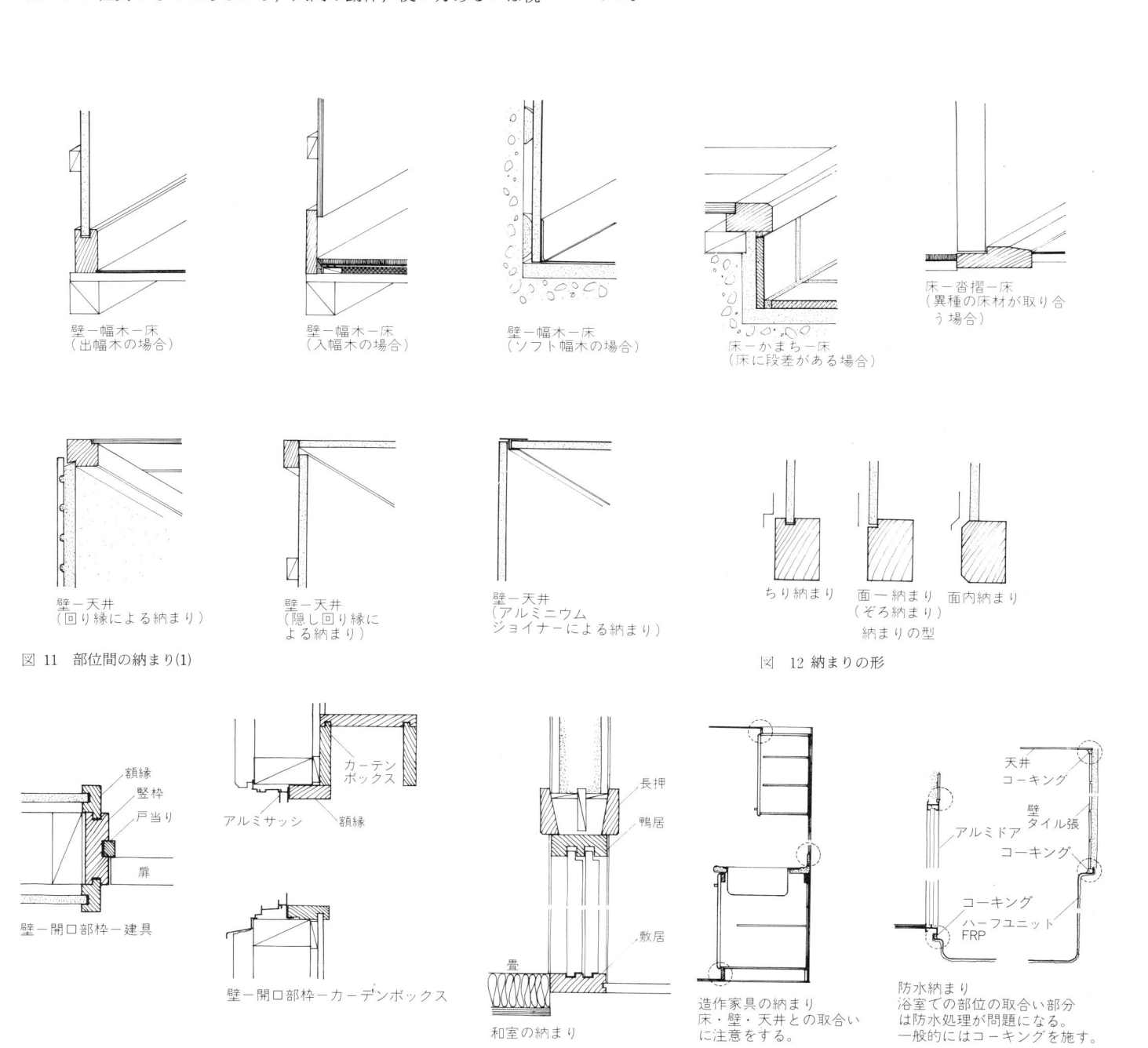

図 12 納まりの形

図 13 部位間の納まり(2)

6.3 床

床の性能

床は人を支え，また家具や設備機器を支える役目をする。床面は人が歩行するので基本的には平滑にすべきである。また床は触覚を通じて人体に直接つながるものであるから，壁や天井よりも生活に密接に結びついている。床の基本的な条件の一つは，歩きやすさ（歩行性）である。歩きにくい床は不快であるばかりでなく，疲労の原因になる。歩行性は床材だけでなく，履物との相関によっても変わってくる。石張りの硬い床は，硬い履物で歩くと疲れるが，逆に毛足の長いカーペットを素足で歩くのも歩きにくい。歩行性は適当なクッション性と反発性の絡み合いによっても決まってくる。床の性能の重要なものに安全性がある。表面が滑りやすいために転んだり，あるいは，床の仕上げのよくないとこ

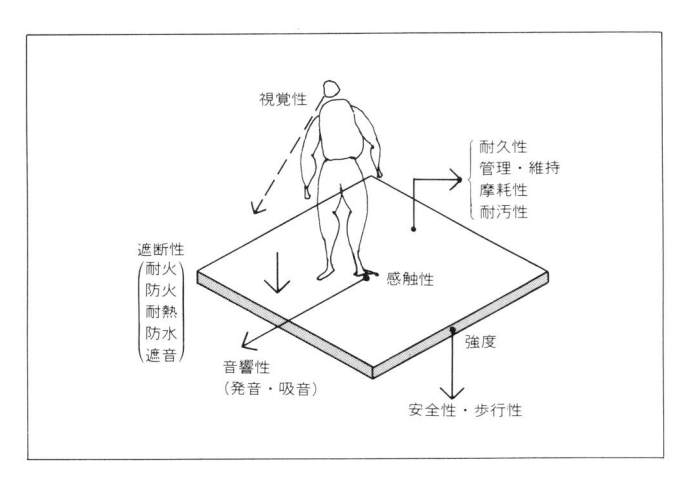

図1　床に求められる性能

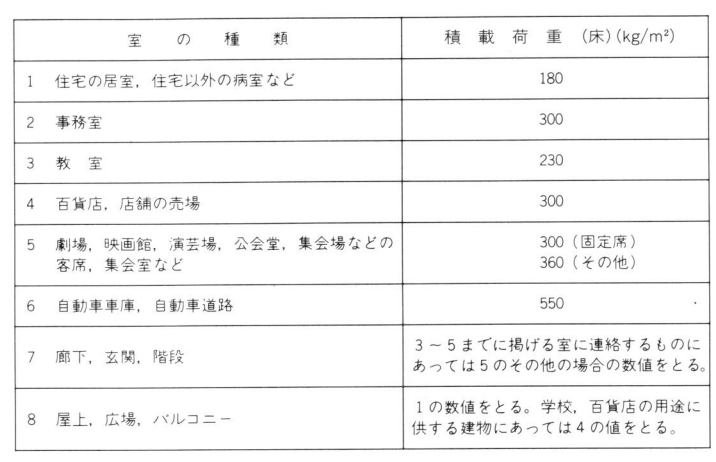

室　の　種　類	積載荷重（床）(kg/m²)
1　住宅の居室，住宅以外の病室など	180
2　事務室	300
3　教室	230
4　百貨店，店舗の売場	300
5　劇場，映画館，演芸場，公会堂，集会場などの客席，集会室など	300（固定席） 360（その他）
6　自動車車庫，自動車道路	550
7　廊下，玄関，階段	3〜5までに掲げる室に連絡するものにあっては5のその他の場合の数値をとる。
8　屋上，広場，バルコニー	1の数値をとる。学校，百貨店の用途に供する建物にあっては4の値をとる。

図3　床の積載荷重（建築基準法施行令）

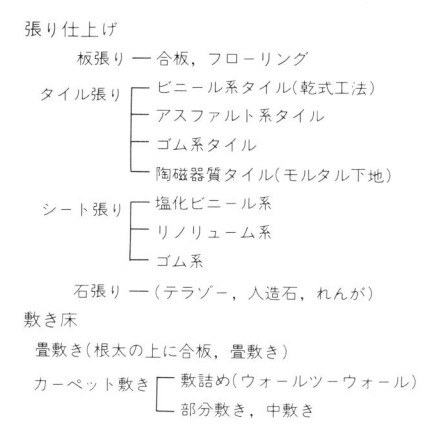

図2　床の仕上げの種類

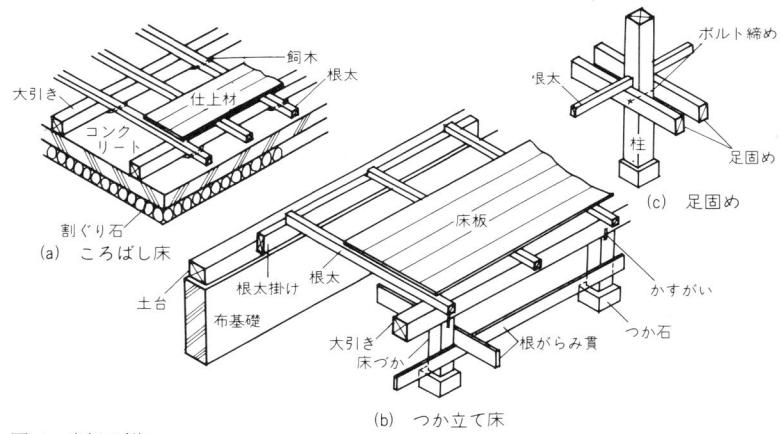

図4　床組み例

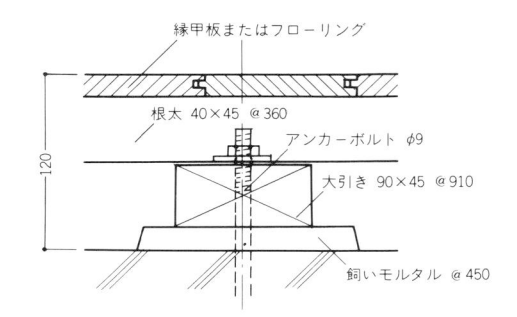

図5　木造転ばし床組み縁甲板張り

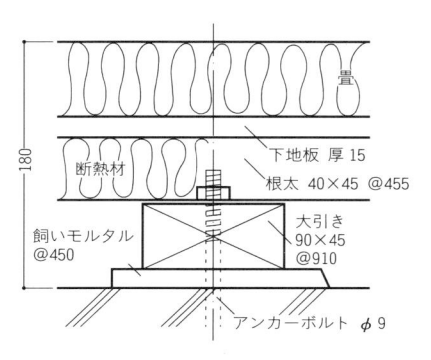

図6　木造転ばし床組み畳敷（断熱工法）

ろでつまずいて怪我をしたり骨折する例は少なくない。こうした安全性はまず第一に優先されるべきことである。そのほか敷物の防炎性も安全性にかかわる問題である。

歩行にともなう歩行音は軀体の振動とも絡んで解決の難しいものであるから，吸音性，発音性には十分に注意したい。

床材の条件としては，さらに耐久性がある。これは耐摩耗性や耐汚染性に関係するもので，イニシアルコストとランニングコストの両方の面から検討して素材を選択するようにする。

構造的な観点からは，床の耐荷重性能や耐衝撃性能といった強度の問題があり，そのほか耐火，防火，耐水，遮音の性能などが，住戸の高層化にともない大切な要求条件となってきている。

床の構法

床には高床と土間床とがある。高床式とは一般の木造家屋に見られるように，基礎土台，「つか」，「大引き」，「根太」，「梁」などによって構成する方式をいう。これに対し土間床式とは，農家の土間に見られるように，地盤面を床にする方式である。

地盤から湿気の影響を受けないように床の高さは建築基準法で地盤面から45cm以上と定められている。RC造などで土間床とする場合には，板，タイル，シート，石などを使う。床の上には畳・カーペットなどを敷く。

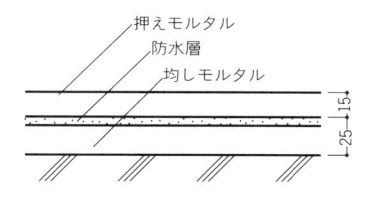

図7 RC下地均しモルタル防水

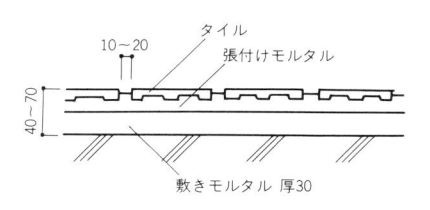

図8 RC下地床タイル張り

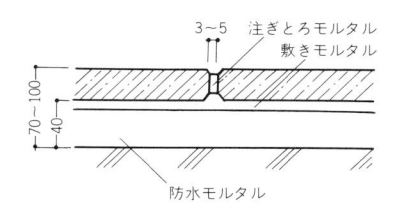

図9 RC下地石張り

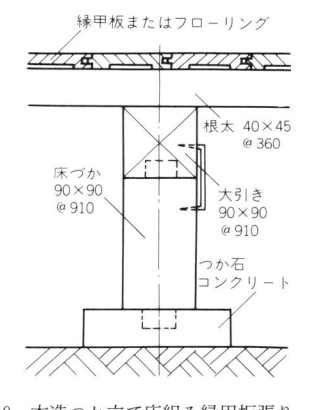

図10 木造つか立て床組み縁甲板張り

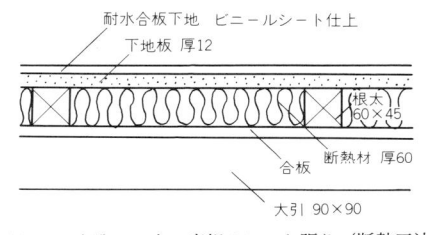

図11 木造つか立て床組みシート張り（断熱工法）

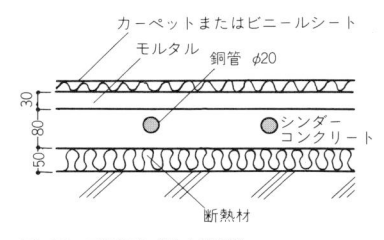

図12 床暖房（温水配管）

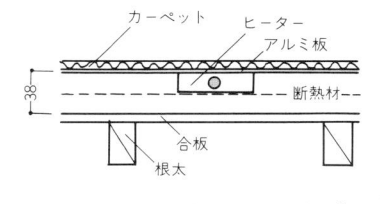

図13 床暖房（電気ヒーターパネル）

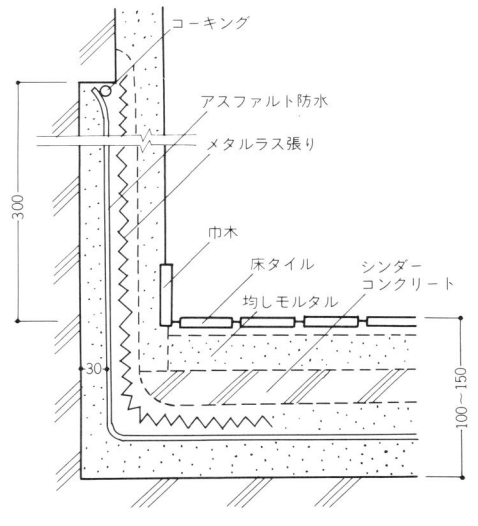

図14 アスファルト防水タイル張り

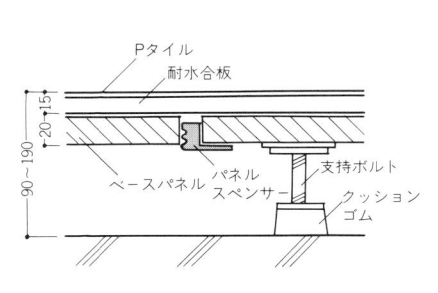

図15 防音床

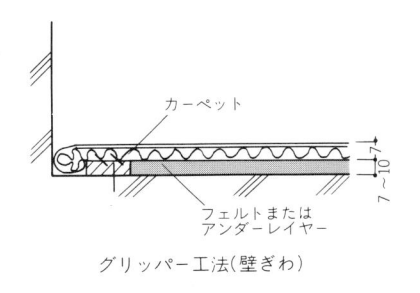

グリッパー工法（壁ぎわ）

見切り部分の処理

図16 カーペットの納まり
グリッパー工法（中敷き）

6.4 壁

壁の用途と性能

壁の担う基本的な役割は遮断ということである。人間の視線や動線を遮断するほか、空気の動き、音の伝播、熱の移動を制御する。その制御の度合いが壁の性能になると考えてよい。壁は大きく3種類に分けられるが、それぞれに次のような性能が要求される。

① 外周壁——屋内と屋外を仕切るもので、雨・風・日光・熱・音などに耐えるため、耐水性、耐候性、断熱性、遮音性などが要求される。さらに、シェルターとして外敵を防ぎ火災から守るため、耐破壊性や耐火性も具備していなければならない。

② 戸境壁——連続した住戸どうしを仕切るもので、各住戸単位に必要なプライバシーと安全性の確保のため、遮音性や防火性

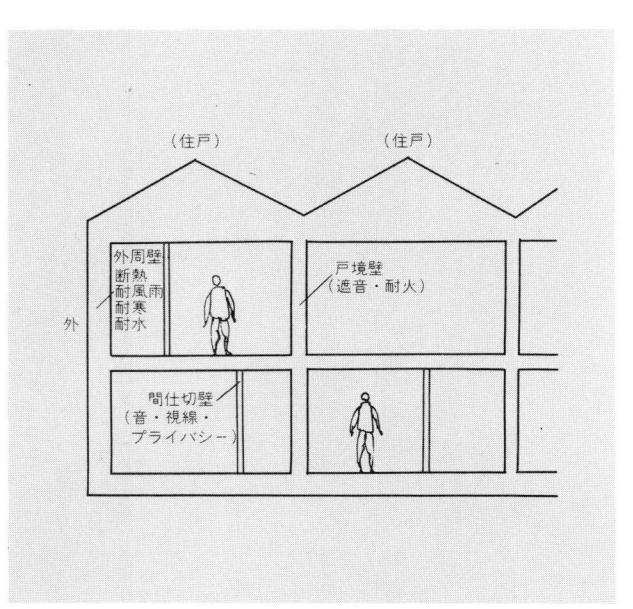

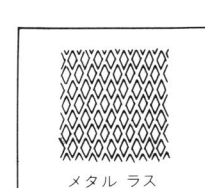

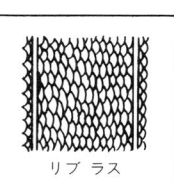

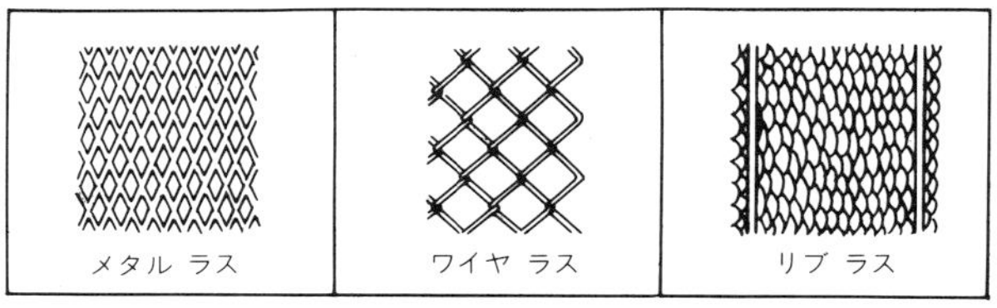

図1 壁の種類と機能

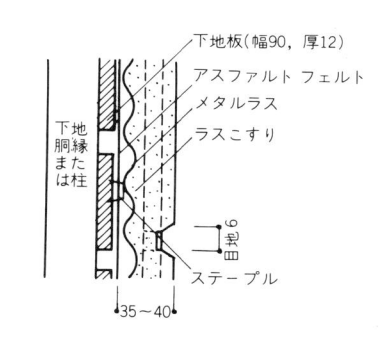

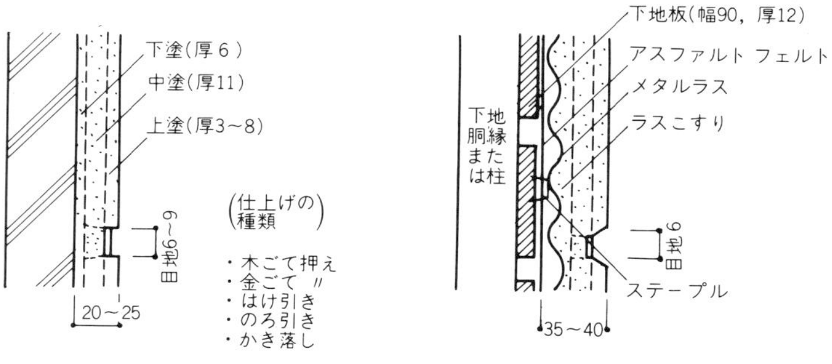

図2 左官系仕上げ・モルタル
(a) コンクリート下地
(b) 木軸下地

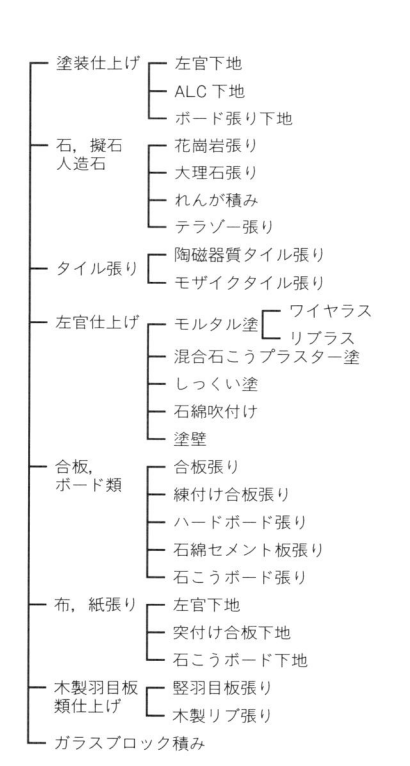

図3 ラスの種類
メタルラス／ワイヤラス／リブラス

図4 壁仕上げの種類

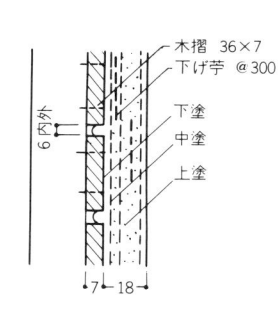

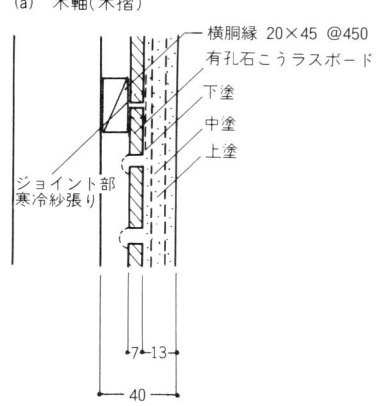

図5 左官仕上げ・プラスター
(a) 木軸(木摺)
(b) 木軸(石こうラスボード)

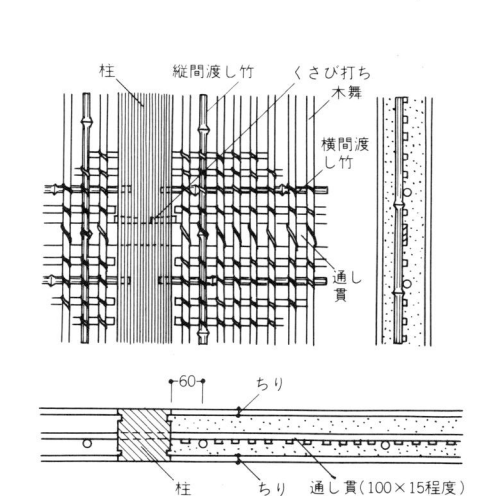

図6 木舞下地詳細

が必要である。

③ 間仕切壁——住戸内部の部屋と部屋を仕切るもので，壁による視線の遮断，遮音が要求される。

以上のほかに特定の用途をもつ壁もある。台所や浴室の壁はその一つで，耐火性や耐水性のほか，防水性が求められる。また，ピアノ室，オーディオ室は遮音性，吸音性を備えていることが条件である。

壁の構法

壁は真壁造りと大壁造りに分けることができる。真壁造りは柱や梁の軸組をそのままあらわして壁をつけるもので，大壁造りは構造材を内部に隠して仕上げるものである。真壁は木造の和風住宅に多く用いられ，大壁は洋風の住宅に多く用いられる。これらの伝統的な仕上げは左官塗りで，しっくい壁と軸組材との組合せの美しさや，じゅらく壁の渋い肌合いが好まれてきた。

現在は伝統的な壁の構法が次第に変わってきて，乾式工法になった。従来の左官によるものを湿式工法と呼ぶが，工程が下塗，中塗，上塗と手間がかかるうえに熟練を必要とするため，最近ではボードや壁紙などを使って大工の手だけで作れる張り壁構法が主流を占めるようになってきた。これは早くて安く仕上がるが，味わいに欠けているという欠点もある。

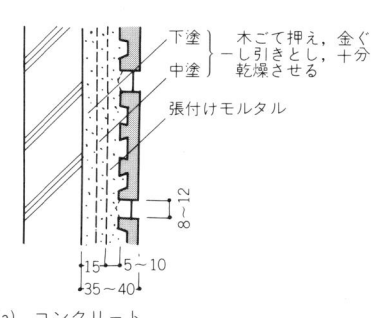

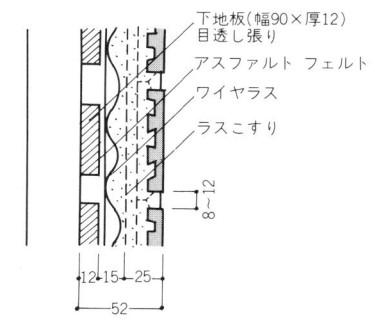

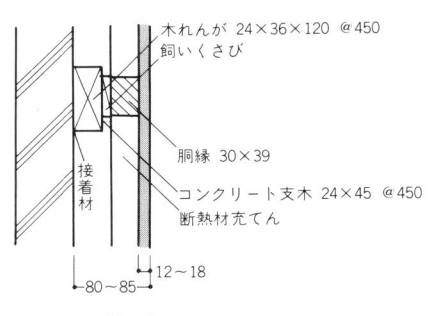

図7 タイル・石系張り
(a) コンクリート
(b) 木軸

図8 タイルの張り方

図9 タイル裏のタイプ

図10 合板・板張り
(a) コンクリート
(b) コンクリート躯体（木れんが埋込み）
(c) 木軸

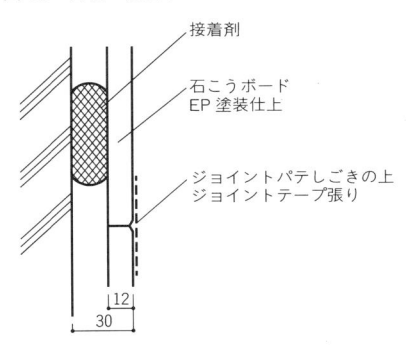

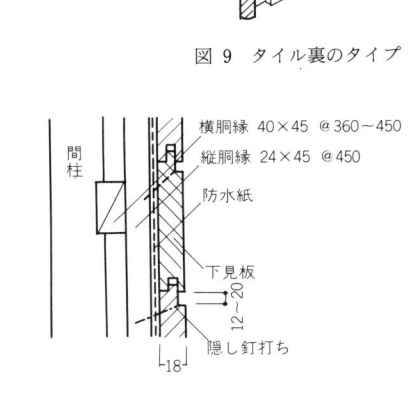

図11 ボード類張り（GL工法）

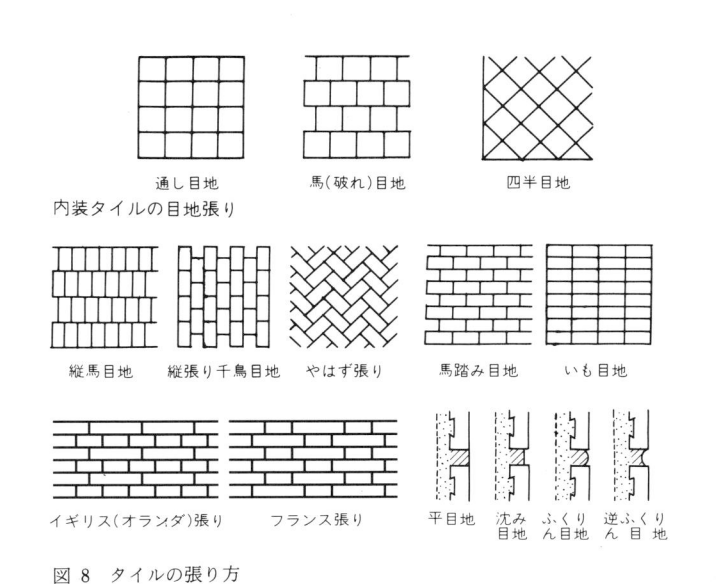

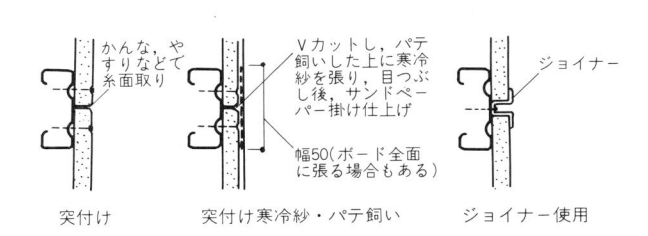

図12 ボード類の目地処理

6.5 天井

天井の用途と性能

天井は，床・壁に比べて，触覚的要素はほとんど要求されず，視覚的要素だけで機能を果たす場合が多い。また構造的にも制約をあまり受けない。したがって造形的には自由で工作もやりやすいところである。天井に要求される機能は，屋根裏を覆って視覚的にも美しい面をつくり出すところにある。住宅の天井の形式としては，和室天井と洋室天井がある。

和室天井は，伝統的な竿縁（さお）天井が一般的であるが，それに比べて敷目板張り天井は現代風であるといえる。

和室天井は茶室などの例外的なものを除けば形式の種類は少ない。他方，洋室天井は，定まった形式がないので多様で，使われる材料の種類もまた多い。天井の第二の効果は，室内の保温である。天井を張り断熱構造にすることによって，冷暖房の効果を高めることができる。断熱性能を上げるには，断熱材を使うほか，すき間を少なくすることが必要である。

部屋と部屋の間仕切は，天井裏では仕切られていないが，この

(1) 左官仕上げ ─ モルタル塗
　　　　　　　　混合石こう
　　　　　　　　プラスター塗
　　　　　　　　プラスター塗
　　　　　　　　しっくい塗
　　　　　　　　石綿吹付け
(2) 合板・ボード類仕上げ ─ 合板張り
　　　　　　　　石こうボード張り
　　　　　　　　ハードボード張り
(3) クロス張り仕上げ
(4) 吸音板テックス仕上げ ─ 吸音テックス張り
　　　　　　　　岩綿吸音板張り
(5) 木製板類仕上げ ─ 打上げ板張り
　　　　　　　　和風練付け合板張り
(6) 金属板など張り仕上げ ─ アルミルバー張り
　　　　　　　　スパンドレル張り
　　　　　　　　合成樹脂成形板張り
(7) 塗装仕上げ（ボード張り下地）

図1　天井仕上げの種類

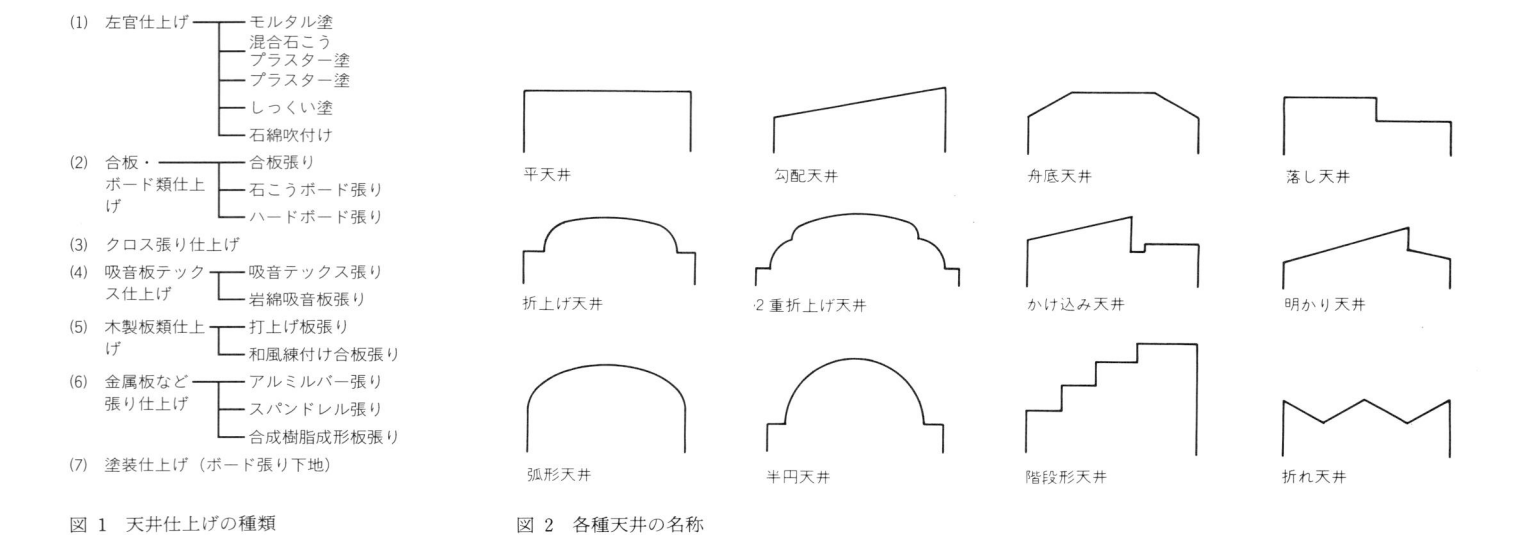

図2　各種天井の名称
（平天井，勾配天井，舟底天井，落し天井，折上げ天井，2重折上げ天井，かけ込み天井，明かり天井，弧形天井，半円天井，階段形天井，折れ天井）

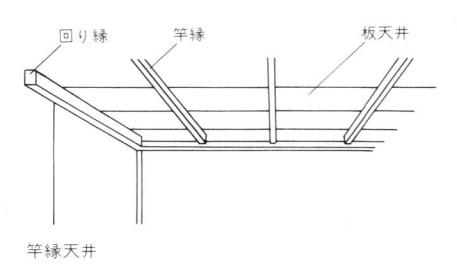

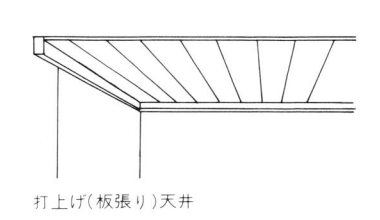

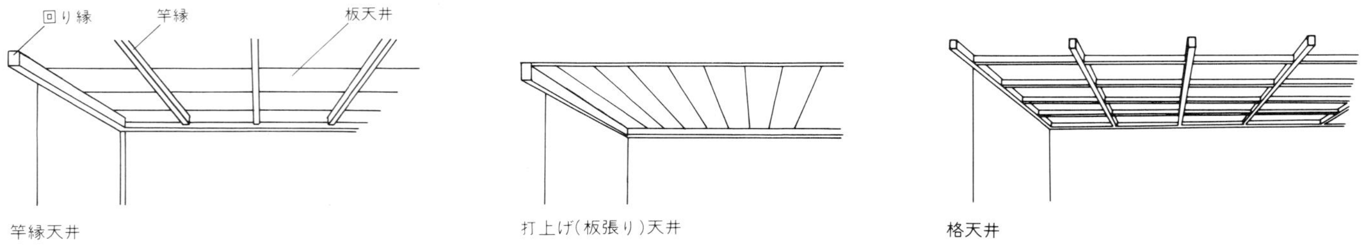

図3　和風天井（竿縁天井，打上げ（板張り）天井，格天井）

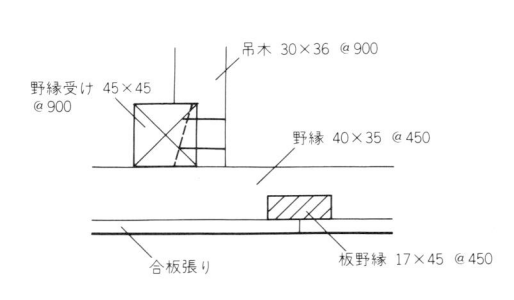

図4　合板張り

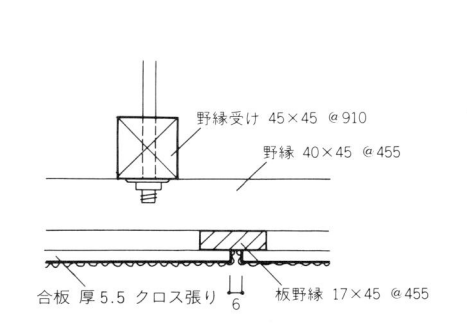

図5　合板下地クロス張り

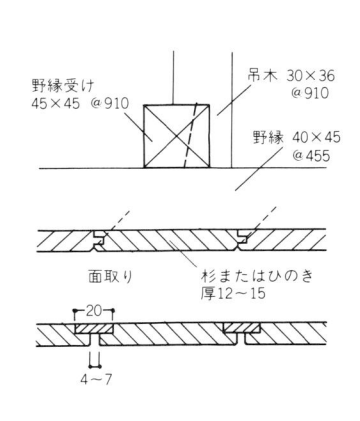

図6　打上げ天井

構造では音が隣室に伝わるので、遮音性は良くない。

室内の吸音は床・壁・天井で行うのが本来の形であるが、普通は天井材で行うことが多い。天井の安全性は保持強度の不足、および取付け不良による落下が主なものであるが、最近は火災に対する安全性が重要な課題になってきた。天井に火がまわると、フラッシュオーバーを起こすので被害が大きくなる。台所などのように火気を使うところでは、特にこの点の注意が必要であるが、それ以外の部屋でも耐火性は大切である。

そのほか、浴室の天井などでは耐湿性が求められる。

天井の構法

天井は吊り天井と直天井の2種類に分けることができる。吊り天井は、建物の躯体に天井下地を吊り、それに仕上げ材を取り付けたものである。直天井は、躯体がそのまま天井になっているものと、躯体に直接下地を取り付けるものとがある。

マンションの洋室の天井などはRC造の躯体に直接仕上げたものが多い。直天井は、コストが安く、天井裏のスペースが不要なので、部屋を広く使えるが、構造材の材質が天井の形状に制約を与えるので、自由な意匠をやりにくくする。

吊り天井は施工がよくないと振動することがあるので、天井と壁との間に回り縁を設けて、振れに対する"逃げ"を取る。回り縁はまた、天井と壁の見切りになる。

仕上げ材には、和室では木材や合板が使われる。洋室では以前はプラスター塗で仕上げられていたが、経済性や工期などの理由から乾式になって、主にボード類を使うようになってきている。

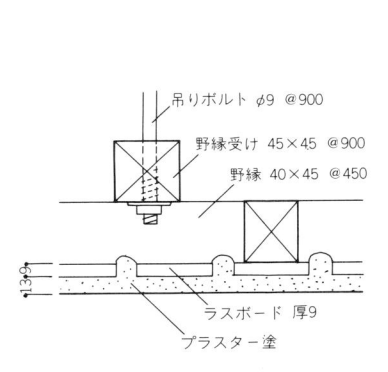

図7 ラスボード下地プラスターまたはしっくい塗り

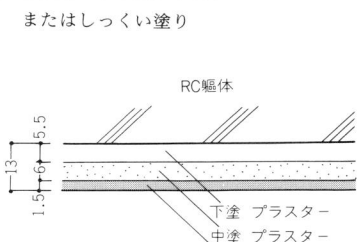

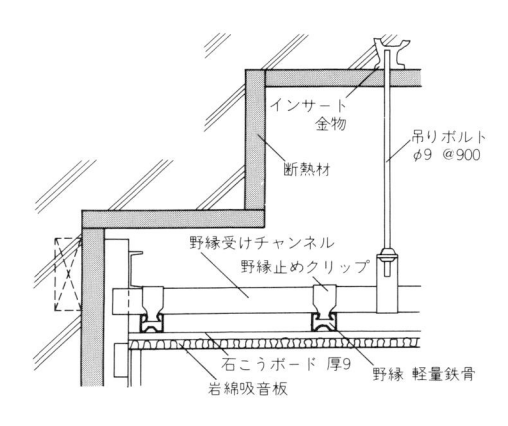

図8 軽量鉄骨下地ボード張り（断熱工法）

図9 軽量鉄骨下地ボード張り（スプライン工法）

図10 RC下地プラスター塗り

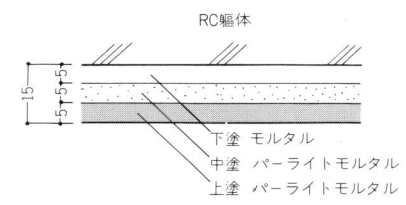

図11 RC下地パーライト

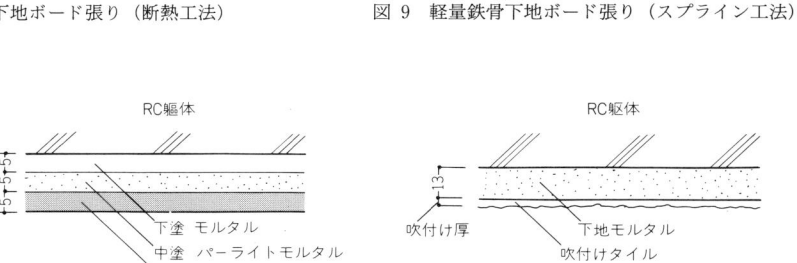

図12 吹付けタイル

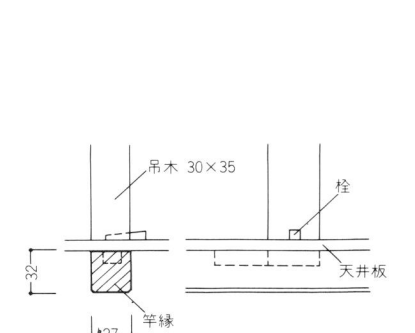

図13 竿縁天井

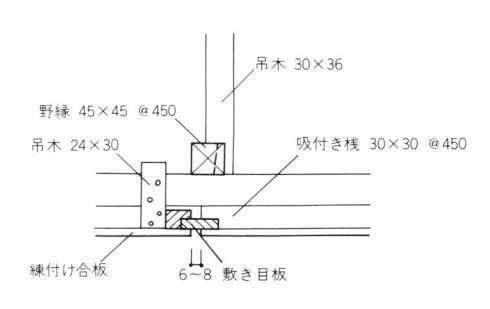

図14 目透し

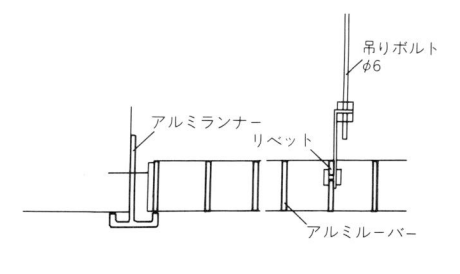

図15 アルミルーバー天井

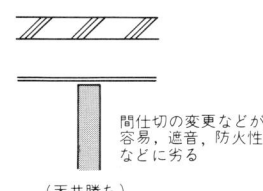

図16 天井の勝ち負け

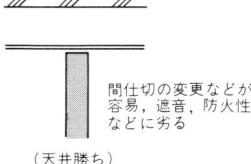

6.6 開口部

　建物に取り付けられる窓や出入口の総称が開口部である。開口部は透過と遮断の相反する機能をもっている。採光・眺望・通風・換気などの内と外とを結ぶ役割と，遮光・遮音・耐風・防水・防虫・防犯などの遮断の役割とがある（図1）。この矛盾した機能を調整して，インテリアの環境条件を整えるものが建具である。建具は大別して，引戸，開き戸，回転，はめ殺し，折り畳みなどの機構になるが，目的，用途さらにまた気候，風土に合わせて選ばなければならない（図2）。開口部は人間が通過したり，開閉操作がひんぱんに行われたりする動きの激しい箇所であるため，扉に指をはさまれるとか，ガラスでけがをするとか，窓から転落するなどの日常災害が起こりやすいところでもある。また採光不足や換気不足など健康を維持する上からも，大きなかかわりをもつ。計画に当たっては人間の行動特性や心理効果などをよく考えて，安全，健康に支障のないように考慮しなければならない。

　開口部の大きさや形態を決定する因子を窓についていえば，採光のよりどころが建築基準法によって規定されている。住宅の居室であれば窓面積は床面積の1/7以上でなくてはならない。窓の大きさは，また室内の温熱環境を保持するという役割もある。さらに，眺望・監視など視覚的な効果を高めることができる。窓の大きさ，位置，形状を適切に決めることによって，外部の景観を取り入れ，室内の開放感を高めるうえで効果をあげることができる。そのためには，室内においてとられる生活姿勢と視点の高さなども考え，心理的な面からも効果をあげるように計画する必要がある（図3）。

　次は出入口の大きさであるが，まず扉の開閉に必要なスペースが確保されなくてはならない。また通過するのは人間だけではないので，家具の搬入や車椅子・ワゴンの通過などにも不都合のないように寸法を検討しておく必要がある。扉の開閉方向については室内の主要な正面を内開き，左勝手（向かって左に丁番があるもの）がよいとされているが，部屋の用途，使い勝手などに合わせて，開き勝手の位置を決めて差し支えない。災害時の避難用の扉などは，パニックのときの人間の反射行動を考えて外開きにす

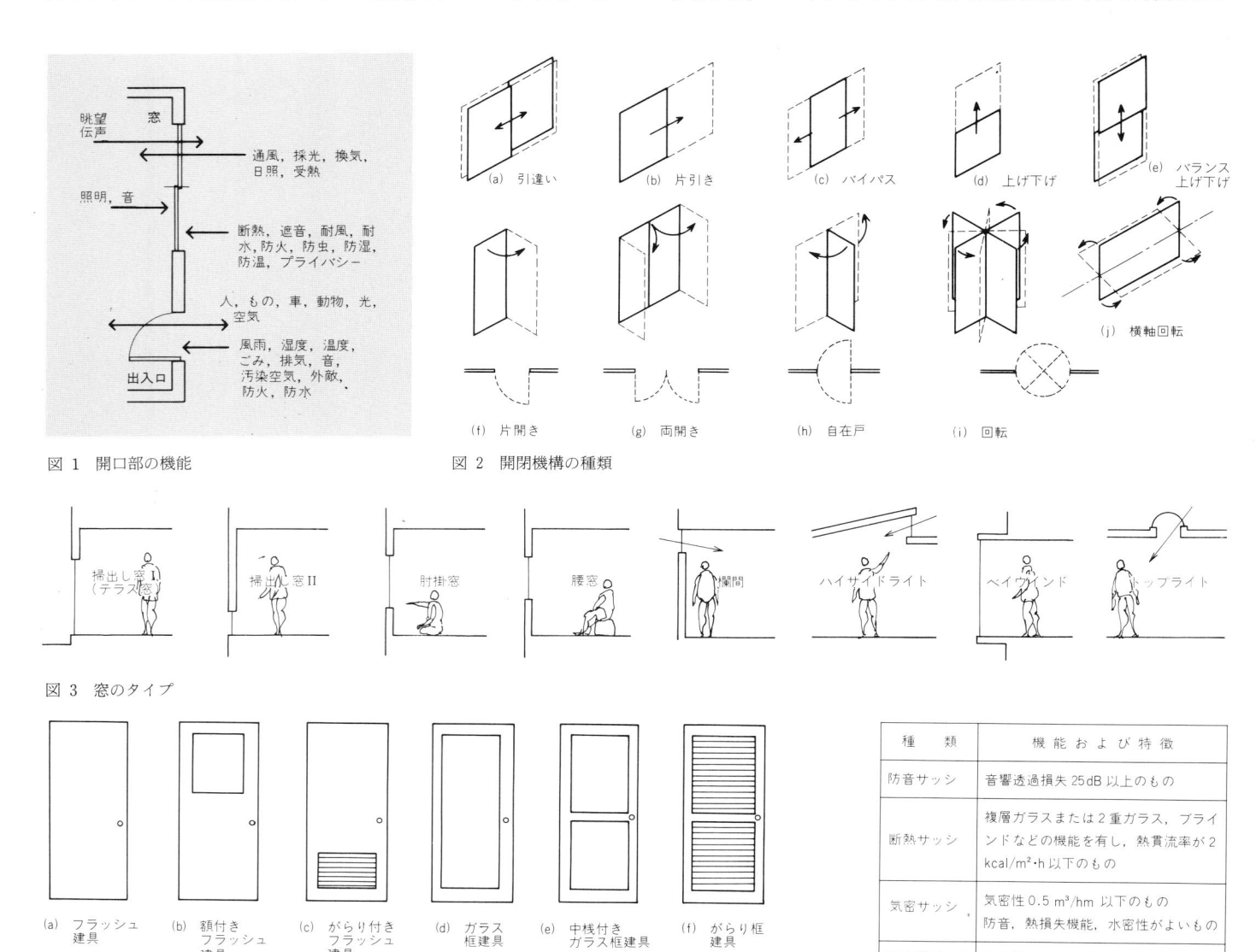

図1　開口部の機能

図2　開閉機構の種類
(a) 引違い　(b) 片引き　(c) バイパス　(d) 上げ下げ　(e) バランス上げ下げ
(f) 片開き　(g) 両開き　(h) 自在戸　(i) 回転　(j) 横軸回転

図3　窓のタイプ
掃出し窓I（テラス窓）　掃出し窓II　肘掛窓　腰窓　欄間　ハイサイドライト　ベイウインド　トップライト

図4　扉のタイプ
(a) フラッシュ建具　(b) 額付きフラッシュ建具　(c) がらり付きフラッシュ建具　(d) ガラス框建具　(e) 中桟付きガラス框建具　(f) がらり框建具

図5　サッシの分類

種類	機能および特徴
防音サッシ	音響透過損失25dB以上のもの
断熱サッシ	複層ガラスまたは2重ガラス，ブラインドなどの機能を有し，熱貫流率が2 kcal/m²・h以下のもの
気密サッシ	気密性0.5 m³/hm以下のもの 防音，熱損失機能，水密性がよいもの
高水密サッシ	水密性が50kg/m²以上のもの

るといったようなことである。なおこのほかに，開口部の大きさを規定する要素としては扉の機構や建物の構造があるので注意を要する。またサッシの性能についてはJISに次のような試験方法が決められている。

① 強さ——風圧などの力に耐えるような強度が決められており，単位は kg/m² で表す。その内容はサッシにかかる垂直圧に対し，その中央部における最大変位が枠の内のり高さの1/70以下で，荷重を取り除いた後に変形が残らないことと規定されている。

② 気密性——サッシ前後の気圧差が $1.0 kg/m^2$ のとき，サッシ面積の $1 m^2$ 当りの通気量で示される。ただし，空気量の換算は標準状態（空気温度20℃，1気圧）とする。通気量は8未満，あるいは2未満の2種に分けられている。

③ 水密性——サッシの全面に $4 l/min・m^2$（降水時量240 mm）の水量を均一に噴霧しながら連続して10分間加圧し，室内側における漏水の有無を調べる。測定結果は5段階に分けられており，最大 $50 kg/m^2$ に耐えられることが義務づけられている。

④ 遮音性——125～4,000 Hzの音響透過損失の平均値で表し，単位はdB（デシベル）で表示される。数値が大きいほど遮音性が優れている。

⑤ 開閉力——開け閉めなどの操作のしやすさを表す目安として，解錠した状態で5kgの力で円滑に開閉できることとなっている。

⑥ 戸先強さ——強度 240 kg/m² 以上の場合，ガラスを入れた状態で竪框中央部に集中荷重5kgを垂直に載荷し，内外の最大たわみ量を測定して戸先強さとする。たわみは，面外方向は3 mm，面内方向に1 mm 以下と定められている。

開口部のデザインのしかたについては，いろいろな方法がある。窓枠の大きさと材料によって，外景を切り取って，あたかも1枚の絵を室内に取り入れたような処理をするものがあり，これをピクチュアウィンドウという。反対に外景を見せず，外からの光だけを内部に取り入れる透光不透視のものもある。障子やガラスブロックなどがそれに当たる。ヨーロッパでは，ルネサンス時代に盲窓と呼ぶ形だけの装飾窓を取り付けたことがあった。最近では出窓よりもさらに外に張り出して広い視界と採光を求める窓も見られるようになった。これをベイウィンドウと呼んでいる。ゴシック時代の教会では，ステンドグラスをはめ込み，さまざまな色と光を室内に取り入れたバラ窓（ローズウィンドウ）も使われていた。ヨーロッパでは石の建築が主流であるため，構造上開口部を自由にとることが難しかった。それゆえ窓には，さまざまな工夫が凝らされたのである。

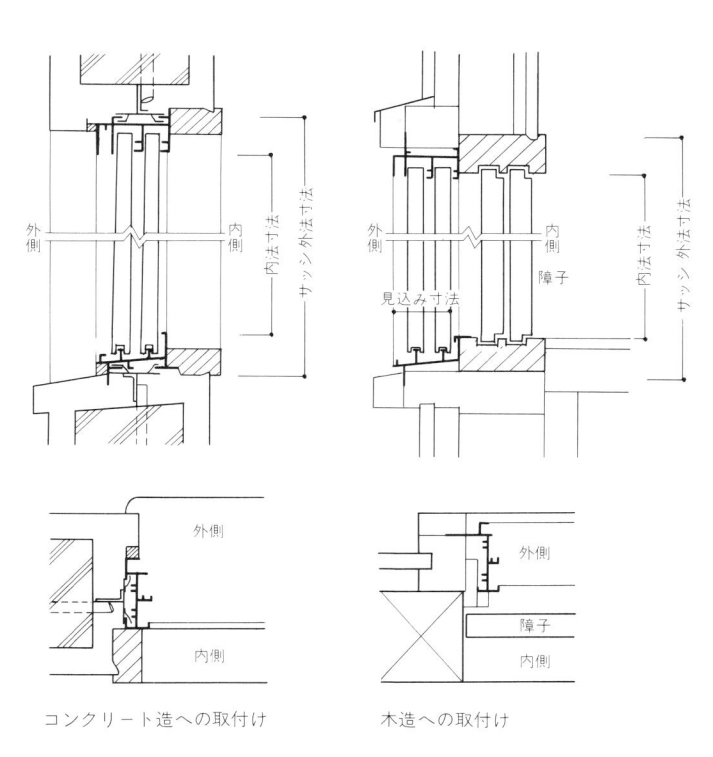

図6 サッシの取付け（例）

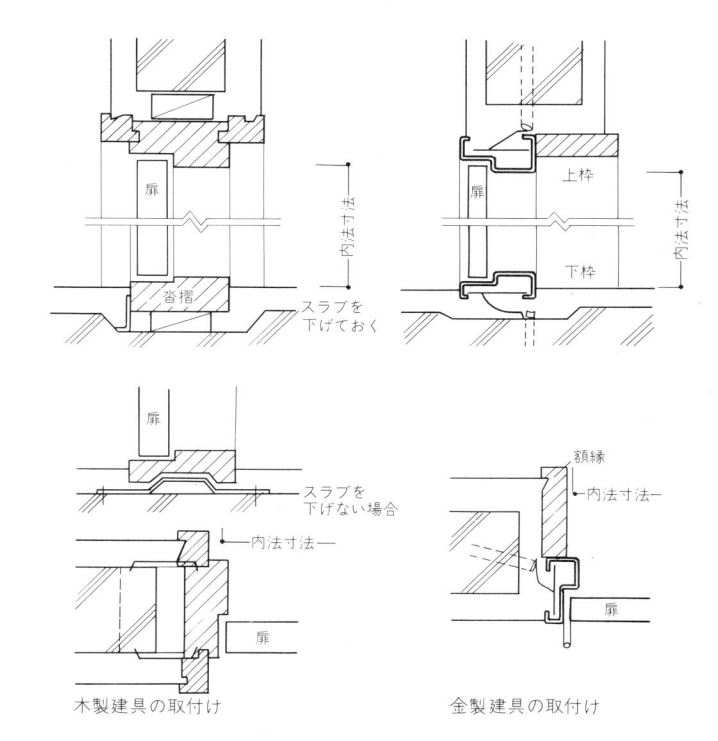

図7 扉の取付け

図8 カーテンボックスの寸法

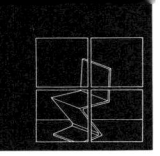

7 インテリアエレメント

7.1
家具

家具とインテリア

　昭和30年代に入って日本人の生活様式は、和風から洋風へと大きく変化しはじめた。日本住宅公団（現在、住宅・都市整備公団）によって集合住宅が建てられ、食寝分離のスタイルが取り入れられて、ダイニングキッチンが現れたこともその契機の一つになった。食堂・子供室・居間・寝室へと庶民の生活の中にも、いわゆる洋風家具と呼ばれるものが普及していった。従来の畳の上で暮らす和風の生活は、いわゆるノーファニチュアの暮らし方で、家具らしいものといえば、箪笥、水屋、下駄箱と卓袱台だけであった。畳の上での暮らし方を平座式といい、洋家具を使う暮らし方を椅子式という。椅子式の暮らし方は単に便利さが増しただけでなく、空間に対する意識さえも変えることになった。伝統的な平座式の生活には多少の不便さはあったが、それを補って余りある利点のいくつかを持っていた。その一つは部屋の転用性である。畳の部屋はいくつもの生活行為を取り得る融通性があった。布団を敷けば寝室になり、座卓を置けば食堂や居間に早変わりするといった多様な対応が可能である。ところが椅子式生活では部屋の転用性はなく、ベッドを置けば寝室だけ、ダイニングセットを置けば食堂だけというように、家具によって部屋の使い方が限定されてしまった。椅子式の生活様式は限られた目的に対して機能性が優れているが、部屋の用途を限定してしまうというマイナス面がある。

　さらに洋家具の使用は、プライベートな部屋では部屋の使用者を限定してしまう。個人専用の空間であれば、自分の生活や暮らし方に合わせて、個性や嗜好をあらわしたいという欲求が出てくる。つまり、空間に対して自己表現を欲求するインテリア意識が生まれてくることになる。最近インテリアへの一般の関心が高まってきたのは、生活の中に洋家具を取り入れてきたことと無関係ではない。

　ところでインテリア空間の中で果たす家具の役割はさまざまであるが、まとめてみると以下のようになる。

　① 家具はインテリアの空間を構成する上で最も重要な要素の一つである。人間の生活を機能的に成り立たせるばかりでなく、意匠面でも果たす役割は大きい。家具の形や素材のみならず、大きさや配置によって部屋の雰囲気は大きく左右される。

　② 家具の配置や機能は室内の人間の行為や動作に影響を与える。またその中で生活をする人間関係にも変化が起こる。椅子やテーブルの配置と形態は心理にも深いかかわりをもっている。適切であれば人間の活動はスムーズになり、逆に不適切であれば支障をおこす。

　③ 家具の選択には、そこで暮らす人間の好みやセンスが反映される。つまり室内に置かれた家具を見れば、住む人の生活の仕方や空間に対するイメージが浮かびあがってこよう。

　④ 家具は人体に身近なものであるから、ヒューマンスケールで造られている。人は家具を手がかりとして部屋のボリュームやスケールを把握することができる。家具は空間と人とを結びつける媒体の役割を担うものであろう。

　日本の平座式生活の中に洋家具が入り込むようになってから、さまざまな問題が起こってきた。その一つは居住空間の狭さである。室内における家具の占有面積が増大し、人間の空間を圧迫し始めた。第二は室空間の使用を限定したため部屋数を要求するようになった。第三は洋家具の寸法と和室の寸法との間に調整がとられていないということである。第四は一つの空間の中における生活の基準点のレベルが平座系と椅子座系とで異なるという点である。いずれにしても日本人のこれからの生活様式に合った家具の出現が望まれている。

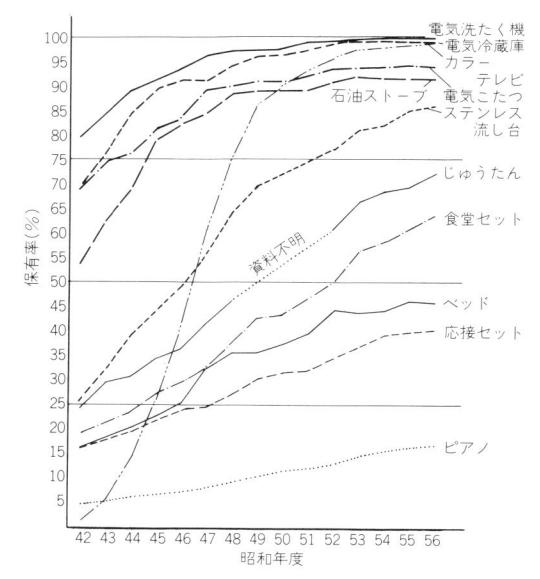

図1　主要耐久消費財の普及状況の推移（経済企画庁調査局編「家計消費の動向」、昭和56年版より作成）

大分類＼小分類	1	2	3	4	5	6	7	8
1 人体系（アーゴノミー系）	ベッド	チェア	ソファ	仕事椅子	スツール	座椅子	布団座布団	カーペット
2 準人体系（セミアーゴノミー系）	作業台	カウンター	テーブル	デスク	卓子サイドテーブル	座卓子	座机	ナイトテーブル
3 建物系（シェルター系）	掛具	器物台	棚	流し洗面	箱	戸棚	箪笥（引出し）	間仕切カーテン

注）4 エネルギー系、5 スペース系は除いてある

図2　実例による家具の分類

図 3 収納・家事

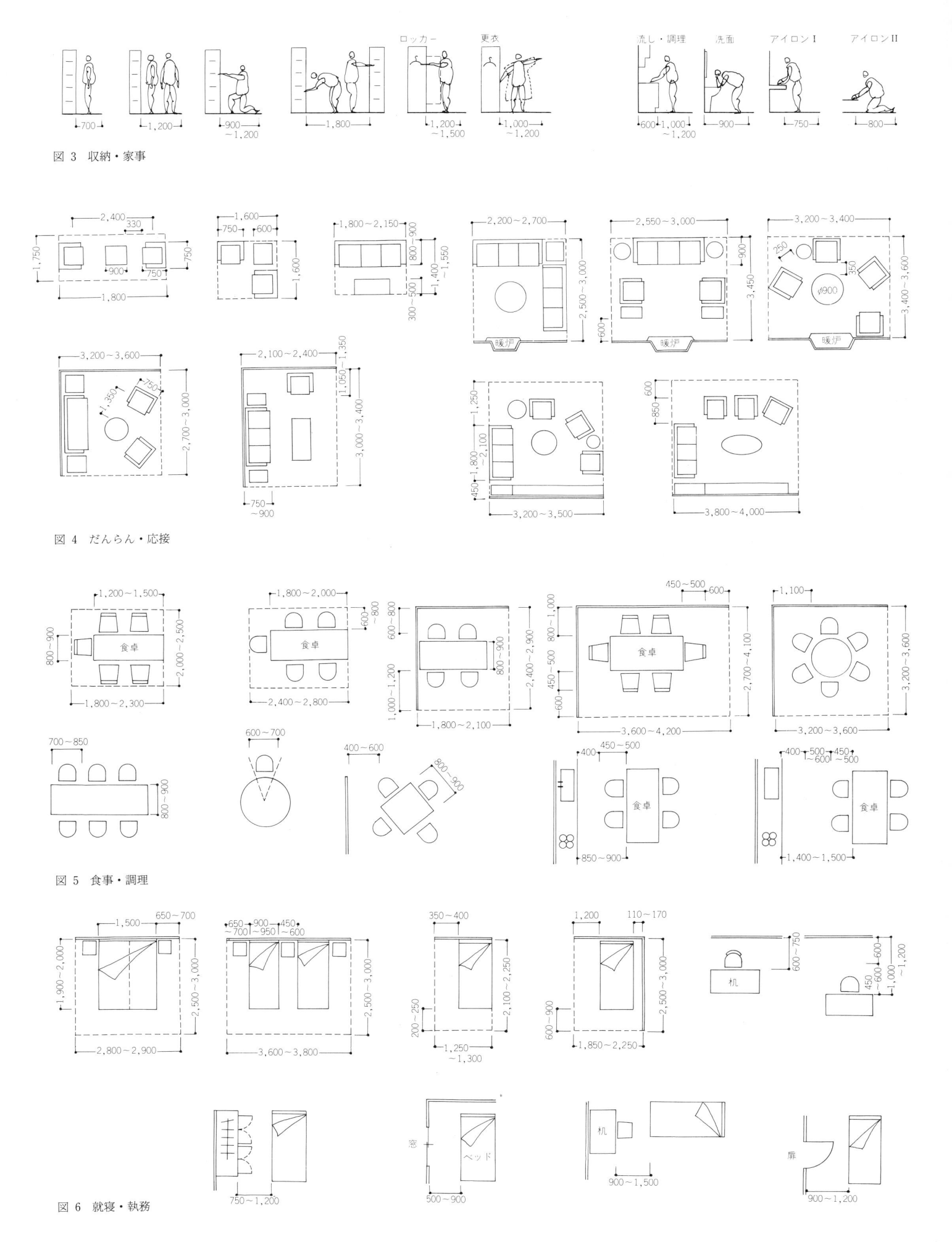

図 4 だんらん・応接

図 5 食事・調理

図 6 就寝・執務

家具の寸法と性能

家具の寸法は基本的には人体寸法をもとにして決めるべきものである。人体を支えることを目的とするベッドや椅子のようなものは人体系家具（アーゴノミー系家具）と呼ぶ。例えばベッドの長さは身長にゆとりを加えて決めればよく、幅は寝返りの面積を見込んで肩幅をもとにして決めればよい。椅子は座面の高さ、広さ、形状、また背もたれの位置と角度、肘掛けの高さと幅も人体寸法をもとにして決めなくてはならない。一方、テーブルやデスクなどの台類は準人体系家具（セミ・アーゴノミー系家具）という。これらは〝もの〟を甲板で支え、その上で作業するのが目的であるから、人間とのかかわり合いは人体系家具に比べ少ない。その代わりに〝もの〟との関係が深くなってくる。また組み合わせて使われることが多く面積も大きいので、部屋の内のり寸法との間に寸法の調整ができていることが望ましい。つまり準人体系家具の寸法は、人体寸法とものの寸法と空間の大きさを考えて決める必要があるということである。

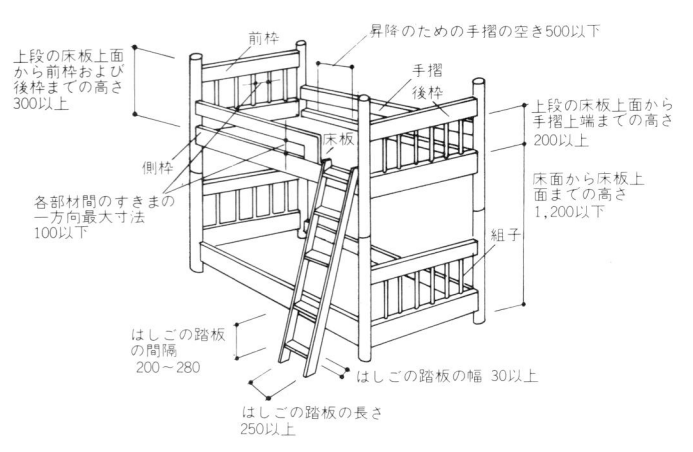

次に、収納家具や間仕切などは建物系家具（シェルター系家具）という。これは、目的が〝もの〟を収納したり〝空間〟を仕切ったりするところにあるので、その大きさは部屋の内のり寸法と収納物のことを考えて寸法を決めなくてはならない。人体要素との関係は、ほかの家具よりも少ないと考えてよい。

以上に述べたように、家具の寸法は目的と機能によって、〝人〟、〝もの〟、〝空間〟とかかわる度合いが違ってくるわけである。ところで家具の寸法は高さ、間口、奥行によって示されることになるが、その方向性によってもまた〝人〟、〝もの〟、〝空間〟とのかかわり合いが違う。例えば、椅子はすべての方向に人体寸法と強く結びついているが、机では高さ方向は人間に深いかかわりを持つが、平面方向はものと深いかかわりをもつ。したがって、高さは人体寸法を主にして決め、間口と奥行はものを主にして寸法を決めるのがよい。

なお、机の高さとは、人間工学的にいえば椅子の座面高に差尺を加えたもののことで、一番大事な寸法は差尺である。

図7　2段ベッドの寸法（JIS S 1104）

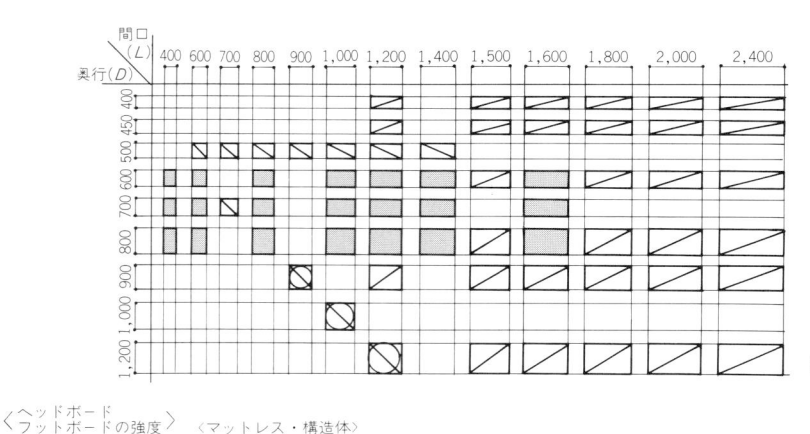

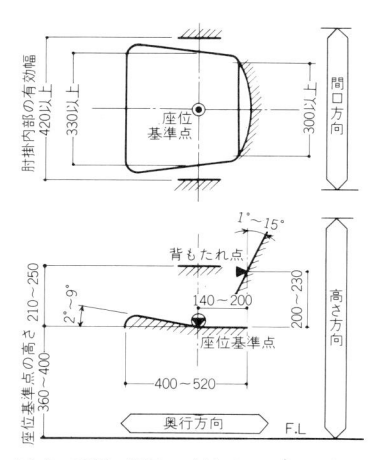

図8　II類の椅子の寸法（JIS S 1011）（単位 mm）

図9　各種テーブル・デスクの甲板寸法（単位 mm）

図10　ベッドの性能

図11　ベビーベッドの性能

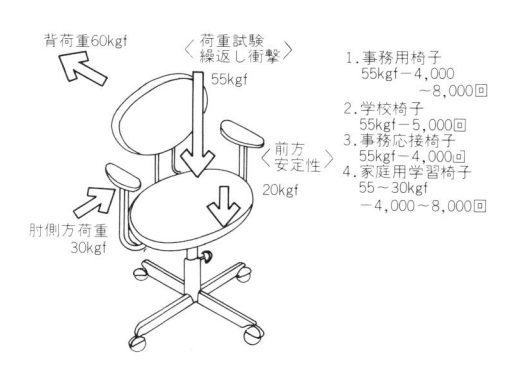

図12　椅子の性能

なお，甲板の下のあき（下肢のスペース）は足の動きを考えて決めればよい。また収納家具の，高さ方向の寸法はものの出し入れの動作に関係するし，間口は部屋の内のり寸法，つまり室空間に置かれるほかの要素との関係によって決まる。奥行は"もの"が納まるか否かが重要な条件である。

以上のように家具の寸法を考えるうえで，高さ，間口，奥行といった方向においても"人"，"もの"，"空間"の要素の関係を知る必要がある。

いずれにせよ，家具は人間のスケールと深い関係をもつもので，システム家具のように建物の躯体に取り付けられるものを除けば大部分は，移動や持ち運びが可能である。ドイツ語では家具のことをメーベル（möbel）といい，フランス語でモビリエ（mobilie）というが，いずれも動くものの意味である。

家具はもともと建物に固定されることなく，常に生活に合わせて移動できるところに本来の姿があった。

現在，家具の寸法を決めるよりどころとしてJISが設けられているので，設計に当たってはそれを参考にすればよいであろう。

また，家具の性能を決める際にも，"人"，"もの"，"空間"との関連を考慮することが必要になってくる。人体系の家具は他の家具と比べて，安全性や快適性を要求されることが多い。普通にはこれらの家具は，人体に直接触れるので，ソフトな材料で作られることが多い。そのため試験方法が厄介であるが，性能値を求める試験には人体特性を考慮に入れる必要がある。マットレスや椅子のJISには，そうした観点からの性能値が記載されているわけである。

次に耐久性については，どのような条件で使用されるかを考えて，性能の値を決めなくてはならない。学校用家具や公共用家具などのように，不特定多数の人が使用し，取扱いの荒い家具には高い性能値が要求される。一方，家庭用の家具は使用がそれほど激しくないので要求性能は低くなってくる。いずれにしても，家具の性能はその目的と使われ方に合わせて慎重に決めることが大切である。

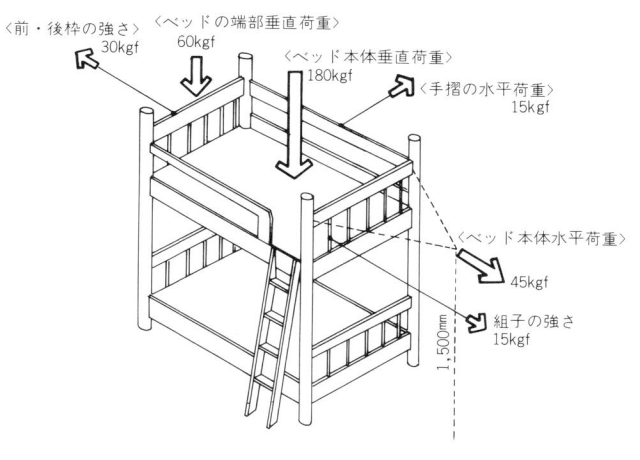

図13　二段ベッドの性能

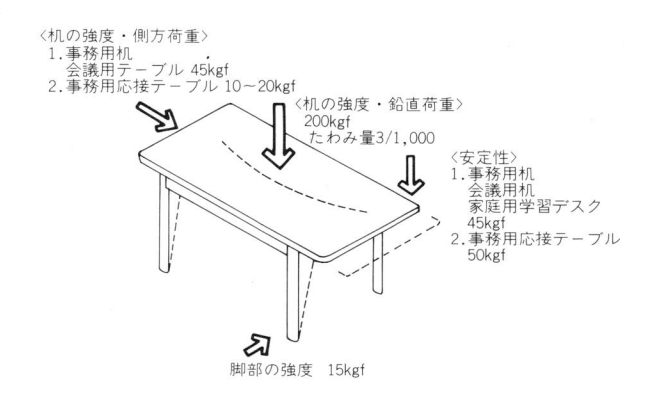

図14　テーブル・デスクの性能

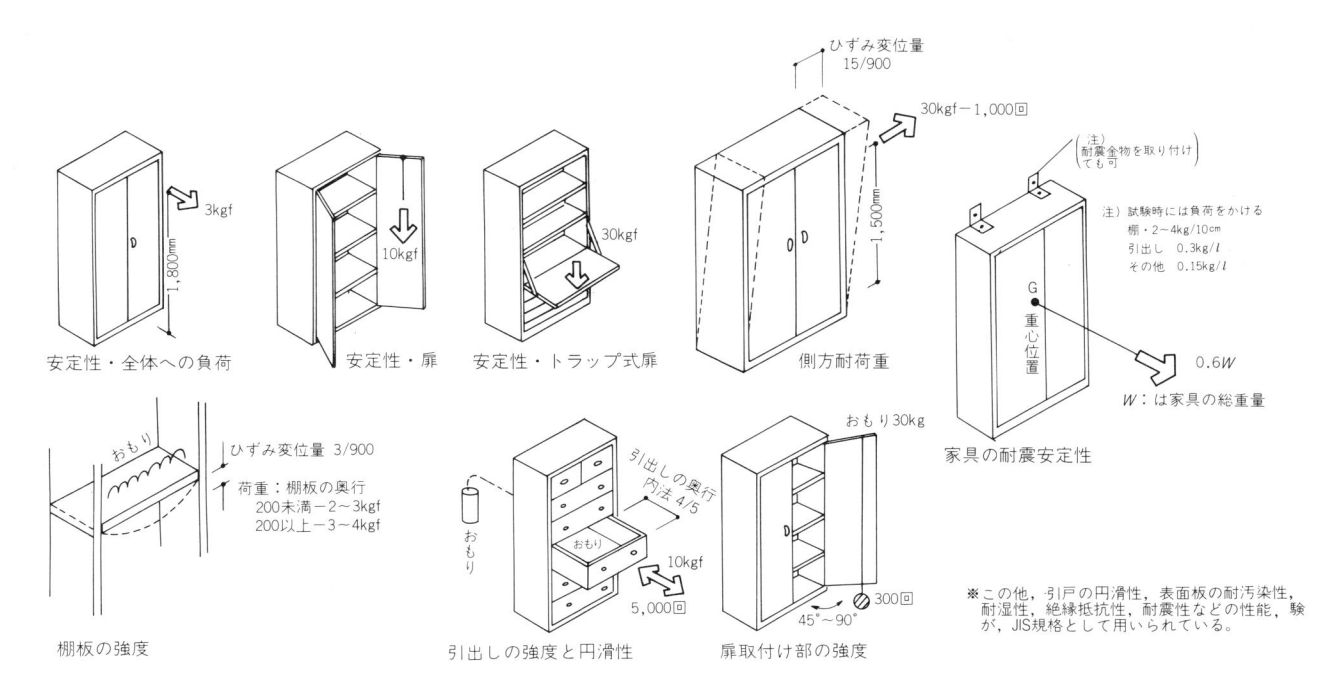

図15　収納家具の性能

家具の材料と部品

長い家具の歴史の中で、使用材料と工法は、時代ごとの技術や経済事情、文化、社会などの要求を反映しながら、さまざまに変化をしてきた。家具に使用される材料はもともと木材が主流を占めていた。木の種類ははじめシダーやナラが使われ、その後オーク、ウォールナット、マホガニーというように使用する材料が違って、それぞれの時代の特徴を表していた。加工技術もはじめに象嵌細工やろくろ加工が使われ、中世になって框組板張り工法が使われた。また近世には、寄木細工やめっき装飾技術などが発達した。木工機械が実際に家具生産に利用されたのはイギリスのビクトリア期で、この時期を境にして家具の生産は手工芸から機械生産へと移行していったのである。さらに1840年代には曲木加工が開発されて家具のデザインに大きな影響を与えた。なお近年になって合板、集成材、さらにパーティクルボード、繊維板なども家具の用材に加わることになった。最近では木材資源の枯渇が訴えられはじめ、無垢材の使用は難しくなって、化粧単板の使用が一般的になってきている。

金属が本格的に家具の分野で用いられ始めたのは比較的新しいことである。スチールパイプや鉄板などが家具に加工されたのは1920年代のことであった。ステンレス、アルミニウムなどは戦後に入ってから家具の部品や構造部材に使われ、家具のデザインと工法に大きな変化をもたらした。

プラスチックについていえば、1940年代に椅子を中心にFRPやABSなどが使用されはじめた。その後に出現した発泡スチロールやウレタンは、家具の形態と加工法を大きく変えていくことになった。それによって自由な形態をつくることができ、加工もまた簡略化されたのである。最近ではさらに軟質発泡ウレタンが家具の部分や部品に採用されはじめている。また、家具の仕上げ材料として、皮や布に代わって合成皮革やビニールレザーが広く普及した。

そのほか家具に用いられる材料としては、伝統的な石・陶磁器、藤などがあり、新材料としてガラスや合成紙などが利用されている。

工業化の進んだ今日では、家具の材料・工法ともに多様化してきているが、逆に材料や工法の特性によってデザインが制約される面もある。それは材料の規格による寸法の制限や、加工機械と

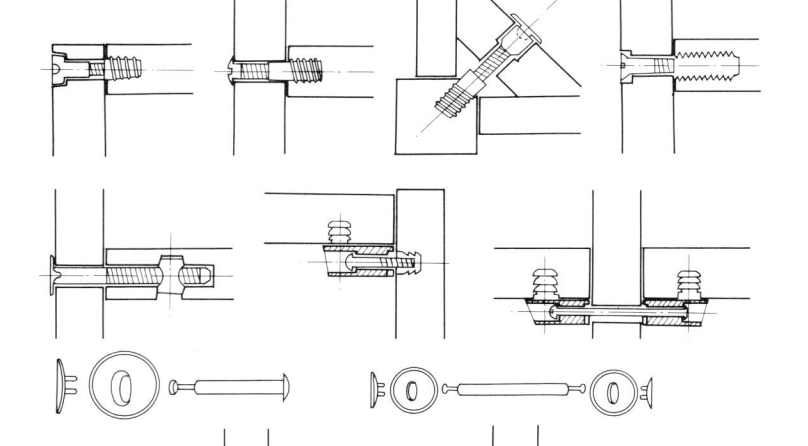

図16　ノックダウン金物
ユニット形式の収納棚の使用が増えることによってノックダウン金物の需要も高まっている。ノックダウン金物は、㋑埋込みナット、㋺連結金具、㋩締付け円盤がある。埋込みナット式のものは、ナットを取り付ける部材側に仕込んで取り付ける方式である（①～⑤）。
連結金具式のものは、あらかじめ金具を各部材に取り付けて、この金具どうしを木ねじなどで連結する方式である（⑥～⑧）。
締付け円盤は、円盤形の金具とコネクターピンで、L形、T形、十字形に板材を結合させることができる。

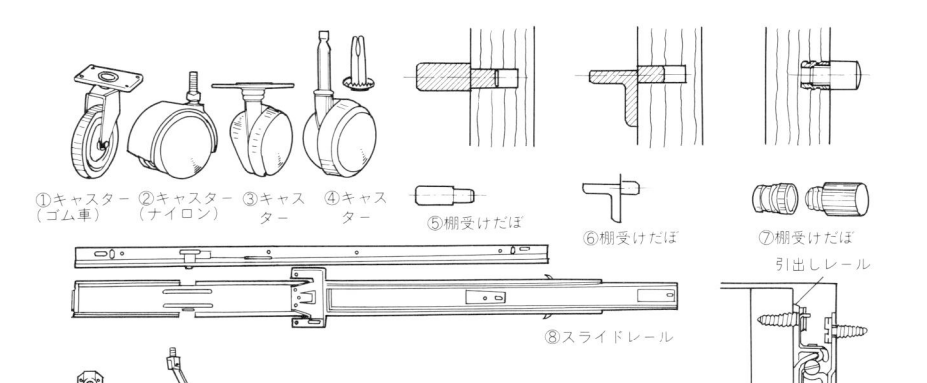

図17　家具金物*1
家具を軽く移動させるためにキャスターが用いられる。車輪にはゴム、亜鉛ダイキャスト、プラスチックなどが用いられ、ストッパーの付くものもある。それぞれ許容重量があり、利用には注意が必要である（①～④）。
棚板を固定する金物として、棚受けだぼが用いられる。金属とプラスチックがあり、埋込みナットを使用する場合が多い（⑤～⑦）。
引出しをスムーズに可動させる目的でスライドレールが用いられる。2段、3段式のものもある（⑧）。
ライティングビューローの場合には引倒し扉がデスク甲板として使われ、このためにスライドステーが取り付けられる（⑨～⑩）。このほか、薄い洋服ダンスのハンガーとしてスライドハンガーが用いられる（⑪）。

設備の能力による制約などである。デザインを進めるに当たっては，そうした条件や制約事項をあらかじめよく調べておかないと，材料の無駄やコスト高を招く恐れがある。工業材料の寸法と性能は，JISやJAS（日本農林規格）で決められているものが多いので，それらを参考にするのがよい。

家具に用いられる各種の部品については，すでに市販品として性能・品質ともに信用できるものが売られている。その情報をよく整理して利用しやすいようにしておくことも大切である。家具の部品には次のようなものがある。

① 脚物と呼ばれる椅子やテーブルの脚部まわりに取り付けるもの。
② テーブルや机の甲板用縁材。
③ 収納棚や台類などの箱組みに使うジョイント金物。
④ 引出しや扉に取り付けるヒンジと取っ手。
⑤ その他のものとして折り畳み，伸張，連結，ノックダウン，上下調節，オートリターン，リクライニングなどの機構をもつ特殊部品。

いずれも部分ではあるが，家具の性能とデザインを大きく左右する要素であるから，特性を知って適材を適所に利用することが大切である。

家具のディテールは，部品の開発や工法の発達にともなって変化していくものである。利用に当たって注意したいのは，人間，建築軀体，他の家具との〝接点〟に使う部品の選択である。

家具と建築軀体との接点は寸法的な誤差が大きいので，その調整が必要である。建築の施工精度に比べて，家具の精度はきわめて高いからである。したがってこの誤差を部品によって調整しなくてはならない。デスクの脚部に取り付けるアジャスターや収納間仕切と，床・壁・天井との取合い用の付属品などはその例である。

次に，人と家具との接点は安全性や感触性などで不備のないことが大切で，ディテールや素材の特性についての配慮が必要である。例えば，机の甲板の縁の部分や椅子の座面，背もたれのディテールなどがこれに当たる。さらに家具と家具との間の接点や，部材と部材どうしの間の接合部などでは違った要素や，異なった素材が接触する箇所のため，素材の収縮，膨張の特性についての知識が要求される。

図18 家具丁番*2

家具用丁番としては(イ)彫込み丁番，(ロ)軸吊り丁番，(ハ)隠し丁番などがある。彫込み丁番には普通丁番，ぎぼし丁番，フランス丁番などがある。かぶせ扉の場合には隠し丁番の使われることが多い。90°，180°，270°などに開くものがあり，扉板厚，持出し寸法，扉・側板双方の掘込み穴寸法のチェックを必ず行う。また，扉の重量に応じたものを用いることが大切である（①～③）。また，ガラス扉，表面が鏡などの場合にも，それ専用の丁番がある（④～⑥）。扉にはキャッチが必要であるが，ロータリーキャッチ，マグネットキャッチなどがあげられる。

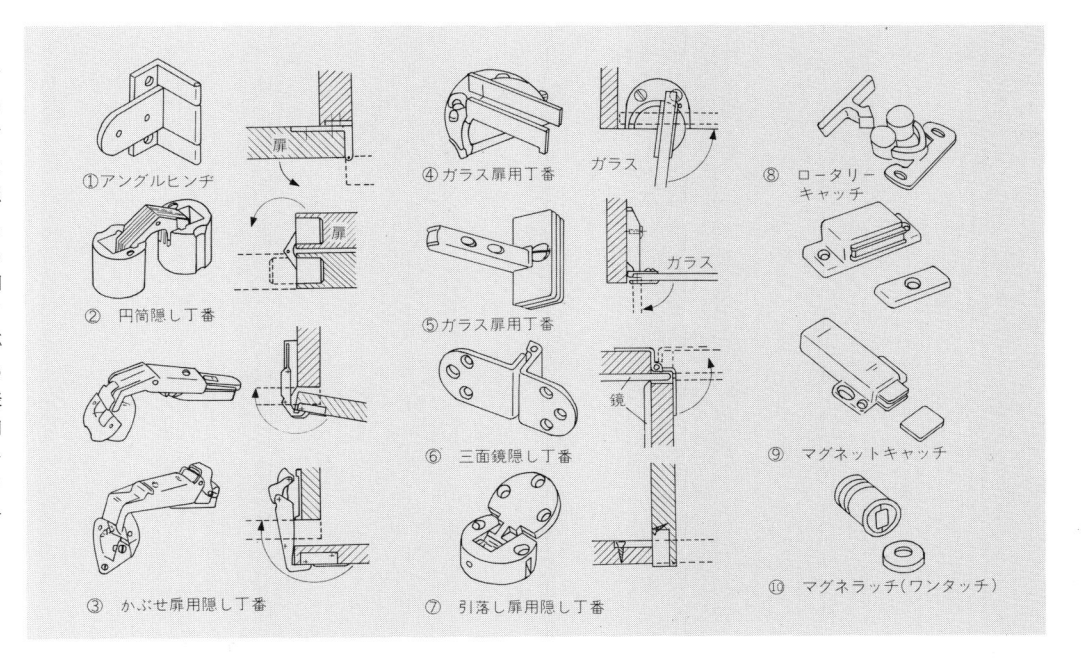

① アングルヒンヂ
② 円筒隠し丁番
③ かぶせ扉用隠し丁番
④ ガラス扉用丁番
⑤ ガラス扉用丁番
⑥ 三面鏡隠し丁番
⑦ 引落し扉用隠し丁番
⑧ ロータリーキャッチ
⑨ マグネットキャッチ
⑩ マグネラッチ（ワンタッチ）

図19 取っ手・錠鍵*1

家具用部品にはこのほか，(イ)各種取っ手(①～④)，(ロ)錠鍵(⑤～⑦)，(ハ)テーブル甲板エッジ類(③～⑥)，(ニ)アジャスター・プラパート，(ホ)寝台，折り畳み脚金物，(ヘ)各種脚部，(ト)オートリタン・リクライニングなどの各種機構部品などがある。

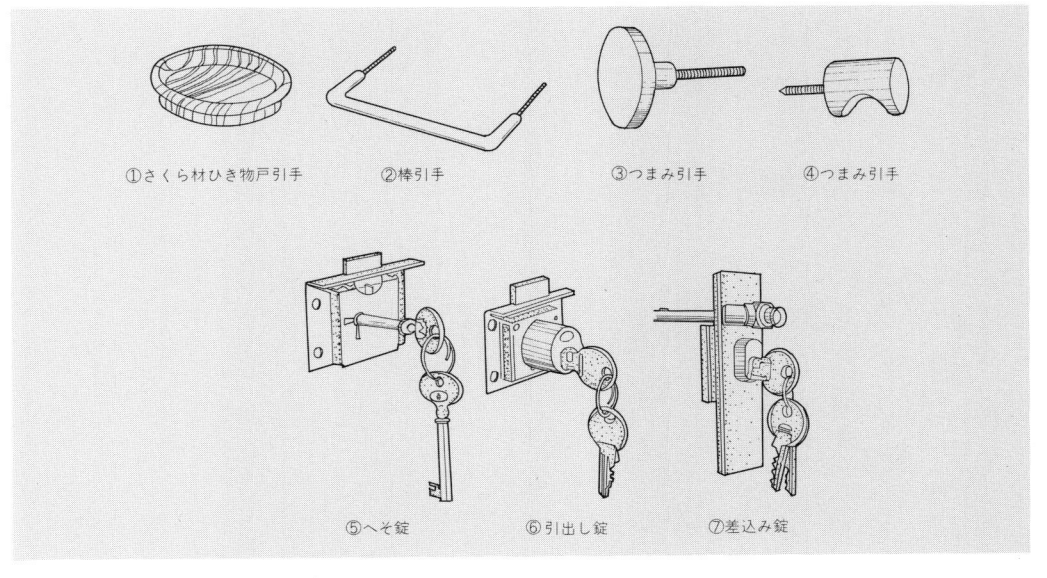

① さくら材ひき物戸引手
② 棒引手
③ つまみ引手
④ つまみ引手
⑤ へそ錠
⑥ 引出し錠
⑦ 差込み錠

7.2 壁装・カーテン・カーペット

インテリアに用いられる繊維織物を総称してインテリアファブリックスと呼んでいる。その中にはカーテン、カーペット、椅子張り地、壁装用布があり、また、タピストリーやテーブルクロスなども含まれる。これらに共通した特徴は、繊維織物に特有のソフトな材質感を持ち、空間に心理的な安らぎをもたらすことである。感触的にも柔らかく、また織物に特有な光の反射によって視覚的にも微妙な変化を楽しむことができる。吸音性や防音効果を持ち、また断熱効果も期待できる。そのため日常生活に深く関連しながら昔から使われており、インテリアにとっては欠かすことのできない要素の一つである。特に安らぎや落着きを求めるプライベートな空間では、その特性を生かすと効果的である。今日、住宅の多くは鉄、ガラス、コンクリート、プラスチックスなどの材料で造られているため、住まい手は硬い人工素材に囲まれて暮らしている。その反動もあって、身近な空間を柔らかな素材で仕上げる要求も強く、インテリアファブリックスへの関心が高まっている。

カーテン、カーペットなどは容易に取替えができるので、部屋の雰囲気を変えたり、住まい手の個性を表現するには便利な要素である。現代人の生活の中でインテリアファブリックスの果たす役割はますます重要になるであろう。

壁装材

布地以外にもビニールクロスなどを含めて、壁装材の種類をまとめると図1のようになる。壁装材に要求される性能として大切なものは防火性能であるが、これは内装制限として建築基準法に

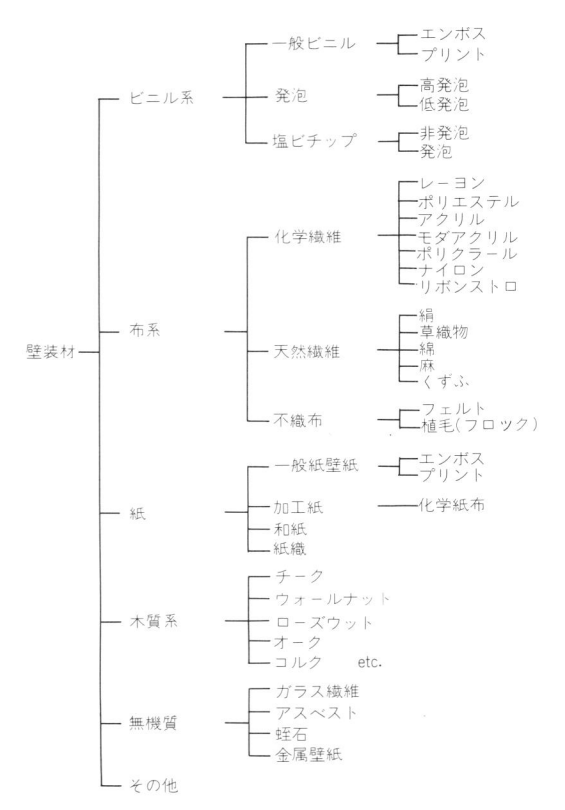

図1　壁装材

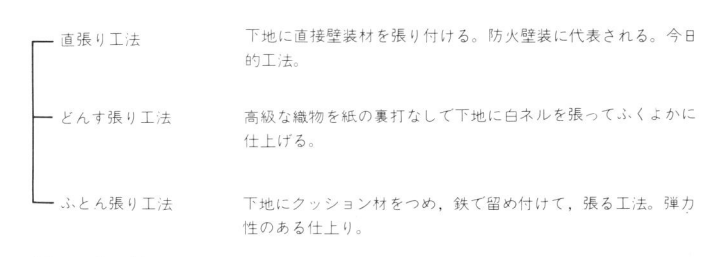

図2　施工法

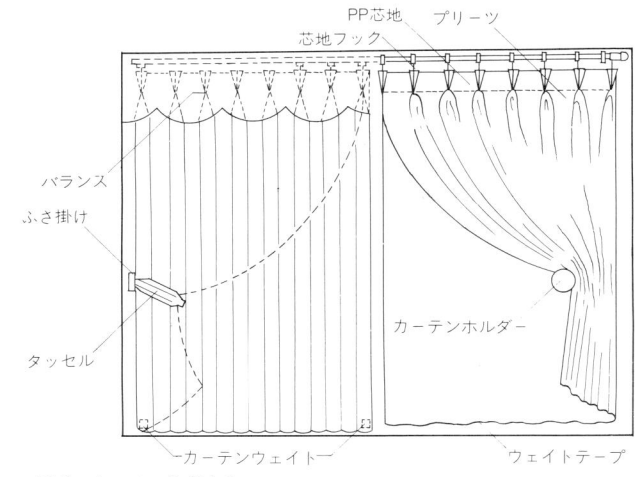

図3　カーテン各部名称

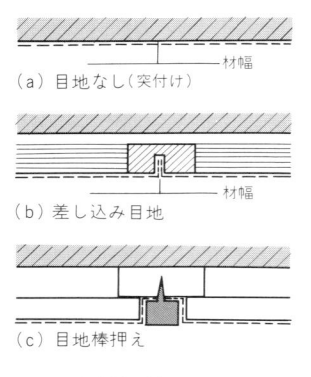

図4　壁装材の納まり

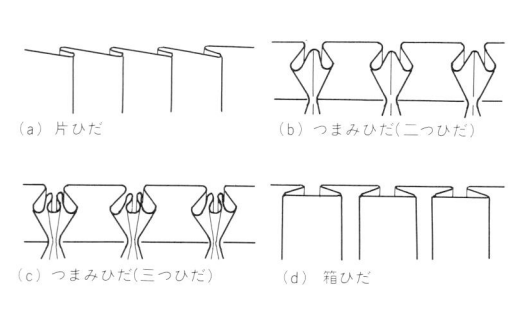

図5　カーテンの縫製スタイル

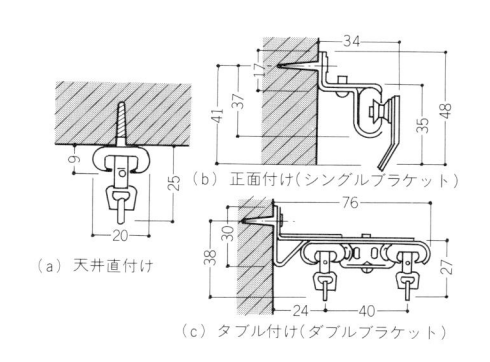

図6　カーテンレール

規定されている。それによると1〜5級に分けられている。このほかの性能としては耐汚染，強度，防黴(かび)，通気性能などが必要な条件で，それぞれ選択の目安になる。施工上の注意としては，幅継ぎ部の目地処理や柄合せがある。

カーテン

カーテンは通常，建物の開口部の室内側に取り付けられる。その機能は次のようである。①外光の調節，②外部からの視線の遮断，③断熱(外部からの熱の影響を防ぎ，内部の熱や冷気を保つ)，④内外から発する騒音の吸音・防音，⑤防風(すき間風の防止)。

種類としては，

① 重厚な豊かさを感じさせ，装飾性の高い厚手のドレープカーテン

② 薄手で直射光を拡散透過させ，外部からの視線を防ぐレースカーテン

③ ドレープとレースの中間的な役割をもつケースメント

④ 現代的センスにあふれ，軽快で楽しい色柄をもつプリントカーテン

などがある。

最近の傾向として，プリント模様を生かしたロールカーテン，また縦型ブラインドを応用して，羽根(スラット)の部分をファブリックとし，ブラインドとカーテンの双方の持ち味を生かしたものなどが出まわっている。

カーペットの種類と性能

現存する最古の緞通(だんつう)は，BC5世紀以前のスキタイ王族の古墳から出土したものである。そののち緞通は中央アジアを中心に，インド，中国，ペルシアへと伝わった。18世紀になって産業革命によって，ジャガードの紋織機が発明され，また19世紀の半ばにはウィルトン，アキスミンスター織機が出来て，カーペットを機械織りでつくることが可能になった。さらに第二次世界大戦後には，タフティング機が開発されて大量生産化が進み，カーペットはようやく一般大衆のものになった。

床材としてのカーペットの特徴は，①歩行性が良い，②保温性

種類＼性能	特徴	ファブリックの種類	材質	特殊カーテン
ドレープカーテン	太い糸で織った厚手のドレープ性のあるカーテン。重量感があり，遮光，保温，防音性が高い。	・先染—高・中級品，織る前に糸を染める ・後染—普及品，織物にしてから染める。 ・組織—平織・あや織・朱子織 ・ドビー織機—無地，ストライプ ・ジャガード織機—柄織	レーヨンを主にアクリル・ナイロン・ウール・綿の混紡が多い。ビロードには絹や綿がある。	●遮音カーテン ①重いのでしっかりしたカーテンレールを用いる ②施工方法が大切なのですき間をつくらないよう注意が必要 ③通常カーテンの約3〜5倍の重量(1.9kg/m²)厚さ1mm ④レーヨン100％で裏面に特殊軟質塩化ビニル
ケースメント	ドレープとレースの中間のもの。透視性，ソフトな温かさ，豊かな風格がある。織・柄に表裏がない。		レーヨン100％が主流。ざっくりした織物のため，ウール・ナイロン・ポリエステル・サテンなどとウールの混紡。ガラス繊維	●遮光カーテン ①生地に遮光性をもつ特殊樹脂(アクリル系・ポリウレタン系)とラミネートしたタイプ ②金属系物質を蒸着したタイプ ③樹脂と金属双方で構成した三層構造タイプ ④遮光性の強い特殊黒色系を織り込み，さらに通常のカーテンよりも組織密度を高くしたタイプ
レースカーテン	透視性のある薄手カーテン。通気性が最も高く，日照調節，目隠しの働きもある。優雅で柔かで涼感がある。ドレープカーテンと二重がけでオールシーズン用いられる。	・ボビンレース(織レース) ・ラッセルレース(編レース) ・チュール編，マリモ(織+編機) ・品質はレースのゲージの高い物程高級品で，主に14，16，18ゲージが中心	ポリエステル レーヨン ナイロン・アクリル ビニロン・サテン	
プリントカーテン	布地に色を染めつけ，自由で大胆な模様が楽しめる。壁紙・ベットカバーなどとして用いられる。	ハンドスクリーンプリント オートスクリーン 〃 マシーン 〃 転写 電着	プリント下地 ・ハンドプリント—綿・麻 マシーンプリント—レーヨン化繊 染料には染材と顔料がある。	●制電カーテン 病院用・電撃ショック防止 ①制電性に優れた金属繊維，混紡糸を素材としたカーテン ②制電性炭素繊維を素材としたカーテン
ロールブラインド	スクリーンを回転駆動機構を用い上，下に開閉する。好みの位置で固定できるフリーストップ機構。スクリーン自体の柄・素材を楽しむ。	スクリーンは織布にスティフナー加工(樹脂加工)をし，一定の張りと堅さを与える。スクリーンの材料の厚みは1.0mm以下で均一て450g/m²以下の重量 最大幅 3,000mm 丈 4,000mm	天然・合成・化学繊維・ガラス繊維・紙フィルム・すだれ・ウーブンウッド 凸凹の多いもの粗いものは不向き	●防臭・抗菌カーテン 大腸菌・白せん菌・かびなどの微生物を抑える特殊加工カーテン
ローマンシェード	ひだをとらないで15cm程の横段がたたみ上げながら上下開閉する。コードをひくとひだをつくりながら上下し，中間でも止める事ができる。布地はドレープ・レース・ケースメントがそのまま使えるので布地の風合が生きる。	ストッパー式 最大幅 2,000mm 最大高 2,500mm ひも引き式 最大幅 3,000mm 最大高 自由	布地 天然木材をコットン・レーヨン・ナイロンなどの織り糸で織ったものがある。	●防炎カーテン ①防炎効果が高いこと ②有毒ガスの発生が少ないこと ③時間を経るにつれて防炎性能の低下をきたしたりしないこと ④耐洗たく性が良好なこと ⑤安全であり皮膚障害をおこしたり毒性がないこと
ベネシアンブラインド(水平・横型)	水平に並んだスラット(羽根)の角度調節・昇降調節により日照・通気が調節できる。スラットには光の拡散効果があり，冷暖房効果を高め省エネになる。	操作方法 ┬手動 └電動制御 用途別 浴室用，耐風用，屋外用，傾斜窓用 一般サイズ 幅 300〜4,000mm 高さ 110〜4,500mm 最大面積 9m²	スラットは耐蝕・アルミ合金・アクリル樹脂系塗料で多色 スラット幅は18・25・35・50・80mm 小さな穴のあいたものや暗幕用にブラックのつや消しもある	○防炎カーテンの種類 ①後加工によるもの。これは防炎薬剤の含浸などによる後処理加工で防炎性能をもたせるもの。 ②難燃素材の使用によるもの。 ③不燃素材を使用したもの。ガラス繊維など素材そのものが不燃性のもの。
バーチカルブラインド(垂直・縦型)	縦に並んだホルダーがチェーンで連結され，180°回転し，片側に移動したたまれる。たたみ側にたたみ代が必要左右開閉なので出入口にも可	スラット幅は75・80・100・120mm 家庭用 幅 4,500mm以下 高さ 4,000mm以下 面積 13.5m²以下	クールなアルミニウム合金，ガラス繊維・ポリエステル繊維布地の風合を生かしたもの ポリエステル・テトロン・塩化ビニル・アクリル・レーヨン	
経木 すだれ	伝統的すだれに巻上げ機構がプラスされたもの。カーテンタイプもある。風除け・遮光・防音・光量調節	一般に9m²以内 アコーディオンタイプ 高さ 3,600mm以内 幅 10,000mm以内	シナ・ラワンなど木質を生かしたものと木片を織糸で織ったものや塗装したものもある。	

図7 カーテンの種類と性能

がある，③吸音性が良く音が出ない，④適度の弾力性がある，⑤防炎性能がある，⑥装飾性に富む，⑦耐久性が強く素材の選び方とパイルの密度で耐久性をコントロールできる，⑧省エネルギーの効果がある，⑨別注生産が容易である，などがあげられる。

製法上から分類すると，手織りじゅうたんは伝統工芸品でピース敷きに使われるのに対し，マシーンプロダクトのカーペットは，壁から壁までの部屋全体に敷きつめる使い方に適している。

機械織りカーペットには，ウィルトンカーペット（最も耐久性がある）とアキスミンスターカーペット（20〜30色使用可能）がある。基布にパイルを刺しこむ製法のタフテッドカーペットは，ウィルトンに比して早い速度で生産することができるので安価である。フックドラグは，基布にパンチングマシンで手刺しするもので自由な色柄を出すことのできるのが特色である。またニードルパンチは基布に繊維のウェブを針で突きたて，フェルト状にしたものである。カーペットの寸法・形状からは，置き敷き用にさまざまなサイズで作られるピースカーペット，織機幅364 cmサイズが多いロールカーペットおよび50 cm角サイズが標準のタイルカーペットに分類される。カーペットの素材はウールが高級であるが，アクリル，ナイロン，ポリプロピレンなど多様な糸が用いられる。

カーペットの大きな特色は特別注文が容易なことである。デザインを変える方法には，①色・柄をつける，②パイルを変化させる，の二つがある。後者の場合には，パイルにループとカットの2種類がある。さらにパイルの長短によって差をつけることもできる。色・柄・パイルの変化の三つの要素の組合せによってカーペットのデザインは無限に変えることができるわけである。

区 分	名 称	使用箇所	特 性
緞 通（だんつう）	支那式だんつう堺式だんつうなど	高級床	パイルになる毛房と経糸に手で結びつけてつくる敷物。古くからある技法で手織りカーペットの代表といえる。風合いが良く，産地により独特の柄がみられる。
じゅうたん	ウィルトンカーペット	高級床一般床	ジャガード織機でつくられる典型的カーペット。パイルの密度が高く何層かの経糸や緯糸と交錯しているので耐久性が高い。変化のある柄やデザインが可能である。
パイル刺繡	タフテッドカーペット	一般床住宅床	現在のカーペットの大勢をしめる代表的カーペット。既製の基布にミシン針でパイル糸を植えつけて織り上げる。糸抜け防止のため，裏はラテックス加工を施す。デザインが自由で生産能率が高いので広く普及している。
	フックドラグ	住宅床	手動のパンチングマシンを使って，パイルを基布上に手で植毛する。ハンドタフティングともいえる敷物。自由に色柄を起こすことができ，毛足の長短やパイルの密度も自由。一品製作であるが，だんつうに比べると生産性が高く，特注柄に向く。（シャギーカーペットが代表的）
フェルト製品	ニードルパンチ	一般床住宅床屋外	繊維を交錯させてつくるフェルト的カーペット。屋内・外で使用できる。パイルカーペットの弾力はないが，経済的で利用度が広い。
カーペットパイル接着	コードカーペット	一般床住宅床屋外	パイルをうねのように並べてパッキングに接着したカーペット。一見コード状にみえる不織布カーペットである。デザインがモダンで経済的なのでオフィスなどに用いられる。
電気植毛	フロックドカーペット	一般床住宅床屋外	繊維を帯電させて基布上に立毛させた敷物。0.5m×0.5mのタイル状になっている。耐久性が高くメインテナンスが容易なので耐摩耗性の要求される所に適す。
特殊敷物	自然材料——藤むしろなど	和室浴室	自然材を編んだ敷物。感触が良く，通気性に富むため，湿度の高い所に適する。和風の部屋にも向く。
	合成材料——人口芝など	テラス屋外	合成樹脂で作られた芝生状の敷物。水や日射による変質・腐敗がなく耐候性に優れ，色彩が鮮やかなのでテラスやスポーツ施設に用いられる。

図8 製造法によるカーペットの種類

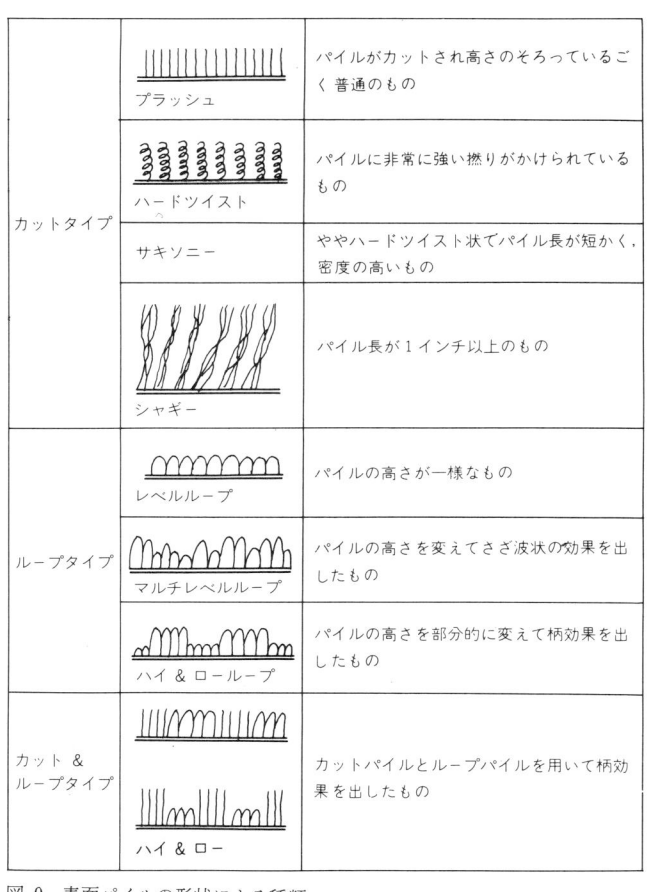

カットタイプ	プラッシュ	パイルがカットされ高さのそろっているごく普通のもの
	ハードツイスト	パイルに非常に強い撚りがかけられているもの
	サキソニー	ややハードツイスト状でパイル長が短かく，密度の高いもの
	シャギー	パイル長が1インチ以上のもの
ループタイプ	レベルループ	パイルの高さが一様なもの
	マルチレベルループ	パイルの高さを変えてさざ波状の効果を出したもの
	ハイ＆ロウループ	パイルの高さを部分的に変えて柄効果を出したもの
カット＆ループタイプ	ハイ＆ロー	カットパイルとループパイルを用いて柄効果を出したもの

図9 表面パイルの形状による種類

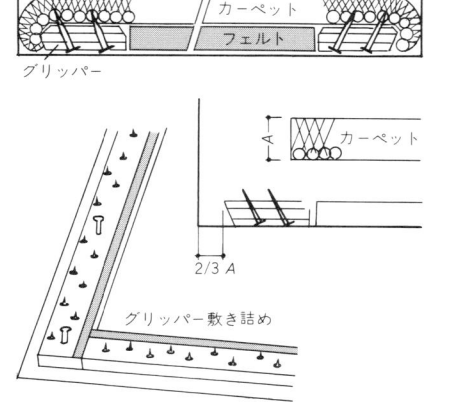

図10 カーペットの施工法

1. 置敷き
   床下地をきずつけたり，汚したりしてはいけない場所に用いる。
2. 直張り工法
   接着剤を用いてカーペットを床に直接張りつける工法。
3. グリッパー工法
   グリッパーを施工場所の壁ぎわ周辺部にとりつけてカーペットを施工。
4. ジョイント
   カットパイルのカーペットの場合は特にパイルの方向性によって同一ロットでも色がちがって見えるので，ジョイントの時はパイルの方向性を確認する。

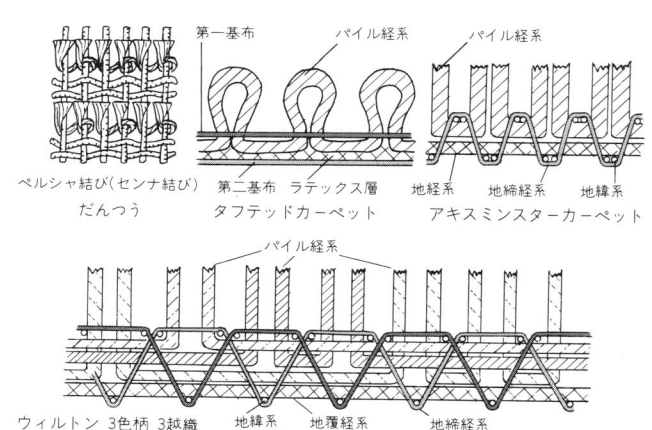

図11 繊維組織の断面

7.3 照明器具

インテリアの空間における照明計画の手順は普通次のように考えればよい。

①その空間の中でどのような行為がとられるかを予測する。
②その行為に見合う光の量（照度）と質（光源），光の方向（位置）などを考える。
③空間の目的，用途に合った照明方式（間接か直接か，または移動式か固定式かなど）を検討する。
④スイッチ，コンセント，ソケットなどの位置と方式を決める。
⑤上述の条件を満足し，かつ部屋の雰囲気に合った照明器具を選ぶ。

室内で行われる生活行為に必要な照度の目安はJISによって決められているので，これを参考にするのがよい(p.75)。また，光の質は図3に示す光源の種類によって決まるが，その単位には色温度°K（ケルビン）が用いられる。同じものでも光源の違いによって映し出される物体の色は見え方が違う。その良し悪しを決める尺度に演色性が使われる。それは自然色に近い色彩に見えるかどうかを表す言葉で，良否は平均演色評価数（Ra）によって示される。光源を選ぶに当たっては，効率や，寿命および光の特性をよく知って選定しなくてはならない。

照明器具の主要な機構は二つある。一つは光を発する光源で，もう一つは光を反射，拡散，透過，遮断あるいは方向と光の量を調整する"装置"である。また，配光のしかたによって直接照明，半直接照明，全般拡散照明，半間接照明，間接照明に分けることができる。また，器具の取付け方によって，①ペンダント式，②ブラケット式，③スタンド式，④直付け式，⑤埋込み式，および建築化照明に分けられる。そのほか，照明方式には室内全体を照らす全般照明と，必要な範囲だけを照らす局部照明とに分けられる。

室内の照明は，つまるところ光と影の組合せをいかにコントロールするかがポイントになるが，照明器具自身の形と材質の見かけが，インテリア空間の中でもとりわけ重要な役割を果たすことになる。

容量(W)	L_1	L_2	ϕ
4	151以下	135	14.7
6	227 〃	210	〃
8	303 〃	287	〃
10	346 〃	330	25
15	453 〃	436	〃
〃			32
20	597 〃	580	〃
〃			38
30	647以下	630	38
〃			36以下
〃			36以下

容量(W)	L_1	L_2	ϕ
32	—	—	36以下
40	1,215以下	1,198	38
〃			33
110	2,387以下	2,367	38
220			

(JIS C 7601)

図1　蛍光灯管寸法（JIS C 7601）一般形（FL）

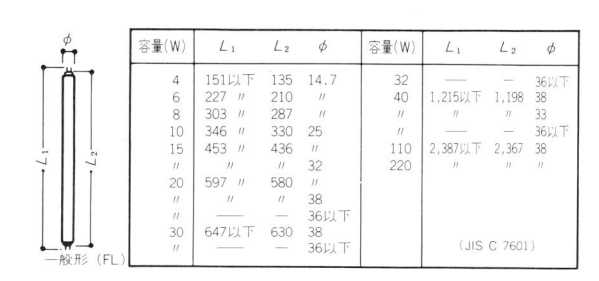

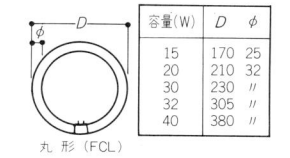

容量(W)	D	ϕ
15	170	25
20	210	32
30	230	〃
32	305	〃
40	380	〃

図2　サークラインの寸法　丸形（FCL）

種類	白熱電球	蛍光ランプ	蛍光水銀ランプ	メタルハライドランプ	高圧ナトリウムランプ	低圧ナトリウムランプ
構造	バルブ／フィラメント／口金	電極／蛍光物質／封入ガス／バルブ／口金	外管／発光管／封入ガス／主電極／補助電極／始動抵抗／口金	外管／発光管／封入ガス／始動補助電極／バイメタル／始動抵抗／口金	外管／発光管／始動補助導体／サーマルスタータ／口金	外管／発光管／ナトリウム溜／電極／口金
			高圧放電灯			
全光束/1灯当り (lm)	200–3,000lm	15,000〜4,000lm(20-40W)　8,000〜10,000lm(110W)	4,000–100,000lm	20,000–200,000lm	13,000–150,000lm	5,000–30,000lm
効率(lm/W)	7–14lm/W	70–83lm/W(20-40W)　80–90lm/W(110W)	45–75lm/W	70–90lm/W	85–130lm/W	130–175lm/W
寿命(h)	1,000–1,500h	7,500–10,000h	6,000–12,000h	6,000–9,000h	9,000h	
色温度(k)	2,400–3,300k	昼光色蛍光ランプ 6,500k　白色 4,500k　温白色 3,500　〜3,000k	4,000–4,500k	4,500–5,500k	2,000–2,100k	
演色性(Ra)	100Ra	白色 63Ra　高演色 93Ra	50Ra	70Ra	25Ra	
特性	暖かく落着いた光色で演色性がよい。安定器が不要で安価，瞬時に点灯できる。点光源で輝度が高く，つやや陰影の表現に都合がよい。	効率が高く，演色性も良好。輝度が低く裸でもまぶしさが少ない。長寿命で，価格も比較的安価。種々の光色のランプがある。	小型で大光束のランプ，集光が可能。50%程度まで段調光ができる。用途が限られる。点灯に際して数分の時間を要する。	演色性がよい。効率が高く，省電力である。小型で大光束のランプである。短波長の光が少なく，虫が集まりにくい。	効率が非常に高い。寿命も長く，光速減退が少ない。即時点灯。	効率が最もよい。大光束を出すが輝度が低く，色収差がない。ランプ寿命は長く，光束減退も少ない。即時点灯。
	効率が低く，放射熱，発生熱が多い。寿命が短かく，過電圧に弱い。	ランプの寸法が大きく器具も大きい。輝度が低くランプが大きいため集光ができにくい。	演色性は劣る。始動に約5分ほどかかる。	点灯などに際して数分の時間を要する。ランプ相互に光色のバラツキがある。	用途が限られる。点灯に際して数分の時間を要する。	演色性が悪い。ランプの点灯方向に制約がある。始動に約5分かかる。

図3　各種ランプの特徴

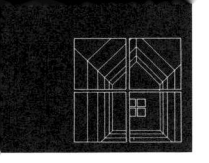

8 生産・施工・維持管理

8.1
生産・流通・情報

産業と社会

わが国の住宅需要は,国民総支出の約12％に相当する巨大な需要である。また,建築は土木と併せて全建設投資の約6割を占め,住宅はさらにその建築の中の約6割を占めている。そのことから考えても,住宅がいかに大きな需要であるかが分かる。

住宅産業とは漠然とした広い領域を指す言葉であるが,それを構成しているのは,広域的に住宅を供給するプレハブ住宅メーカーまたはビルダー,在来工法木造住宅を小規模に建設する大工・工務店・専門工事店,住宅資材・部品のメーカーおよび流通業者,さらには中高層の集合住宅を手掛ける建設会社（総合建設業者＝一般にはゼネコンと略称）といったいくつかの業界である。これらの境界は明確ではなく,大きく見れば時とともに産業全体の重層化,集約化あるいは連携化が進行しているとも言える。

産業分類では建設業は独立した大分類となっており,さらに総合工事業と職別工事業,設備工事業の三つの中分類に分かれる。ゼネコン,工務店は総合工事業,大工・左官等は職別工事業の分類に入る。住宅建設関連では,建具が製造業または小売業に,畳が小売業というように,建設業以外に分類されているものもある。ちなみに設計士は土木建築サービス業という小分類に含まれる。

内装工事業は,工事範囲の広い新しい職種で,従来産業分類には含まれていない。またその成立も新しく,ほとんどの事業主が一代目であり,他の伝統的な業種とは事情がかなり異なっている。軽量鉄骨下地の天井や間仕切などビル工事の比重の高い野丁場型の事業所と,戸建て住宅の内装工事を主たる仕事とする町場型の事業所とに分かれ,さらにカーテン,カーペットなどのファブリクスを主体とするもの,クロス工事を主体とするものなど,業態や工事の範囲も多様である。今後,工業製品の流通にかかわる度合いが大きくなり,内装の「総合」工事業としてこの業種を成立させる周辺の状況も整ってきたことから,この新しい業種はさらに変貌を遂げるものと考えられる。

同様に,インテリア産業も新しい産業概念である。従来インテリア関連の産業は,ファブリクス,壁装,照明,家具などの独立した専門の業種,ないしは素材・製品産業に近いものとして位置付けられていたが,近年暮らしが豊かになり,生活が多様化してくるにつれて,これらを総合的に計画,供給することの必要性と利点が生産者・ユーザーの両方から望まれるようになった。インテリア産業の側からのトータルインテリアの提示や,流通過程におけるユーザーへのサービスとしてその機能を位置付けたインテリアコーディネーター資格試験制度（通産省,1983年）もこうした背景から生まれてきたものと言ってよい。

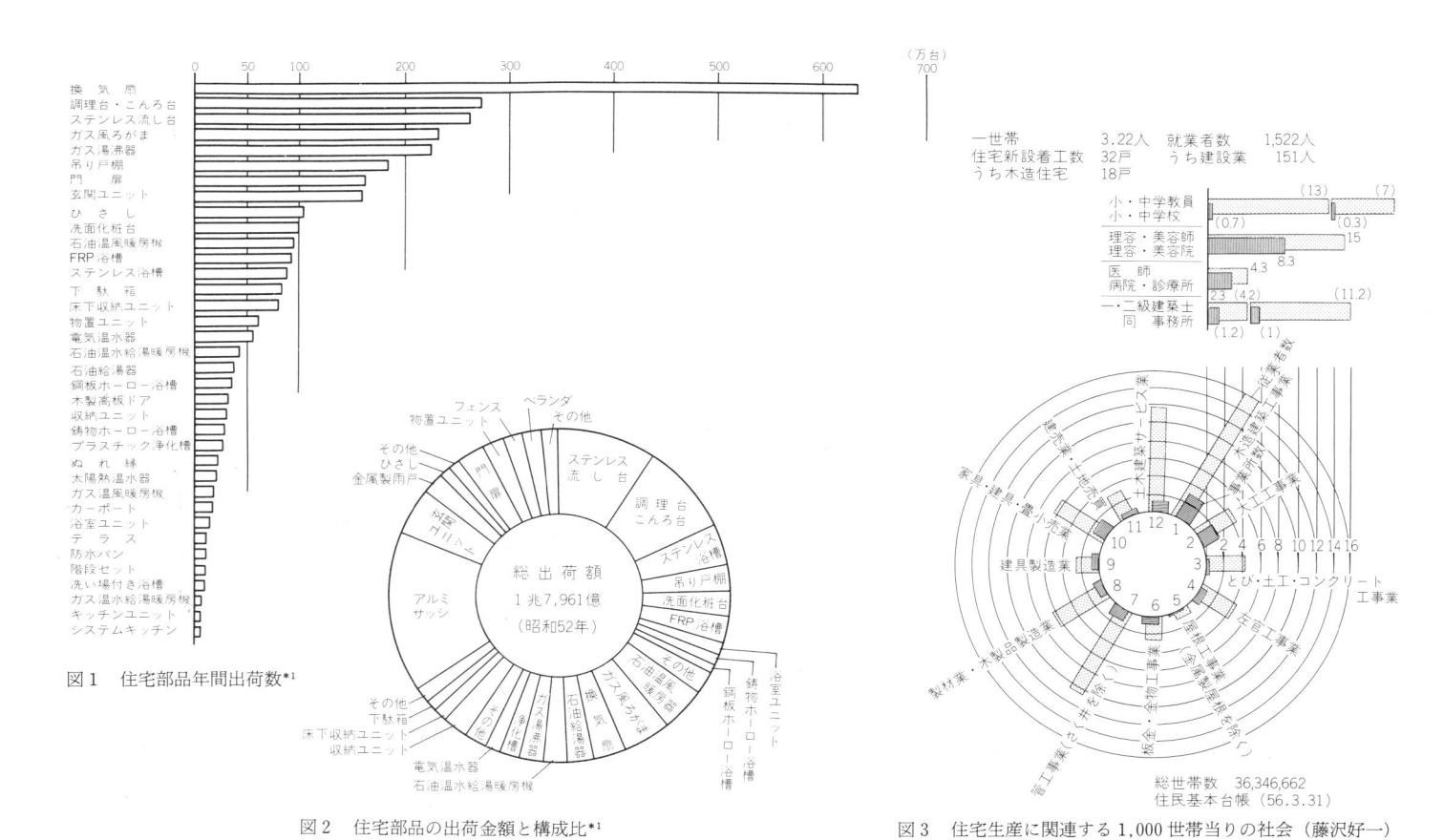

図1　住宅部品年間出荷数[*1]

図2　住宅部品の出荷金額と構成比[*1]

図3　住宅生産に関連する1,000世帯当りの社会（藤沢好一）

ところで，このような産業形態の推移は同時に住宅の建設にかかわる社会の変化を意味している。かつては自助や互助といった身近で閉じた活動によって建てられ，住まわれていた住宅が，今日では住まい手の生産・労働の場とは切り離された商品として供給されていることも事実である。図3は，住宅建設に携わる人々を中心に住民1,000世帯当りの平均的な社会の像を描いたものである。各業種の数的分布は地域によって異なるし，また時とともに推移しつつもある。地域に適合した住宅のあり方を考える上では，これら生産者，地域産業を見据えた視点が大切である。

部品化とシステム化

　岩下繁昭の研究によると，わが国における住宅部品メーカーの数は約500社で，それらが製造した住宅部品の出荷高は，昭和52年の統計で約1兆8千億円となっている。ここで言う住宅部品とは，建物を構成する部分のうち，一定の大きさと機能のまとまりを持ち，あらかじめ工場で生産され市場に流通している製品で，原則として現場で大幅な加工を行わずに取付けが可能なものを指す。くぎや合板，石綿板などの資材は住宅部品の中に含めない。

　出荷高を数量でみると，換気扇が600万台を超え最も多く，次いで調理台・こんろ台などが多い。一方，金額的にみて出荷高の最も多いものはアルミサッシで，約2,800億円，これに手摺などを加えた開口部関係の部品が総額の約3分の1を占めている。給排水衛生および給湯・暖房関係の設備部品もこれに匹敵する。収納ユニット，下駄箱等の内装部品の割合，1割にも満たない。このことは，平均的な住宅の工事費の内訳からも分かるが，今後特に内装・設備が充実する兆しを見せており，現在約1割程度の部品工事費は増し，その内訳も変化してこよう。

流通と情報

　住宅部品の流通は需要が分散した戸建て住宅向けの場合と，需要が比較的集約された集合住宅の場合とで大きく異なっている。一般に戸建て住宅向けの流通ルートはきわめて複雑で，その数も多い。これには，集合住宅の場合，納期に余裕があるので受注生産でも十分に間に合うこと，また特注品の使用が多いことなども関係している。図4は代表的な部品3種について商流，物流各々の流通ルートのウェイトの割合を上下の幅で示し，さらに戸建て住宅と集合住宅を比較したものである。戸建て住宅向けの部品流通は，大きくアルミサッシ型，収納ユニット型，流し台型の3タイプに分けられる。アルミサッシでは，商流・物流ともにすべて販工店を経由し，販工店はメーカーと直接結びついていることが多い。収納ユニット型，流し台型は1次店（問屋）を経て流通するが，工事の手切れのよい流し台型は，物流においてはメーカーと工務店が直結しているケースが半分程度あるのが特色である。図5はBL部品の施工主体を示したものであるが，戸建て住宅では販工店による施工が多いのに比べ，集合住宅需要が大半の需要であるBL部品では，メーカー自身のほか特約店，代理店が施工の主体となる例も多い。

　これらの部品を検索し，発注するにはカタログその他の情報媒体を用いる。しかし，製品に関する情報以外にも個々のプロジェクトを遂行する上で，必要な情報（プロジェクト情報）や，また基本的に知っておかなければならない情報（一般情報）は多くある（図6）。

　日頃から情報を入手する経験を積んでおくと同時に，利用可能な情報サービスの所在，利用方法を知っておくと役立つ。

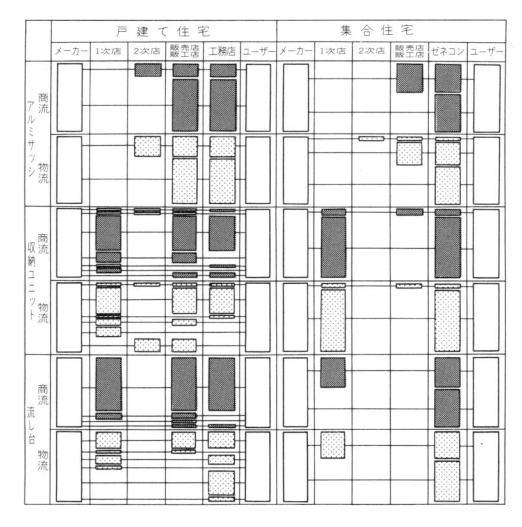

図4　住宅部品の流通・物流のルート（KEP-Ⅱ調査による）*2

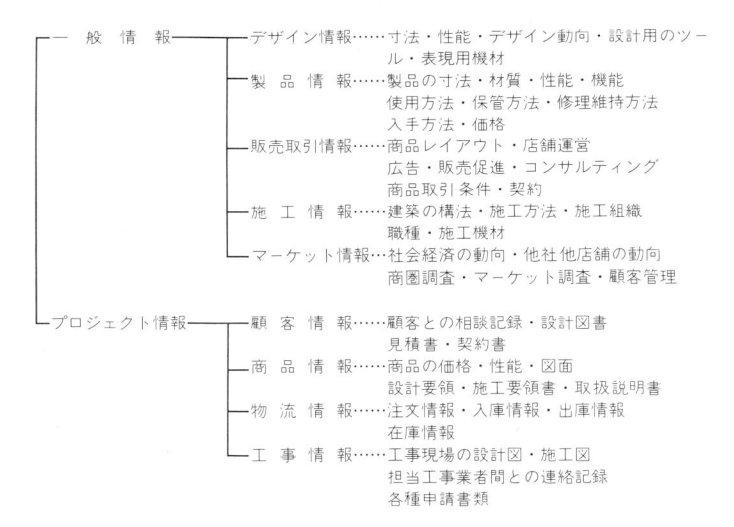

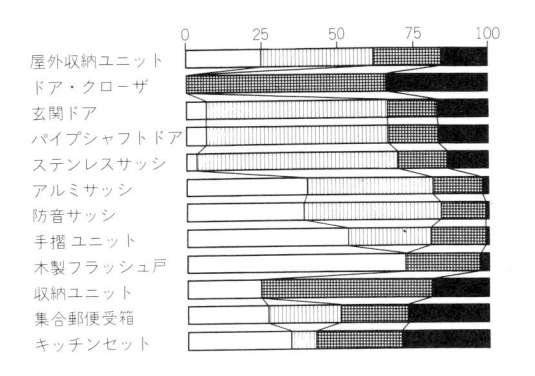

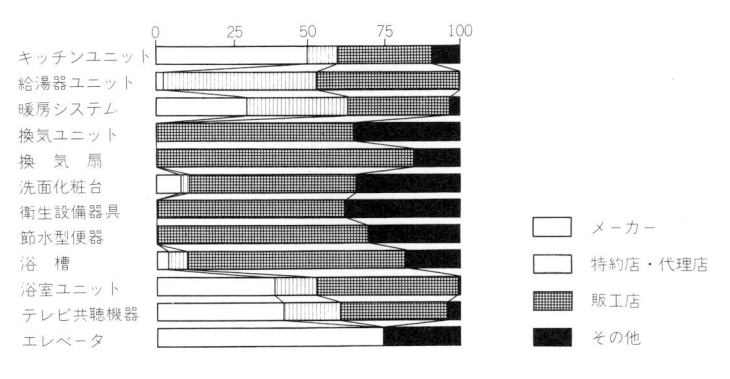

図5　BL部品の施工主体（優良住宅部品保証実態調査による，昭和54年度）*2

図6　情報の種類

```
┌─ 一 般 情 報 ─┬─ デザイン情報 …… 寸法・性能・デザイン動向・設計用のツー
│              │                     ル・表現用機材
│              ├─ 製 品 情 報 …… 製品の寸法・材質・性能・機能
│              │                     使用方法・保管方法・修理維持方法
│              │                     入手方法・価格
│              ├─ 販売取引情報 …… 商品レイアウト・店舗運営
│              │                     広告・販売促進・コンサルティング
│              │                     商品取引条件・契約
│              ├─ 施 工 情 報 …… 建築の構法・施工方法・施工組織
│              │                     職種・施工機材
│              └─ マーケット情報 …… 社会経済の動向・他社他店舗の動向
│                                     商圏調査・マーケット調査・顧客管理
└─ プロジェクト情報 ┬─ 顧 客 情 報 …… 顧客との相談記録・設計図書
                   │                     見積書・契約書
                   ├─ 商 品 情 報 …… 商品の価格・性能・図面
                   │                     設計要領・施工要領書・取扱説明書
                   ├─ 物 流 情 報 …… 注文情報・入庫情報・出庫情報
                   │                     在庫情報
                   └─ 工 事 情 報 …… 工事現場の設計図・施工図
                                        担当工事業者間との連絡記録
                                        各種申請書類
```

8.2 インテリアの施工

工程と職種

工事を一連の作業のまとまりに分解し，その作業量を時間や日数に換算して作成された日程を普通には工程と呼ぶが，ときには工程の要素である部分工事の一つ一つを工程と呼ぶこともある。工程の要素は，一連の同種・同一職種の仕事のまとまりとしてとらえられることが多い。

工程を表現するにはバーチャートやネットワークなど各種の方法がある。バーチャートは主要な工程要素の継続期間を暦の上の棒線で表したもので，簡便なために住宅工事などではよく用いられる。ネットワークは作業日程（あるいは作業量）のほかに要素間の作業の順序関係も表現できるように工夫されたもので，節点で工程要素を表すインシデンス型（図3の例）と節点間の矢線で作業を表すアロー型（図1の例）とがある。

図1は，プレハブ住宅工事の日程の例を示したものであるが，在来工法木造住宅の工程もこれとほぼ同じと考えてよい。軸組の建方，屋根工事，外部建具工事，内部木工事，配線・配管工事が終了した後，各種の内装仕上工事が開始されることになる。図2は集合住宅の内装工事工程の例をフローチャートの形で表したものである。内装工事は軀体工事より数階遅れて始まり順次上階へ移っていくが，構造や屋根などの工事を除いた独立住宅の内部工事と多く変わるところはない。

工程を円滑に消化する上で最も大切なことは，当然，施工不可能な工程上の矛盾を排除することであるが，それ以外にも，多くの職種が入れ替わり立ち替わり細切れの作業をせずに済むように配慮することが必要である。特に，多くの工業製品が多用される今日の工事では，それぞれ専門の業者がばらばらに施工にあたることが多いため，工程を大きくまとめ，手切れをよくすることが重要になっている。

異業種によって設計され，または施工される異なったエレメント間の取合いの関係をインターフェイスといい，こうしたインターフェイスを考慮に入れて責任分担や工程を適切に調整することをジョブコーディネーションという。

図3は床，間仕切などのサブシステムがそれぞれ専門のメーカーによって製造，施工されることを考慮に入れた集合住宅用内装システムのジョブコーディネーションを工程の形で表現したものである。

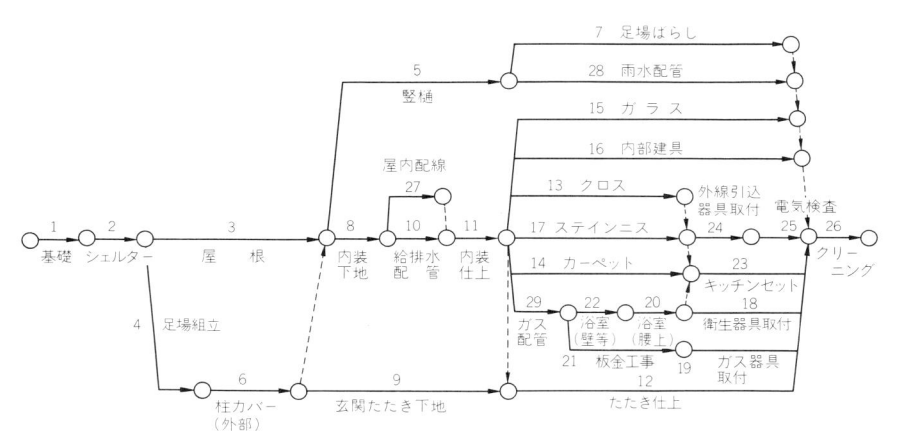

図1　プレハブ住宅の工程の例[*1]

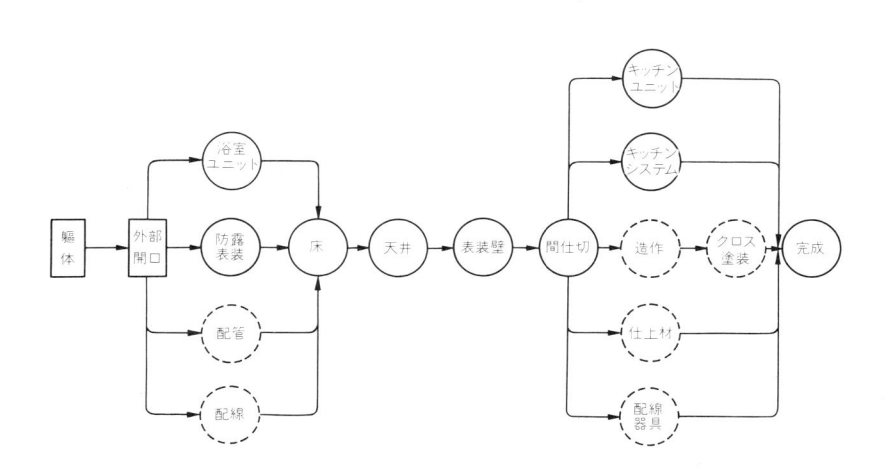

図3　内装システムのジョブコーディネーション[*2]

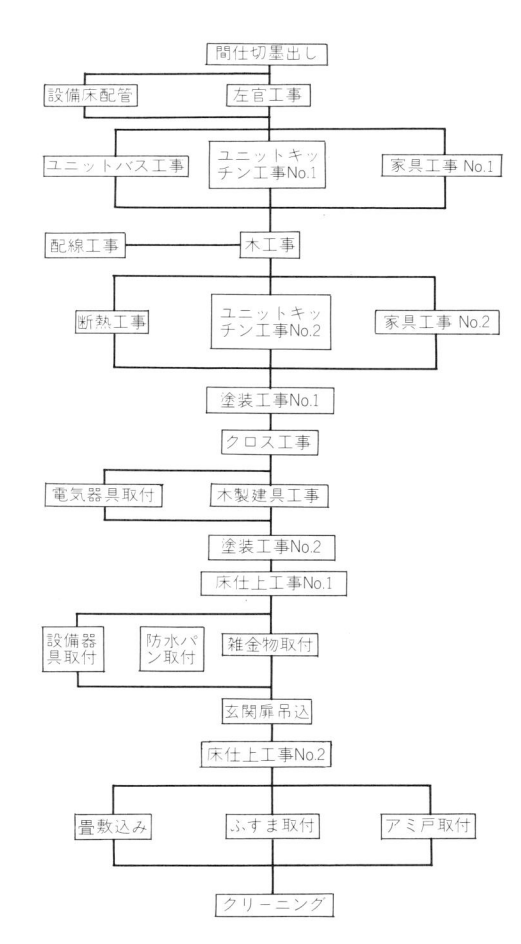

図2　内部工事のフローチャート

工費と工数

工費は材料費と工賃，それに必要な経費とで構成される。工賃算定の根拠となるのが，作業量を人・日や人・時で表した工数である。見積書より，木造戸建て住宅の平均的コストを分析した例（図4）によると，工事別では木工事が4割を占めていて最も比重が大きい。このうち約半分が工賃にあたる。職種別では，雑工事に含まれる各種住宅設備機器の施工やサッシ取付け，内装工事に含まれる仕上済みボードの施工も大工が行うため，大工の扱う工事のコスト比率が増している。ただし，通常，大工は材料費を除いた工賃を単位面積当りに必要な手間として請け負うことが多いので，このすべてが大工の収入となるわけではない。他の専門工事職の工事費は材料費と工賃をセットにして見積もられるのが普通である。大工の工数は坪当り4～5人・日という値が標準であり，そのおよそ4分の1が仕口・継手のきざみ加工から建方までの期間に費やされる。

標準的な木造戸建て住宅1棟の施工に要する総工数は200～250人・日，所要工期は4か月前後とみてよかろう。プレハブ工法は工数・工期ともこれより少なく，特にユニット工法のものは現場工数，工期ともに在来工法の約4分の1から5分の1と大幅に合理化されている。

集合住宅の住戸内にかかわる工事を内部工事と呼ぶことにすると，その内容は図2のように分類される。内部工事費の建築工事費全体に占める割合は3割程度といわれているが，この比率は設備機器の充実，収納家具の使用によってさらに高まりつつあるといってよい。内部工事の工数のうち，最大の比率を占めるのが木工事を中心とした内部下地工事である。木工事には間柱，胴縁，天井野縁などの施工のほかに，プラスターボードなどのボード張り，開口部額縁，敷居，鴨居などの枠まわりの工事も含まれている。集合住宅の壁や天井の仕上げはクロス張りが一般的であり，そのためクロス工事の工数が多くなっている。

集合住宅の木工事の施工は1人ないしは2～3人の大工が組となって1ないし数住戸を担当し，10日から2週間前後である階の施工が終わると，直上階の同じ位置にある住戸へ移動するという例が多い。集合住宅は戸建て住宅と違って同一の工事現場に多数の同様の住宅が建設されるという利点を持つので，早くからさまざまの部品化が試みられている。

浴室まわりの工事をまとめてユニット化した浴室ユニットもその一例であるが，最近では間仕切壁や床をパネル化して，現場ではそれを組み立てるだけにしたパネル工法も多く見られるようになっている。仕上げ済みのパネルを用いる工法をプレフィニッシュ，現場仕上げのパネルを用いる工法をアフターフィニッシュと呼ぶ。収納間仕切など他の部品の普及とあわせて，入居時の設計の選択や入居後の模様替えなど，新しい住まい方を可能にする手段として期待されている。

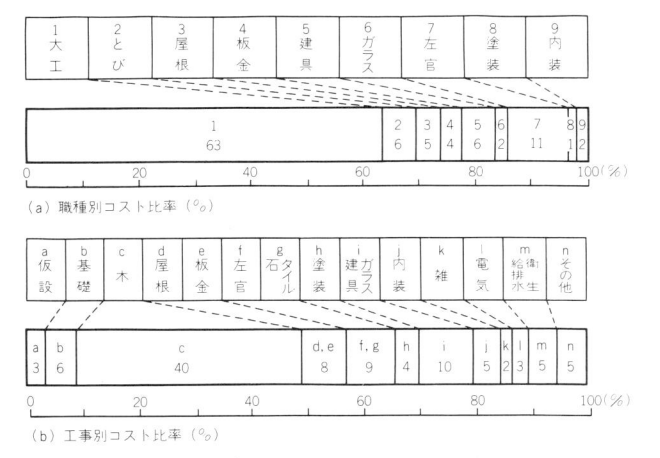

図4 木造戸建て住宅の工事別・職種別価格比率（%）[*1]

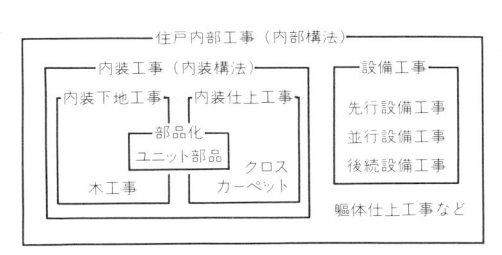

図5 集合住宅の内部工事の分類

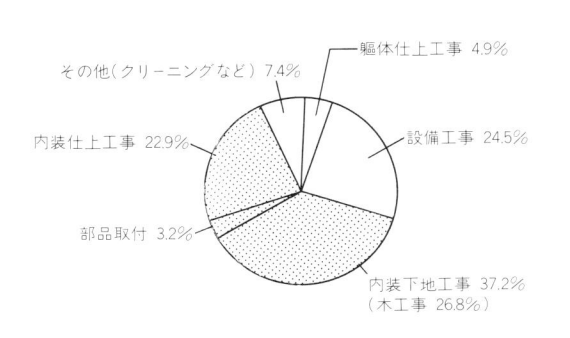

図6 集合住宅の内部工事の内訳

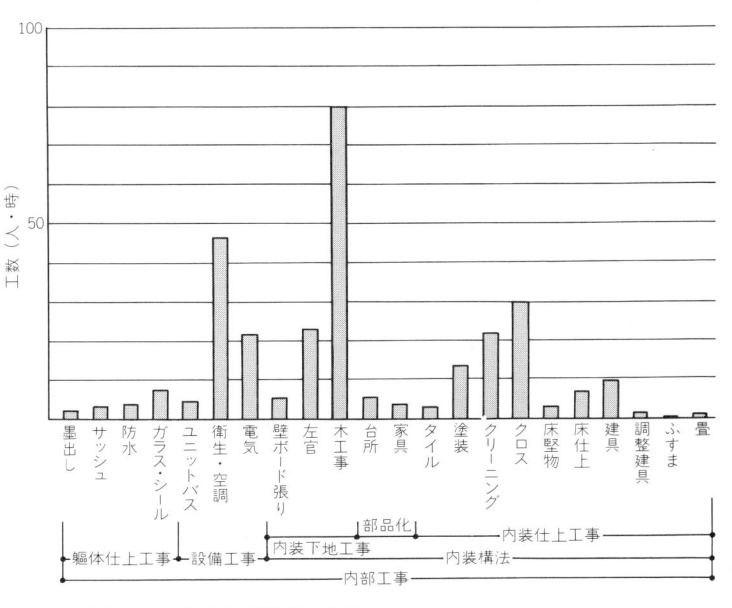

図7 集合住宅の内部工事の職種別工数比較

8.3 維持管理

都市環境の整備を目指した都市再開発の進展は，建築物単体にももろもろの影響を与えている。その結果，建築物の機能は複雑多様化が進み，居住上の要求ばかりでなく，保安，防災の面からも，設備を主体とするサービスシステムの確立，装置化が，ますます強化されているのが現状である。それに加えて，昭和48年のオイルショック以来，省エネルギーへの対策も要求され，設備機器のシステム化，自動化が各方面で進められている。

住宅の維持管理にも科学的アプローチが求められている。

維持管理とは，建築物，設備および諸施設，外構，植栽などの機能（性能）を常時適切な状態に維持する目的で行う建築保全の諸活動，ならびに関連業務を効果的に実施するための管理活動で，その目的はおおよそ次のようである。

① 建築各部位の機能，機器の性能を保持し，長期にわたる使用を図る。
② 住環境の安全，衛生の確保と公害の発生の防止
③ 事故，故障の発生の予知，防止
④ 省資源，省エネルギーの達成
⑤ 損耗，老朽化，および機能低下の防止

これらの目的を達成するためには，管理制度や組織の確立，効果的な点検，整備，修理などの保全基準を規定し，経済的な側面からも，社会環境の変化に対応する評価軸の設定が必要となってくる。

具体的な維持管理の仕事は，次のように分類される。

① 保守，点検——建築物の各部位，設備および設備機器の形状・機能を一定の方法で点検，確認し，設備機器などは注油，清掃，部品交換を行うこと。

② 清掃——所定の箇所のごみ，ほこりおよび汚れを取り除くこと。ごみは，人間の生活から生じる廃棄物や一部自然界の廃物で，ほこりは，堆積塵と浮遊塵に区分でき，ごみに比べて微細な形状である。汚れは，建物の各部位に付着または発生した物質で，

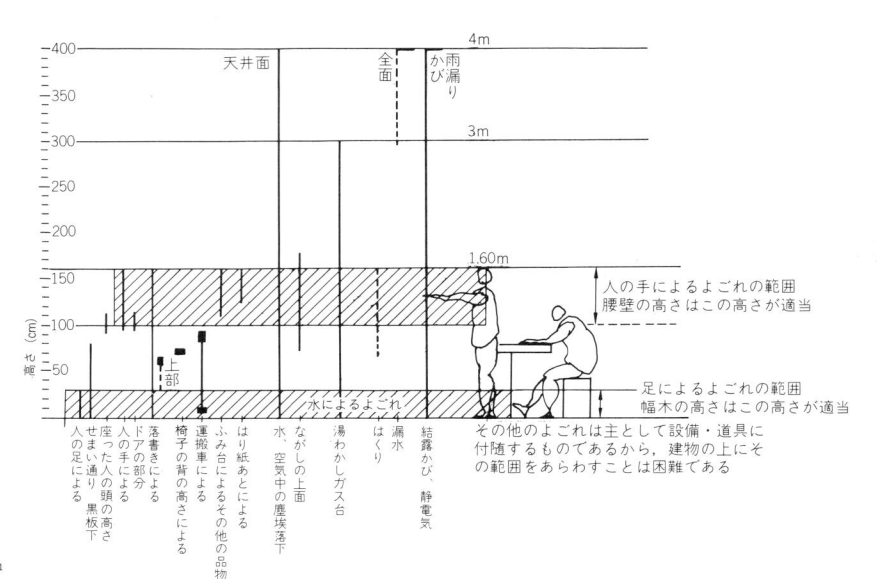

図1 汚れの原因と高さ*1

図3 集合住宅の管理業務の例*3

図4 住宅構造別税法上の耐用年限

用途別	構造別		耐用年限
住宅	木造	一般木造	30年
		防火構造	27
		バラック普請	12
		掘立て構造	8
	土蔵造		35
	鉄筋コンクリート造		75
	れんが造，石造	小屋鉄製	65
	コンクリートブロック造	小屋木製	55
	鉄骨造		50

（これは建物の残存価格が20％に達するまでの年限である）

雨水・油の飛沫，薬品類のこぼれ，水蒸気や湿気による汚染，かびなどの生物的汚れ，人の手足の汚れによる汚染などがある。

図1は，汚れの原因と高さの関係を示したものである。

③ 修繕・模様替え——建築物の材質の劣化，設備機器の性能の低下を新築時の性能を上限として回復させる保全行為をいう。集合住宅の場合，所有者や管理者の立場が必ずしも強くないために，維持管理の処理や解決に支障を生じる場合が多いので，あらかじめ大きな修理や改造の周期や方法を決めておくとよい。

図2は住宅・都市整備公団の修繕周期の例を示している。また，民間のマンションなどにおいても，購入時に販売者側から修理・改修の基準が示されるのが普通になってきた。

このほかにも，建築物全体としてみると，建築設備類（エレベーターなど）の運転監視，外部環境の保全に大きなウェイトを占める植栽の管理や，門または玄関の出入りを管理する保安警備がある。

以上のような具体的な管理作業を効果的に運営するには，業務上，組織上の管理業務がうまくネットワーク化されていなければならない。図3に，集合住宅の管理業務の例を示した。

経済的投資効果という観点から住宅を考えると，メンテナンスや修繕・改修に費用をかけ，建物の寿命を延ばすだけが得策とはいえず，耐用年限にも注目しなければいけない。

耐用年限には大別すると次のような考え方がある。

① 物理的耐用年限——建築物や設備が，建設後の使用や時間の経過により，劣化，損傷，変質し，使用に耐えられなくなったり，危険な状態になるまでの期間。

② 機能的耐用年限——社会経済活動，生活様式の変化などによって，建築物やその設備が，これらの変化に対応できず，またその機能の相対的低下が建築としての便益や効用を著しく損なうに至るまでの期間。

③ 法的耐用年限——国の税法上，または企業としての不動産に対する減価償却などを目的として定められた期間で，物理的損耗や，機能上さらに経済上の条件を考慮して，建築物の各部位，設備などに規定している。

以上のほかに，建築経営の面では，機能的耐用年限を考慮しつつ，しかも経済的評価に基づいて耐用年限を判断しようとする経済的耐用年限（ライフサイクルコスト）の考え方もある。

図4は，住宅構造別の税法上の耐用年限を示し，図5は，物理的，機能的耐用年限を示している。

工　種　別	修繕過程		工　種　別	修繕過程	
	修繕	年月		修繕	年月
バルコニー窓手摺鉄部	全面塗装	3年目	屋根防水修繕（モルタル，コンクリートのもの）	雨漏り程度により全面改修	
ダストシュート投入口	〃	3 〃	外壁リシン吹付け	汚染の程度により全面改修	
ダストシュート取出し口	〃	3 〃	汚水ポンプ・モーター	部分修繕	3年目
屋上昇降口鉄蓋	〃	3 〃	高架（置）水槽鉄部（外部）	全面塗装	3 〃
台所鉄製水切り棚	〃	4 〃	揚水ポンプ・モーター（消火）	部分修繕	5 〃
浴室内および便所内木・鉄部	〃	5 〃	遊戯施設その他工作物など木・鉄部	全面塗装	3 〃
玄関鋼製建具	〃	5 〃	団地内舗装道路	部分修繕	3 〃
建物外回り建具	〃	5 〃	金網棚など鉄部	全面塗装	3 〃
隔壁スレート	〃	5 〃	木棚・竹棚など	部分修繕	4 〃
積算電力計修繕および検定（公団所有）	部分修繕	7 〃	アプローチ	〃	5 〃
各戸量水器修繕および検定（公団所有）	〃	8 〃	鉄製高架（置）水槽（内部）	全面塗装	6 〃
屋根防水修繕（熱防水のもの）	〃	10 〃			

図2　修繕周期の例（日本住宅公団）*2

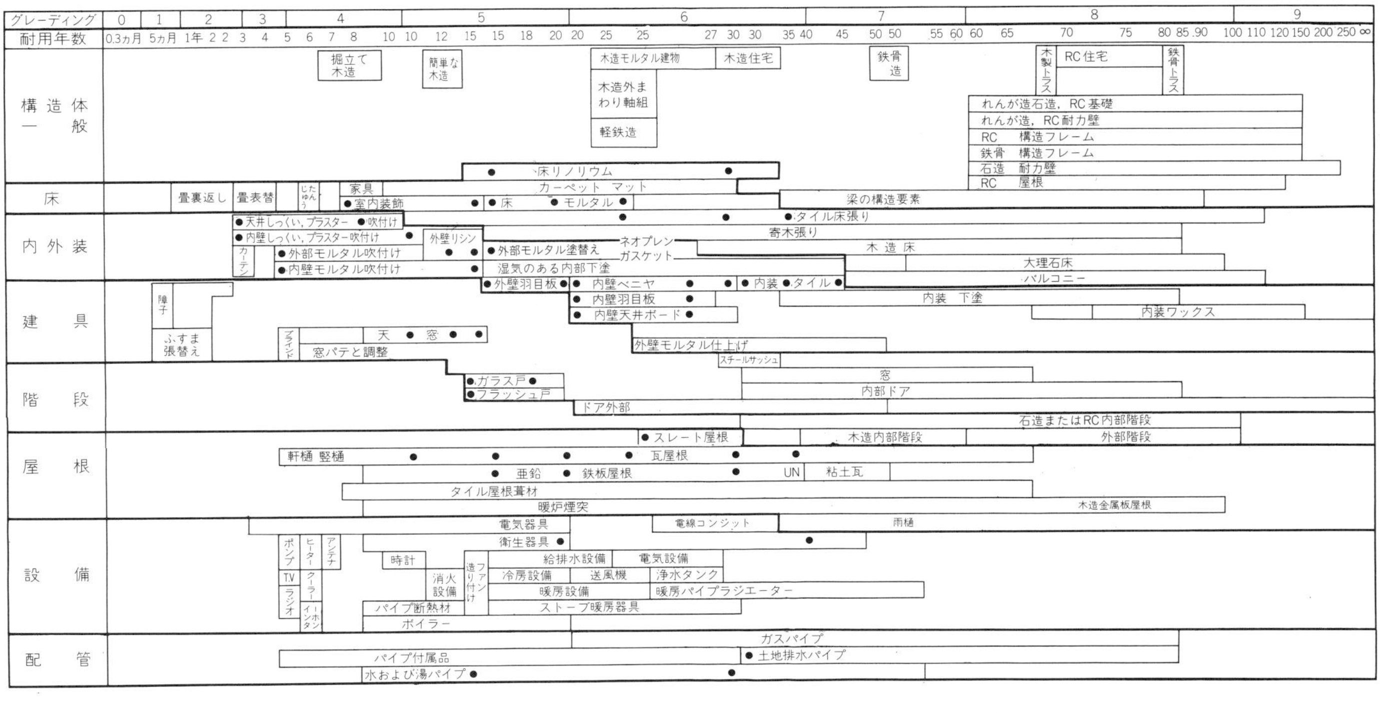

図5　物理的・機能的耐用年限*4　（茶谷正洋）

8.4 関連法規・規格・規準

住宅と住生活に関する法規・法令・基準・規格にはいろいろなものがある。それらをまとめると，①建物の計画および設計の内容に関係するもの——「都市計画法，建築基準法，安全条例，消防法」など，②住宅の品質（性能），建築材料や設備機器，家具，家庭用品の寸法や性能の規定に関係するもの——「住宅の品質確保促進法，日本工業規格，日本農林規格」など，③消費者の安全や利益の保護を目的としたもの——「製造物責任法（PL法），消費生活用製品安全法，家庭用品品質表示法，消費者保護基準法」などとなる。またそれとは別に，④建築部品や家具，家庭用品の品質やデザインに関係するもの——「優良住宅部品認定制度，グッドデザイン」などについて規定したものがある。法規や規格というととかく敬遠しがちになるが，内容を承知していないと，設計に支障をきたすことがあるので，必要な程度の知識とその主旨について勉強しておく必要がある。ここでは主として建築基準法について解説し，またJISおよびその他の規格・基準でインテリアに関係のあるものの項目を記載することにする。

建築基準法

建築基準法は昭和25年5月に公布された。全体は建築基準法（法律），同施行令（政令），同施行規則（建設省令）および同施行細則（都道府県令，市町村令）で構成されている。

その内容は，①集団規定——都市の環境整備が目的，②単体規定——個々の建物の安全，衛生の確保が目的，に分かれる。前者には，用途地域制に関する規定，敷地と建物の形態に関する規定，防火地域に関する規定などがある。また，後者は，敷地，建物の構造および設備などの細部について規定している。したがって住宅のインテリアに関する規定は後者に含まれるわけである。しかし，1戸の住宅といえども都市の一構成要素であることから，集団規定の基本的な考え方についても理解しておく必要がある。

建築確認申請

建物の新築，増改築または大規模の模様替えをするとき，建築主はその計画の内容が都市計画法や建築基準法，消防法および条例などの規定に適合していることを，建築主事に確認してもらうために，建築確認申請を行わなければならない。ただし10 m²以下の増改築についてはその必要はない（防火地域，準防火地域内は除く）。申請は，所定の申請書に必要な設計図書を添付して行う（設計図書の項参照）。

関連法規の名称	制度の名称	マーク	目的　など
建築基準法			建築物の敷地，構造，設備および用途に関する最低の基準を定めて国民の生命，健康および財産の保護を図り，もって公共の福祉の増進に資する。
消防法	防炎表示	防炎ラベル	高さ31 mを越える建築物と地下街，劇場，集会場，百貨店，旅館，病院などの不特定多数の人が使用する建物に使用するカーテンとカーペットの防炎表示。
工業標準化法	日本工業規格	JISマーク	鉱工業品および建築物その他の構築物に関し工業標準化のための基準を示す。
農林物質の規格化および品質表示の適正化に関する法律	日本農林規格	JASマーク	農林水産省所管の各種物質に関する品質の向上と安定のための規格。
消費生活用安全法		Sマーク	危険な日用品を締め出すために国が指定した特定製品はこの基準に合格しないと製造販売が禁止されている。
消費生活用安全法		SGマーク	日用品の安全性を確保するため各業界が自主的に安全基準を作成し，この基準に合格した製品の安全を保証する。万一事故が生じた場合は保償金が支払われる。
	グッドデザイン	Gマーク	デザインと品質が特に優れたものを選定し，Gマーク推奨製品とする。
	優良住宅部品認定制度		性能，価格，デザインなどが総合的に優れた住宅部品の普及を促進する。認定は建設大臣が行う。
省エネルギー法	優良断熱建材認定制度		断熱性能に優れた断熱材やサッシの普及を図る。合格したものにこのマークが付けられる。

図1　法規・基準・規格とマーク一覧

用途地域制

用途地域制は，各種用途の建築物の混在にもる市街地の環境悪化を防止するために，土地利用計画に沿って市街地の各地区に最も適した用途の建築物を集めることを目的としたもので，都市計画法に基づいている。住居系の地域として，第一種低層住居専用地域，第二種低層住居専用地域，第一種中高層住居専用地域，第二種中高層住居専用地域，第一種住居地域，第二種住居地域，準住居地域の７つ，商業系として近隣商業地域，商業地域の２つ，工業系として準工業地域，工業地域，工業専用地域の３つ，計12の地域に分けられている。そして，基準法の諸々の規制内容はこの各々の地域ごとに異なったものになるので，用途地域は建物の計画の条件の中でも最も重要な問題であると言える。

防火地域

火災の広がりを最小限にくい止めることを目的として，地域によって集団的な防火に対する規制を設けている。防火地域，準防火地域，それに法第22条指定地域（屋根を不燃材仕上げ，外壁を準防火構造にする）がある。

耐火建築物，準耐火構造，防火構造，準防火構造

耐火構造（法2，令107）　耐火性能に関して政令で定める技術的基準に適合する鉄筋コンクリート造，耐火被覆された鉄骨造，れんが造などがある。

準耐火構造（法2，令107）　耐火構造に準ずる耐火性能がある構造で，政令で定める技術的基準に適合するもの。鉄骨造が主であるが，柱や梁を石膏ボードなどで耐火被覆した木造も含まれる。

防火構造（法2，令108）　建築物の外壁と軒裏の防火性能に関して，政令で定める技術的基準（通常の火災による加熱で30分間は発火や構造上支障のある損傷を起こさないなどの）に適合する鉄網モルタル塗り，漆喰塗りなどを指す。

準防火構造（令109条の6）　建築物の外壁の防火性能に関して，政令で定める技術的基準（通常の火災による加熱で20分間は発火や破壊を起こさないなどの）に適合するもの。

建築物の形態制限

容積率――延べ面積の敷地面積に対する割合（法52条）。建ぺい率――建築面積の敷地面積に対する割合（法53条）は，用途地域に応じて決められており，それぞれ図3の数値以下としなければならない。

高さ制限

建築物の高さに関する制限にはいろいろあるが，①第一種及び第二種低層住居専用地域内の絶対高さ（10ｍか12ｍ）制限。②前面道路の幅員による道路斜線。③第一種，二種低層住居専用地域及び第一種，二種中高層住居専用地域内の北側隣家への日影を考慮した北側斜線制限，④高度地区（特定地区）の北側斜線制限。⑤隣地斜線制限（第一種，二種低層住居専用地域以外の地域）。それに⑥中高層建築物による周囲への日影の規制による高さ制限などが代表的なものである。（参考図 図5）

居室の定義

建築基準法では建物の内部空間を居室とそうでない部分とに分け，居室には多くの規定を定めている。居室とは，居住，執務，作業，集会，娯楽その他これに類する目的のために継続的に使用する室をいう（法2条）。

例示	住宅、共同住宅、寄宿舎、下宿	兼用住宅のうち店舗、事務所等の部分が一定規模以下のもの	幼稚園、小学校、中学校、高等学校	図書館等	神社、寺院、教会等	老人ホーム、身体障害者福祉ホーム等	保育所等、公衆浴場、診療所	老人福祉センター、児童厚生施設等	巡査派出所、公衆電話所等	大学、高等専門学校、専修学校等	病院	床面積の合計が150m²以内の一定の店舗、飲食店等	〃 500m²以内 〃	左記以外の物品販売業を営む店舗、飲食店	左記以外の事務所等	ボーリング場、スケート場、水泳場等	ホテル、旅館	自動車教習所、床面積の合計が15m²を超える畜舎	マージャン屋、ぱちんこ屋、射的場、勝馬投票券発売所等	カラオケボックス等	2階以下かつ床面積の合計が300m²以下の自動車車庫	営業用倉庫、3階以上または床面積の合計が300m²を超える自動車車庫（一定規模以下の附属車庫等を除く）	客席の部分の床面積の合計が200m²未満の劇場、映画館、演芸場、観覧場	〃 200m²以上 〃	キャバレー、料理店、ナイトクラブ、ダンスホール等	個室付浴場業に係る公衆浴場等
第1種低層住居専用地域										×	×	×	×	×	×	×	×	×	×	×	×	×	×	×	×	×
第2種低層住居専用地域										×	×		×	×	×	×	×	×	×	×	×	×	×	×	×	×
第1種中高層住居専用地域														×	×	×	×	×	×	×		×	×	×	×	×
第2種中高層住居専用地域																×	×	×	×	×		×	×	×	×	×
第1種住居地域																			×	×		×	×	×	×	×
第2種住居地域																						×	×	×	×	×
準住居地域																								×	×	×
近隣商業地域																								×	×	×
商業地域																										
準工業地域																										×
工業地域			×							×	×						×						×	×	×	×
工業専用地域	×	×	×	×		×				×	×	×	×	×		×	×		×				×	×	×	×

図2　用途地域内の建築物の用途制限　□建てていい建物　⊠建ててはいけない建物

用途地域 ＼ 項目	容積率（％）	建ぺい率（％）
第一種・第二種低層住居専用地域	50，60，80，100，150，200	30，40，50，60
第一種・第二種中高層住居専用地域	100，150，200，300	
第一種住居地域	200，300，400	60
第二種住居地域		
準住居地域		
近隣商業地域	200，300，400	80
商業地域	200，300，400，500，600，700，800，900，1,000	
準工業地域	200，300，400	60
工業地域		
工業専用地域		30，40，50，60

図3　用途地域別の容積率と建ぺい率（法52，53）

地域 ＼ 建物の種類	耐火建築物	準耐火建築物	外壁・軒裏防火構造とする
防火地域	階数（地下を含む）３以上 延べ床面積100m²以上の建物	左欄以外の建物 木造で100m²以下の建物（階数２以下）	延べ床面積が50m²以下の建物
準防火地域	地上階数４以上または延べ床面積1,500m²以上の建物	地上階数３以下または500m²＜延べ床面積≦1,500m²（木造も含まれる）	木造建築物（準耐火建築物は除く）の延焼のおそれある部分
法第22条指定地区（屋根不燃地区）	――	――	木造建築物（準耐火建築物は除く）の延焼のおそれある部分

図4　防火地域・準防火地域内の建築制限（法61～67）

居室の採光

住宅の居住に使われる居室は，各々その床面積の1/7以上の面積の採光部（窓など）を持たなければならない（法28条の1）。ただし，天窓は一般の開口部の3倍（単位面積当り）の採光能力があるとみなされる。

連続2室の採光，ふすまや障子で仕切られている2室は1室とみなして，一方の室のみに採光部をとることが認められている。

採光有効面積と算定方式（令20条）

隣地境界線または同一敷地内の他の建物までの距離が小さい開口部，あるいは高い建物の開口部で低い位置につくものは，その一部あるいは全部が有効な採光面積にならない場合があるので注意しなければならない。定められた算定方式で，採光補正係数を求め，それをその開口部の採光有効倍率とする。算定式は用途地域によって異なる（図7）。

居室の換気

居室にはその床面積の1/20以上の換気面積（窓など）をとらなければならない（法28条の2）。これが不可能な場合には政令で定められた基準に従った換気設備を設ける。また，台所などの火を使う居室には換気設備〈給気口＋排気扇など〉が義務づけられている（令20条の4の2）。

居室の天井高（令21条）

住宅の居室の天井高は2.1m以上と定められている。勾配天井などで場所によって高さが異なる場合は，その平均高を室の天井高とみなす（図8）。

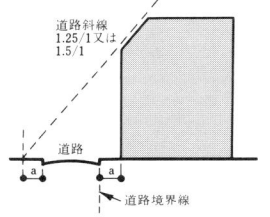

居室の床の高さおよび防湿方法（令22条）

最下階の居室の床が木造の場合，床の高さは直下の地面から45cm以上とし，外壁の床下部分には，壁の長さ5m以内ごとに換気孔を設けなければならない。ただし，床下をコンクリートなどで覆っている場合はこの規制はない。

住宅の内装制限（令128条の4）

戸建て住宅（併用住宅を含む）の内装制限 耐火構造なら内装制限を受けない。それ以外の構造の場合は，最上階を除くすべての階の火を使う室（台所やボイラー室など）の壁と天井を，準不燃材料（または不燃材料）で仕上げなければならない。

共同住宅の内装制限 耐火建築物では，3階以上の部分の床面積の合計が300m²以上のもの（200m²以内ごとに防火区画されている部分を除く），準耐火建築物では，2階部分の床面積の合計が200m²以上のもの，その他の構造では，延べ床面積が200m²以上のものが内装制限を受ける。制限を受ける部分は，居室，廊下，階段，通路の壁と天井で，それらの部分を準不燃材料および難燃材料（2階までの居室のみ）以上で仕上げなければならない。

台所＋食堂のように，火を使う室と連続した室がある場合 境となる部分に天井面から50cm以上の下り壁（不燃材料仕上げの）がないと，二室とも内装制限を受けることになる。

不燃材料，準不燃材料，難燃材料

- **不燃材料**：コンクリート，れんが，石綿スレート，モルタル，しっくい，鉄鋼，アルミニウム，厚さ12mm以上の石こうボードなどの材料を指す。通常の火災時の火熱で20分間燃焼せず，

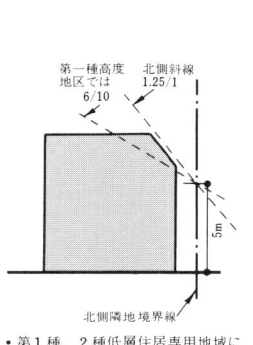

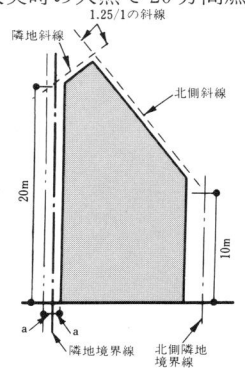

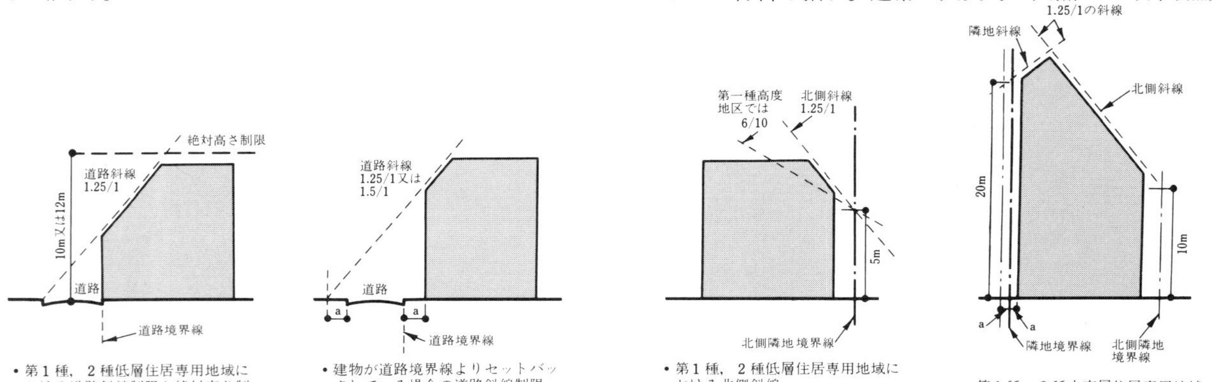

図5 高さ制限の例

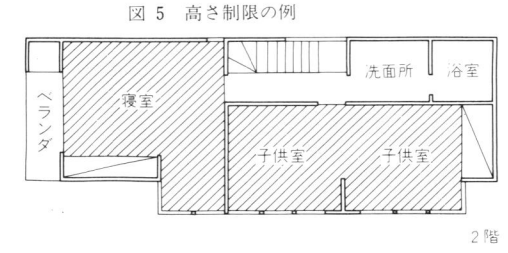

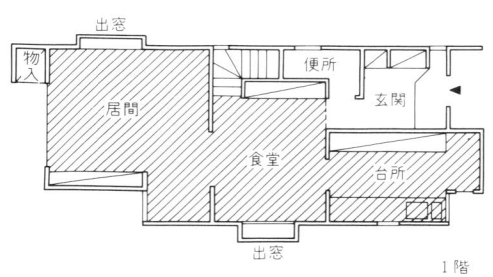

図6 居室

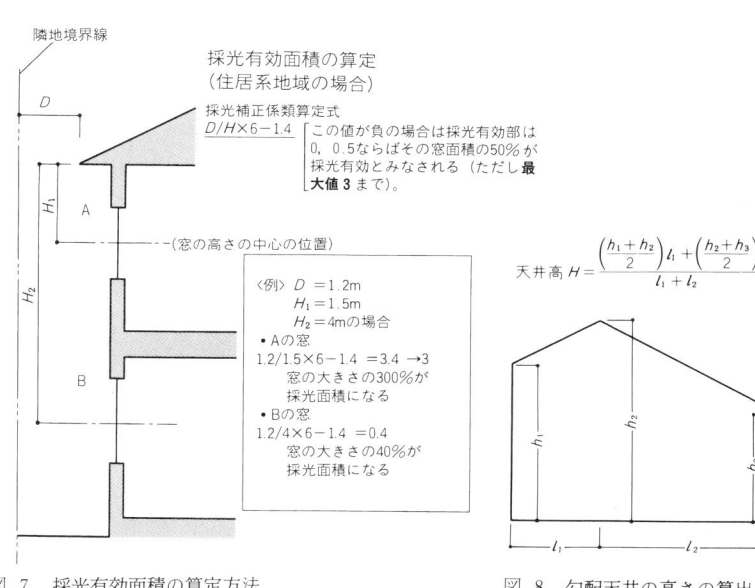

図7 採光有効面積の算定方法

採光有効面積の算定（住居系地域の場合）

採光補正係類算定式 $D/H \times 6 - 1.4$ この値が負の場合は採光有効部は0, 0.5ならばその窓面積の50%が採光有効とみなされる（ただし**最大値3まで**）。

〈例〉 $D = 1.2m$, $H_1 = 1.5m$, $H_2 = 4m$の場合
- Aの窓 $1.2/1.5 \times 6 - 1.4 = 3.4 \to 3$ 窓の大きさの300%が採光面積になる
- Bの窓 $1.2/4 \times 6 - 1.4 = 0.4$ 窓の大きさの40%が採光面積になる

図8 勾配天井の高さの算出

$$\text{天井高 } H = \frac{\left(\frac{h_1+h_2}{2}\right)l_1 + \left(\frac{h_2+h_3}{2}\right)l_2}{l_1+l_2}$$

かつ防火上有害になる変形や溶融や亀裂などの損傷を生じないもので，有害な煙やガスを発生しないものとされているもの。不燃の性能については，政令で定める技術的基準に適合するものでなければならない。

・準不燃材料：厚さ 15 mm 以上の木毛セメント板，厚さ 9 mm 以上の石こうボードなどの政令で定める技術的基準に適合するものを指す。

・難燃材料：防火性能としては準不燃の次の段階のもので，合板に難燃処理をした厚さ 5.5 mm 以上の難燃合板，厚さ 7 mm 以上の石こうボードなどがある。

壁装材（壁紙）の防火性能

内装制限を受ける部分を壁装仕上げにする場合，要求される防火性能に適合する仕上げになるか否かは表面材としての壁装材の防火性能だけでは決まらないので注意を要する。これは壁装材や塗料のような薄い皮膜の仕上げ材の防火性能は，それ自体の防火性能と下地基材の防火性能を組み合わせて考えることになっているからである。したがって，例えば準不燃の認定を受けている壁装材を 12.5 mm 厚の石こうボード（不燃）に張っても，全体としては難燃の性能としかみなされない場合もある。

日本工業規格でインテリアに関連あるもの

A 0001——建築モジュール，A 0002——建築モジュール用語，A 0004——建築のモジュール割りの原則，A 0006——建築用ボード類の標準寸法，A 0012——住宅用サニタリーユニットのモジュール呼び寸法，A 0013——住宅用キッチンユニットのモジュール呼び寸法，A 0014——住宅用冷暖房ユニットのモジュール呼び寸法，A 0016——収納間仕切ユニット内機器収納空間のモジュラーコーディネーション，A 0017——システムキッチン構成材のモジュール呼び寸法，A 0018——住宅用設備ユニットのモジュラーコーディネーション，A 0061——浴そうの寸法，A 0150——建築製図通則，A 0151——建具記号，A 0201——建築内外装材料用語，A 4111——住宅用太陽熱利用温水器，A 4401——洗面化粧台，A 4402——洗面化粧台用キャビネット，A 4410——住宅用サニタリーユニット，A 4411——住宅用キッチンユニット，A 4412——住宅用冷暖房ユニット，A 4414——住宅用収納間仕切ユニット，A 4415——住宅用収納家具，A 5705——ビニル床シート，A 6901——石こうボード，A 6921——壁紙。

S 1061——家庭用学習机，S 1062——家庭用学習椅子，S 1101——住宅用ベッドの寸法，S 1102——住宅用普通ベッド，S 1103——ベビーベッド，S 1104 二段ベッド。

日本農林規格でインテリアに関連あるもの

普通合板の寸法，耐火性能による分類（1類，2類，3類），品質の判断の基準，難燃合板・構造用合板・防火合板・製材の標準寸法，強度の等級（1等，2等など），品質の判定基準（節の程度など），集成材，合板類のホルムアルデヒド放散量に関する規格

安全基準でインテリアに関連あるもの

ベビーベッド（Sマーク），二段ベッド（SGマーク），乳幼児用ハイチェア（SGマーク），住宅用成人ベッド（SGマーク）

BL部品でインテリアに関連あるもの

玄関ドア，内装ドア，収納ユニット，キッチンユニット，キッチンシステム，給湯器ユニット，暖房システム，太陽熱利用給湯システム，換気ユニット，洗面化粧ユニット，衛生設備器具，浴そう，浴室ユニット，内装システム

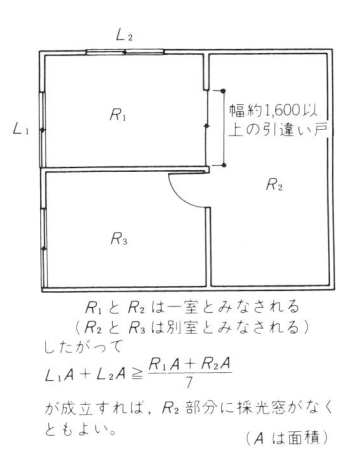

図 9 連続する 2 室の採光の考え方

図 10 火を使う居室の換気

図 11 居室の床の高さ

図 12 防火壁紙の検定一覧表

材料名	認定番号	検定級別	防火性能	類別記号
紙壁紙	壁装材料 第0001号	1 級	不燃／準不燃	1
		2 級	準不燃	2
織物壁紙	〃 第0002号	1 級	不燃／準不燃	3
		2 級	準不燃	4
ビニル壁紙	〃 第0003号	4 級	準不燃／難燃	5
		5 級	難燃	6
化学繊維壁紙	〃 第0004号	2 級	準不燃	7
無機質壁紙	〃 第0005号	1 級	不燃／準不燃	8
特定壁紙	〃 第0006号	5 級	難燃	9

図 13 防火性能早見表（下地の種別＋壁装材）

下地の種類	防火壁装材の類別記号								
	1	2	3	4	5	6	7	8	9
イ 法定不燃材料（ロ，ハを除く）	不	準	不	準	準	難	準	不	（検定証に記載）
ロ 金属	/	準	/	準	準	準	準	/	準
ハ 法定不燃石こうボード	準	準	準	準	準	難	準	準	
ニ 法定準不燃材料	準	準	準	準	難	難	準	準	

II

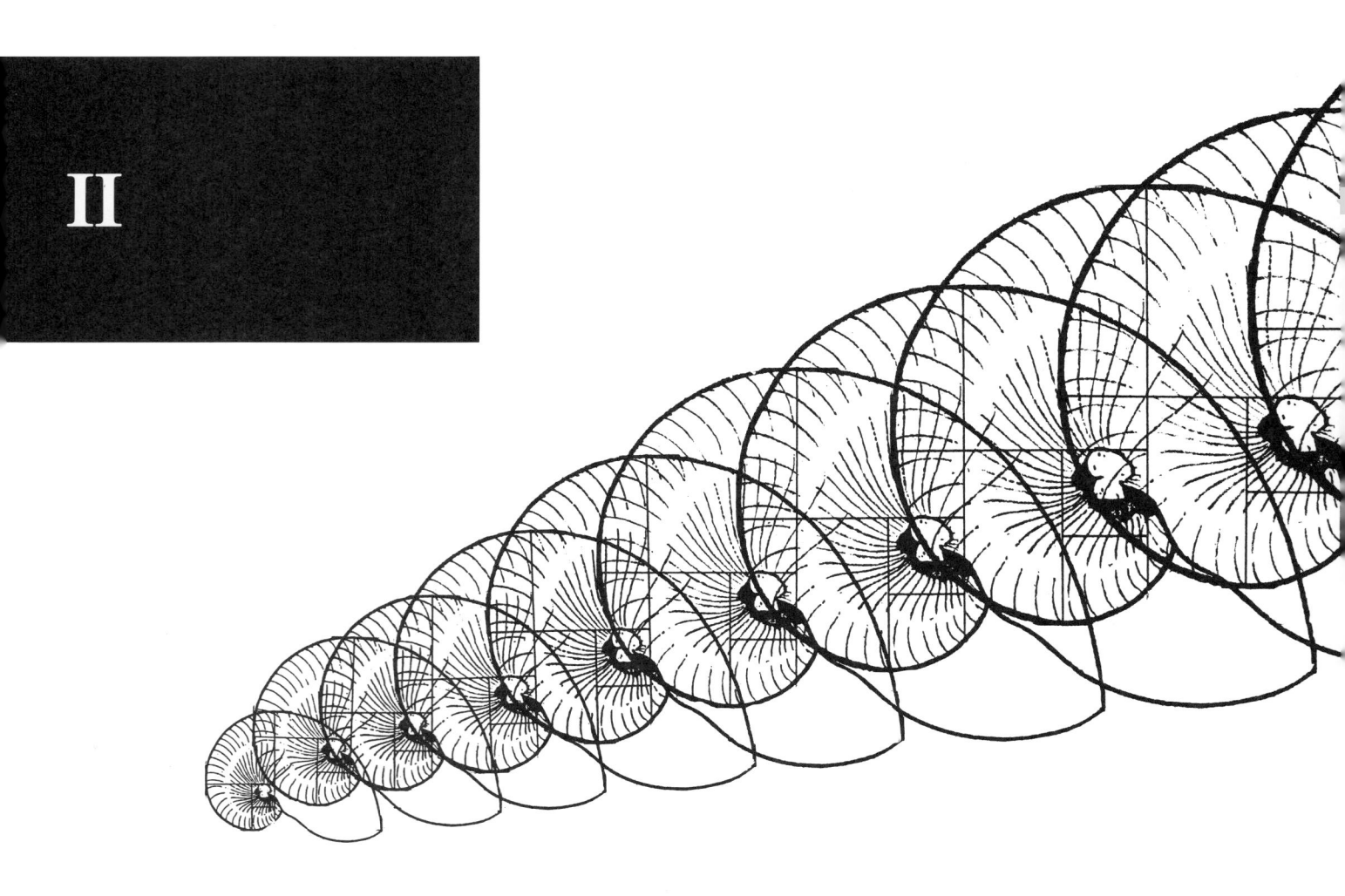

住空間の計画

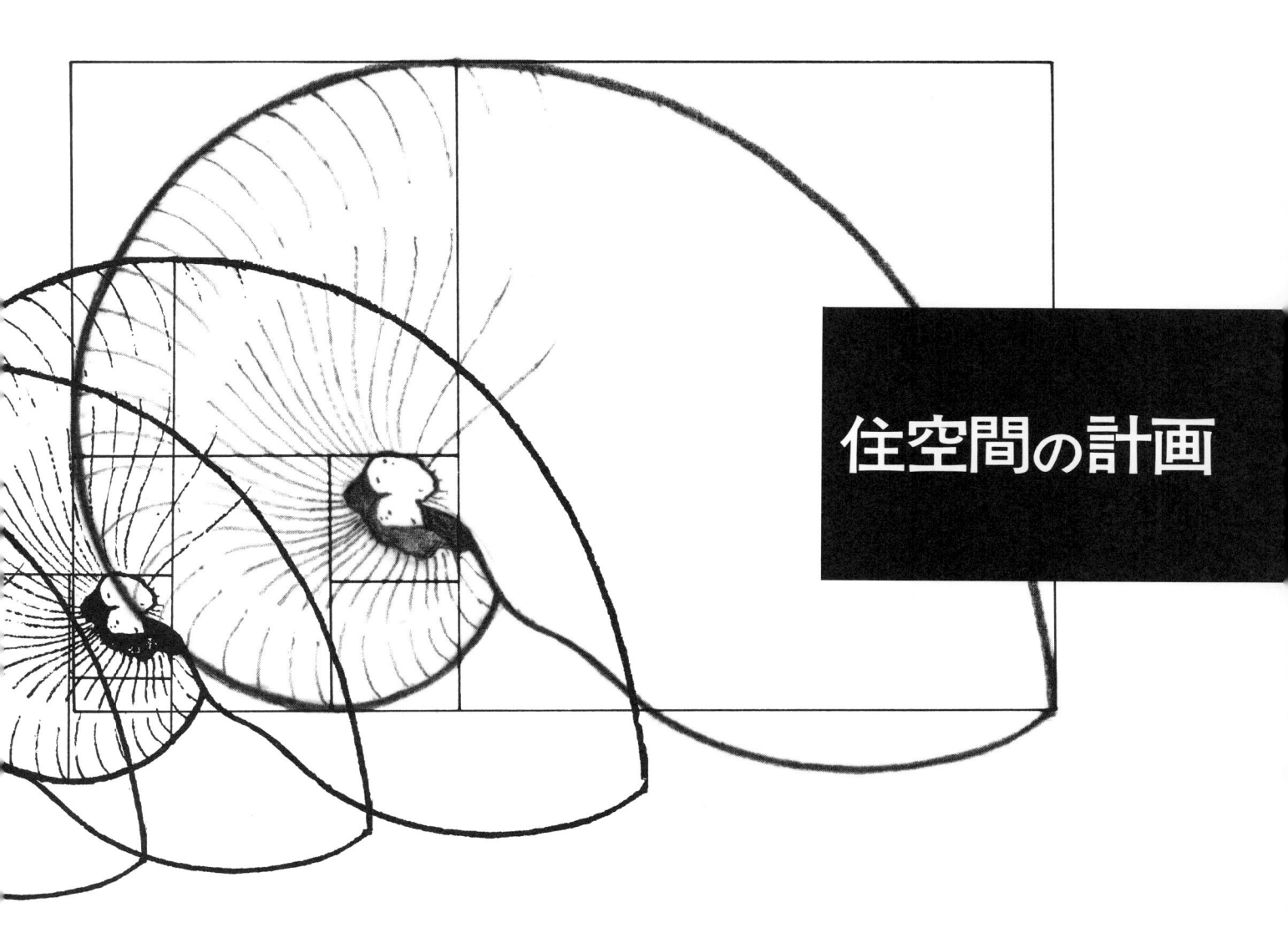

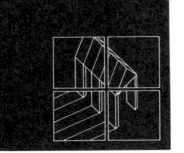

1 住宅と住空間

1.1
統計からみた日本の住宅

わが国の新設住宅の着工数の推移を，戦後から平成9年まで概観すると，いくつかの大きな変化が見られる。まず昭和20年の年間建設11万戸の後に続いて戦後の復興期がある。この時期には新設住宅の着工数が次第に増加していって，昭和40年には年間84万戸の水準にまで達している。次の昭和40年代は高度成長の時代であった。この時期における着工数の増加は著しく，昭和48年には年間190万戸にまでなっている。次の昭和50年代の前半は混乱期でった。オイルショックによって昭和49年には130万戸にまで落ち込み，その後数年は年間150万戸程度の数字を維持してきた。しかし，昭和55年になると再び減少の傾向を示しはじめ，昭和50年代の後半には年間110〜120万戸前後の水準にとどまっていた。昭和60年代に入り，バブル経済といわれる経済活動期には160〜170万戸の水準に達したが，バブル経済崩壊後の平成3年以降は150万戸前後に落ち着いていた。しかし，平成不況により平成9年は138.7万戸まで落ち込んでいる。

今後の住宅新設の見通しについては，昭和48年に47都道府県で一世帯一住宅の目標を実現していること，子どもの数が少なくなっていること，さらに，これからは従来のような高度経済成長は望めないことなどもあって，かつての高水準に回復する見込みは少ないものと見てよい。

次に新設の住宅について構造別にその内訳を見ると，木造の占める割合は最も多い。ただし，その割合は次第に減少してきている。すなわち昭和40年に76.7％を占めていた木造は，昭和45年には70％を割り，昭和55年以降は60％を下まわり，また59

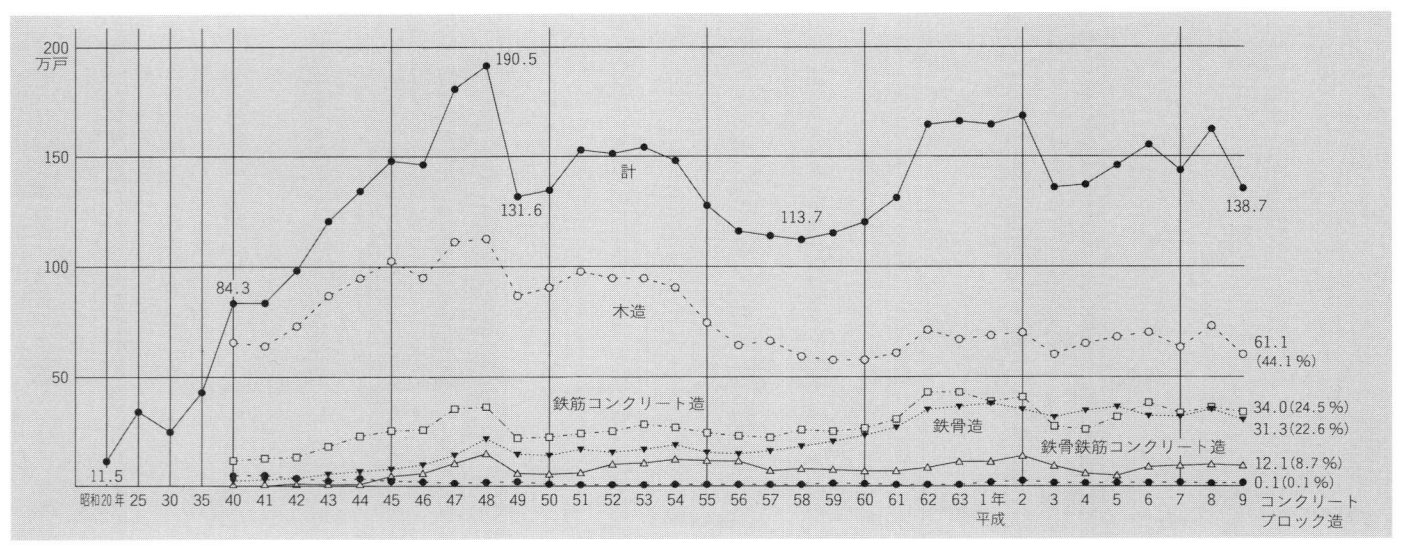

図1　構造別の着工新設住宅数の推移（建築統計年報）

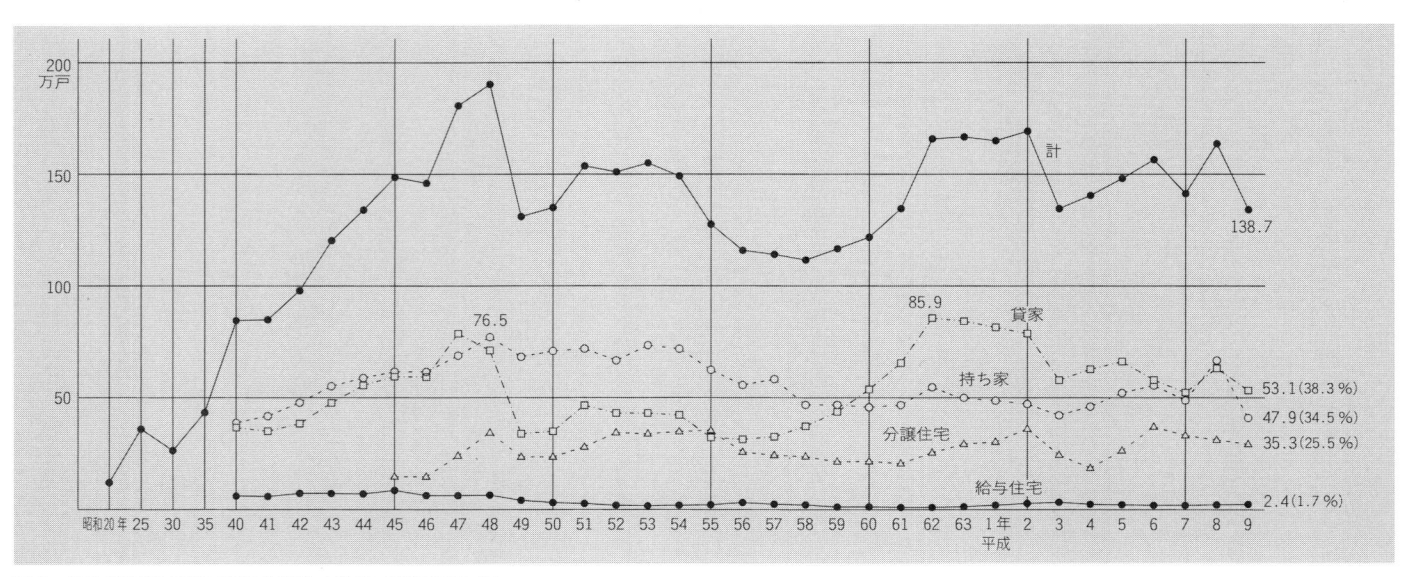

図2　所有関係別の着工新設住宅数の推移（建築統計年報）

年度にはついに50％を切り，平成に入ってからは45％前後で推移している。

その理由は，最も需要の多い人口集中地区で防火規制が厳しいこと，また地域に根づいた大工・工務店が減ってきたことなどである。そうした事情もあって，木造住宅建設の低迷状況は当分は続くものと予想される。

他の構造の住宅の割合は，いずれもそれほど大きくないが，昭和50年代の後半においても，木造に比べて着工数が減少せず，安定した数を維持しているのが特徴である。ちなみに平成9年は，鉄筋コンクリート造が34.0万戸で34.0％，鉄骨造が31.3万戸で22.6％であった。また，プレハブ住宅の着工数およびシェアは増加してきており，昭和50年前後には10％程度であったが，平成3年からは15％前後となり，平成9年には20.7万戸で14.9％を占めている。

次に住宅の所有別に数字をあげると，昭和48年までは持ち家と貸家はほぼ半数ずつであった。昭和49年の住宅着工数の減少は貸家に大きく影響を及ぼし，昭和50年代では持ち家の占める割合の方が大きかった。しかし，昭和60年代の経済活況期には逆に貸家の割合の方が大きくなり，平成6年以降はほぼ同数となっている。

戸当り平均面積は，確実に増加の傾向を示している。昭和58年の平均は86.57 m²で，前年の93.91 m²に比べると8％減少しているが，これは貸家と分譲住宅の落ち込みが影響したとみてよい。しかし持ち家については一貫して増加傾向が続いている。持ち家の戸当りの平均面積は他の住宅に比べて際立って大きく，昭和47年には100 m²を，昭和56年には120 m²を，昭和61年には130 m²を，平成8年には140 m²を超え，平成9年は139.6 m²となっている。一方，貸家の水準は最も低く，昭和55年の57.1 m²が最高値で，それ以降は50 m²前後で推移している。分譲住宅も増加傾向を示しており，平成8年には92.8 m²に達し，平成9年は92.7 m²となっている。

平成9年の建築統計年報によるフローの構造別内訳を見ると，地域により差異があることが分かる。まず木造住宅率であるが，全国平均の44.1％に対して，沖縄を除くと東京の28.1％から青森の84.4％まで大きくばらついている。さらにこれを詳細に見ると，東北地方を中心に関東以北および山陰地方と南九州の木造

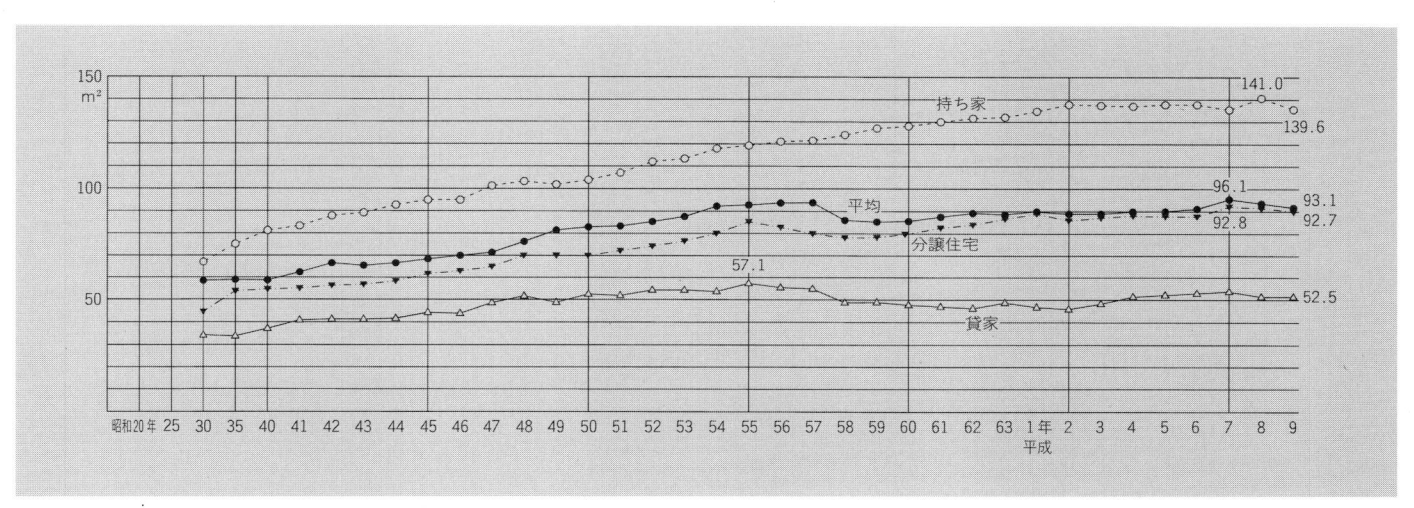

図3　利用関係別の着工新設住宅戸当り平均面積の推移（建築統計年報）

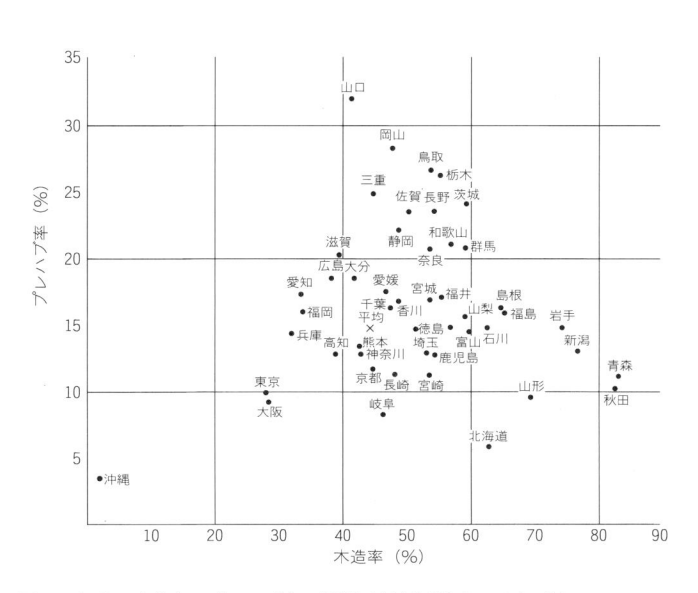

図4　各県の木造率とプレハブ率の相関（建築統計年報，平成9年）

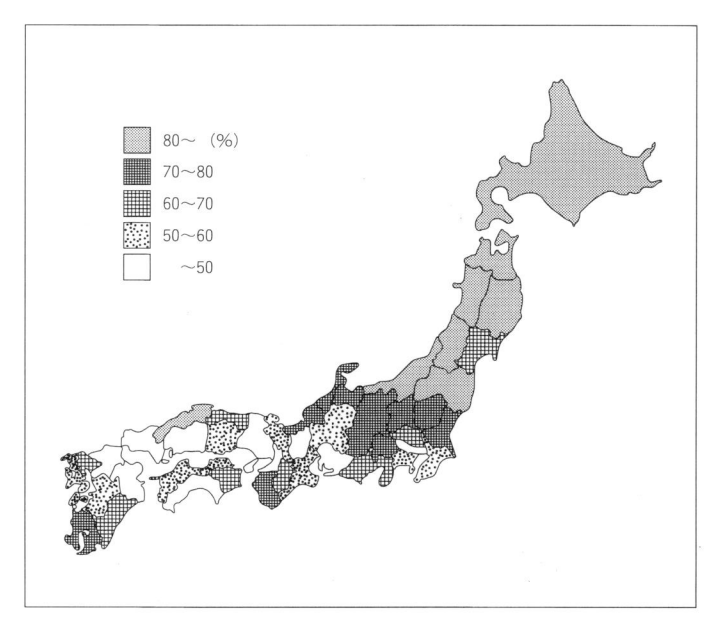

図5　全国県別木造住宅シェア（建築統計年報，平成9年）

住宅の比率が高く，関東・東海・関西・山陽，北九州などが低いという傾向が見られる。都市部での着工数が大きいことを考えると，木造住宅需要の将来は厳しいと見てよかろう。一方，プレハブ住宅の着工数の割合（プレハブ化率）にも地域性が見られる。

住宅ストック

平成5年の日本の住宅総数は4,588万戸で，昭和63年の4,201万戸に対し387万戸，比率にして9.2％増加している。住宅の総数は年々増加を続けていて，昭和38年には2,000万戸を，昭和48年には3,000万戸を，昭和63年には4,000万戸を超えている。伸び率を見ると，昭和33年から48年までは20％前後，昭和53年から平成5年までは9％前後と，増加率は小さくなっている。

昭和43年には，ストックの住宅総数が世帯の総数を上まわり，平成5年には1.11倍に達している。着工新設住宅の推移を見ると，昭和49年以降の伸びは止まっているが，それはこのことを意味している。これから後も新設住宅の大きな伸びはない。したがって，今後の課題は，戸数を増やすことよりも，住宅規模を拡大すること，設備の更新，増改築，建替えなどの，住宅の質の充実が重要なテーマになる。住宅統計調査によれば，平成5年のストックで住宅（専用住宅）の規模を見ると，全国平均で1住宅（専用住宅）当りの居住室が4.79室，畳数が30.96畳，延べ面積が88.38 m²，1人当りの畳数が10.41畳，1室当りの人員が0.62人となっている。昭和48年当時には，1住宅（専用住宅）当りの居住室数が4.05室，畳数が23.16畳，延べ面積が70.18 m²，1人当りの畳数が6.61畳，1室当りの人員が0.87人であったことを思うと，この20年間に，それぞれ0.74室，7.8畳，18.2 m²，3.8畳，－0.25人と増加していることが分かる。

いうまでもなく住宅規模には地域性がある。例えば，平成5年ストックの1住宅（専用住宅）当りの延べ面積をみると，全国平均が88.38 m²であるのに対して，富山は149.53 m²で最高である。一方，東京は58.95 m²で最低，その間に各地域が分布している。1位の富山に次いで住宅規模が大きいのは福井・秋田・山形・新潟などの北陸や東北地方の日本海側である。逆に，小規模の地域は，東京以外は，大阪・神奈川・沖縄・埼玉・鹿児島・京都・千葉と，鹿児島を除いて大都市とその周辺地域に多く見られる。

平成5年の住宅ストックの構造別内訳は，木造が34.1％，防火木造が34.0％，S造とRC造で29.0％となっている。昭和63年における構造別内訳は，木造が41.3％，防火木造が31.7％，S造とRC造で24.5％であるから，全体として木造が7.2％減少し，防火木造が2.3％，S造とRC造で4.5％増加してい

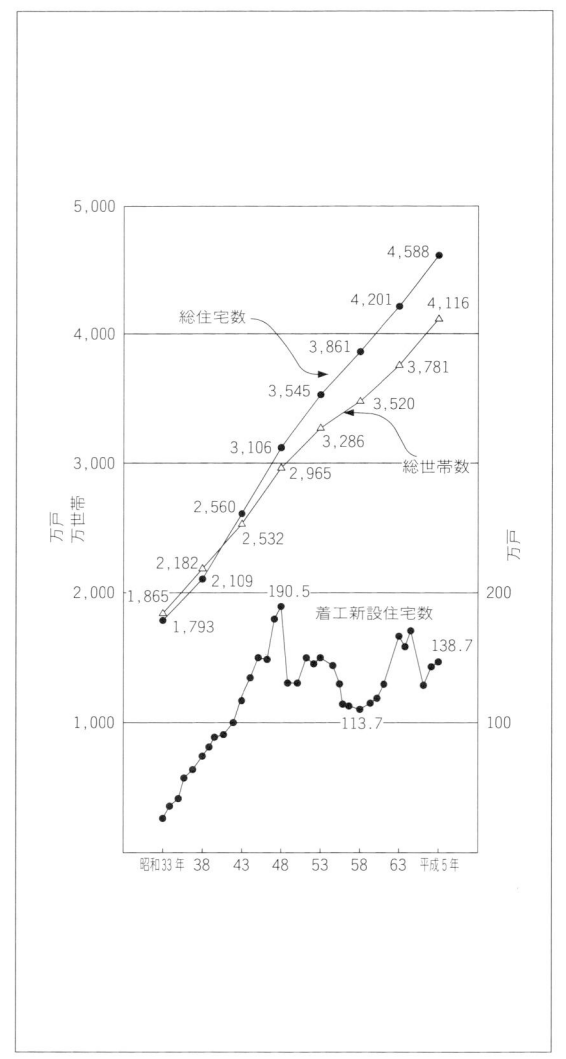

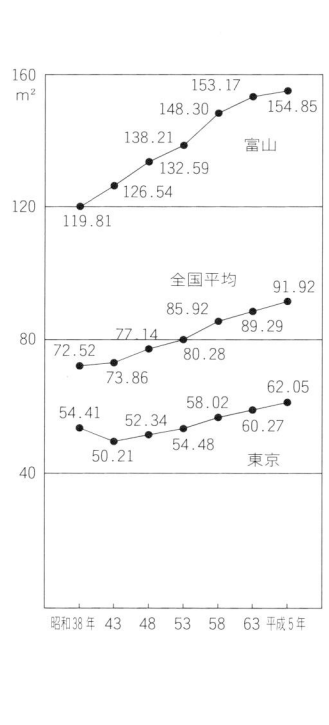

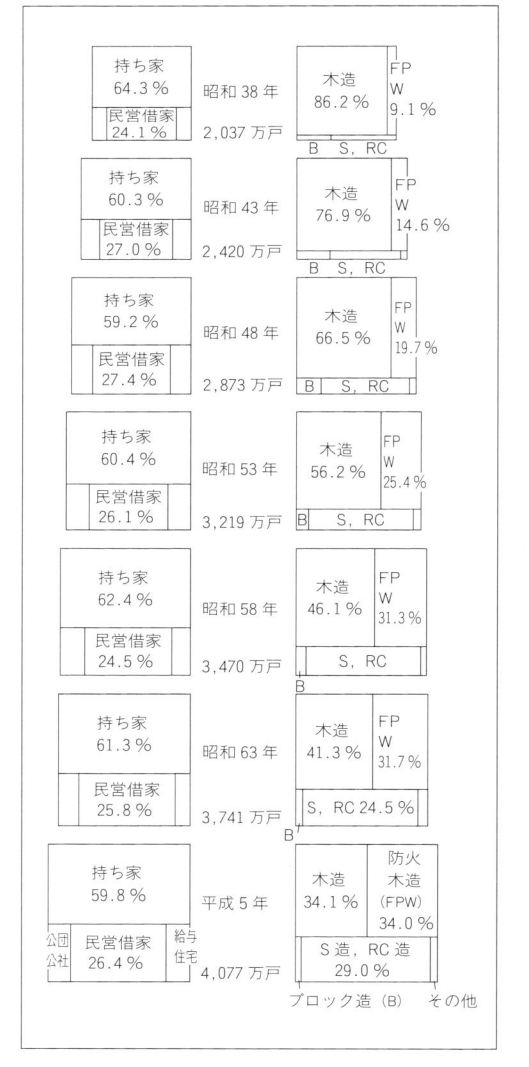

図6 総住宅数，総世帯数および着工新設住宅数の推移
（住宅統計調査および建築統計年表）

図7 1住宅当り延べ面積の推移
（住宅統計調査）

図8 所有関係別，構造別住宅数の推移（住宅統計調査）
（居住世帯ありでの集計）

る。特に木造は昭和38年には86.2％を占めていたのであるから、5年ごとに10％前後も減少し、ついに平成5年には35％を割ったことになる。一方で、防火木造は増加を続け、昭和38年の9.1％から平成5年には34％に達している。S造とRC造も増加傾向を示しており、防火木造よりも増加率は大きい。

住宅の所有関係を見ると、平成5年には持ち家が59.8％、公営・公団・公社が7.1％、民間借家が26.4％、給与住宅が5.0％となっている。住宅の所有別内訳は、年次によってそれほど変動はないとみてよい。住宅ストックの構造別割合も、地域によって差異が見られる。木造率が高いのは島根の69.0％、佐賀の68.6％、福井の65.9％、鳥取の64.3％などである。逆に木造率が低い地域としては、沖縄の10.8％、北海道の11.5％、秋田の11.4％、東京の14.5％などがあげられる。防火木造率は、沖縄を除くと、木造率の低い地域では高く、木造率の高い地域では低いという傾向が見られる。防火木造率が高い地域としては秋田の79.7％を最大値として、富山の63.1％、北海道の62.4％、青森の58.3％、山形の58.2％などがあげられる。非木造率を見ると、北海道を除く大都市およびその周辺地域において高い傾向を示している。

次に持ち家率について地域差を見ると、平成5年住宅統計調査で最高は富山の79.8％、最低は東京の39.6％で、その間に各地域がばらついている。持ち家率75％以上の地域には、秋田・山形・新潟・富山・福井・三重・滋賀・島根と、北陸および東北地方の日本海側が多くあげられる。特に持ち家率が少なく60％を下回るのは、北海道・東京・神奈川・愛知・大阪・福岡などの大都市圏である。

住宅ストックにおける持ち家率と木造率の間には、それほど強い相関は見られない。ただし、大都市圏では両者とも低くなるという傾向が見られる。

持ち家率が高くなると、新設住宅建設の需要は次第に減って、建替えを含む増改築需要へと移行していくことになる。したがって、ストックの持ち家率とフローの増改築率は高い相関を示す。すなわち、持ち家率の高い富山・秋田・山形・島根・新潟などでは、増改築率が高くなっている。逆に、人口移動の激しい大都市およびその周辺部では、持ち家率も増改築率も低い。東京・沖縄・大阪・神奈川・北海道・福岡などがそれに当たり、そこでは、新設住宅の需要がまだ大きいと言ってよい。

いずれにしろ、全体としては、戸数増加から規模の拡大へ、住宅の新設から増改築へと進みつつあり、現在は優良なストックの形成を目指して質を問題にする時期になっていると言ってよい。

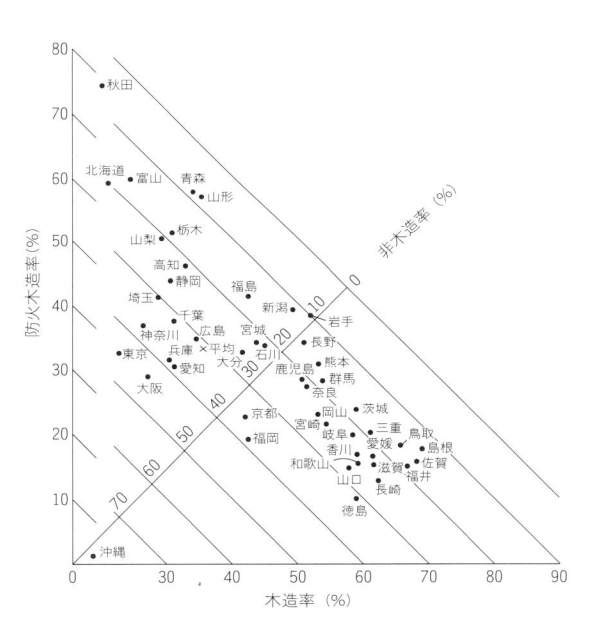

図9　構造別割合の県別分布（平成5年住宅統計調査）

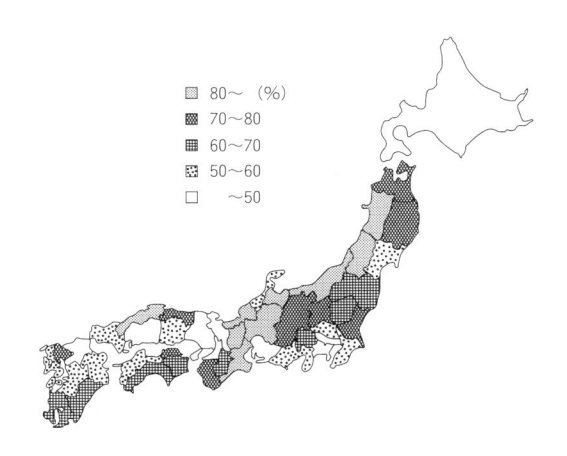

図11　全県別持ち家率（平成5年住宅統計調査）

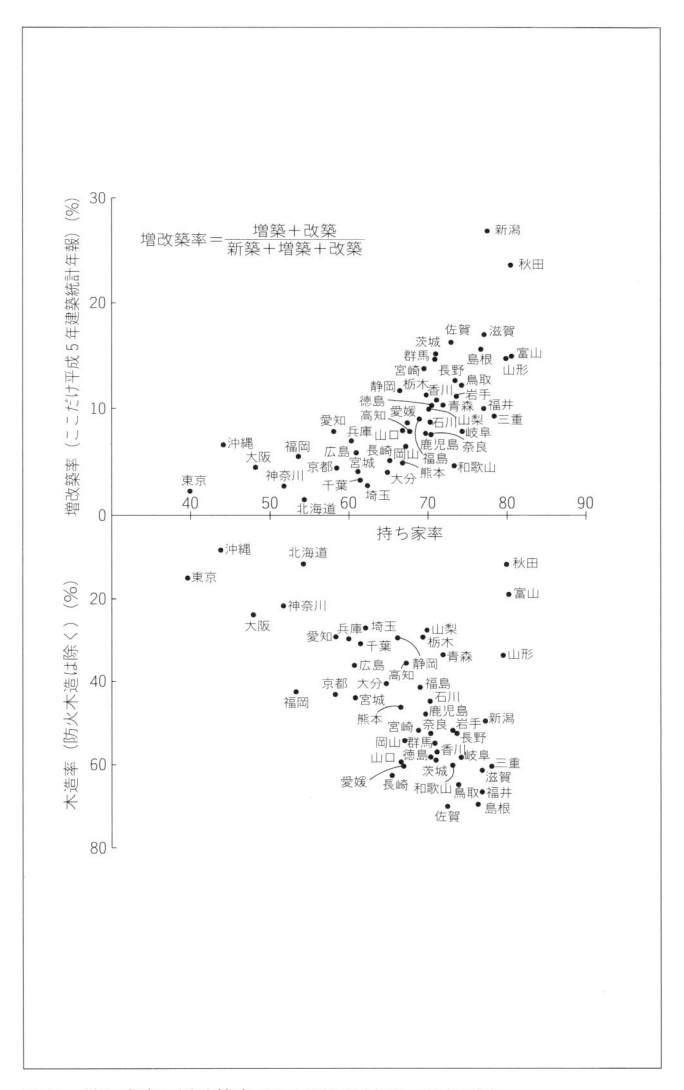

図10　持ち家率と増改築率（上：建築統計年報，平成5年）
　　　持ち家率と木造率（下：平成5年住宅統計調査）

1.2 間取りの類型

わが国の伝統的な住宅は，それぞれ戸別に作られてきたにもかかわらず，住まい手の生活の特性や嗜好がはっきり現れたものは少なかった。住宅に限らず建築は，ある地域的，階層的な広がりの中で，技術的な制約を受けながら徐々に醸成され，それが社会経済条件の変化にともない，ゆるやかに変化してきた存在，すなわち様式と解釈することができる。その意味で間取りも類型化された住様式として継承されてきたと考えてよい。

現代では生活環境が大きく変容し，家族は個人の集合体だとみなす意識が強くなり，住まいに対しても明確な要求を持ち，それにこたえてくれる個性的な住宅が望まれるようになってきた。現代の住まいは，食寝分離，個別就寝，公室と私室の分離という基本理念に基づいている。そして，公室としてのL，D，Kを中心にして私室を組み合わせていく間取りの形が一般化してきた。また，住居規模や単位空間の広さについても，いろいろな面から検討が加えられ，その標準と水準が示されて，新しい住空間の枠組みが次第に明確になってきている。このような状況の中で，住まいに対する要求の多様化は，単に間取りの計画上の問題だけでなく，建物の造り方や供給の仕方と深く関連するようになった。間取りについても，単に生活面からの見方だけでなく，文化面，経済面，産業面からも，いろいろな角度で考えていく必要が生じてきている。

社会階層と住空間の型

一つの見方として，住空間の型は，図1に示すように階層的にとらえることができる。住空間の型は，住まいに対応する要求の違い（職業，経済的条件，伝統などからの制約の程度の違い）によって変わることになる。さらに，家族の構成，地域環境の状況などによっても違ってくる。また，住まいに対する要求の背景にある住意識については，家族にとって固定的なものではなく，むしろ，ファッションのように比較的短期的に変化する面もある。それが生活の多様化といわれる一面をつくっていることも否定できない。

このように，住まいに対する要求の変化のスピードが早くなってくると，住空間をそれに合わせていくにはどのようにしたらよいかということも，これから重要な問題になってくる。

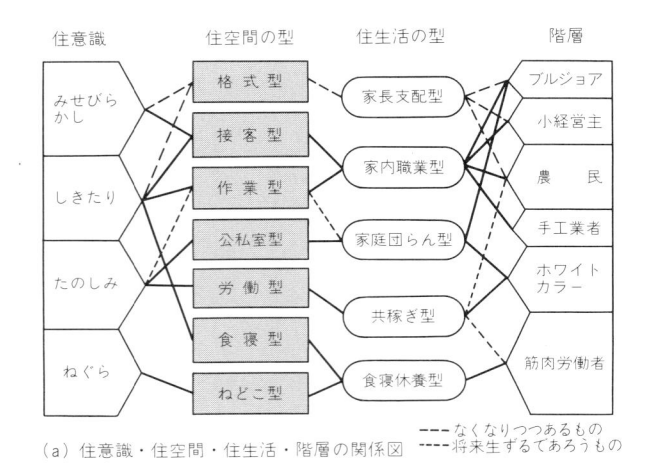

図 1　住空間の型[*1]

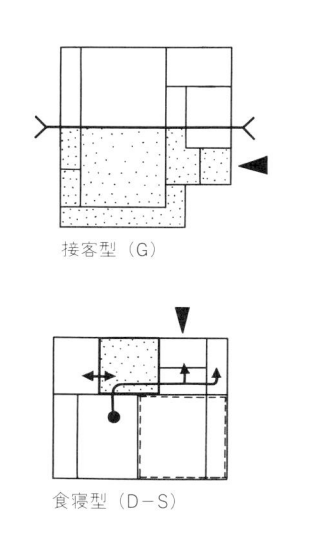

(a) 住意識・住空間・住生活・階層の関係図
(b) いろいろな住空間の型の特徴

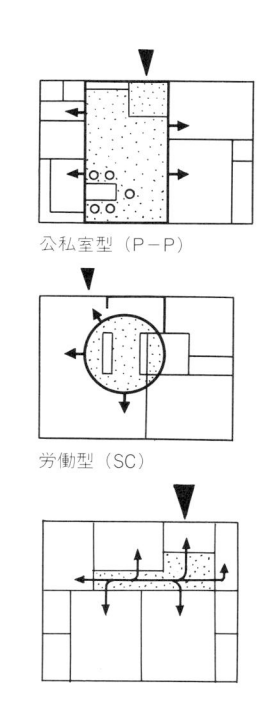

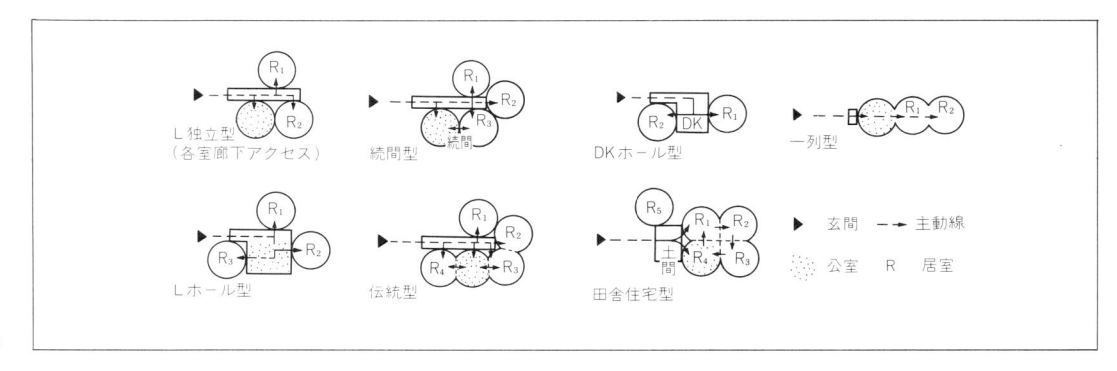

図 2　住宅型式の図式（服部岑生）

間取りの類型と地域性

公室と私室の分化は一般化したが，実際に見られる間取りの型はさまざまである。それは，住まいがそれぞれの土地の気候・風土・文化と密接な関係をもつからである。そのため，地域の風習が間取りの特徴として現れたりする。日常生活の面から見ると，都市と地方の生活様式の違いは次第に縮まってきたといわれるが，住宅という住まいの器に関する限り，環境の差はいまだ大きい。こうしたさまざまの要因があって，それが住宅の間取りの違いになって現れてくるのである。

現代日本の住宅形式を図式化したものが図2である。この類型と地域との関連性を見ると，北海道では暖炉のあるLDKを中心とした「Lホール型」，また，大都市圏では「独立室型」，東北・信越・山陰・九州南部などでは，伝統的な「続き間型」が多いという傾向があるといわれている。もともとDKやLDKという間取りは，都市に居住するサラリーマン階層を対象にした間取りの型である。したがって，地域が違い職業が違えば，適合しない生活像があるのは当然である。各々の地方文化に合った間取りがもっと主張されてよいであろう。

可変型（順応型）住居と間取り

戸建て住宅では，住まい手の要求をそのまま間取りに反映することが可能である。一方，集合住宅では，不特定多数の家族を対象に計画されるので，それが困難である。そのため，従来は生活調査などによって求めた生活像をもとに，2DKや3DKといった間取りを描いて，画一的に適用してきたのである。それは，入居者のだれにでも適合するというものではない。新規に供給される住宅の面積規模にかなりの余裕が出てきた現在，家族構成や住まい方の違い，生活の多様性に容易に対応できる方式として提案されたのが「個性順応型」住宅である。それは，住空間の基本的な枠組みとなる平面の形状と規模，水まわりコア（固定部分）の位置だけが決められていて，その他の空間部分の用途や区画の仕方，細かな使い方などについては，入居者が自由に設定できるという方式である。図4-(a)は平面型と固定部分の構成の仕方を示したものである。図4-(b)は二分割型のモデルプランで，間仕切の方法としては家具を間仕切にするか，可動間仕切を使って部屋を区切る。この方式では，単に間取りを可変にするという住居内部の設計の問題だけでなく，住宅の構法や生産のシステムにも関係してくるので，総合的な立場で計画を進めなくてはならない。

順応型，あるいは可変型という住空間のとらえ方は，社会的なニーズにこたえるものであるから，それ以降，数多くの集合住宅でいろいろな試みがなされてきた。そして，可変部分を構成するサブシステムとして，内装システム，設備ユニットの開発が行われてきた。

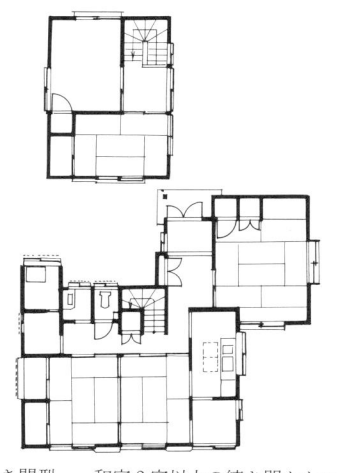

(a) 続き間型　和室2室以上の続き間をもつプラン型で，かつ団らんの場所が和室の伝統的タイプ。

(b) 独立型　比較的独立性の高い室が廊下によって連結されているプラン型

(c) L続き間型　和室2室の続き間をもつが，団らんの場が洋室のタイプ。伝統と近代の折衷プラン。

(d) 公室ホール型　LDKスペースを中心としたプラン型で，各室へはLDKを通って入る。いわば，LDK（公室）がホールとなったタイプ。

図3　住宅類型の平面の例（公庫住宅）

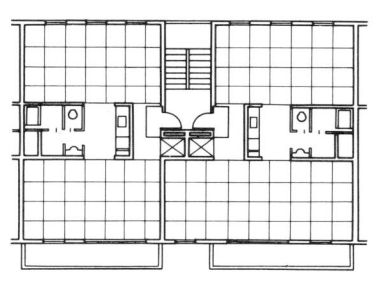

(a) 基本型

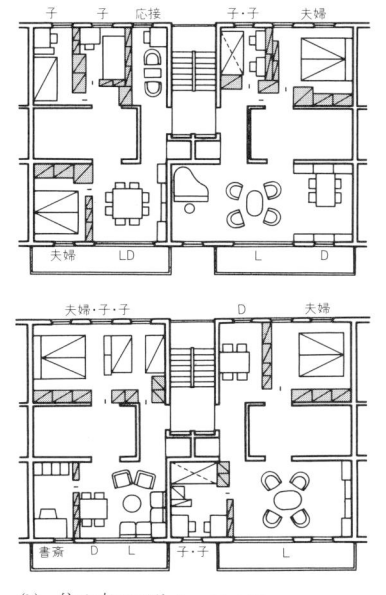

(b) 住み方のバリエーション

図4　順応型モデルプラン（二分割プラン）（鈴木成文）

1.3 間取りの変遷

一般の庶民住宅が，専門家によって設計されるようになったのは比較的新しいことである。住宅史で取り上げられる代表的な家の平面や形態を見るときは，その背景になった時代や地域性，あるいは，住まい手の社会階層などとの関係で見ていくことが大切である。

竪穴住居

最も古い住まいの形は，竪穴住居であるが，それは他の原始住居と同様に一室空間型である。この形式は縄文時代から平安時代頃まで長期にわたって存在した。火を使う場所が中心になった単純な生活空間であるが，その後，多様な生活行為を取り入れるにつれて規模も次第に大きくなり，形態も円形から方形，長方形になり，床の高低や，部分的な仕切りなども見られるようになった（図1）。

二室住居

一室住居から多室住居に発展していく過程として二室住居（図2）がある。多目的に使われていた1室空間は土間と床の空間に分離された。これは，活動のための空間と，休息のための空間とが分化していく最も原始的な形を示すもので，屋外活動の延長として取り入れられた土間は，履き物空間であり，一方それより高く設けられた床は素足空間であった。作業のための土間は，農家や町屋などの間取りにその後も長く継承されていくことになる。

広間型住居と田の字型住居

二室住居は，その後，広間型と田の字型（四つ間型ともいう）の間取りに発展していった。広間型とは，床の上の空間が広がって炉を設けた多用途の広間と，その奥に寝間と座敷と呼ぶ接客のための空間を設けた3居室型の住居である。

田の字型は広間型の多目的室の部分が，さらに台所と居間に分割されて4居室になった住居である。ちょうど，田の字のように4分割された形になっているのでこの呼び名がある。この二つの間取りは，いずれも休息と団らんという家族の生活を主体としながら，居室の一つを近隣社会との接触の場に割いている。このように，住宅はいくつかの空間に分割されたが，その仕切りは，障子のように軽い建具であり，視線を遮る程度の役目しか持っておらず，仕切りを取り払えば連続した一つの空間になる，フレキシビリティの高い構成になっていた（図3）。

町屋

町屋は店と住まいとが一体になった形式で，店舗併用住宅の原型といってよい。短冊型に分割された小さな敷地を最大限に活用

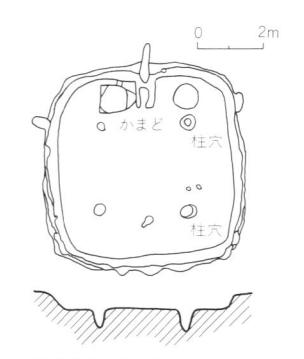

図1 竪穴住居（平出遺跡）

図2 二室住居[*1]

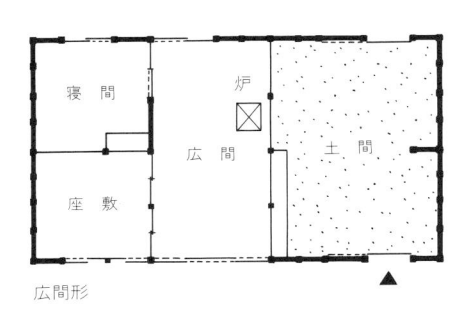

図3 広間型住居と田の字型住居

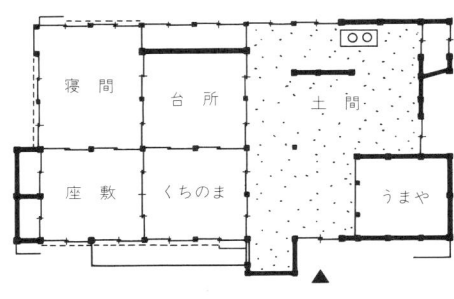

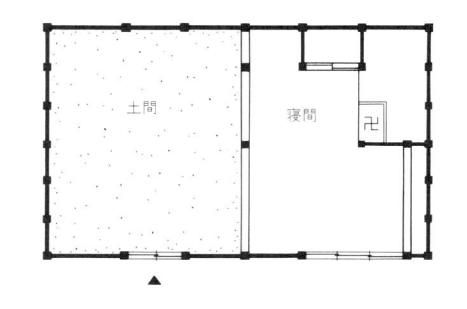

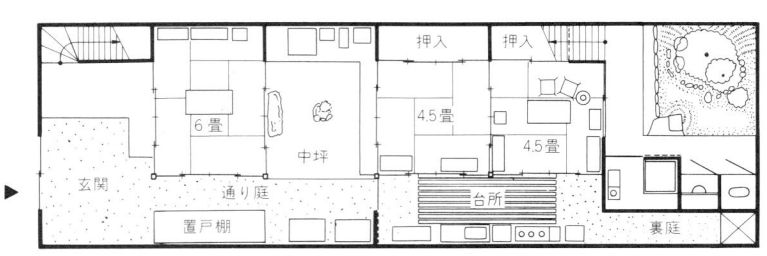

図4 町屋[*2]

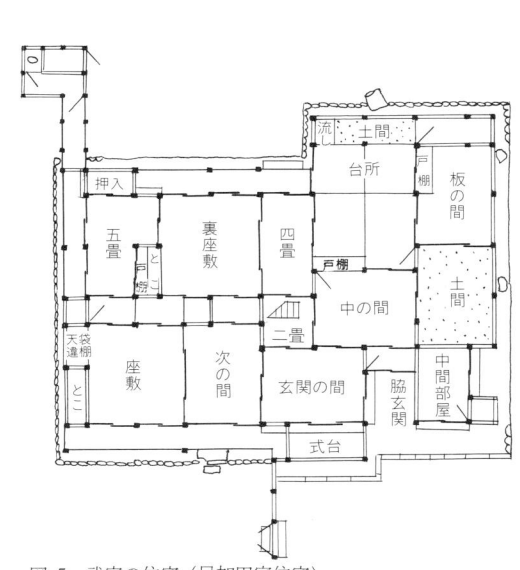

図5 武家の住宅（目加田家住宅）

して合理的な生活空間をつくりだそうという発想は，現代の都市型住宅と共通するところが多い。ここに示した例は，京都を中心に近畿地方の都市に発達した町屋の平面図である。片側に通り庭と呼ぶ土間を設け，一列に並んだおいえと呼ぶ居室は，おもての間，だいどこ，おくの間の3室からなり，店と住まい，作業と休息といった用途の違う生活空間がうまく組み合わされている。限られた敷地の中で，通り庭や坪庭は，居室に必要な採光や通風を確保する効果的な手法であった（図4）。

武家の住宅

農家や町屋は，家業の場と生活の場を併存させた民家で，それなりに生活内容に対応した間取りを持っていた。それに対し，支配階級の武家の住宅は，家長の絶対権力のもとに対人関係が大切で，格式や儀式性が重視された。それゆえ，家族の生活のためよりは，接客を中心にして住空間がつくられていた。武家の住まいは，門や玄関など象徴的なものを重視し，書院・床などの装飾的要素を取り入れた。また，しきたりに基づいたしつらい（室礼）や座敷飾りを採用したので，日本的な空間意匠を発展させたという面では大きな功績があった。ここでつくられた住様式は，庶民階層に大きな影響を及ぼしたが，接客を中心とした住機能の偏りは，住宅の近代化を遅らせたという一面もあったことは否定できない。

中廊下型住宅

明治以降，都市部に出現した新しい階層のサラリーマンは，家族の生活を中心にした住まいを要求した。その場合，手本になったのは下級武士の住宅であり，純粋に生活上の要求から間取りがつくられたわけではなかった。時が経つにつれて家族室としての茶の間・居間と，客間・座敷などの使い分けが明瞭になり，各室を独立して使えるように，中央部に廊下を持つ間取りの形式が定着した。部屋の仕切りは相変わらず建具による軽いものであったが，大まかに部屋の用途は決まっていた（図6）。

DK型住宅

大正から昭和初期にかけて，欧米の住宅の形式を取り入れる試みが活発に行われたが，それらは生活とのなじみが薄い上に，論理的にも説得力がなく，住宅の間取りを変えるほどには影響を与えなかった。

戦後になって，食寝分離，個別就寝が提唱され，それにこたえて，DK型の間取りが公営住宅に採用されることになった。この間取りは，台所作業の合理化，家事労働の軽減という側面をもっていて，現代住宅の原型となった（図7）。

LDK2階建て住宅

個人生活を尊重する考え方は，個室化を促した。また一方では，家族の団らんやコミュニケーションの場が重視され，リビングが家の中心に置かれるようになった。快適性の追求は，広さへの要求となり，住宅の規模は大きくなっていったが，都市部では十分な土地の入手が困難なことから，総2階建てが急激に増えることになった（図9）。

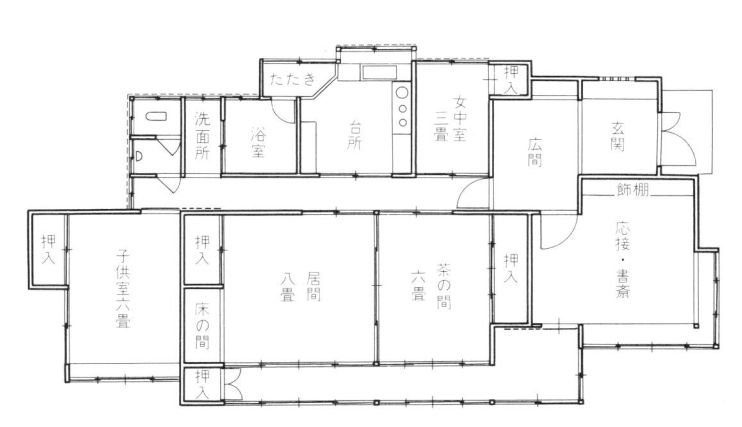

図6 中廊下型住宅（鹿島組のモデル住宅，1912）

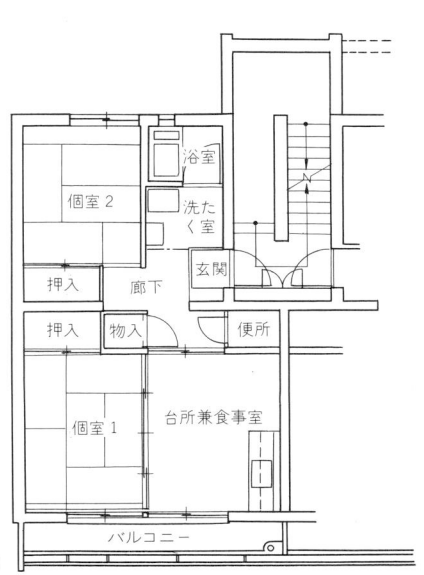

図7 DK型住宅（公団住宅）

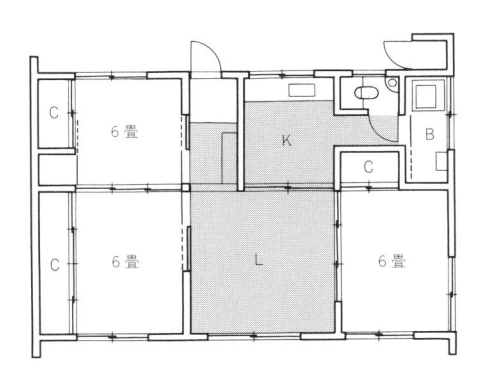

図8 公私室型住宅

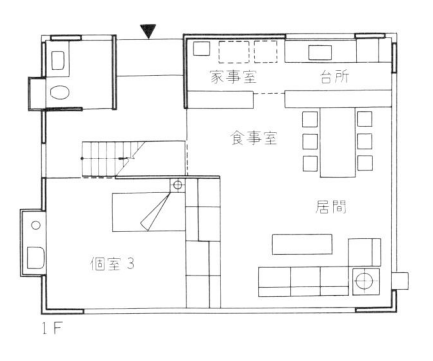

図9 総2階型住宅の例

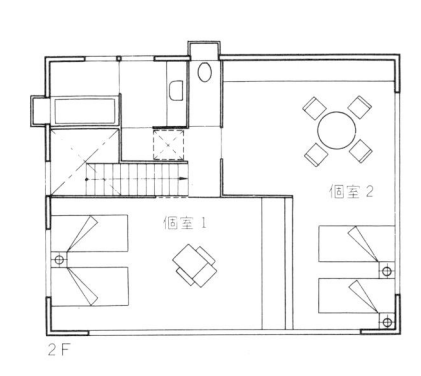

1.4 住空間と単位空間

単位空間の考え方

現代の住宅は，合理的な暮らしを目標にして多室型住居へと発展してきた。多室化への動機の主要なものは，生活機能の分化とプライバシーの確保であった。そうした考え方によって，図1のように日常の生活行為を区分すると，それぞれの行為の場，例えば，寝る場，団らんの場，食事の場といったような単位の空間は，住宅を構成する基本要素とみなすことができる。

一般的に，単位の空間とは，生活行為を特定する空間，あるいは使用者を特定する空間のいずれかに分けることができる。しかし，単位の空間は，住まい手の住意識によって変わってくるし，新しい装置や道具の出現によって新しい空間が生まれてくる場合もある。もう少し広い意味でいえば，それぞれの民族が持つ文化や伝統，宗教，技術などによっても違いが生まれてくる。図2には，その例を示した。

単位の空間と室空間（部屋）

日常生活は行為の連続によって成り立つとみなすことができる。行為の場としての単位の空間は具体的には床・壁・天井で区切られた部屋ということになる。だが，常に単位の空間が必ず部屋となるわけではない。空間を区切るか区切らないかの判断は，生活行為をどのようにまとめるか，その行為の場としての空間にどのような限定を与えるか，また関連する他の生活行為とどのようにつながりを持たせるか，などの条件の違いによって変わってくる。したがって，それらの点を慎重に検討して仕切りの程度を判断する必要がある。

わが国の伝統的な住宅では，生活行為に対応した単位の空間を考え，それを独立した室空間としてつくるという意識は薄かった。むしろ，一つの大きな空間を必要に応じて使い分け，時に応じしつらえをするという住空間の作り方が主流であった。そのため私的空間や独立空間という意識は薄かったのである。独立した部屋の意識が芽生えたのは，大正から昭和にかけて紹介された欧米住宅の考えかたによるものであった。居間・食堂・寝室・子供部屋といった翻訳語が使われだしたのは，それ以後のことである。

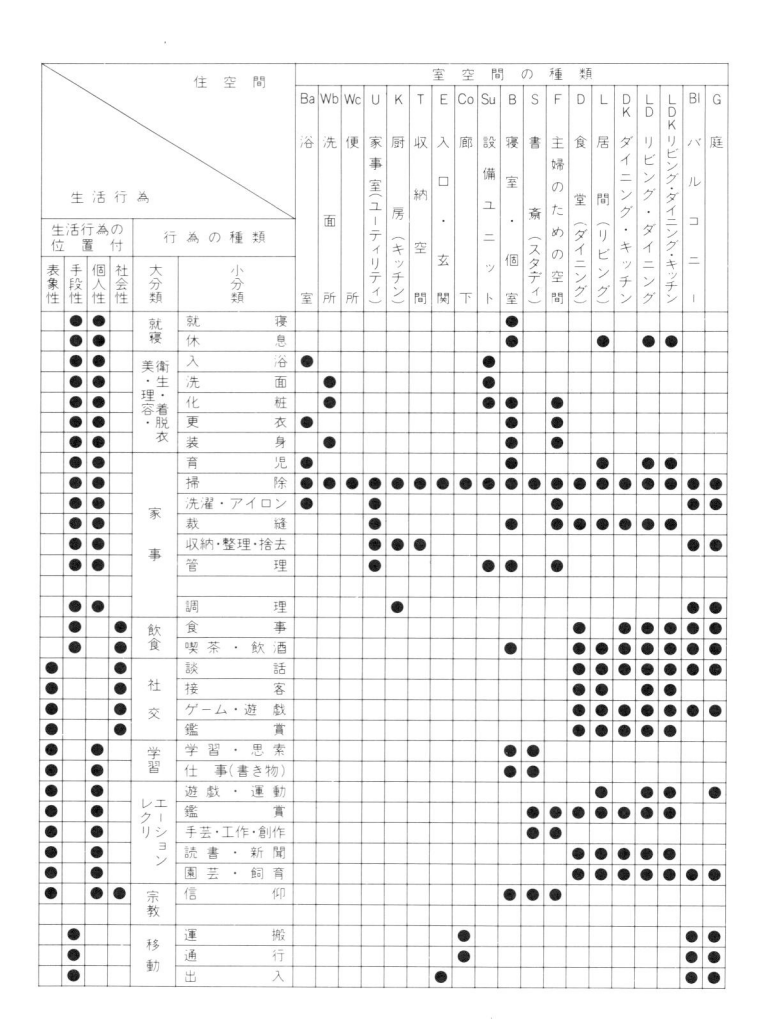

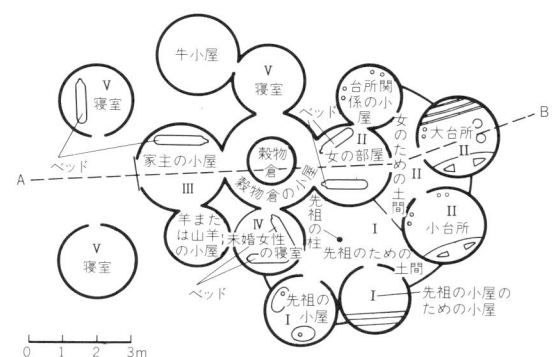

図1 住空間の段階と生活行為[*1]

図2

(a) 北カメルーンの住居（江口一久）[*2]
個室群によって住居が構成されている。単位になっている個室は構造上この程度の大きさが限度であるため，後で必要となってくる空間は独立した単位として増設されていくことになる。

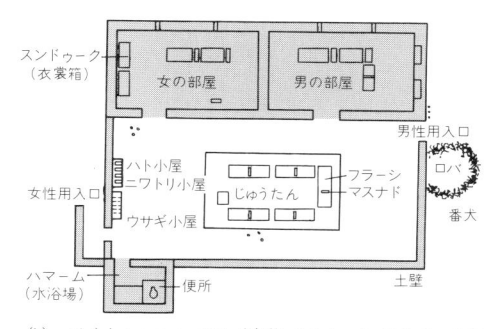

(b) バイト・ムラッバア（定住ベドウィンの住まい）[*3]
基本になる単位の空間は男の部屋と女の部屋だけの二室住居といってよい。これは，移動住居を目的とした簡便さと，宗教的戒律がこのような空間の構成をつくりだしているのであろう。

住まいは，生活行為に対応した別々の空間が集合したものだ，という考え方が提唱されたのは，昭和20年以後のことで，それが公営住宅などに適用され，それを契機にnDK型やnLDK型の間取りが次第に普及し，一般の住宅にも取り入れられるようになったのである。しかし，単位の空間というとらえ方は，もちろん確定的なものではない。特に公室といわれるLDKは，簡単な分節の組合せを考えても，図3のようになり，それぞれが空間として特質を持ち，この形だけを見て良い悪いは判断できない。住まい手の家族構成，生活の仕方，住宅規模などを総合的に判断しなければ良否の判断はできないのである。

　一方，生活の機能分化が合理化をもたらす，という理念によって多室化へ向かって進んできた現代の住宅も，逆に，設備の合理化を目指して，いくつかの単位の空間を一つにまとめて複合して，合理的な空間をつくろうという考え方もある。

　このような多目的空間，多用途空間の復活は，多様化する現代生活に対する一つの解決策とみることもできる。結局のところ，単位の空間と部屋との関係は，流動的なものと理解しておくのがよいであろう。

単位の空間と間取り

　住空間の間取りは，まず必要な単位の空間を想定し，その広さの適否や，空間の相互関係を検討して配列を決めるという作業が基本になる。しかし初めから，ある生活像を室空間のレベルでとらえようとすると，細かな生活行為のチェックができず，住まい手の要求を正確にとらえられない場合もある。それを避けるには生活行為を洗いだし，行為相互の関連，重要さ，頻度，序列などを，用具や装置とのかかわりを含めて検討するのがよい。それによって，必要な単位の空間の確認や，区画の程度，広さの適否などを判断することができる。

　以上のように間取りは，行為と行為の配列としてとらえていくのがよく，そうした作業によって，住まい手の生活像を的確に把握することができ，それを計画にうまく反映させることができるのである。

単位の空間と広さ

　住宅の規模は家族構成や経済的条件によってさまざまである。しかし，ある単位の空間を取り上げれば，予想される生活行為から，基準となる広さを割り出すことができる。住まいの基本となるLDKや私室については，一般的な使われ方を想定し，過去のデータを参考にして標準的な広さを決めておけば，設計の目安として便利であろう。図4は公共住宅の計画標準要綱に示されている例である。

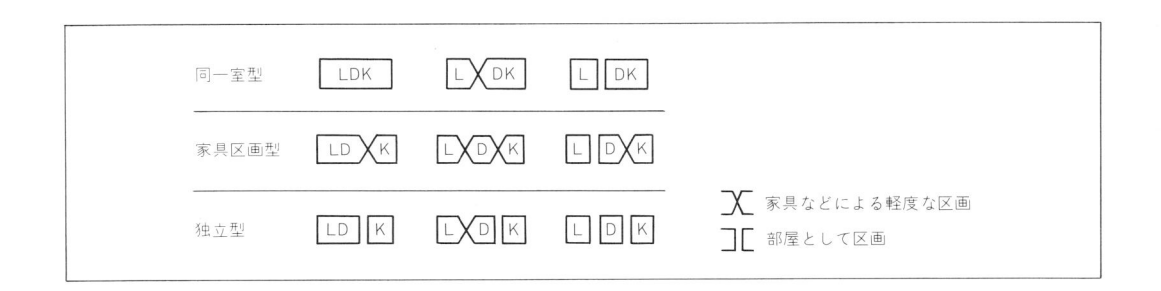

図3　L, D, K の分節の型

図4　家族構成別住宅規模平均水準値
　　（住宅公団，壁式・5階建て・
　　　階段室型をモデル）*4

1.5 独立住宅と集合住宅

住宅は，そのつくられる形態によって，独立住宅（1戸ごとに別々の敷地に建てられた住宅，各戸が大地に接しているので接地型住宅とも呼ばれる）と，集合住宅（2戸以上を一つにまとめた住宅で，1棟に2戸以上を横に連ねたものを連続住宅，縦・横に積み合わせたものを共同住宅という）に分けられる（図1）。独立住宅と集合住宅を一つの敷地内にまとめたものを集団住宅という。

都市環境の急激な変化により，住宅は高層化，巨大化，高密化の傾向を強めている。居住環境の快適性の指標に"密度"がある。住宅地の密度は，おおむねその立地条件により規定される。密度を計る指標としては，人口密度，戸数密度，容積率の三つが用いられる。人口密度は，単位の土地面積に対する居住人口のことで，戸数密度は，同じく住戸数で表され，それぞれヘクタール当り何人（人／ha），何戸（戸／ha）の単位が用いられる。容積率は，敷地面積に対する建物の延べ床面積の比率で表される。図2は，望ましい密度と住棟形式を示し，図3は，大都市圏における住宅の諸形式と，1戸当りの土地面積の現状を示したものである。図4は，現実の居住環境における密度の状況を表したものである。

独立住宅（戸建て住宅）の原型は伝統住宅にあり，日本の伝統住宅は，農家（図5），武家住宅（図6），町屋（図7）の三様式に大別される。紀元1～2世紀の登呂竪穴住居は，主に寝るための空間で，住居内の生活行為が，すべて一つの空間で行われた。これが，農家の原型である。8世紀末～12世紀末に，貴族の住宅として寝殿造りが用いられたが，形式的な左右対称形はくずれ，生活のしやすい合理的な配置に変化していった。これが武家の住宅として，接客を重んじる生活に適するように改良され完成したのが書院造りである。これはその後の庶民の住宅にも，その要素が取り入れられ，わが国の伝統的な住宅形式として引き継がれた。

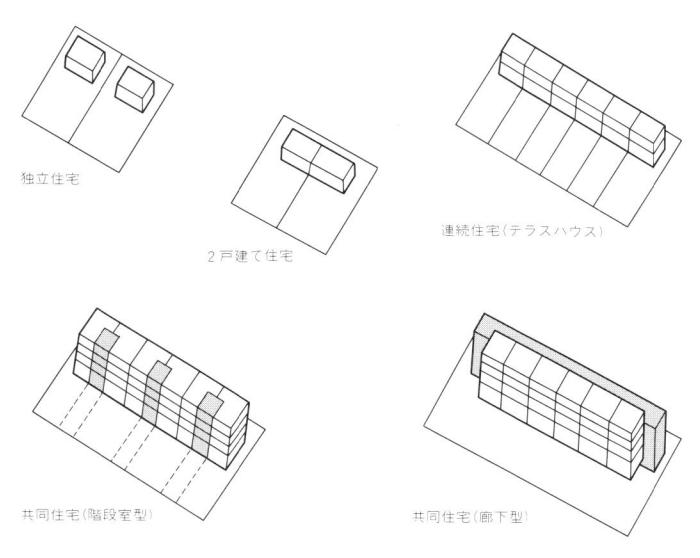

図1 住宅の分類[*1]

住棟形式		戸数密度（戸/ha）	人口密度（人/ha）	容積率（%）
低層	独立住宅	15～40	60～150	15～35
	連続住宅	60～80	200～300	35～50
中層	共同住宅	80～150	250～500	40～80
高層	片廊下型など	100～200	350～600	60～130
	中廊下型・集中型など	200～300	600～1,000	130～200

図2 望ましい密度と住棟形式

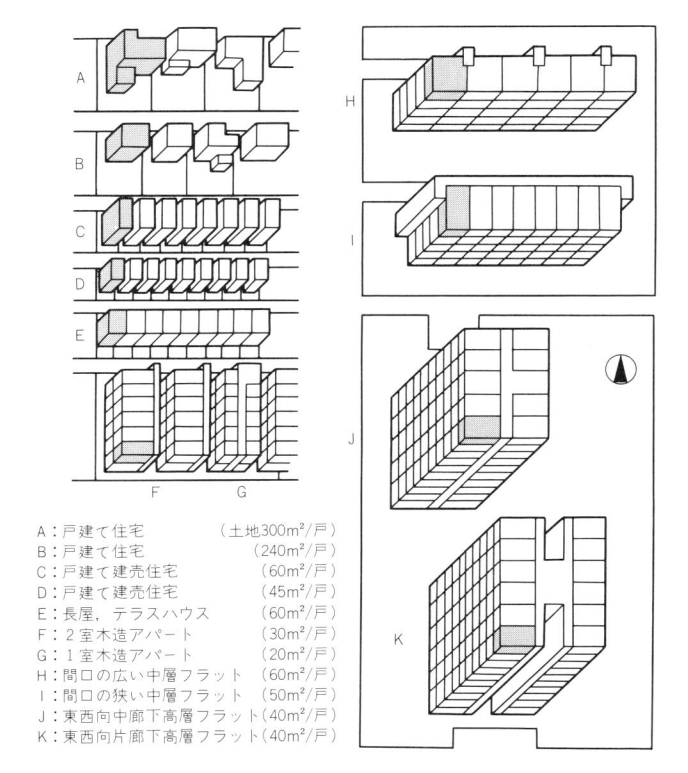

A：戸建て住宅　　　　　　（土地300m²/戸）
B：戸建て住宅　　　　　　（240m²/戸）
C：戸建て建売住宅　　　　（60m²/戸）
D：戸建て建売住宅　　　　（45m²/戸）
E：長屋，テラスハウス　　（60m²/戸）
F：2室木造アパート　　　 （30m²/戸）
G：1室木造アパート　　　 （20m²/戸）
H：間口の広い中廊フラット（60m²/戸）
I：間口の狭い中廊フラット（50m²/戸）
J：東西向中廊下高層フラット（40m²/戸）
K：東西向片廊下高層フラット（40m²/戸）

図3 大都市圏における住宅の諸形式[*2]

	人口密度（人/ha）	住戸密度（戸/ha）
玉川田園調布	37.6	14
奥沢四丁目	192	71.8
月島一丁目	382	129
京橋三丁目	486	149
東池袋五丁目	584	249

	人口密度（人/ha）	住戸密度（戸/ha）	建ぺい率（%）	容積率（%）
高島平団地(分譲)	320	97.3	17.1	85.1
赤羽台団地	550	182	13	71
住吉団地	800	258	19	152
高島平団地(賃貸)	1,140	355	20.5	190.3
森の宮団地	1,320	385	27	244

図4 密度の状況

17世紀になると，書院造りに茶室建築のもつ特徴を取り入れた数寄屋造りがつくりだされた。17世紀以降の商業の活発化にともない，京都や大阪では，商人や職人の住宅に町屋という形式がつくりだされた。これが都市住宅の源流ともいえるものである。これらの伝統住宅は現代住宅の間取りや室内意匠などに大きな影響を与えている。

伝統的住宅の形式とは異なる流れに，工業化住宅とツーバイフォー住宅がある。昭和30年代後半から大量生産方式が，廉価で高品質の住宅の生産手段としてとられるようになった。これは「プレハブ住宅」または「工業化住宅」と呼ばれた。これらは，木質系，鉄骨系，コンクリート系と，材質により分類され，さまざまな広さや形式の敷地に建てることができ，しかも，住まい手の個別的な要求にもこたえる間取りのバリエーションを持っている（図8）。一方，在来の軸組工法に対して小規模住宅の供給体制の近代化，合理化，外材輸入への対応という点から，北米の伝統的工法であるツーバイフォー枠組壁工法が，わが国に導入された。これは断面が，2インチ×4インチの規格化された構造材と合板とで，床・壁面を組み立てる一種の壁式構造である（図9）。

日本に鉄筋コンクリート造の集合住宅が建設されたのは，大正14年から昭和2年の間で，同潤会により，東京代官山や千駄ケ谷，深川に，それぞれ一戸当りの建築延べ床面積10～12坪程度の2～3階建ての建物が建てられたのが初めであった。昭和6年には，日本建築学会により，「庶民住宅の技術的研究」が発表されたが，国民の間に鉄筋コンクリート造集合住宅が定着したのは，昭和30年の日本住宅公団（現在の住宅・都市整備公団）の発足以降のことで，団地族という言葉が流行したのも昭和30年代前半のことであった。集合住宅を住棟形式で分類したものを図10に示す。住棟形式は，集合の度合いにより低層（平家または2階建て），中層（3～5階建て），高層（6階建て以上）に分けられる。

集合住宅を中，高層化するメリットは，①1住戸当りの敷地面積が少なく，人口の高密度化に対応し，土地の高度利用ができる，②給排水，冷暖房，ごみ処理などの諸設備の共同化，中央化ができる，③広い公共の庭，幼児の遊園地，レクリエーション施設が設置できる，④集会場などを通じコミュニティ生活が楽しめる，などがあるが，①高層化に伴うエレベーター設備の設置などによる建設コストの増加，②周辺地域への日照，風害，テレビ障害，

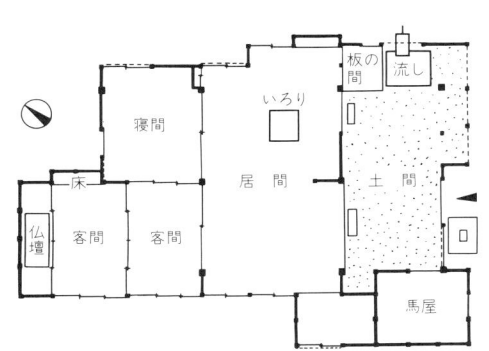

図5 農家（坪川家住宅，福井県）

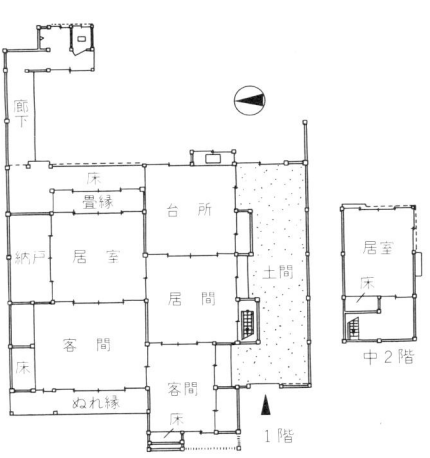

図6 武家住宅（橋倉家住宅，長野県）

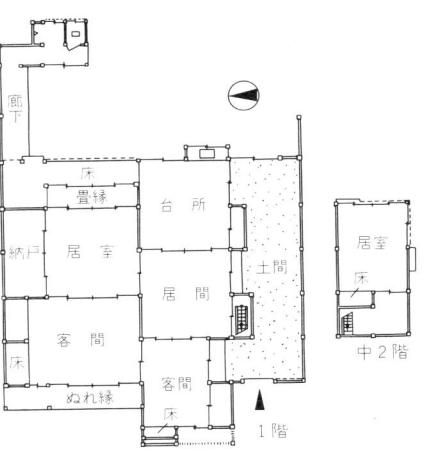

図7 町屋（旧生方家，住宅）

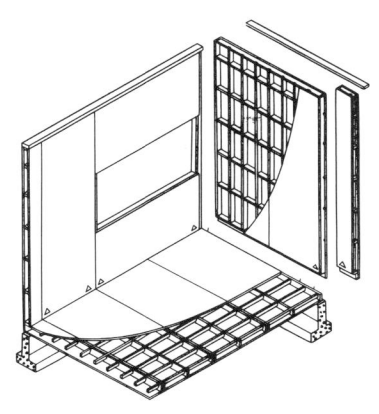

図8 パネル式プレハブ工法

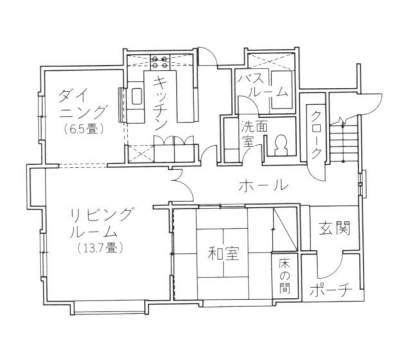

図9 ツーバイフォー工法

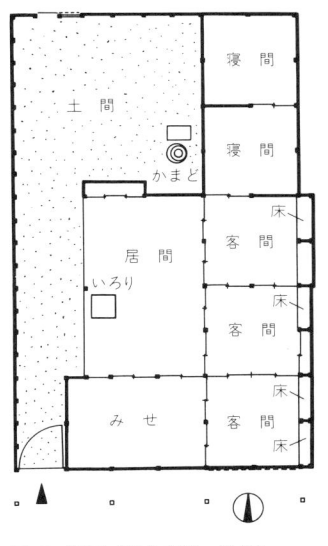

圧迫感，③土地から切り離され，庭のない生活，④個人の自由の制限，プライバシーの喪失，⑤高層住宅内の犯罪などの問題点もある。一方，低層住宅は，土地取得などの問題もあるが，大地に根づいた安心感，きめ細かいデザインの可能性，増改築のしやすさなどの利点がある。図11は，アクセスとの関係で分類したものを示している。

集合住宅のタイプ別の特徴は，次のようである。片廊下型は高密度住棟に適し，明快な構造とエレベーター利用の集中化に利点があるが，廊下側のプライバシー，騒音および日照（採光）などの居住性に劣る。中廊下型は，片廊下型よりさらに高密度化は可能であるが，東西軸では北向きの住戸ができ，居住条件に格差ができる。また住戸内の通風も悪くなる。

階段室型は，住戸の居住性は高いが，高層では専用床面積の計画床面積に対する割合（ネット／グロス比）が低く，エレベーターの効率が下がる。集中型は，共有面積が節約でき，多面開口型住戸が配置でき，アクセスが個別にとれる利点があるが，ホール部分の採光・換気に注意しなければならない。また，建物の形態が塔状になりやすい。何層かに一つの廊下階を設けたスキップフロア型は，階段室型の居住性の良さと，廊下型の経済性（高密度）という特徴を併せもっているが，廊下階と非廊下階の住戸の居住性に差ができる。中廊下型住棟のもつ短所を解決するために開発されたツイン・コリダー型は，高密度居住の南北軸住棟として使用される場合が多い。しかし，給排気には十分気をつけなければいけない。そのほかに，片廊下型住棟のもっている短所を，廊下をはね出させることによって解決した，廊下はね出し型住棟があるが，構造的，デザイン的にもすっきりしたものになりにくいという弱点と，コスト高という問題がある。

図12は，住戸の形式を示している。フラットは1住戸が1層であるが，メゾネットは2層にわたるもので，3層にわたるものはトリプレットと呼ぶ。メゾネット型は，フラット型住戸に比べ住戸内空間が変化に富み，居住性，特にプライバシー性が高く，両面開口による住棟方位に自由度があるが，小規模住宅には面積的に不利である。また，構造および設備計画と間取りとの対応が難しく，住戸の開口合計を多く要する。

図10 住棟形式の分類

図12 住戸形式の分類[*1]

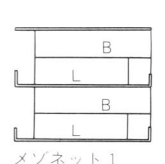

図11 住戸アクセス方式の分類[*1]

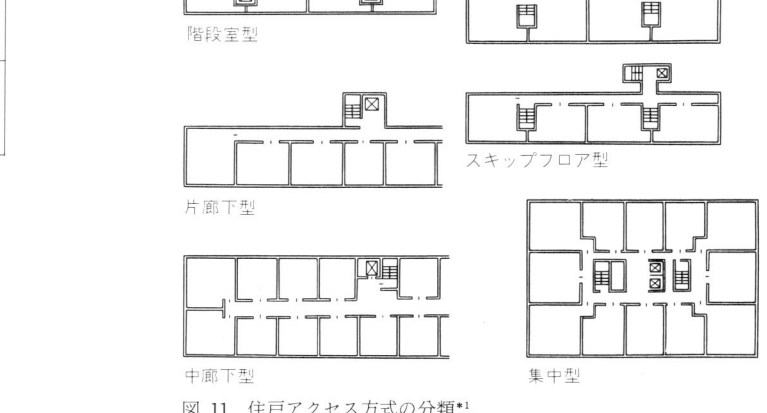

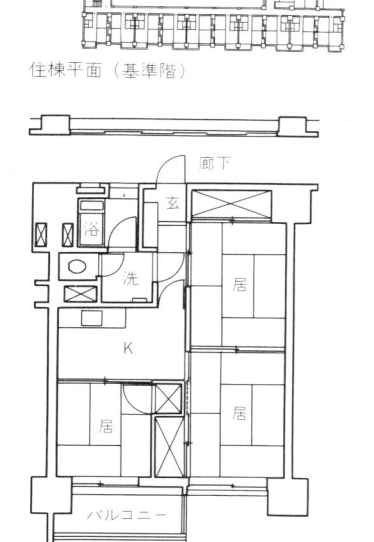

図13 設計例A（片廊下型）
（高田馬場住宅，東京都住宅供給公社）

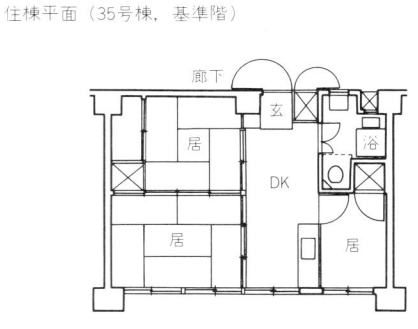

図14 設計例B（中廊下型）
（戸山ハイツ団地，東京都住宅局）

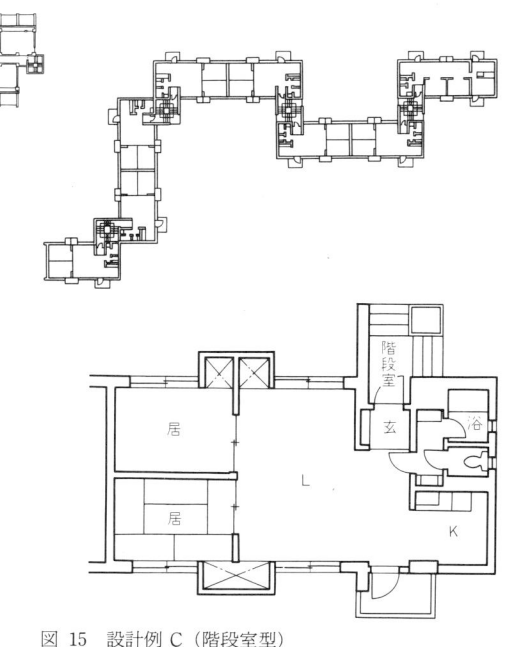

図15 設計例C（階段室型）
（宮崎台ビレッジ，内井昭蔵建築設計事務所）

設計例Aは片廊下型である。従来，土地の高度利用＝高密度住宅＝南北軸中廊下型プランという図式であるが，この例では，片廊下型プラン2棟を互いに背中合わせにし，複合片廊下H型住棟を採用し，高層高密度化を実現したものである。

設計例Bは中廊下型である。中廊下型にありがちな陰うつな感じを排除する目的で，「S」型という高層住棟の計画手法が用いられている。また，内装のプレハブ化を全面的に採用し，住棟の色彩計画もなされている。

設計例Cは階段室型である。水まわりと玄関をコーナーにセットし，収納部は外部にはみ出させて内部を単純化し，間取りに自由度を与えている。階段室が住棟の節となって変化し，敷地の形状に対応しやすくなっている。

設計例Dは集中型である。吹抜けにより，本来は外気に接することができない集中型の欠点を補い，敷地の高度利用を実現した実施設計例である。

設計例Eは，ツイン・コリダー型である。逆Y字型住棟との組合せにより，変化のある団地景観の演出と，住棟（基準階）の分節化（約10戸ずつのグループに分ける）をねらったものである。

設計例Fはスキップフロア型である。廊下階から上下階への行き止まり階段でアクセスする3階構成のスキップフロア型である。構造的にも，平面的に2戸，断面上は3戸分が1単位となる大架構方式で，高密度な都市住宅地を形成する単位としての住棟，住戸のプロトタイプといえるものである。

設計例Gはメゾネット型である。1階に商業施設およびペデストリアンデッキを配し，2階に住宅用の廊下を設けた片廊下型2階構成の方式である。各住戸は，下階が居間・食堂で，上階は三つの個室と浴室などのプライベートスペースとなっている。

個人あるいは家庭の単位で見ると，生活活動の地域的大きさには限界があり，社会学では，同じような生活観を持ち，同じような生活目的や生活要求を持つ住民の地域的な社会集団を「コミュニティ」と呼んでいるが，住生活のもろもろの要求は，このコミュニティの共同的利用施設のレベルやグレードにより充足されている。住宅地の計画の場合，快適な居住環境であるかどうかの一つの指標に，この施設の充実度があげられている。

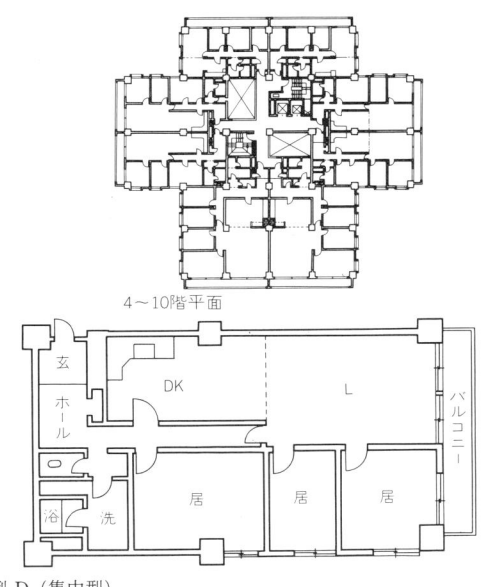

図16　設計例D（集中型）
（日商岩井音羽マンション，長谷川工務店）

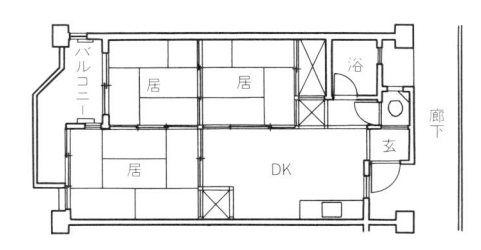

図17　設計例E（ツイン・コリダー型）
（川崎河原町高層住宅団地，大谷研究室）

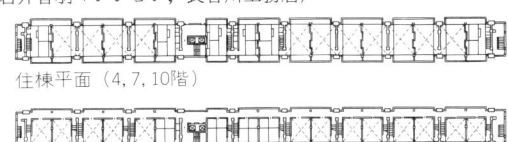

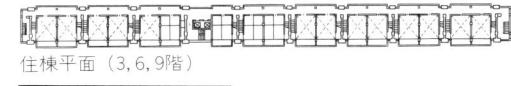

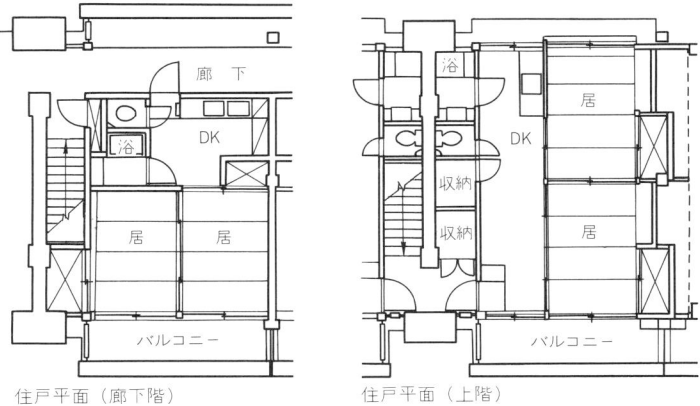

図18　設計例F（スキップフロア型）
（晴海団地，日本住宅公団＋前川国男建築事務所）

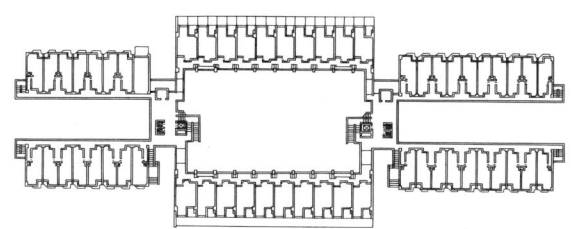

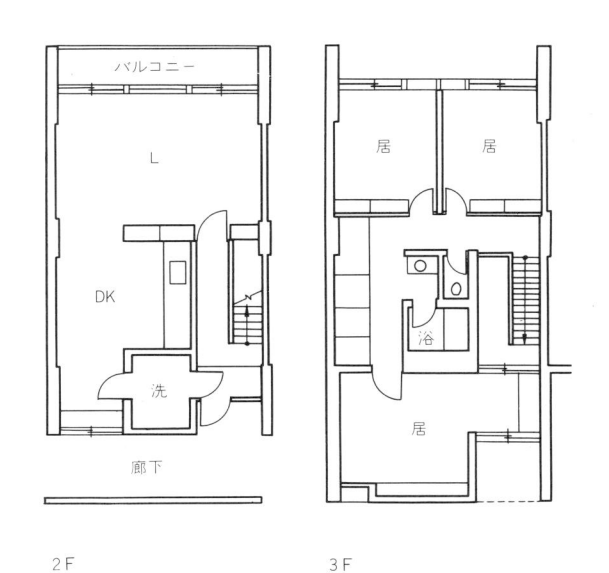

図19　設計例G（メゾネット型）
（代官山集合住宅，槇建築綜合研究所）

1.6 住宅の構法

木造在来構法

垂直に立つ柱と梁や桁などの横架材で構成するわが国の伝統的な軸組構法で作られた家を、ふつう在来構法の木造住宅という。平面計画が外観のデザインに与える制約が少ないので、適用の範囲が広い。横架材に大きな断面の部材を使えばかなり大きな空間までつくることができる。もともとは真壁造り（柱が壁から出るもの）であったが、洋間の普及で現在では大壁造り（柱が壁の中に隠れるもの）が主流になっている。軸組構法では筋かいが地震や台風時に大きな役割を負うことになるので、その配置や取り付け方法については十分に留意する必要がある。なお建築基準法では、2階建までと延床500㎡以下の建物については簡単な軸組計算式による構造のチェックを義務付けているだけであるが、3階建、軒高9m以上、または最高高さ13m以上、それに延床500㎡以上の建物の場合は本格的な構造計算をし、部材の断面寸法などを決定するように定めている。

枠組壁構法（ツー バイ フォー構法）

北米などで広く普及している木造の構法である。わが国でこれを取り入れたのは比較的新しい。

在来構法と比べての特徴としてあげられるのは、①構造材の断面寸法の種類が少ないこと（2インチ×4インチの材を主として使用するのでツー バイ フォーと呼ばれる）、②継手や仕口の加工をほとんどしないこと、③そのかわりに釘や補強金物を多く使うこと、④したがって高度の技能・技術を必要としないこと、⑤工期を短縮できること、である。一種の壁式構法であるため、耐力壁のバランスのとれた配置と、壁量を確保することを考えなくてはならないが、そのために平面計画の自由度が失われることはほとんどないと言ってよい。

木造パネル構法

工場生産された木造系のパネルで主体を構成する工業化住宅の構造である。パネル間の接合には接着材と緊結金物を使う。その他のエレメントはほとんどが部品化されていて、現場施工が簡易なため、木質系工業化住宅の中ではプレハブ化度が高い。小型のパネルを数多くつなぐ方法と、大型のパネルを使って接合部を少なくする方法とがある。内外装は現場で施工する場合が多い。

鉄 骨 造

主要構造部に鋼材を使う構法を鉄骨造（S造と略す）という。木造に比べて強度と耐火性に優れている。軽量で精度の高い鋼材の特徴を生かせば質の高い建築をつくることができる。鉄骨造の住宅には構造用鋼材を使ったものと、軽量形鋼を使ったものとがある。後者は、中小規模の建物やプレハブ住宅に多く採用される。柱と梁に形鋼を使った鉄骨ラーメン造では、耐力壁やブレースのない架構も可能で、大空間や大きい開口部を作ることができる。鉄骨造住宅の欠点は錆が発生することと内外壁の仕上げ材に制約を受けることである。特に軽量鉄骨は薄肉であるため、①錆の発生による性能の劣化の恐れがあること、②ピン接合であるため局部変形が生じやすいこと、③湿式（左官）の仕上げが適さないことなど、設計に配慮を要する。

RCラーメン構造

鉄筋コンクリート（普通RCと略す）の柱・梁と床スラブおよび耐力壁からなる構造で、どんな種類の建物でもつくることができるという長所がある。しかし、グリッド状の架構にすることが原則であるため、平面形をそれに合わせなければならないという制約がある。その点からいうと小住宅のようにさまざまな大きさの小さな空間をもつ建物には不向きな面がある。一方、10階建

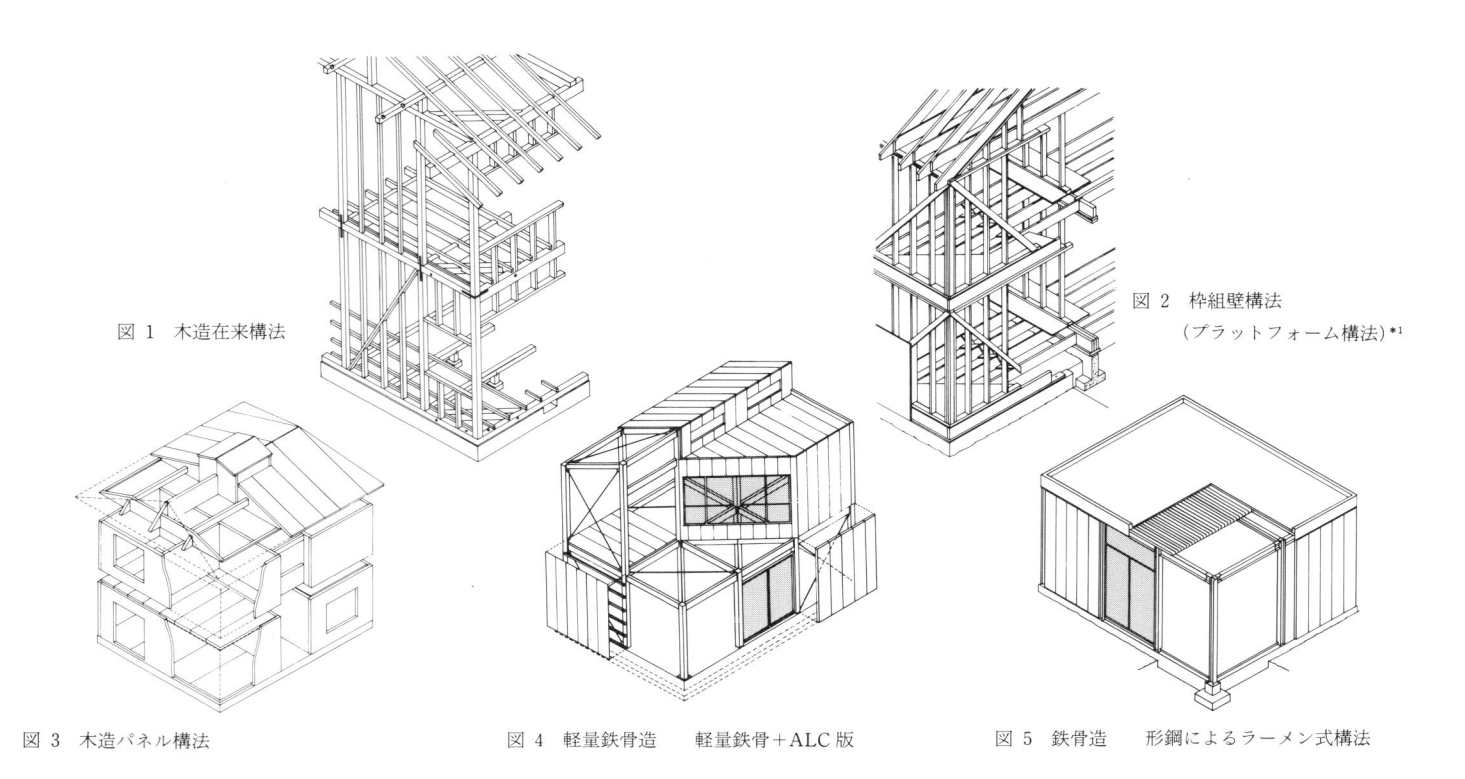

図1 木造在来構法

図2 枠組壁構法（プラットフォーム構法）[1]

図3 木造パネル構法

図4 軽量鉄骨造　軽量鉄骨＋ALC版

図5 鉄骨造　形鋼によるラーメン式構法

ぐらいまでの共同住宅には，7〜8 m の柱間の矩形の中に各住戸を押し込むことができるので問題はない。開口部も壁式に比べてかなり自由にとることができる。この構造によると，柱型と梁型が室内に突出する欠点がある。

鉄筋コンクリートの耐用年数は，従来はかなり長いと考えられていたが，最近，大気汚染の影響やコンクリートの中性化による鉄筋の錆などのため，意外に短いことが注目されるようになった。

RC 壁式構造

鉄筋コンクリートの壁と床スラブが一体となった箱形の構造を RC 壁（式）構造という。この構造は間仕切壁の少ない大空間には適さないが，小部屋の多い住宅では支障がない。柱や梁が室内に突出しないのですっきりとしたインテリアになる。ただし，開口部の大きさと位置をそろえること，耐力壁の量と配置，上階と下階の壁の位置をそろえることなど制約があって難しい点もある。RC ラーメン造に比べて造形が自由なので，曲線を導入することもできる。4〜5 階建ての共同住宅ではラーメン造よりも経済的につくることが可能な場合もある。しかし壁厚が 18〜20 cm になるので，90 cm のモジュールでは廊下や階段の有効幅が少なくなるため，使いにくいという難点がある。

混構造—鉄筋コンクリート造と木造の併用

鉄筋コンクリートで主体の構造をつくり，小屋組や内壁・床組を木造にすると，両方の長所を生かした建物をつくることができる。このように二種またはそれ以上の構造を併用する構造を混構造という。耐火性能と耐候性能の優れた RC 造で外皮をつくり，人間が直接触れる内皮を木造にして，温か味のあるインテリアをつくりたい場合や，RC 造で不変の軀体をつくり，内部を自由に変えることのできる可変住宅にしたい場合にはこの方法がよい。

軽量形鋼によるボックスユニット構法

軽量形鋼で主体となるボックスのフレームを作り，それに部品化された床・壁・天井などのパネルや設備を取り付けていく構法をいう。ほとんどの作業が工場でつくられた部品の組合せになるのでプレハブ化度は非常に高い。運搬の都合上，基本ユニットは大きな空間にできないが，必要に応じて複数のユニットを縦，横に連続させればよいので，さまざまな規模や間取りの住宅をつくることができる。ユニットを買い足せば簡単に増築ができるので，段階的な住宅計画も可能である。この構法による住宅の外観は従来のイメージを変えたものになることが多い。

大型 PC 版による構法（戸建て住宅用）

PC 版＜プレキャストコンクリート版＞というのは，あらかじめ工場において作った鉄筋コンクリートのパネルのことである。現場打ちコンクリートと比較すると，寸法も精度も高いきれいなコンクリート版（壁や床や屋根に使う）を量産できる長所がある。この PC パネルを現場で組み立てて鉄筋コンクリートの軀体を作り，内外装を施すのがこの構法の特徴である。

現場打ちコンクリートの施工が難しい密集地でも，クレーン車が入れる所なら，かなり短期間内に耐火建築物の建設も可能である。またコストの面でも現場打ちよりも有利（軀体について）である。ただし，壁式の一種であるから，間取りに多少の制約が出ることは避けられない。基礎工事は現場打ちで行う。

大型 PC 版構法（中層集合住宅用）

PC 版を組み立てる構法は，量産できることが第一の前提になる。その意味では大規模な集合住宅の建設に適した構法である。今のところは 5 階建て程度の中層集合住宅に質の高いものの実例が多く見られる。

日本電電公社が開発した DEFS はその一例である。ここでは 15 cm 厚の壁パネルを使用し，部屋の仕上り内のり寸法は 90 cm の倍数になるように計画されている。各種の部品にも 90 cm のモジュールが使われているので，軀体とエレメントとは寸法的によく納まっている。また，この構法は軀体のプレハブ化だけでなく，設備のユニット化，配管，配線のシステム化などについても研究開発されている。そのため現場施工を極力減らし工期の短縮と施工精度の向上に大きく貢献した。

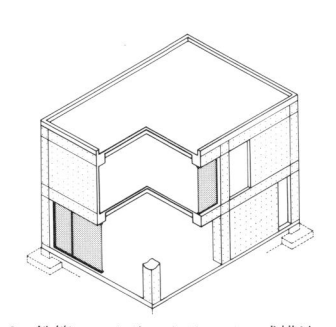

図 6 鉄筋コンクリートラーメン式構法

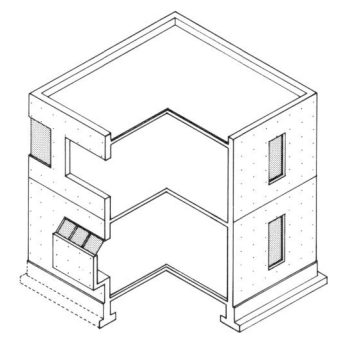

図 7 鉄筋コンクリート壁式構法

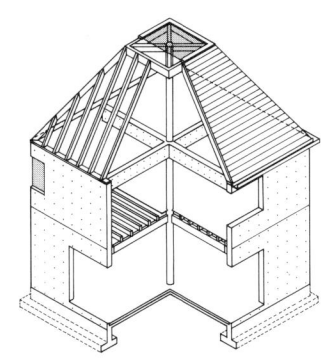

図 8 鉄筋コンクリートと木による混構造

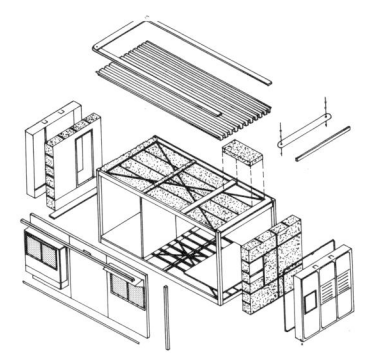

図 9 軽量形鋼によるボックスユニット構法[1]

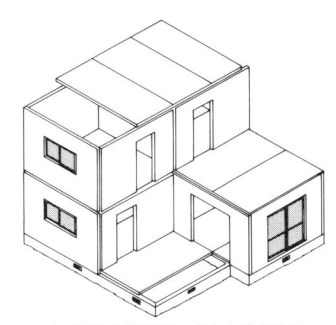

図 10 大型 PC 版構法（独立住宅）[1]

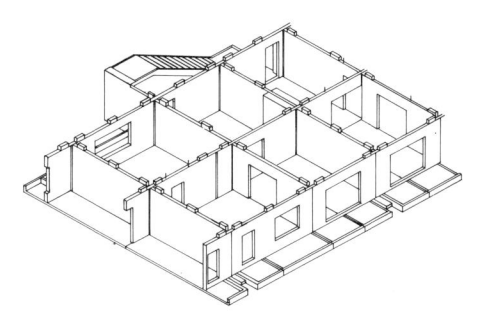

図 11 大型 PC 版構法（集合住宅）[1]

1.7 住宅生産とハウジング

近代に入ると都市部に住んでそこで働く階層が次第に増えてくる。それにともなって都市や住宅の計画・設計の対象も徐々にこの新しい階層へと移行していった。第一次世界大戦後のヨーロッパではこの勢いがさらに加速されて，大幅な社会的経済的な変動が起こっていった。機能主義や国際様式と呼ばれる近代建築がその姿を現したのはこの頃のことである。近代建築家たちは主に都市市民の住む住宅を舞台にしてさまざまな新しい提案を行った。限られた住空間を機能的に活用するために時間別にインテリアを使い分けようとする考えもその一つで，実に多くの建築家が競っていろいろな案を提示している。デ・ステイルの建築家リートフェルトの設計で，近代住宅の原型の一つといわれているシュレーダー邸もその見事な例であった（図1）。

ヨーロッパのこれに相当する動きは，日本においては第二次世界大戦以後に起こったとみてよい。各都道府県で一世帯一住宅の目標が達成され，戦後の住宅難が少なくとも量的に解決されたのはようやく1974年のことであった。それ以降量より質への転換が各方面で叫ばれるようになる。それまでの期間はもっぱら住宅を大量に建築することのみが主題とされていたために，小規模でかつ画一的な住宅がつぎつぎと建てられた。その象徴的な例が中層アパートの団地である。また大量の建設を迅速にかつ廉価に実現するため，技能労働省の不足を補う手段として工業化が強く志向されたのもこの頃のことである。同様の意味で標準化・規格化もこの時代に特に要請された概念であったと言ってよい。

住宅数がほぼ充足し，オイルショックを経て，高度成長期が終焉(しゅうえん)をつげると，質から量への本格的な転換が図られるようになる。まず実現したのが住戸面積の増大であった。公団の中高層耐火造分譲住宅では，毎年3㎡に迫る勢いで戸当り面積が増大していった。もう一つの動きは，住まい手自身の要求を反映した住宅建設の手法が模索されはじめたことであった。もちろんこうした提案は，面積にゆとりができたのではじめて可能になったのである。

鈴木成文は，大量建設の時代に余儀なくされた従来の住まいすなわち与えられた標準設計に制約されざるを得ない住まいを規定型と名付けた。一方，これに対する新しい住宅として住まい手の個性によく追従し得る住まいを順応型住宅と名付け，その提案

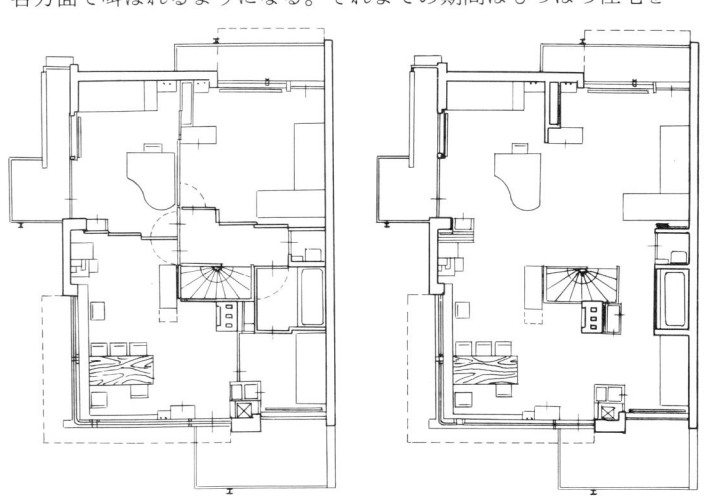

図1 シュレーダー邸（G.T.リートフェルト，1924）

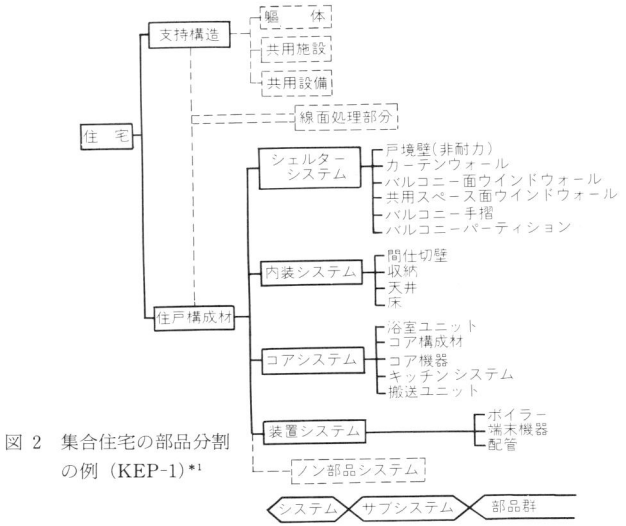

図2 集合住宅の部品分割の例（KEP-1）[*1]

図3 内装部品による住戸設計の例（KEP-1）[*1]

を行った（1970年，図4，5）。入居時の計画の自由度を保証し，入居後の生活の変化にともなう模様替えを可能にするため，この順応型の住宅には家具による間仕切や可動パネルを用いることが想定されていた。また，新たに住宅を取得したいと考える人たちが組合を結成し，協同で建設計画を立案し，それを実施するコーポラティブ・ハウジングが出現したのもこの頃である。

工業化，標準化，部品化は当初合理化の手段として導入が検討されたものであった。1970年にはプレキャストコンクリートパネルを用いたプレハブ公共中層住宅の標準設計であるSPHが完成し，軀体，内装，設備の工業化の下地が整った。しかし，この頃以降，合理化一辺倒の工業化の考え方は影をひそめ始め，そしてむしろ部品化を手段として新しい設計，生産の自由度を獲得しようというニュアンスの方が強くなってくる。その先駆けが，同じ時期の1970年のパイロットハウス技術考案競技，住宅用設備ユニットの開発であった。いずれも建設省によって行われたプロジェクトである。これらは，民間のすぐれた技術力，提案力を積極的に取り入れようとした点で，従来の公的な施策とは一線を画したものといってよい。換言すれば，このときより，住宅生産が公共主導型から民間主体型の活動へ移行していったとみてもよかろう。1974年に始められた住宅公団の一連の開発プロジェクトKEP（図2，3）も，このような動きに沿った一つであり，システムズビルディングの考え方を導入しつつ順応性を考慮した斬新な提案がなされている。

多様化と面積増大へのニーズに十分に対応できなかったためにSPHが急速に硬直化していったように，標準設計は次第にその効力を失っていくことになる。従来のこうした標準設計による画一的な住戸・住棟計画に代わって，工業化技術を用いながらより多様な設計の展開ができることを狙いとして開発されたのが新しい公共住宅設計計画標準のNPS（New Planning Systemの略，1975年～）である。NPSでは「面積型系列」の考え方の採用と，可変性の導入が大きな特徴となっている。

このような動きは，間取りと仕上げを弾力的に選べるメニュー方式，居住者の自由な内装設計を許すフリープラン方式（以上公団），同様の趣旨で軀体と内装を分けて供給しようとする二段階供給方式（京都大学巽研究室）などの制度や提案を産み，1985年には，賃貸住宅にもフリープランの考え方を導入したフリープラン賃貸住宅（公団）が実施に移されるようになった。構造体を長持ちさせて社会資本の充実を図る一方，内部を部位の耐久性に応じて取り替え，同時に住まい手の要求に柔軟にこたえようとするCHS（Century Housing System，建設省）も普及段階に入り，ハウジングは住むこと以外にそれを実現し維持するプロセスを包含したより大きな拡がりでとらえられる時代に入ってきている。

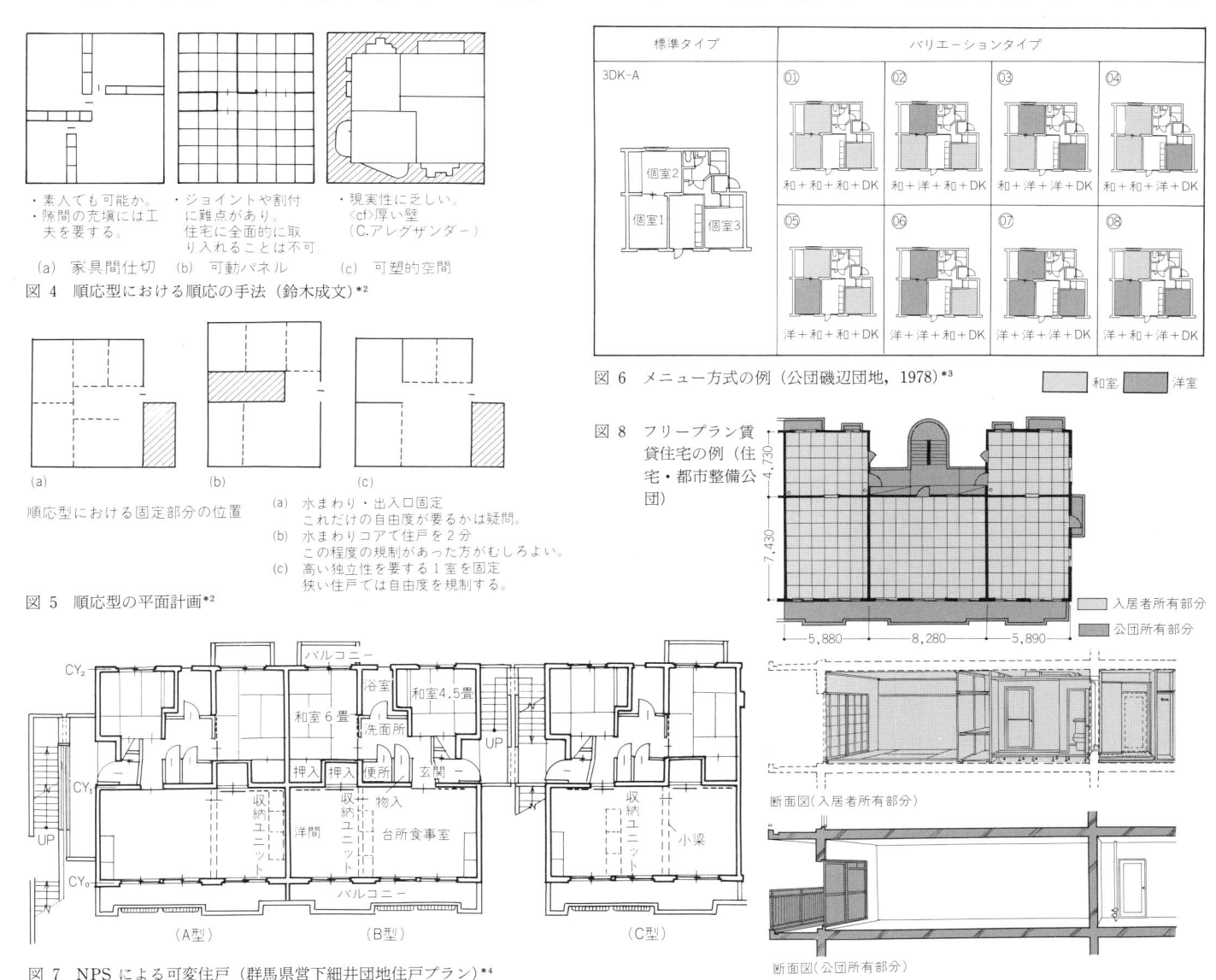

図4 順応型における順応の手法（鈴木成文）*2

図5 順応型の平面計画*2

図6 メニュー方式の例（公団磯辺団地，1978）*3

図7 NPSによる可変住戸（群馬県営下細井団地住戸プラン）*4

図8 フリープラン賃貸住宅の例（住宅・都市整備公団）

2 LとDとK

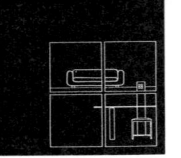

2.1
LDK 空間

　住宅の規模と間取りを表す簡単な手段として n LDK という表現の方法がある。n は個室の数で、LDK の意味は、洋風の居間空間（L）と食事空間（D）、それに、調理機器がセットされた台所（K）である。

　居間、食堂といった使用目的別に空間を呼ぶのは、大正の頃つくられた文化住宅からだといわれているので、こういう表現のしかたは、それほど古いことではない。

　戦後の住宅難で小規模の住宅が大量供給されたときに、住宅空間の合理化という目標のもとに、家族本意の住まいとして寝食の分離や椅子式生活が導入され、それにともなって公室と呼ばれるDKあるいはLDKという空間が急速に普及してきたのである。

　このLDKの空間は、歴史的間取りの系譜の中では、起居様式の違いこそあれ、伝統的な農家の"ひろま"、"おえ"に当たるといってよい。また、大正から昭和にかけて、庶民住宅における"茶の間"と同じ機能をもつ室空間とみなすこともできる。

　新しい LDK 空間の出現は、夫婦平等、個人尊重をうたう自由平等主義を基盤としたもので、新しい家族像を背景にした、生活改善と空間合理化の成果で、住生活の機能の明確化と秩序づけを目指したものであった。こうした経緯をみると、旧来の類似した一室空間とは同じものではないといってよかろう。

　LDK 空間に対応する主な生活行為は、いうまでもなく団らん、くつろぎ、食事、および関連する諸作業であり、それらを通じて家族のコミュニケーションを図る場でもある。また、公室と呼ばれるこの空間は、接客なども含めて、多様な用途に応ずることのできる空間でなくてはならない。

LDK 空間の型

　LDK は、基本的に個別の機能を持つ三つの空間からなり、その空間相互のかかわり方、分節のしかたによって空間の機能や性格が変わってくる。図1から図9では、LDK の分節のしかたから九つの空間の型に分類し、それを例示した。

延べ床面積と LDK 空間の型

　空間の型は、住まい手の生活要求によって、それに応じた選択がなされるわけであるが、住宅の規模、すなわち延べ床面積との相関も無視できない。L・DK は 100 ㎡以下に多く、LD—K は 100 ㎡以上に多い型といってよい。

間取り型と LDK 空間の規模

　小規模住宅で、寝食分離を可能にするDK型間取りを実現するには、新しい厨房機器の役割が欠かせないものであった。従来は、汚れた場所と考えられていたK（台所）の観念を一変させた新しい厨房機器は、新しい住まいのシンボルとして、DK 空間を普及させる原動力になった。

　これは、都市部のモダンリビングの範ちゅうを超えて、広く一般の住宅に取り入れられていった。ただしL（居間空間）については、客間や応接間的な要素を含んだ曖昧な空間であったこともあって、古い慣習を持つ農山村部の住宅には、そのままでは受け入れられず、洋室化した DK を付け加えはしたものの、茶の間、

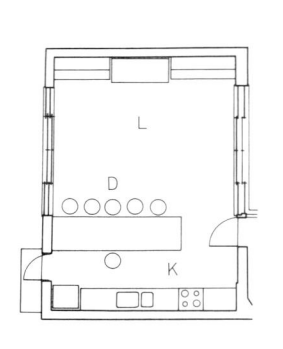

図1　LDK（伊村邸，増沢洵）

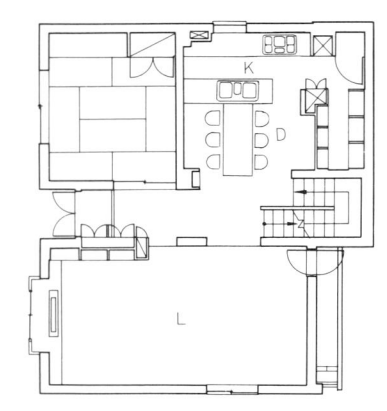

図2　L・DK（父母の家，ザイゾン設計事務所）

図3　L+DK（石川邸，加藤宏之）

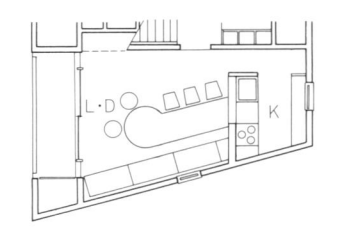

図4　LD・K（山下建築研究所）

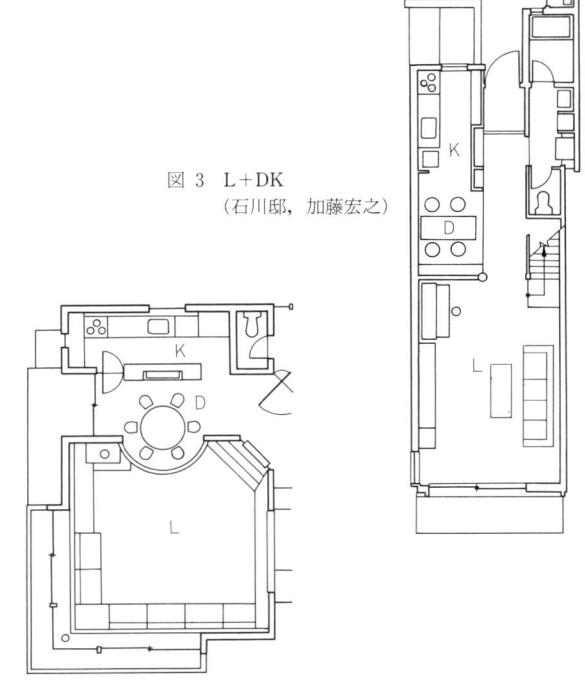

図5　L・D・K（大室高原の家，林雅子）

和室続き間型間取りへの依存がいまだに強く残っている。また，LDKの規模はさまざまな要因によって決まってくると考えられるが，主に間取り型，延べ床面積，寝室数の三つの要素によってほぼ決まってくると考えてよい。

DKおよびLDK空間の普及は，椅子式生活が庶民住宅の中に導入される契機をつくった。それにともなって取り入れられた洋家具や洋風の室内構成法は，住宅部材の工業化・部品化による住宅工法の革新と相まって，室空間を計画するに当たってインテリアという概念をもつことの必要性を考えさせることになった。ところで，このようなDK，LDKといった空間が，はたして快適な家族の生活を支えているのであろうか。これについては，いくつかの問題点が指摘されている。例えば，L（居間）は接客空間としての機能を併せ持ったものであるため，本当のくつろぎの場になり得ていないこと，洋風のしつらえや椅子による休息が，それほど居心地の良いものではないこと，また，落ち着きのないLDKは，かつての茶の間のように，家族に対して求心的効果をもつことがなく，むしろ，各人を個室に拡散させてしまう弊害すら危惧されている，といったことである。

これらは，形骸だけを取り入れたLDK住宅が，現実の生活要求に合っていないためであろう。そして見せかけのインテリアや生活になじまない洋風のしつらえといったことが，その溝を深くしているともいえるが，それにもまして，適切なインテリアエレメントが十分に供給されていないことも大きな要因であろう。

LDK型 LDKの空間が区切られないで，一つのまとまりになっている型。家具化された調理設備によって，調理作業をも団らんの中に取り込んでいる。この型で注意したい点は，換気を含めた空調である。また，気持ちよく住むためには，新しい生活の作法を身につけることが必要である（図1）。

L・DK型 LとDKが適度に連続している型。Dが落ち着いた場所に設けられるかどうかがポイントになる。LはDKに影響されないで，落ち着いた空間にすることができる。Lを和室とし，茶の間的な使い方をする場合も多い（図2）。

L＋DK型 Lを完全に独立させ，DKを一つの空間とした型。Lに落ち着いた雰囲気が欲しいときや，接客に重点をおいた場合に適している。Dがゆとりのない空間にならないように，注意することが大切である（図3）。

LD・K型 LDとKがカウンターなどを境にして連続している型。小中規模の住宅で多く使われるタイプである。DとKの接点の取扱いがポイントになる。この例では，多目的なリビングテーブルが接点の役割をしている（図4）。

L・D・K型 LとDとKが，それぞれある程度の独立性が保てる型。合計面積が大きくなるので中規模以上の住宅に向いている。この例は，Dを土間にしたやや特殊な間取りである（図5）。

L＋D・K型 Lが独立空間で，DとKが適度な連続を保っている型。接客重視のLに適する。Dにゆとりをもたせ，団らんの場を兼ねさせるファミリールーム的な取扱いをするのも一つの方法であろう（図6）。

LD＋K型 Kを独立させ，LDを同一空間とする型。中規模程度の住宅で最も多いタイプである。LとDがそれぞれ落ち着いた"場"になるかどうかがポイントである。空間は相互に共有できるので広く感じさせる利点がある。台所の設備は独自に計画できるのでコントロールしやすい（図7）。

L・D＋K型 Kの独立型で，LとDが軽い遮へい物によって区画されている。LDよりもL・Dの面積は増えるが，各空間ごとの落ち着きは得やすい（図8）。

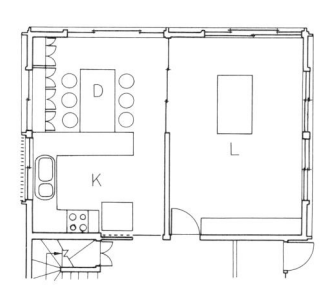

L＋D＋K LとDとKがそれぞれ独立室となる型。大規模な住宅で格式を重視した形式で，全体的に接客を意識した間取りになる（図9）。

図6 L＋D・K（西浦邸，西沢建築設計事務所）

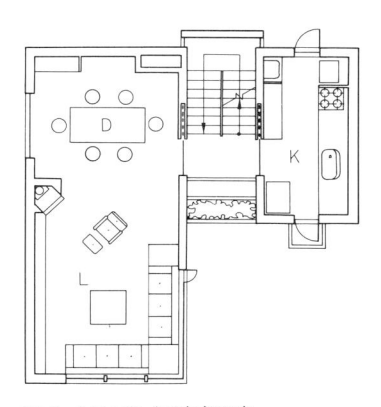

図7 LD＋K（西麻布の家，アソシエイツ・アーキテクツ設計事務所）

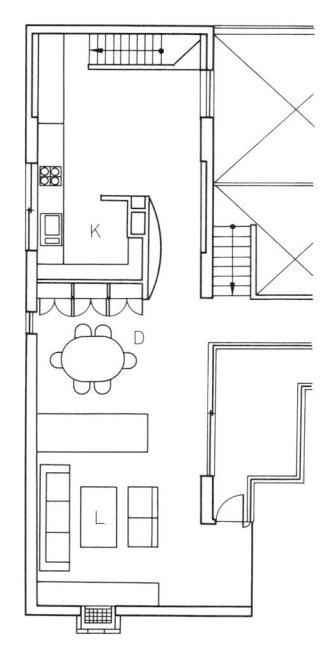

図8 L・D＋K（古市邸，仙田満）

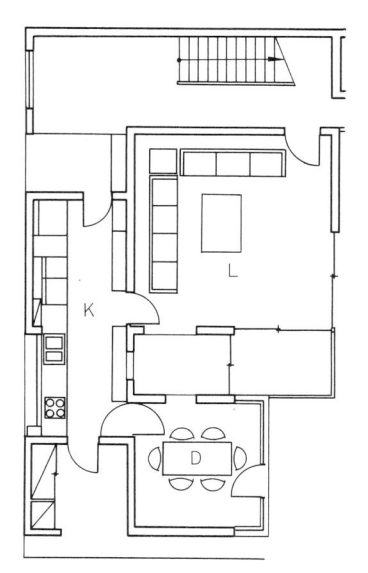

図9 L＋D＋K（塀の家，林雅子）

2.2
L（居間）空間

　L（居間）は，家族の団らんの場であり，コミュニケーションの場でもある。また，住宅の中で用途を特定できない多目的で曖昧な空間とみることもできる。他方この空間は，間取りを考えていく上で，その住まいの性格を決定するかなめを果たす空間でもある。このように重要な役割を持つ空間でありながら，その内容が曖昧になる原因には，次のようなことがあげられる。

　その第一は，かつて広間，または，茶の間にあった食事と団らんの場を，D（食堂）とL（居間）という二つの空間に分離したことである。その結果，生活行為をも無理に分けることになり，団らんそのものの効用もはっきりしなくなってしまった。

　第二は，団らんの場は本来内輪の肩の張らない空間であるべきなのに，接客という表舞台の機能も付け加えられてしまったという矛盾がある。

　そして第三は，現代の多様化した生活の中で，特定した空間を与えられていない生活行為の大半が，この空間の中で行われていることである。

　L（居間）を計画するに当たっては，この三点について十分な検討をしておく必要があろう。

間取りとL（居間）の型

　間取りからみたL（居間）の型は，大きく次のように分けることができる。

ゾーン型　LD・LDKの間取りで，LがDと同一の空間に併置されている型で，最も多く見られる。Lが無意味な飾り空間にならないように役割をはっきりさせ，居心地のよい空間にする考慮と，適切な区画による視野の整理が必要である（図1(a)）。

ホール型　Lを通過しないと個室に入れない間取りの型である。個室の側からいうと，顔をだせばそこがLになっているタイプである。落ち着き，くつろぎには不向きであるが，家族のコミュニケーションという面では，これ以上の設定はない。成長期にある家族向けというよりは，すでに個の確立した家族向きの型といってよい。独立した接客空間が別に必要となってくる場合もある（図1(b)）。

独立型　Lの用途をかなり明確にイメージするにはDやKなど，ほかの空間と区画し独立させる必要がある。もちろん区画といっても完全な壁から，部分的な遮へい程度のものまで段階はさまざまに考えられる。家族が使うことが主であるLの場合はプライベートゾーンに近い位置に配し，接客に重点をおく場合には，玄関などのパブリックゾーンの近くに位置させる。一般的にいってこの型は，中規模以下の住宅には適さない（図1(c)）。

Lの平面計画と座席

　Lでくつろぐ姿勢は座った姿勢である。どのような座りかたにするか，それをどこに配置するか，これが計画の中心になる。

　座には，和室の座布団のように位置を限定しない（しきたりとしてはあるが）ものから，造り付けのソファのように全く固定してしまうものまでいろいろな形式のものがある。座の計画とは，その空間の使われ方を想定し，的確な使い方を提示することである（図2）。

　家族全員がそろう団らんの席，各人が憩いの時を過ごす個の席，

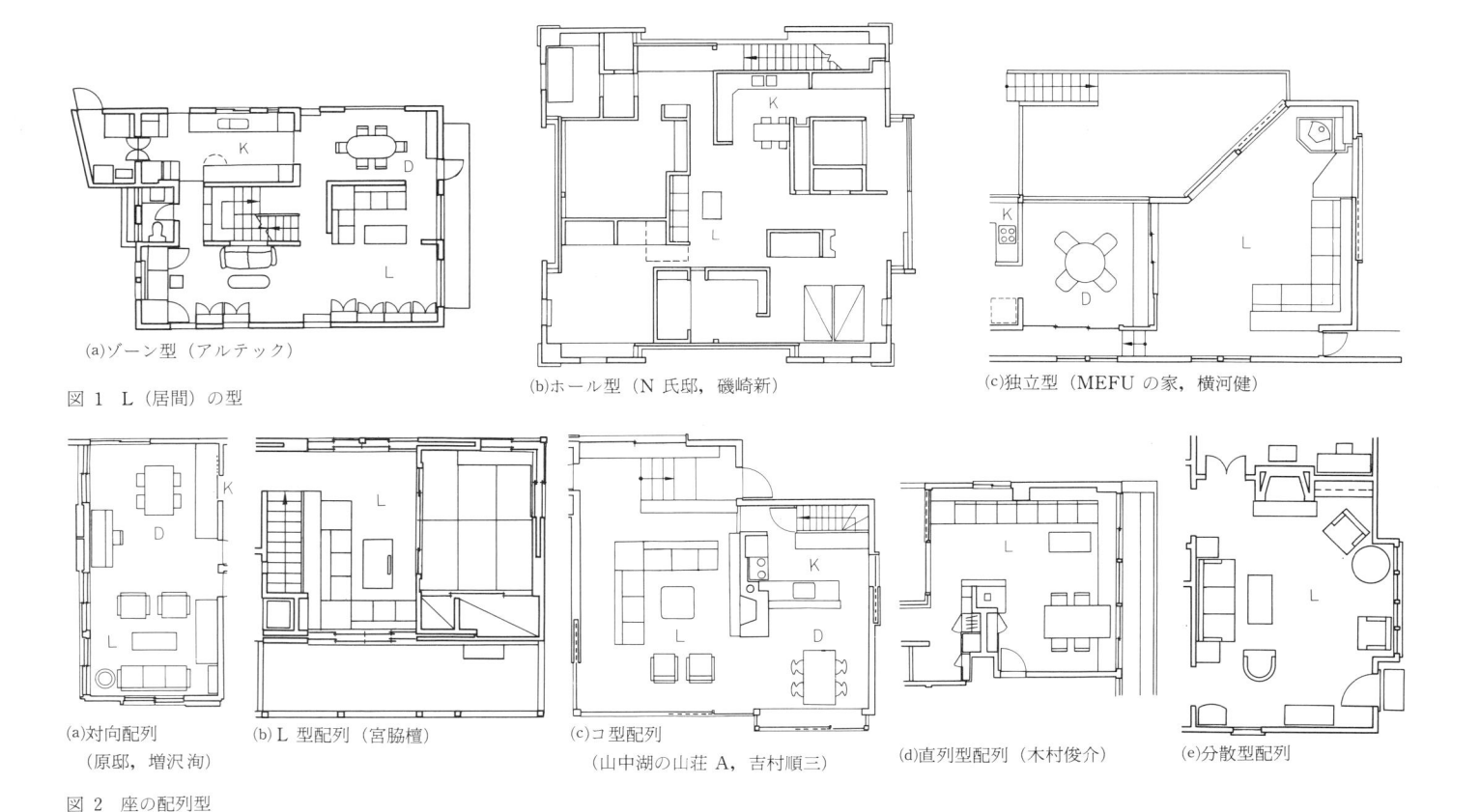

(a)ゾーン型（アルテック）　　(b)ホール型（N氏邸，磯崎新）　　(c)独立型（MEFUの家，横河健）

図1　L（居間）の型

(a)対向配列（原邸，増沢洵）　　(b)L型配列（宮脇檀）　　(c)コ型配列（山中湖の山荘A，吉村順三）　　(d)直列型配列（木村俊介）　　(e)分散型配列

図2　座の配列型

そして，来客時の席などもある。こうした多目的な空間がLであるから動線は錯そうする。それらを十分に検討して座を配置することが必要である。またその場合重要な条件は，座席からの視野である。特にLDやLDKなどの複合空間では視野が乱雑になる恐れがある。適切な遮へい物を設けたり，開口部の調節を図るなど，視線の整理をすることが必要になってくる。座の配列の基本形はそう多くはない。原則として，中心になる大型のソファと軽快で掛け心地のよい形の椅子を組み合わせるようにすると，フレキシブルで使いやすい空間ができる。

対向配列 ソファと肘掛椅子または安楽椅子2脚を，テーブルをあいだに置いて向かい合わせる形式で，やや堅い雰囲気の対話や接客に向いている。くつろいだ雰囲気にするには，一人掛けの椅子をソファとは違ったデザインの軽快なものにするとよい（図2(a)）。

L型配列 L型のコーナー部分にテーブルをおく方法と，椅子を連続して配置する方法との二通りがある。限られたスペースの中に多くの人の席をつくるには便利な形式である（図2(b)）。

コ型配列 解放型の配置と閉鎖型の配置がある。前者は，コの字形に組まれた椅子の2辺，または3辺の背後に壁があり，解放面がオープンスペースに向いた配置などで，空間が狭い場合に適している形式である。後者は解放面が暖炉などに向き，椅子の背が他の空間との区画の役を果たす配置で，広い空間に適した形といえる（図2(c)）。

直列型配列 細長い空間では壁面に添ってソファやベンチを配置する。ふだんは床面をできるだけフリーにしておき，時に応じて補助椅子などで座席を増やす方法は，小規模な住宅向きで，フレキシブルなLの使い方ができる（図2(d)）。

分散型配列 散漫な感じがする配置であるが，暖炉などを中心に，壁際に椅子を置き，中央の床面を広く見せる。個人のくつろぎに適した配置で，団らんとは，まとまることだけではないということを示す例である（図2(e)）。

断面の計画

くつろぎの姿勢によって視線の高さは同じにはならない。視野は室内だけでなく外部につながる眺めも大切である。断面を計画するときは床のレベル差，開口部の高低などを含めて，視野のレベルについての考慮が必要である（図3）。

座のまわりのあき

座のまわりの動作と，それに要する空間については，I編3章「人間工学」を参考にする。図4はその一例である。

室内環境の調節についての注意

独立型を除くと，Lは一般に隣接空間との仕切りがゆるくて大きな空間になる場合が多い。そのため，室内環境の調節についていくつかの注意が必要である。

① 暖房——床暖房にする場合以外は熱が拡散するので，必要な部分だけ暖かくすることは難しい。採暖方法と空間の仕切り方に慎重な配慮が必要である。

② 換気——人が集まる場所として，人数や使用の状態に応じて適切な換気が得られるような計画が必要である。

③ 音——ホール形の場合には音は住まいの全域に伝わる。ドアは遮音には弱いところでもあるから特に注意が必要である。

④ 照明——多目的な空間として，その使い方に合わせて調節できる照明にしておくことが望ましい。

基本的には，空間を効果的に見せるための固定形の照明（スポットライト，ダウンライト，シーリングライト）と，人の行為に必要な可動式の照明との2種類によって構成することが望ましい。

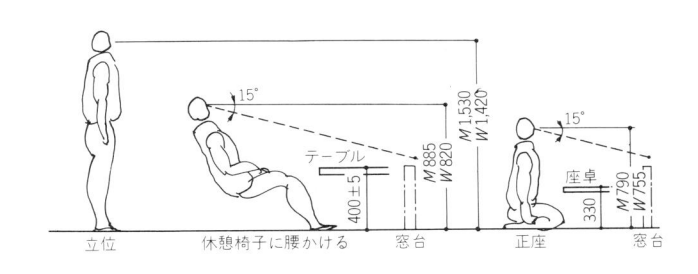

図3 姿勢と視野

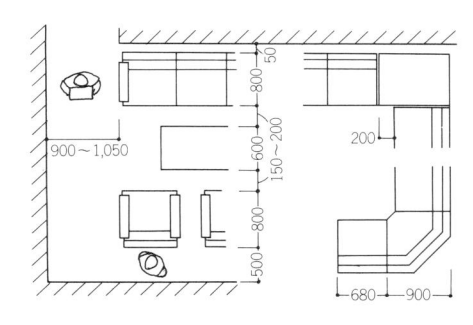

図4 座席と動作空間

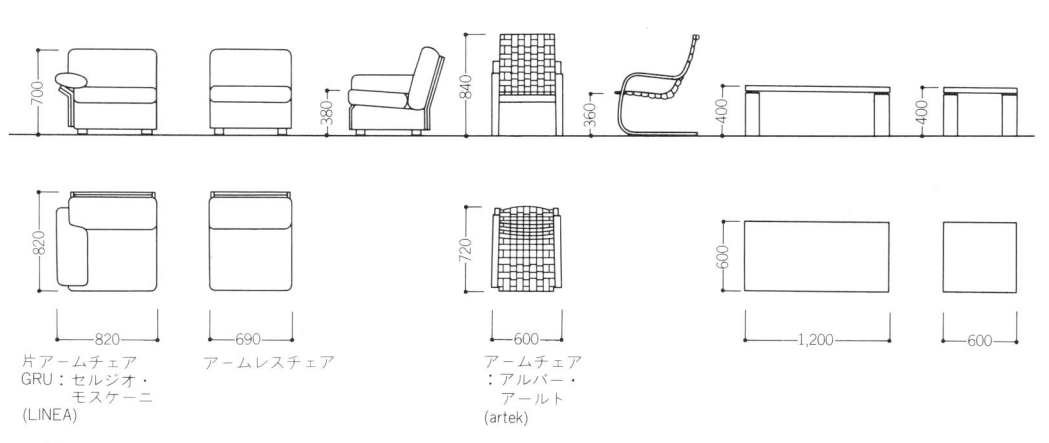

図5 居間用椅子とテーブル

2.3
D（食事）空間

　食事の場所はわが国の住まいの中心にあったが、食事室と呼ぶ独立した部屋はなかった。現在でも単独の食事室を持つ住宅はそれほど多くはない。普通はDKとかLDKとかいった複合空間として存在し、KやLに付属するような形になっているものが少なくない。

　食事という行為が家庭生活の中で、団らんやコミュニケーションの場として重要視されるべきであるにもかかわらず、空間的には十分な扱いを受けていない、ということがいえそうである。

　その理由としては、従来、食事とともにあった家族の団らんが、Lの空間の導入によって分離され、生活の中心はLの空間に移ったという考えから、Dの空間が軽視されるようになったといえる。一方、Dの空間は、調理の準備や、後始末がともなうため、K（台所）とのつながりが重視される。

　厨房機器の発達は、調理の場所と食事の場所を一体化して、装置空間ともいえるD空間をも可能にしたという事情もある。他方、家庭の団らんが見直され、食事の場をもっと重視すべきだという意見もある。曖昧な意味しかもたない団らんのためのLの空間を割いて、Dの空間をもっとゆったりと落ち着けるものにしようということである。

　また独立したDの空間を設けようという要望はみられないが、食卓や装置を重視しようという傾向もある。今後の問題はDの空間、すなわちDのための装置をL、Kの中にどう位置づけるかということになってこよう。

食事の場の計画と食卓

　食事の姿勢には、平座（正座と胡座）と椅子座とがある。また座席の配列には、囲み型・直列型・独立分散型がある。図1は、食卓と座席配列の例を示したものである。

　茶の間の掘ごたつ式食卓　　茶の間の床はカーペット敷きで、そこに掘ごたつにもなるピットを設け、円形のテーブルを固定してある。台所と連絡するカウンターの茶の間側には地袋と棚をつけ、台所は床のレベルを下げて、カーペットの上に座った人の視線とのバランスをとり、落ち着いた食事と団らんの場をつくっている（図1(a)）。

　DとKとの間に可動間仕切を備えた食卓　　DKからD—K

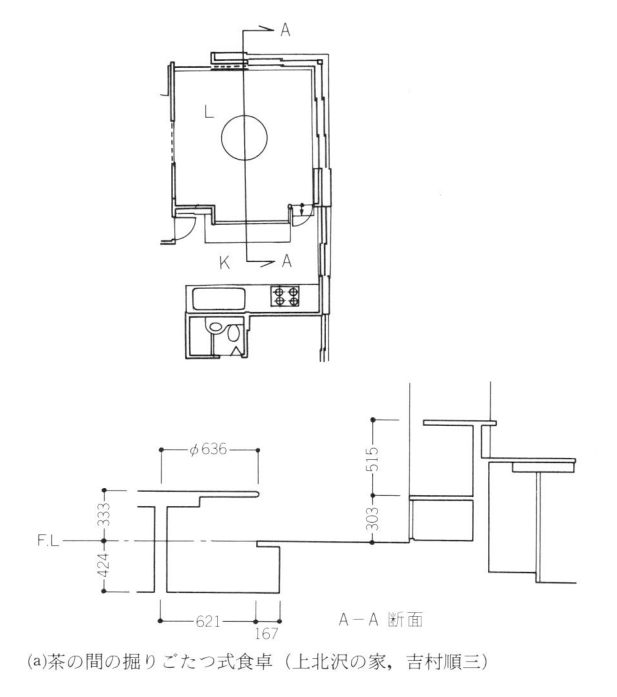

(a)茶の間の掘りごたつ式食卓（上北沢の家、吉村順三）

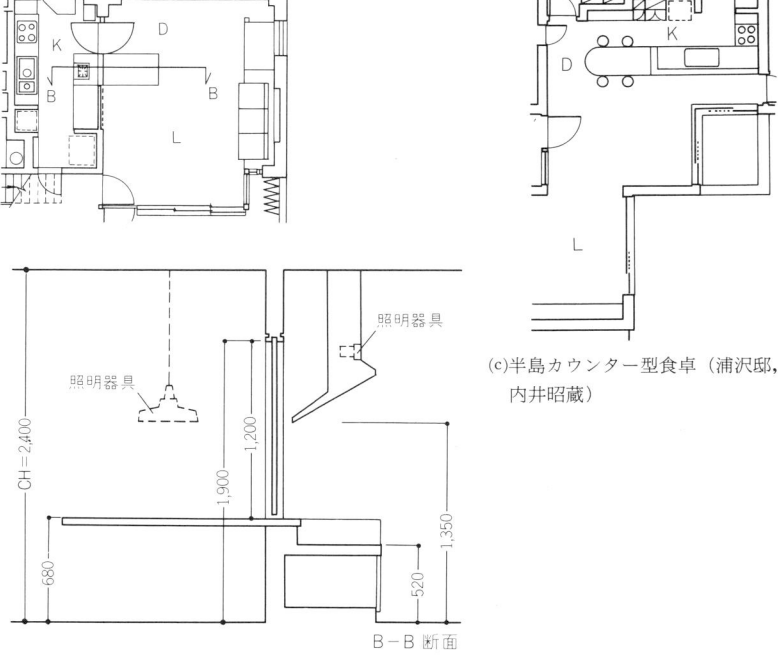

(b)DとKとの間に可動間仕切を備えた食卓
（吉見ボックス、宮脇檀）

(c)半島カウンター型食卓（浦沢邸、内井昭蔵）

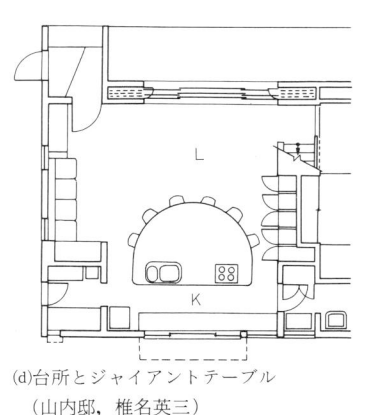

(d)台所とジャイアントテーブル（山内邸、椎名英三）

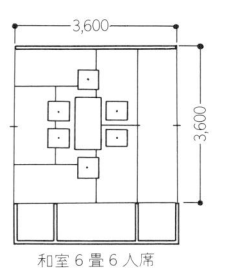

(e)和室・6畳6人席

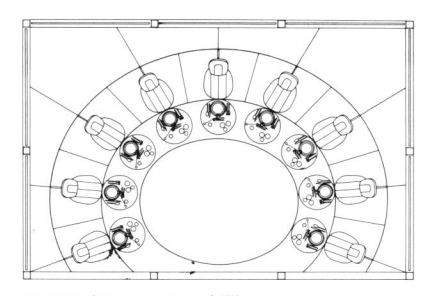

(f)洋風膳によるDの空間
（Achille Castiglioni）

図1　食事と座

と必要に応じて仕切ることができる吊り戸を備えた食卓は，K（台所）側に伸びた甲板の端部に補助バーナーが組み込まれていて，食生活の多様な要求にこたえられる。バーナーの上の換気フードとフード内の照明にも細かな工夫がされている（図1(b)）。

半島カウンター型食卓　少人数の住まいとして，コンパクトにまとめられたDKである。雑然となりがちなKの景観を，腰壁と下がり壁で適度に遮へいし，照明は天井から吊った収納棚にスポットライトを組み込んである。団らんを主とした食事の場ではないが，用と美をうまくバランスさせて合理的なDの空間をつくりだしている（図1(c)）。

台所とジャイアントテーブル　直径3mの半円形の大テーブルの片側に調理台が設けられている。設計者は，ここをDの空間と呼ばないで台所と呼び，家の中心におき，このテーブルを囲む家族の連帯感が強くなることを期待している（図1(d)）。

洋風膳によるDの空間　1人用の膳は，ユニット化された最も簡単な食事用具で，食事空間をどこにでもしつらえることができ，後片付けも簡単である。これは椅子を使った洋風会席膳ともいうことができよう（図1(f)）。

断面の計画と寸法

断面を計画するとき，次の寸法に注意する必要がある（図2）。

① 食事姿勢とアイレベル
② 調理機器とカウンターの高さ
③ 食卓の高さとカウンター，窓台の高さ

食卓および周辺の寸法

食事に必要な卓上のスペースは最小600mm×450mmでよいが，家庭の食事にはゆとりが欲しい。そのゆとりが，来客があったときや，人数の増加に対応できることになる。また，食事専用にしないで多目的に使えるテーブルなら，大きいほど用途が広がることにもなる（図3）。

食事用椅子の基準寸法

図4には，食事用小椅子・肘掛椅子と食卓の例を示した。

室内環境の調節上の注意事項

① 照明——コードペンダントなどで食卓を照明するのが一般的な方法であるが，多目的な使われ方のテーブルであるなら，ペンダントの高さや位置が移動できれば便利である。光源の種類によって食品が変色して見えることがあるので注意を要する。

② 換気——食卓の上で熱を使う料理では，蒸気・油煙および臭気を室内に放出するので，換気に対する適切な対策が必要である。

③ その他の設備——食卓へのエネルギーの供給は電気とガスである。コンセントおよびガスコックの位置とテーブルの関係を確認し，使用上支障がないように計画する。

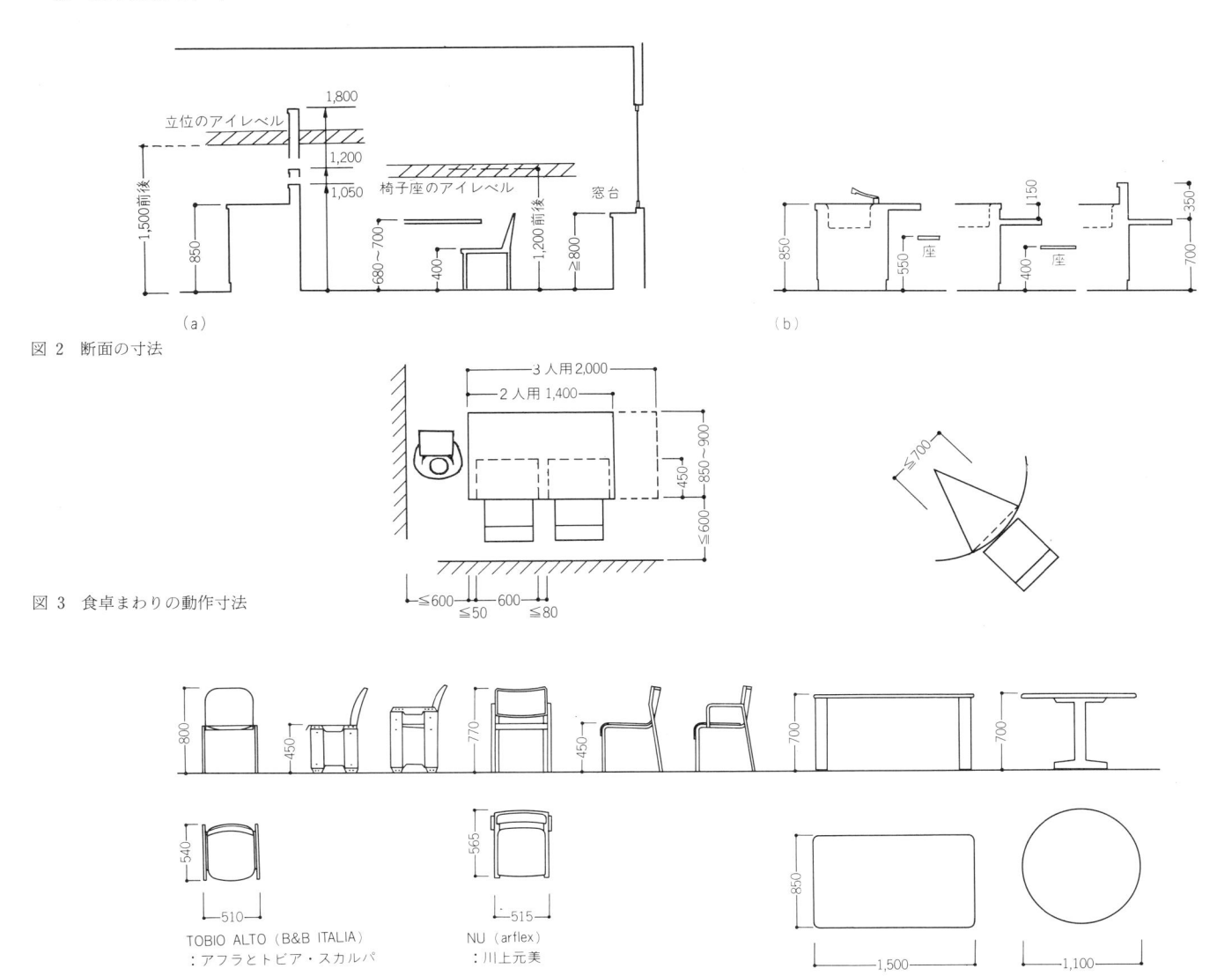

図2　断面の寸法

図3　食卓まわりの動作寸法

図4　食事用椅子・テーブル

2.4
K（台所）空間

K（台所）の平面型と炊事作業

　Kは住空間の中では最も作業密度の高いところで、火・熱・湯・水を使う作業が中心になる。各種の機器類を使う頻度も高く、設備的な要素が集中している。そのため、作業が効率的にできるというだけでなく、清潔で快適な環境に保つことが必要である。また、DK、LDKのように居室と同一の空間に設けられることも多く、その場合は美しさへの要求もでてくる。炊事作業は台所の中だけで完結するものでなく、ほかの家事の空間や、食事の空間までも含めた、一連の家事作業の中の一部とみなすべきで、特に食卓との結びつきは住まい手の生活意識が強く反映する部分でもある。したがって計画に当たってはそれらのことを十分に検討する必要がある。台所空間の型については、空間の分節、機器の配列の型、配列の順序（使い勝手）などの組合せによって決まってくる。図1はその例である。

　炊事の基本となる作業の内容と、その手順はある流れが決まっていて、その繰返しとみなすことができる。そのため、適当な機器の配置とスペースの計画をすれば、一般的な台所の計画は可能である。しかし、細部については作業者のくせや慣れ、あるいは調理の傾向などの個人差も無視できない。具体的な平面計画に当たっては十分な打合せが必要である。炊事に必要な機器は、流し台、調理台、こんろ台（オーブンレンジ）、冷蔵庫（食品収納庫）の四種で、これらの配列の順序が作業の流れを決める。実際の計画に当たっては、食卓や、他の家事作業との関連も併せ考えなければならない。また作業スペースは、家族が手伝う場合など、複数の作業者に対しても不便がないように、ゆとりを考慮しておきたい。

炊事用機器の種類と寸法

　住宅用の機器や部品の中で、最も早く規格化されたものの一つとして炊事用具（流し台・調理台・こんろ台）がある。この規格では機器を用途ごとに分離独立させ、それぞれに間口寸法のバリエーションをもたせた。そのことから用途上、寸法上の組合せの多様化がうまれ、普及するうえで大きく役立った。最近では、すべての機能をコンパクトにまとめたユニット型や、各種の収納用部材を含んだシステムキッチンと呼ばれるものもあり、多様化が

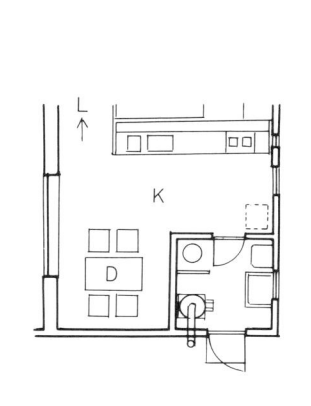

(a)天と地の家（英建築設計事務所）

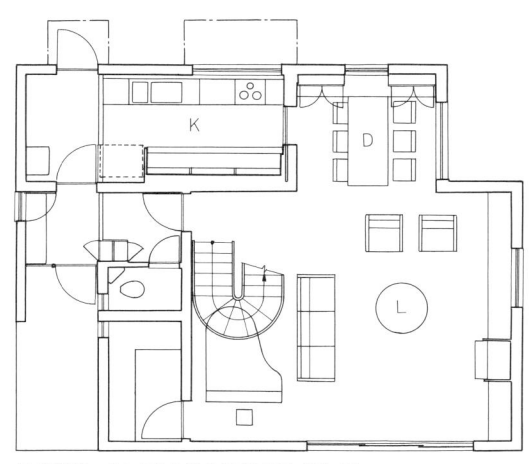

(b)音楽家の家（高木滋生建築設計事務所）

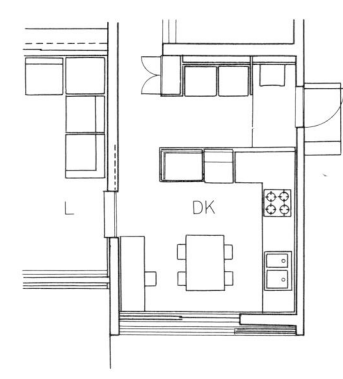

(c)府中の家（小野建築・環境計画事務所）

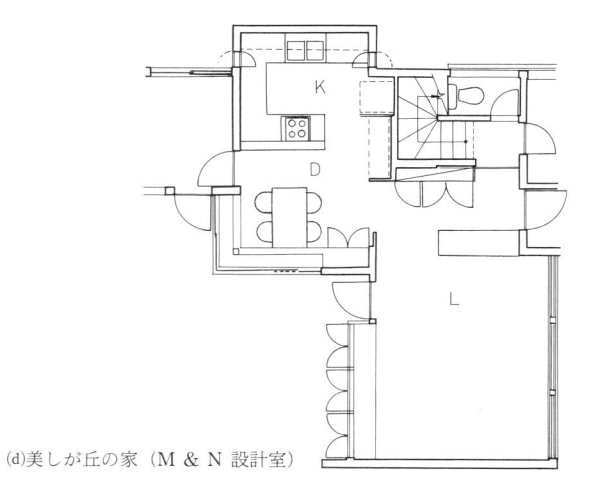

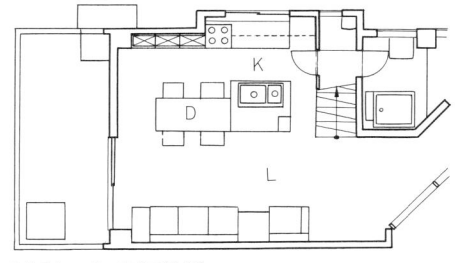

(d)美しが丘の家（M＆N設計室）

(e)国立の家（石田信男）

図1　台所の平面型の例

進んでいる（図2）。それについても，規格は機能面からみた基本寸法と性能のよりどころを決めている。そして規格外の関連機器についても，これらの規格がガイドラインになって，標準化の方向に向かっている（図3）。

関連規格（JIS）

①家庭用炊事用具(流し台,調理台,こんろ台,複合炊事用具) JIS A 1005，②住宅用壁形キッチンユニットのモジュール呼び寸法 JIS A 0013，③住宅用壁形キッチンユニット JIS A 4111，④システムキッチン構成材のモジュールの呼び寸法 JIS A 0017

環境計画と設備

K（台所）は作業環境として使い勝手の良さが第一の要件であるが，快適さもまた重要な要素である。また，作業によって生じる煙・蒸気・臭気・騒音などが，他の居室に与える影響についても十分配慮したい。そのためには，通風・換気，採光・照明，音などの条件が適切に計画され，制御されていなければならない。

通風・換気　炊事にともなう熱や蒸気，煙，臭気などの発生はすべて空気汚染の原因になる。開放型や半開放型の台所では，連続した他の居室にも悪い影響を及ぼすため，通風・換気の計画は十分に注意しなければならない。換気の方法としては，汚れを室内に拡散させないで，フードと換気扇による機械的な局所排気と室全体の換気を併用する方法が望ましい。適切な換気を行うには給気をしなければならない（図4）。なお，火気を使用する部屋の換気設備（機械換気設備）と，その換気量については建築基準法施行令20条-4（建告昭45年1825号）に次のような規定がある。

1) 換気扇などによる場合　　　　　　　　　$V = 40 KQ$
2) 換気扇を煙突につなぐ場合　　　　　　　$V = 2 KQ$
3) 換気扇を排気フードにつける場合　　　　$V = 20 KQ$

ただし，$V ≒$ 換気扇の有効換気量（m³/時）
K：理論排ガス量（m³）
Q：燃焼器具の燃料消費量（m³/時，kg/時）

採光・照明　炊事作業は立ち働きが中心であるが，手先の作業も多い。そのため，全体的に300ルクス程度の明るさが必要である。昼間は自然光による採光がよく，開放感にもつながり，快適さのための必須の条件である。照明方法としては，収納設備は面が凸凹になりやすいので，全体照明だけでなく作業面に直接に適切な補助照明を当て，手暗がりを避けるようにするのがよい。光源は，食品が変色して見えることもあるので注意する（図5）。

音　作業のときに出る騒音や機器類から発生する音は，開放型の台所の場合には，他の部屋への影響を無視できない。これについては，生活の作法として対応を考えるべきである。ただし機器の発生音は，設置位置，設置方法，防振対策などを考慮して最小限におさえることが必要である。

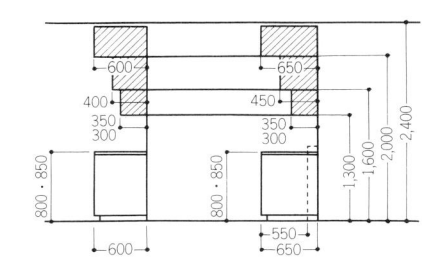

図2　機器ユニットの種類と構成法[*1]

(a)吊り戸棚の設置範囲

(b)キッチンキャビネットの寸法

図3　BLキッチンシステムの規格

図4　機械換気の方法

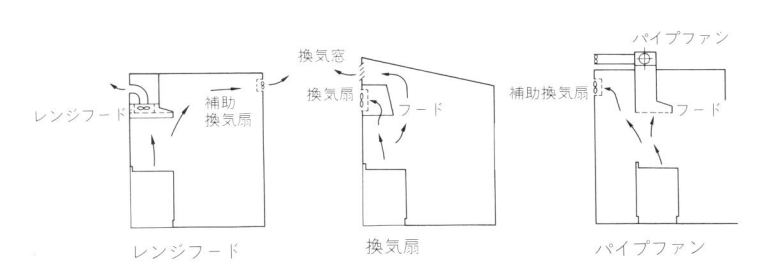

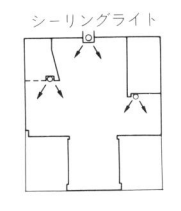

図5　照明の方法

3 個室

3.1 個室

　個室は個人の生活が営まれる場である。個人とは，一人の場合もあるし特定の二人，例えば夫婦の場合もあるし，また数人である場合も含まれる。つまり，他人から妨げられないプライバシーの保てる空間というように定義することができる。

　歴史的な立場から個室をみると，貴族や武士の住宅では，家長の地位を保つために，主人の部屋，あるいは来客の部屋を確保した。これは良い位置と大きな面積を占めていた。

　日本の住宅において個室がはっきりしてきたのは，大正時代に中廊下式住宅が生まれたころからである。1920（大正9年）に生活改善同盟は住宅改善の方針をたて，①椅子式の採用，②接客本位から家族本位に，③家具の改善，④衛生・防災の重視をあげた。図1は住宅改良会「改良住宅懸賞設計当選案」で，中廊下式住宅の原型である。戦後の住宅には民主化の思想が反映し，家族のための個室が設けられるようになった。食寝分離，性別就寝が戦後の住宅に強く現れた傾向であった。

　食寝分離の目的は，食事の場所は清潔であるべきだという主張のほかに，寝るために布団を敷いたり，畳んだりする主婦の労働を軽減させようというねらいもあった。さらにもう一つには個室の確立というねらいがあった。

　個室の種類と生活行為との関係を示したのが図2である。設計例Aは洋式の夫婦の個室である。夫婦の個室はマスターベッドルームと呼ばれ，プライバシーの度合いが高い。ベッドのほかに化粧台，椅子，テーブルなどが配置され，造り付けになった収納具としてウォークインクロゼットが設けられている。設計例Bは，多目的に使うことを目的にした畳部屋の夫婦の個室である。押入れに寝具，衣類を収納するほかに，仏壇，空調機器が配置されている。設計例Cは，私室としてのプライバシーの度合いを高めるため個人用のトイレ，バスを設備したものである。設計例Dは，

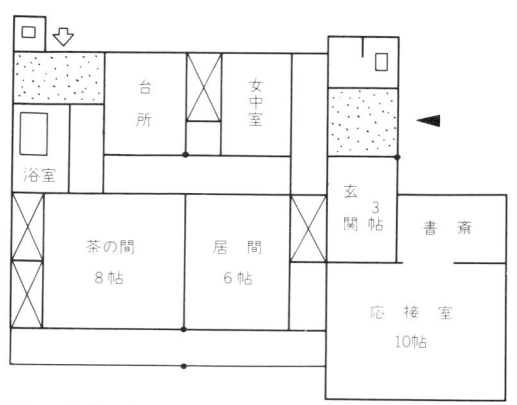

図1　住宅改良会「改良住宅懸賞設計当選案」

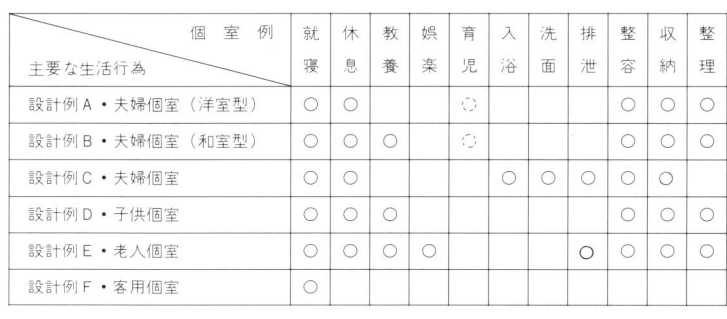

主要な生活行為 \ 個室例	就寝	休息	教養	娯楽	育児	入浴	洗面	排泄	整容	収納	整理
設計例A・夫婦個室（洋室型）	○	○			◎				○	○	○
設計例B・夫婦個室（和室型）	○	○	○		◎				○	○	○
設計例C・夫婦個室	○	○				○	○	○	○	○	○
設計例D・子供個室	○	○	○						○	○	○
設計例E・老人個室	○	○	○	○				○	○	○	○
設計例F・客用個室	○										

図2　個室の種類と生活行為との関係

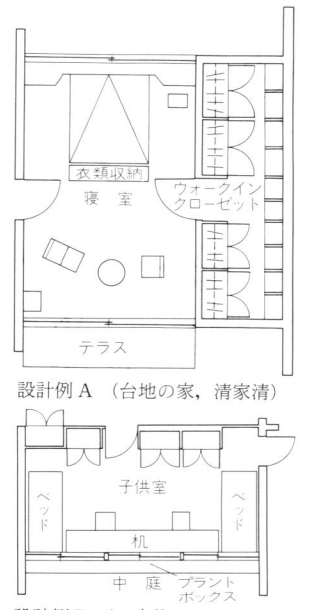

設計例A（台地の家，清家清）

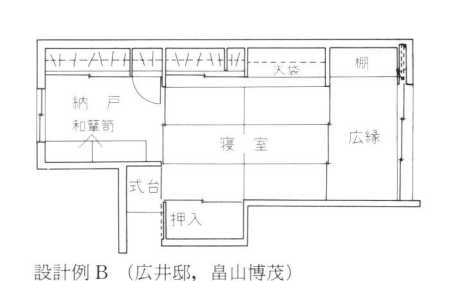

設計例B（広井邸，畠山博茂）

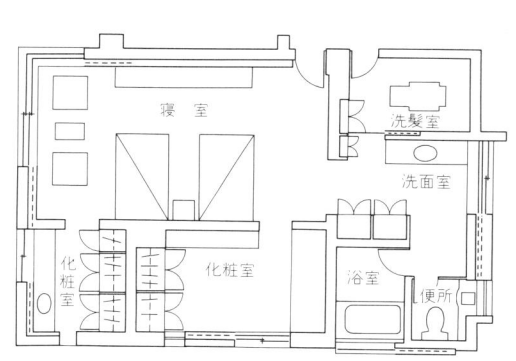

設計例C（伊豆多賀の家，吉村順三）

設計例D（2家族のコートハウス，関沢弘子＋関沢勝一）

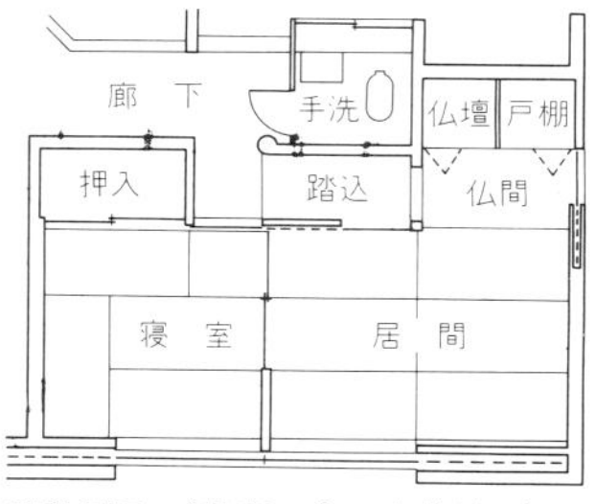

設計例E（呉羽の舎，白井晟一）

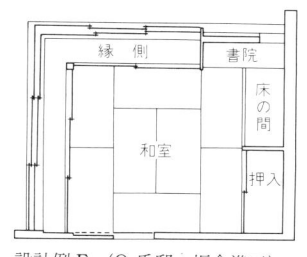

設計例F（O氏邸，坂倉準三）

図3　設計例

子供の個室（2人用）である。日本の子供部屋の普及は諸外国に比べて高いが，成長の過程に合わせて個室を与えるほうが自我の形成に役立つという意見もある。この例では，子供部屋を廊下，階段から壁で間仕切ることを避け，移動可能な収納家具によって区切っている。設計例Eは，老人の個室である。老人の生活のリズムやサイクルはほかの家族とは違うので，就寝機能だけでなく，居間的な要素を含ませたり，身体的な不自由さや災害時の避難を考えた計画が必要である。設計例Fは客用の個室である。

個室の規模を算定するには，平座式の場合には寝具の布団の大きさが基準になり，椅子式の場合にはベッドの大きさによって規制される。ただし，それは眠るための最小限の寸法であるから，それ以外に個室における行為のためのスペースを加えなければならない。図4は，布団の取扱いに必要な周囲の空きを示している。また図5は，ベッドと周囲の空きを示している。ベッドにはシングル，ツイン，セミダブル，ダブル，キングなどの種類があるが，周囲の空きの寸法は同じとみてよい。図6は，個室の規模を住み方によってレベル分けした例である。

個室に置かれる家具の大きさは部屋の計画に直接影響するが，JISに学習机と椅子の規格，各種ベッドの規格（図7）があるので，それを参考にするのがよい。

個室の環境条件は，そこでの生活の快不快に直接影響する。睡眠，休息，勉強，娯楽のための個室のチェック項目は次のようである。

① 音響——外部の騒音源から離し，必要なら緩衝帯を設ける。壁・天井・床には遮音性能を高めるような材料を使用する。室内騒音の許容値は，35～40ホン。

② 採光・照明——自然採光のための有効窓面積は，床面積の1/7以上。直射日光を入れることは望ましいが，安眠のためにブラインド，ドレープなどによる遮光が必要である。照明計画のポイントは，全体照明は寝床から直接光源が目に入らないようにすることである。また，局部照明は入口付近をダウンライトなどで局部的に明るくするのがよい。寝室全体の照度基準は30～10 lx，子供部屋は150～75 lx，勉強，読書では1,000～500 lxの局部照明が必要である。

③ 熱・空気——成人に対する温熱環境条件は，行為，着衣量（寝具量）および湿度などによって違うが，湿度40～60％のとき，就寝中は15～18℃，読書，勉強をするには23～25℃がよい。乳幼児には2～3℃高くする。1階に寝室を設ける場合には，床下からの湿気を防ぐこと。また放熱器は，コールドドラフトを防ぐために窓際に設置するのがよい。

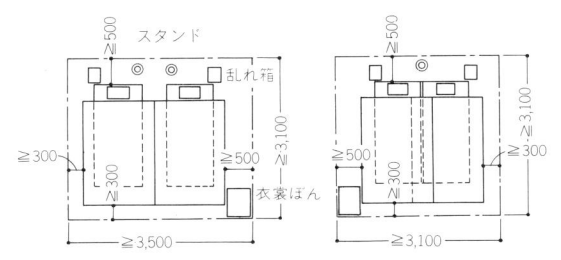

図4 布団と周辺のあき*1

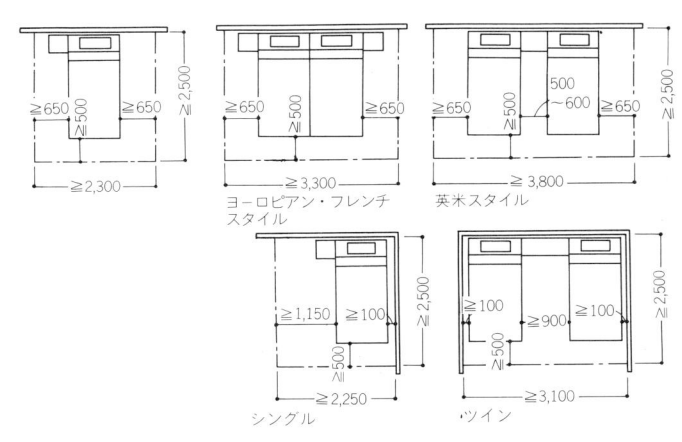

図5 ベッドと周辺のあき*1

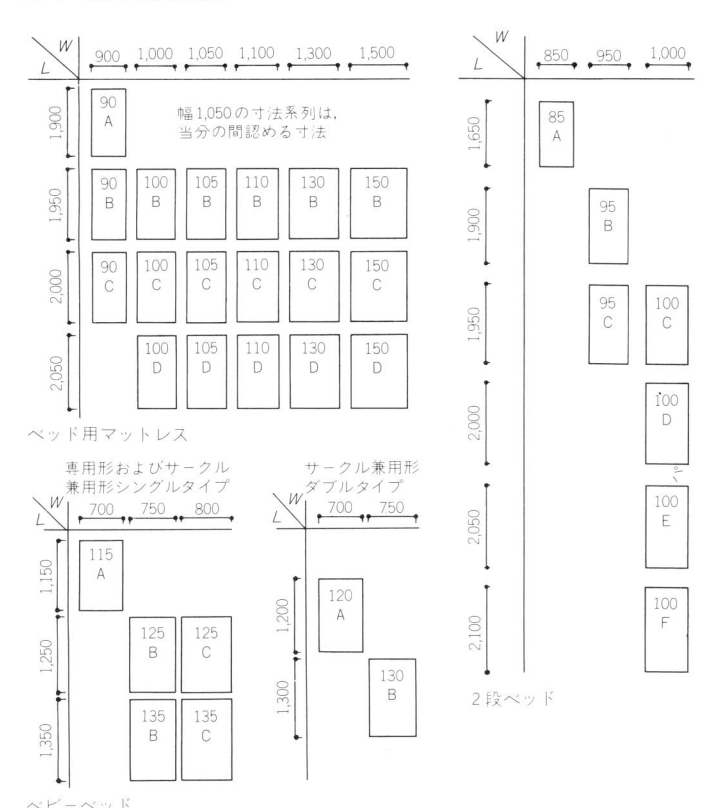

図6 私室の規模*2

図7 各種ベッド規格の平面寸法（単位 mm）（JIS）
（A, B, C, D, E, Fは各幅寸法の略号を示す）

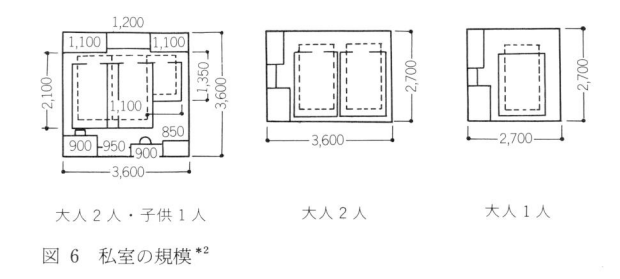

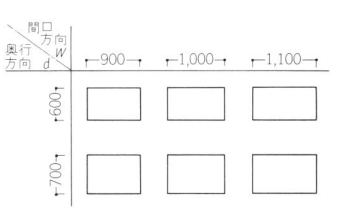

図8 家庭用学習机の甲板モジュール呼び寸法（単位 mm）（JIS）

図9 家庭用学習椅子の高さ（単位 mm）（JIS）

号数	椅子の高さ	号数	椅子の高さ
1	440	7	320
2	420	8	300
3	400	9	280
4	380	10	260
5	360	11	240
6	340		

3.2 収納

　住宅を計画する上で重要な課題の一つに収納がある。身の回りにある多種多様な生活用品をいかにうまく整理，保管するかということで，これにより快適さや効率が左右される。生活用品の保管場所としては，建築的な収納と家具的な収納とに分けることができる。押入れや納戸は建築的な収納で，箪笥，長持，櫃は家具的な収納である。家具的な収納のはじまりは，西洋においてはチェストであった。これは一種の長持である。フランスでは小型の箪笥をコモドといい，大型の戸棚付きのものをワードローブという。イギリスでは背の高いものをトールボーイ，低いものをローボーイと呼んでいる。なお間仕切と収納の機能をもつものがつくられるようになったが，これを収納間仕切ユニットという。

　最近は，住居の総スペース量は増えないのに生活用品だけが増え，まさに人と物との雑居状態である。住まいの省スペースには立体的な空間利用が最も効果がある。収納も計画的に把握するべきである。以下，収納計画上のポイントを述べる。

ライフステージ
　人生の歩みは大まかに独身期，新婚期（2人），成年期（子供ができる），壮年期，老年期（子供は独立）といったライフステージに分けられる。それぞれのステージによって必要な生活用品の内容と量は変わってくるので，それに合わせて収納計画をたてるのがよい。

ライフスタイル
　収納するのは使うためであるから，使用される場所あるいはその近くに配置されることが望ましい。衣類と寝室，食品と台所，本と書斎，リネン類とユーティリティといったように分散して管理，収納できれば理想である。

ライフサイクル
　生活用品は季節，冠婚葬祭などの行事，毎日か時々かの使用頻度で区別して整理しておくと便利である。住まいにおける生活用品の所有量は，生活様式，生活程度によって違うが，収納量につ

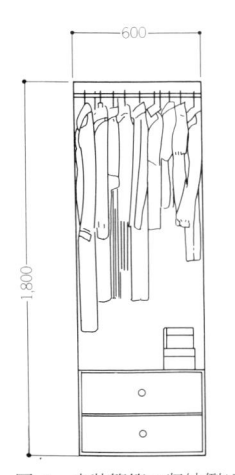

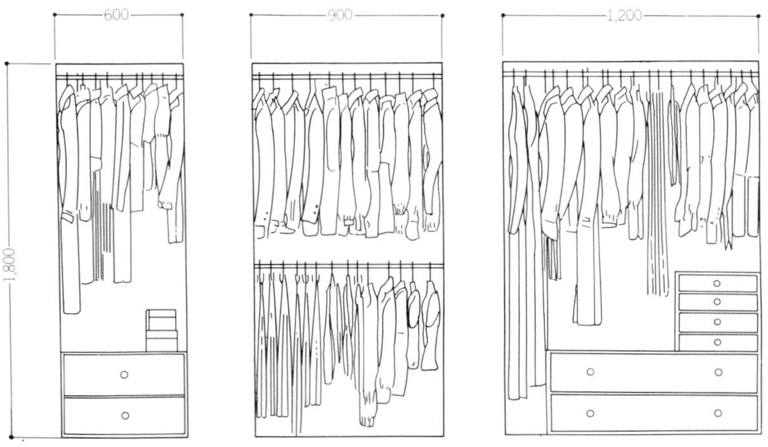

図1　衣装箪笥の収納例[*1]

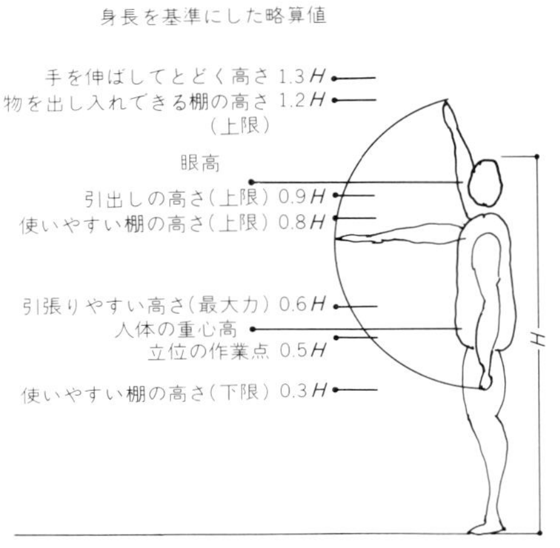

図2　身長（H）を基準にした収納設備の高さ

身長を基準にした略算値
- 手を伸ばしてとどく高さ 1.3H
- 物を出し入れできる棚の高さ 1.2H（上限）
- 眼高
- 引出しの高さ（上限）0.9H
- 使いやすい棚の高さ（上限）0.8H
- 引張りやすい高さ（最大力）0.6H
- 人体の重心高
- 立位の作業点 0.5H
- 使いやすい棚の高さ（下限）0.3H

図3　和服を畳んだときの寸法[*1]

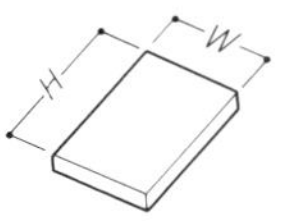

和服の寸法

	W	L
和服	34	100～110
羽織	34	70～80
着物	34	80
丸帯	32	60
袴	45	65

タトウの寸法

	W	L
長着　羽織　ジーパン　2つ折	34	84
長着　羽織　ジーパン　3つ折	35	60
袋帯8つ折 長じゅばん　3つ折	35	55
名古屋帯　8つ折	30	45

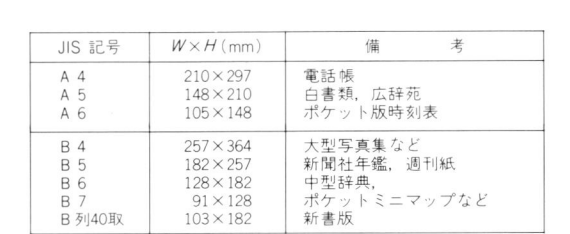

図4　本の大きさの規格[*1]

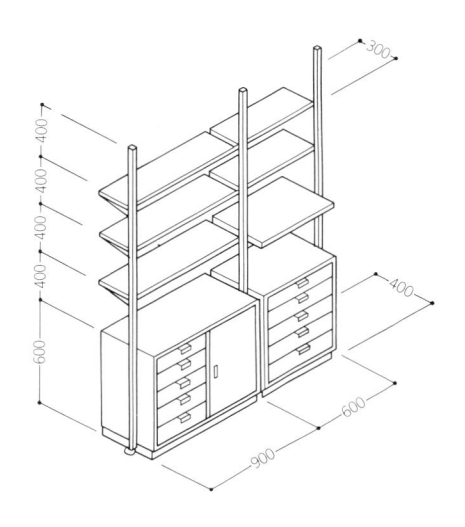

JIS記号	W×H（mm）	備考
A4	210×297	電話帳
A5	148×210	白書類，広辞苑
A6	105×148	ポケット版時刻表
B4	257×364	大型写真集など
B5	182×257	新聞社年鑑，週刊紙
B6	128×182	中型辞典
B7	91×128	ポケットミニマップなど
B列40取	103×182	新書版

図5　書籍用収納ユニットの例[*1]

いて調査した報告（岩下繁昭）によれば，集合住宅の4～5人家族の場合，必要収納量は共有収納で8.52 m³，個人収納で成人1人当り2.53 m³，小児1人当り2.08 m³である。また，一戸建て住宅で4～5人家族の場合，必要収納量は合計21.92 m³（高校1年生のいる家族100～120戸について）である（坂田種男）。また衣服についてのある調査資料によれば，新婚2人の所有衣服量は平均で夫680 l，妻720 l，合計1,400 lである。親子4人では，父530 l，母620 l，子供男女2人(小学生)1,100 l，合計2,250 lである。なお，収納量をm³やlで表したのは，個数ではオーバーもハンカチも等しく1となって，ボリュームを表せないためである。図1は衣裳箪笥の収納例を示したものである。

寸法

日常よく使用する物は，その特性と動作寸法との関連を考慮して整理すると効率よく使用できる。図2は，身長（H）を基準にした収納設備の高さを示している。姿勢と手の届く領域を考えて物の収納位置を決めれば，動作はスムーズになる。

収納物

収納物の大きさ，形状，重量，強度，収納の仕方（立てて置くか，積み重ねて置くか）を考えて，収納スペースの高さ，奥行，扉の形式，棚の間隔，引出しの形状，寸法を決めなければならない。

図3は和服を畳んだときの寸法を，また図4は本の大きさの規格，図5は書籍用収納ユニットの一例，図6は寝具を積み重ねたときの大きさ，図7は押入れの収納例を示したものである。

収納家具の寸法については，JISに住宅用収納間仕切ユニットの規格（図8）がある。住宅用収納ユニットは図10のように分類できる。

また主要な収納家具の奥行寸法は図9のとおりである。

収納方法

物の整理，保管の方法には，畳む，重ねる，吊るす，丸める，置くなどがあり，それによって必要スペースが違ってくる。例えば衣類の収納で考えると，畳むと丸めるは収納スペースが少なくてすむ。使用の便利さからいえば，下着類などは，重ねて収納すると上のものばかり使うことになるので，丸めて収納したほうがよく，スペース的にも多く収納できる。セーターは色やデザインが一目で分かるように，巻いて縦に収納しておけば分かりやすい。

収納の方法はいろいろあるが，収納されるものの性質や性能を低下させない方法が，一番合理的といえる。

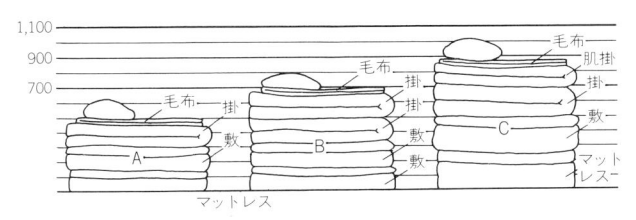

図6 寝具を積み重ねたときの大きさ[*1]

方向	モデュール呼び寸法
間口方向	2,400　2,700　3,000　3,200　3,600　4,500
奥行方向	300　400　450　600　800　900
高さ方向	2,400

分割寸法：ユニットを分割する場合は下表による

方向	モデュール呼び寸法
間口方向	400　600　800　900　1,000　1,200 1,500　1,800
奥行方向	200　300　400　450　600　800 900
高さ方向	400　500　600　700　800　900 1,000　1,200　1,400　1,500　1,600　1,800 1,900　2,200

収納間仕切ユニットとは，収納の機能をもち，室空間を間仕切る構成材をいう。モデュール呼び寸法は対向する基準面間の距離に適用する。

図8 住宅用収納間仕切ユニットの規格

品　名	奥行き	備　考
書庫（両開き）	38	JIS S 1034
〃　（片開き）	38	JIS S 1034
〃　（引違い）	40	JIS S 1034
ファイリング・キャビネット	62	JIS S 1033
物品棚	30，45・60	JIS S 1040
流し台・調理台	55・60	JIS S 1005
吊り戸棚	30	
書棚	30	
洋服箪笥	60	
整理箪笥	45	
衣裳箪笥	45	
ビューロー	45	

図9 各種収納具の奥行（外形）寸法[*1]

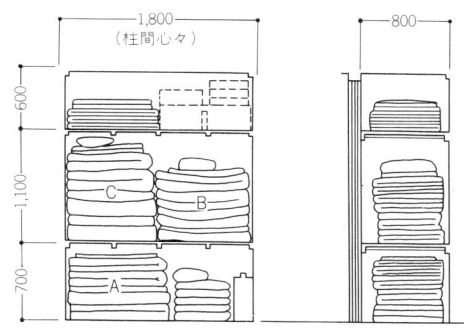

図7 押入れの収納例[*1]

- 組立構法による分類
  - ウオールハンギングタイプ ｝ 構造の一部を壁・天井などの建造物に負うもの
  - スタッドタイプ
  - ボックスタイプ ｝ 床に据置きのもの
  - パネルタイプ
- 遮音性能による分類（BL認定基準）
  - A型　遮音性能を有するもの
  - B型　遮音性能を有しないもの
- 用途による分類（JIS A 4415）

種　類

衣類用	洋服箪笥・整理箪笥のような収納機能をもつもの
食器用	食器戸棚・茶箪笥のような収納機能をもつもの
書籍用	本箱・書棚のような収納機能をもつもの
複合用	衣類用・食器用・書籍用のいずれかをそれぞれ組み合わせたもの

図10 住宅用収納ユニットの分類[*2]

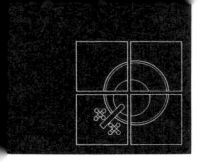

4 水まわり

4.1 水まわりの空間

　浴室・洗面所・便所は，生理衛生のための空間であるから，生活空間のなかでも特別な機能が要求される。清潔で耐久性があること，清掃しやすい構造と仕上げであることのほか，位置的には個室ゾーンに隣接していて，他の部屋を通らないで利用できることが望ましい。

　給排水・衛生設備が発達していなかった以前は，水まわりの間取りのパターンは固定されていた。しかし，最近は各種の設備機器が開発されたので，平面的な配置も自由になり，いろいろな機器の組合せが可能になった。例えば，寝室に隣接させて浴室を2階に設けたり，洋風の浴室の中に便器と洗面器を併置することなどである。集合住宅では，住戸密度をあげるため，各住戸の中央部に水まわりを集中させることが多い。この場合には窓はないが，換気設備などで条件を満たしてやればよいわけである。設備効率や経済性の面から考えると，水まわりの部屋はなるべく近接させたほうがよい。

　最近，増改築の不可能な集合住宅では，水まわりの部屋を中央部分にまとめてセンターコアとし，その南側と北側の居室部分は間仕切を可動にして，可変住空間にする方法がとられるようになった。水まわりの部屋と，他の居室の機能の違いをうまく使い分けた例として注目されるものである。

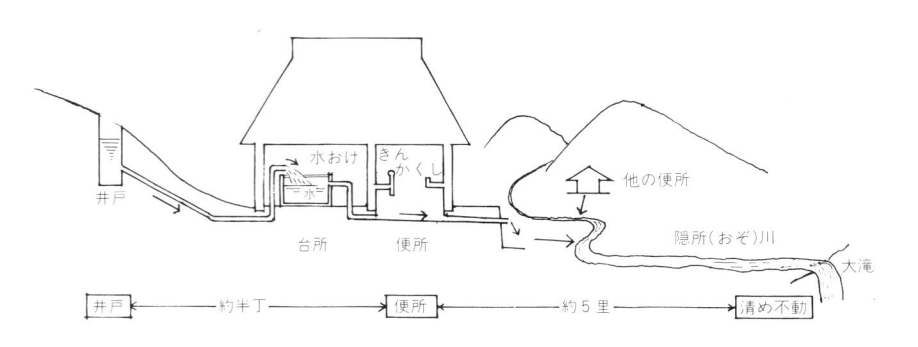

図1　高野山放流式便所[*1]
　裏山などの井戸水を屋内に導き，台所やふろで用いる。あふれた水や使用後の水で大小便を洗い流す。汚れた水は川に放流されるが，約20 kmの流れの間に完全に自然浄化されるというものである。

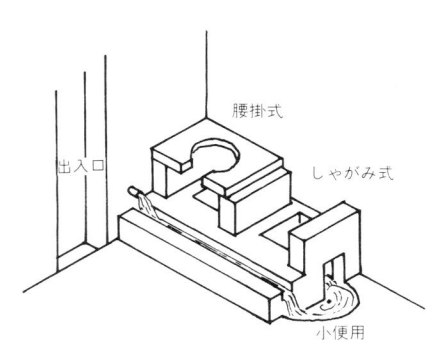

図2　ポンペイの便所[*2]
　ローマ時代の個人住宅用のものである。すでに上下水道が発達しており，壁の穴から出た雑排水が小便用に注ぎ，さらにしゃがみ式と腰掛式の大小便を洗い流すように工夫されていた。

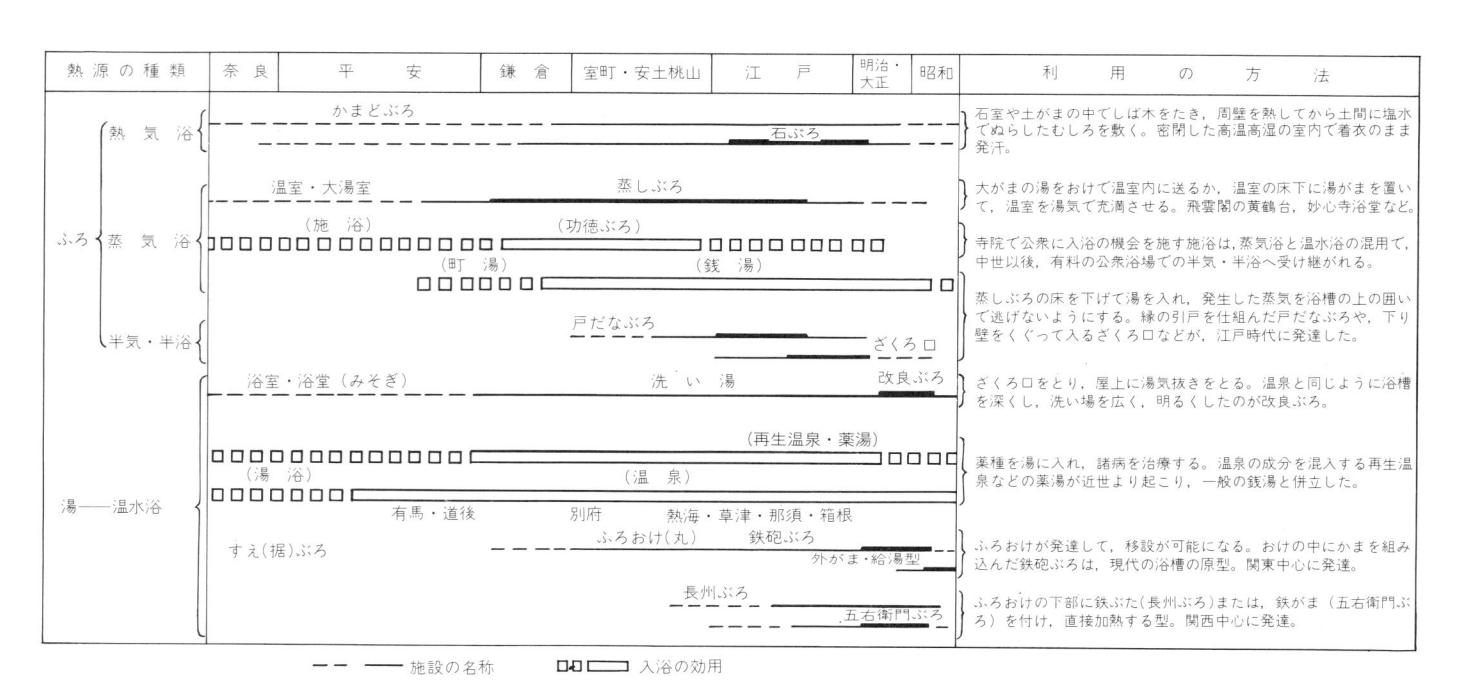

図3　日本の浴室の発達[*3]

4.2 浴室

浴室の歴史

日本人は入浴を好む民族であるが、それは温暖多湿な気候のためである。歴史的には、入浴が始まった時代は奈良朝までさかのぼるといわれている。入浴の方法は蒸気を使うものと温水を使うものとに分けることができる。前者のうち熱気浴は中国・山陰地方、瀬戸内海に多い。これは大陸文化の影響である。蒸気浴は関西の寺院で見られ、仏教と深い関係がある。身を清めるための潔斎浴や、医療のための施浴などがあり、京都八瀬のかまぶろや奈良東大寺の大湯屋などはその例である。それらの蒸気浴が、温泉などで行われていた温水浴と混じって、鎌倉時代以後に町湯となり、江戸時代の銭湯や家庭の風呂桶の普及につながる。現代の入浴方法の原型がつくられたのは江戸時代である。

浴室の役割

日本人は風呂好きと言われるが、それは気候条件によることは前述した。入浴は清潔を保ち疲労回復に役立つが、それだけではなく、心理的な解放感や家族とのスキンシップといった面にも大きな役割がある。したがって、住宅の浴室は使い勝手や安全性、経済性などを満たすほかに、精神的な安らぎを与える場として工夫が重要である。

浴室の位置

給排水やガスの引込み位置との関係を考慮する。排水では特に勾配に注意しなくてはならない。市街地では近隣からの視線を遮るとともに開放感を与えるように工夫する。別荘などでは見晴らしのよい位置に設けることもよい。また、主婦の動線を短くすることや、入浴時間帯の家族の生活領域に近いことなども考慮に入れる必要があろう。

経済的な面からは、水まわり関係の部屋を集中させたほうが有利である。2階に浴室をつくるよりは1階に設けたほうが安くできる。ボイラーや配管は修理や取替えのことを考慮して、位置や取付方法を決めなくてはならない。

浴室の広さ

一般的には、1間×1間（1坪）や1間×4.5尺（3/4坪）の広さの浴室が多い。必要な広さは、同時に入浴する人数や浴槽、風呂釜の形を考えて決めればよい。

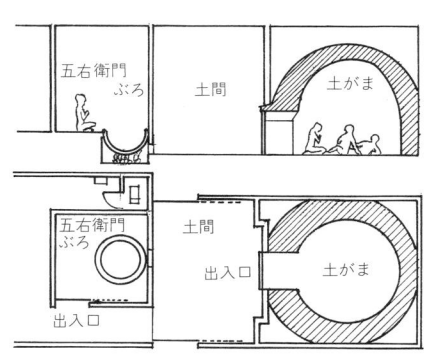

図1 八瀬（京都）のかまぶろ[*1]
土がま内で生木を燃やし、塩水を加えた水蒸気で煙を排気してから入浴する。内部の温度は、室内を枝葉で払って調整する。土がま内で発汗後、五右衛門ぶろで浴する。
白鳳時代からのものであるという伝承があり、明治時代末まで存続した。

図2 ブルサの浴室[*2]
15世紀のトルコの浴場である。大きな脱衣兼休憩室から前室、浴室に入る。大浴室の周囲に小浴室があり、床下から熱される。各室には水盤や、マッサージ台、ベンチがあり、隔日ごとに男女が使用する。

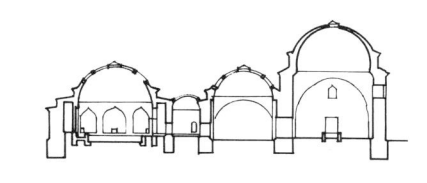

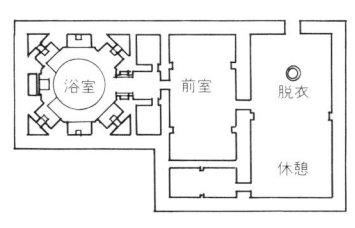

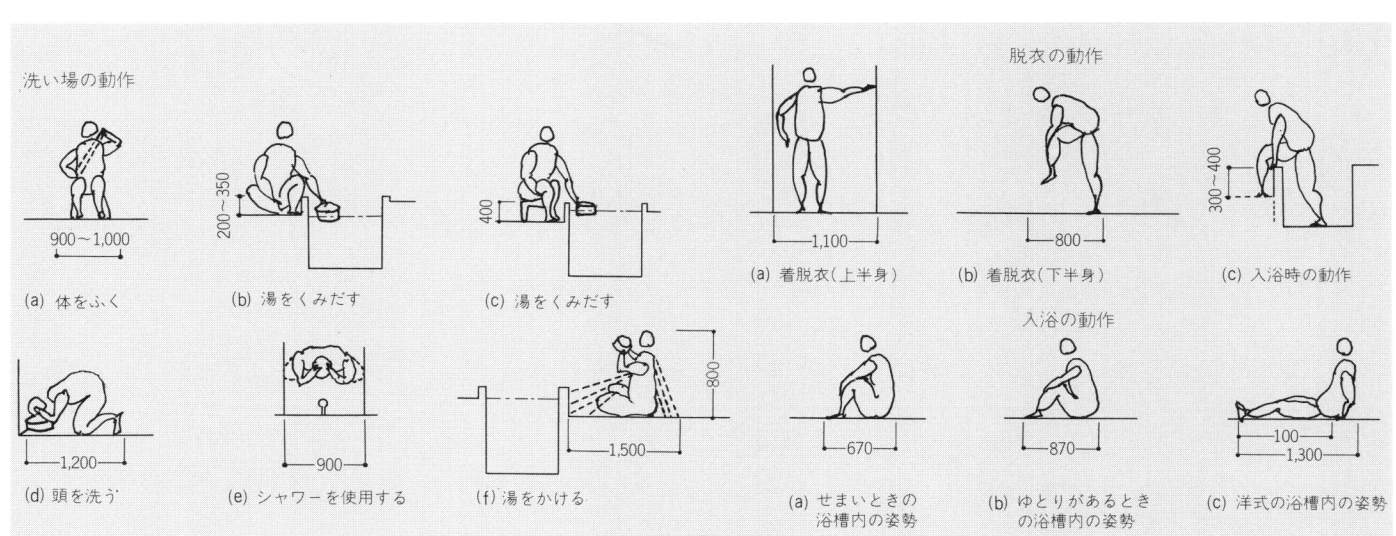

図3 浴室内の動作（小原二郎資料）

浴槽は形によって和洋の区別がある。洋風は浴槽内で体を洗うため，洗い場が不要で，洗面器や便器を浴室内に置くことができるので面積が少なくてすむ。浴槽の設置方法には，埋込み式と半埋込み式と据置き式がある。埋込み式のほうがエプロンの幅が大きくなるが，視線を遮ることが少ないため，広く感ずる。

風呂釜は大きく分けて内釜と外釜になる。外釜のほうが浴室が広くなり，安全性も高い。

洗い場の広さは入浴時の動作寸法を組み合わせて求めればよいが，親子が一緒に入ったり，シャワーを使うことを考えれば90 cm×150 cm程度は必要である。普通の住宅では特別な場合を除いて，温泉のような大きな面積の浴室をつくることは避けたほうがよい。数人が同時に入浴することは実用的ではないし，冬は寒くて不経済だからである。

浴室の工法

浴室の構成には，床・壁を防水し，タイルなどを張る在来の湿式工法と，あらかじめ工場で作った浴室ユニット（図4）を現場に設置する乾式工法とがある。

浴室ユニットは集合住宅や戸建ての2階に浴室をつくる場合によく使われる。現場では簡単な組立工事だけで済むので，工期の短縮，品質の安定からいっても有利である。最近では，戸建て住宅用浴室ユニットにもいろいろな種類のものが市販されるようになった。

浴　槽

浴槽は，①肩まで湯につかる，②尻と足裏が底につく，③背が浴槽の壁にもたれることができる，④楽にからだを動かせる，という条件が要求される。それは図7の(a)に示すようなものである。この姿勢は l，α，β の三つの因子によって左右されるが，それらはまた浴槽の深さ，長さ，幅によっても変わってくる。

① 深さ：70 cm以上では尻が浮く。45 cm以下では l が長くなり α も大きくなって不安定になる。50～60 cmが適当である。

② 長さ：深さが十分にあっても，長さが60 cm以下になると，α，β とも小さくなって苦しい（b）。α が大きすぎると，下肢が浮き上がり不安定（e）になる。通常，$\alpha = \beta = 80$～$90°$とみてよく，長さは105～115 cmが適当である。

③ 幅：60 cm以上あれば不自由を感じない。大人と子供が並ぶときは70 cm以上が必要である。

浴槽の材質は多様であるが，それぞれの長所・短所を一覧にしたものが図9である。現状では，FRP，ホーロー，ステンレスの

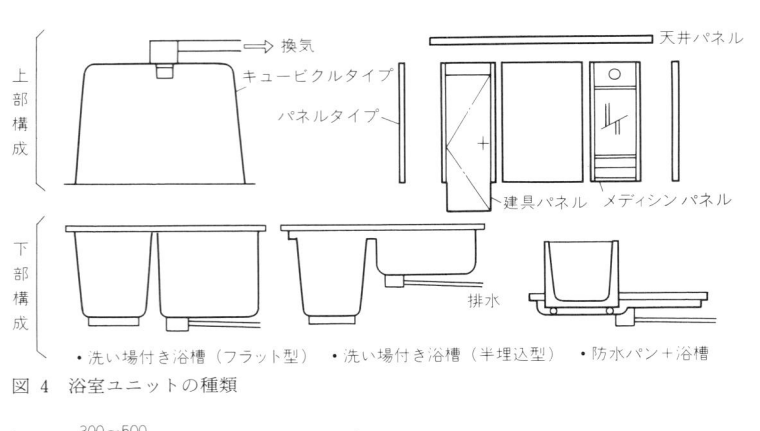

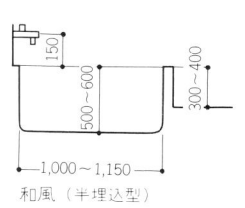

図4　浴室ユニットの種類

図6　浴槽の種類

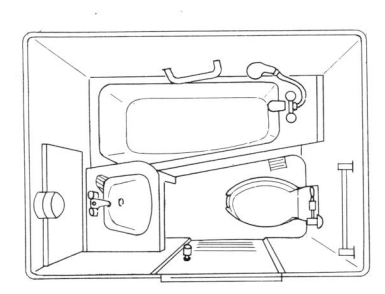

図5　スリー イン ワンの洋風浴室ユニット

浴槽，洗面器，便器の三点が，ワンルームにセットされた浴室ユニットである。浴室全体が主にF.R.P（強化プラスチック）でつくられることが多く，ボックス状に工場で組み立て，現場では簡単な組み立てや，配管を行うだけで，水漏れなどの心配のない浴室が構成される。スリー イン ワンのタイプは主にホテル向きだが，住宅でもプライベートな2階の浴室などには使われることもある。

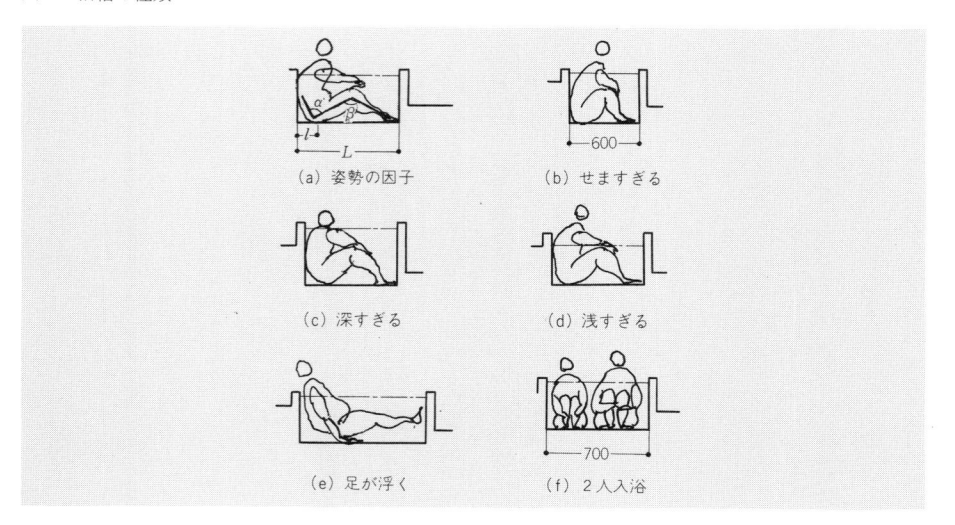

図7　浴槽内の姿勢　（小原二郎資料）

図8　姿勢の因子　（小原二郎資料）

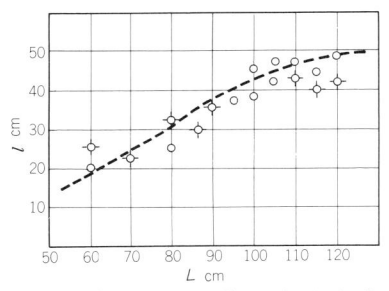

図7で，l，α，β，Lの因子をあげたが，そのうち l と L の関係を示すとこの図のようになる。Lが90 cm以下になると l は急に小さくなる。

三種が広く使用されている。それらは性能的に甲乙をつけがたいので，使用者の好みやインテリア全体のバランスから選択すればよい。

浴槽の設置方法の中で，据置き型はまたぎにくく，浴室を狭く感じさせる。埋込み型は洗い場のしぶきが浴槽に入ったり，老人や幼児には転落の恐れがあるので，一般的には半埋込み型のほうが使い勝手がよい。

浴室の窓

浴室に採光は望ましいが，窓には，むしろ自然換気や視覚的な広がりの役割を持たせるほうが大切である。浴室内の環境調整には図11のような方法がある。また，視線を遮り，視覚的に広がりを見せるには，出窓や庭と一体化した窓などを使うとよい。

浴室の換気

内釜（BF釜を除く）を使用するときは，建築基準法によって燃焼カロリー数に見合った換気量を確保しなければならない。浴室は湿気が多くかびが発生しやすいので，結露を防ぐためにも強制換気を行うべきである。ただし，換気量が多すぎると冬は寒いので，調節できるようにするか，全熱交換装置のついた換気扇を使用するのがよい。

浴室の出入口

出入口の位置は洗い場の人の動きや水栓，タオル掛け，照明などの取付け位置との関係を考慮し，互いに交錯しないように決める。建具は耐水性のあるものとし，浴槽の搬入ができるように最低60 cmの有効幅を確保しておかなくてはならない。

浴室の照明

照明器具は必ず防湿型とし，演色性のよい光源で100 lx前後の明るさが必要である。器具の取付け位置は手暗がりにならないよう，また入浴中にもまぶしくないように考慮する。また，人の影が窓に映らない注意も必要である。

浴室の水栓金具

金具の種類については，給排水衛生設備の項で触れるので，ここでは省略する。取付け位置は使い勝手の良さを考慮して決めるが，標準的な位置を図12に示した。

その他

浴室内の石けん，シャンプー，タオルなどの小物の置き場所も設計段階から検討する。壁から極端に突き出たり，汚れやすいものは避ける。また，老人や幼児のためには握りバーを取り付けると安全である。

材 質	耐久性	手入れのしやすさ	保温性	質 感	その他
FRP（ガラス繊維強化ポリエステル）	傷や変色はあるが，腐ることはない	細かい傷や脂肪の汚れがつきやすい	裏打保温材をつければ良好	軟らかく，肌触りも良い色柄が豊富である	プレス成形品とハンドレイアップ品とがある
ほうろう	傷がつかない限り長持ちする	手入れしやすい中性洗剤とスポンジを使うのが良い	同上	やや冷たいが色彩豊富	鋼板製と鋳鉄製とがある鋼板製は欠けに注意
ステンレス	細かい傷はつくが，良い	良い	同上	清潔感があるが，色柄は少ない	分割プレス型と一体プレス型とがある
木（さわら）（檜）	あまり良くない（5〜6年）	入浴後に手入れする。乾燥させると良くない黒変しやすく，不潔になりやすい	良好	独特の香りがあり，手入れをすれば肌触りも良い	形が自由で現場組立も可能
タイル	目地などがひび割れしやすく，あまり良くない	目地の汚れは落ちにくい	裏打保温材をつければ良好	つや，色柄に優れるが目地があたる	形態が自由である
陶 器	非常に良い	良い	良くない	量感は独特で良いが，冷たい	急熱に注意する種類が少ない

図9 浴槽の材質と特徴

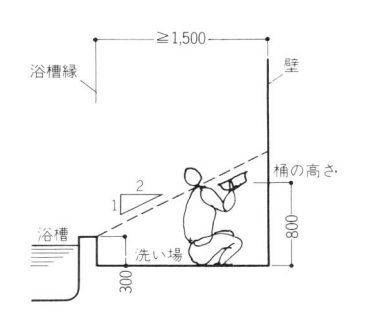

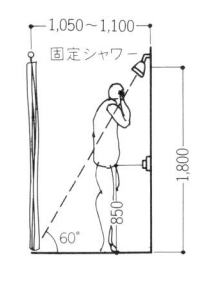

図10 洗い場の必要寸法

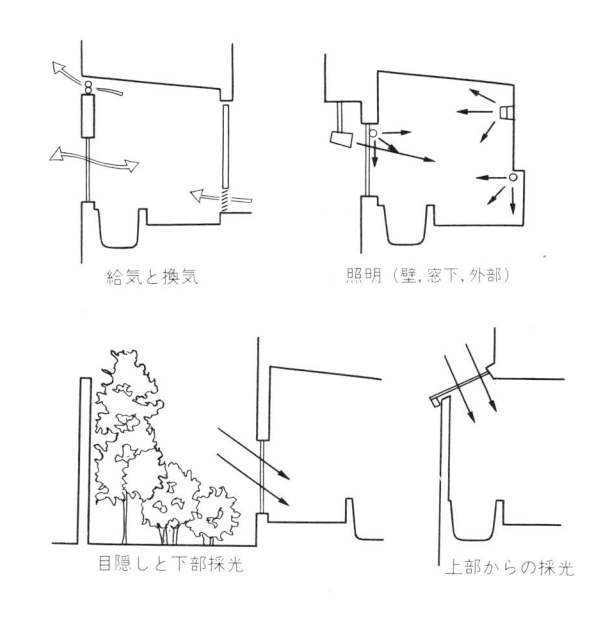

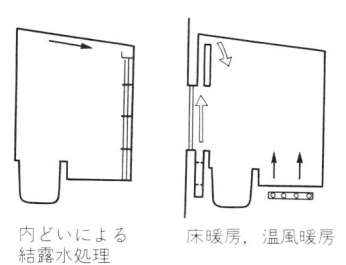

図11 浴室内の環境と設備

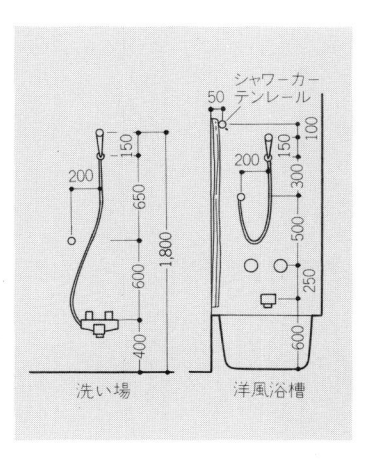

図12 水栓，シャワーの取付け位置

4.3 洗面室

洗面室の使われ方は、洗面・化粧・脱衣・洗たく・掃除・アスレチックなど多様である。そのため、望ましい広さとか具備すべき条件を一概に決めることはできない。現在の一般的な洗面室は、浴室の前室として脱衣や洗たくの機能を含んだものである。それ以外に、主寝室や老人室に付属する洗面室も便利である。また、戸建て住宅で2階に洗面の設備を設ける場合には、便所や浴室と一緒にしたり、サンルームのなかに、洗面コーナーを設ける場合もある。

洗面所の広さは、設置される機器類の寸法と人間の動作域にゆとりを加えて決めればよい。普通には6尺×4.5尺の広さがあれば洗面・脱衣・洗たくの機能が満たされるが、収納の機能は十分ではない。

洗面室は、通風・換気・採光が適切で衛生的なこと、プライバシーが確保されていること、コンセントなどの設備が取り付けられていることなどが必要である。

床・壁・天井の仕上げ

水がかかり、湿気が多いので耐水性があり、かびや汚れがつきにくく、掃除しやすい仕上げでなくてはならない。また、狭いので明るく、清潔感のある色彩のものがよい。

鏡、照明

鏡は、図2のような寸法が必要である。照明も影をつくらず、まぶしくない位置にする。化粧のためには、最低300 lxの明るさが必要である。蛍光灯と白熱灯とでは色が違って見えるので光の色に注意する。

洗面化粧ユニット

洗面器には、壁掛け型とカウンター埋込み型とがある。洗面器に収納具・鏡・照明・コンセントなどを組み込んだ形で、あらかじめ工場でつくられたものが洗面化粧ユニットである。これは、現場取付けが簡単で品質も安定している。最近はデザインも豊富になり、選択の幅が広くなった。

その他

洗面室では、使用する小物が多い。収納の方法や場所について細かく計画しておかないと、雑然として使いにくくなるので注意が必要である。

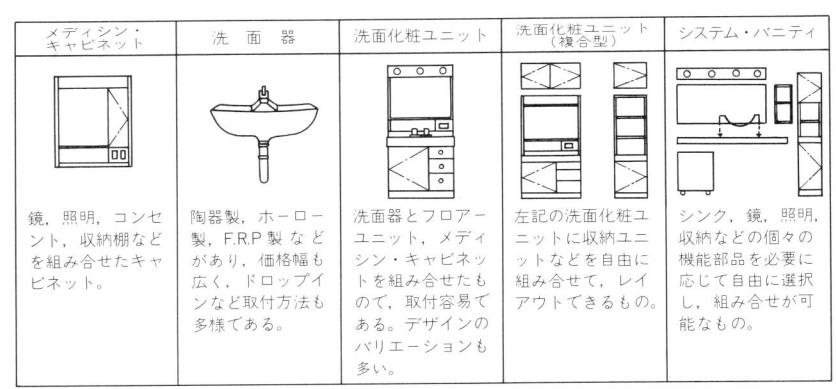

図1 洗面のための設備機器の種類

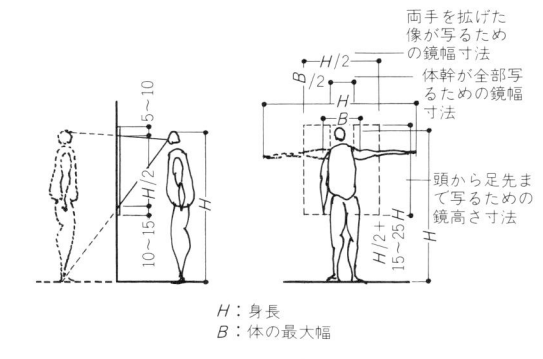

図2 鏡の必要寸法

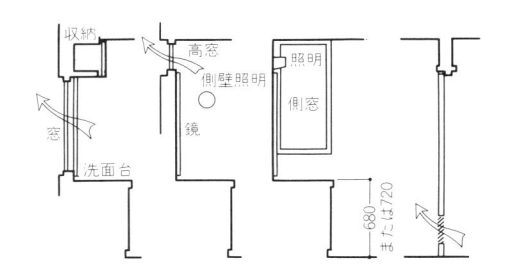

図3 洗面室の採光・換気・照明

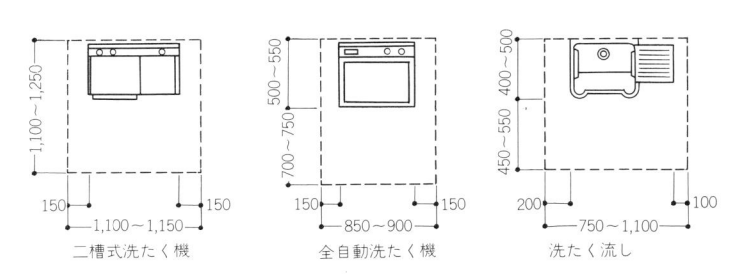

図4 洗濯機まわりの最低必要空間

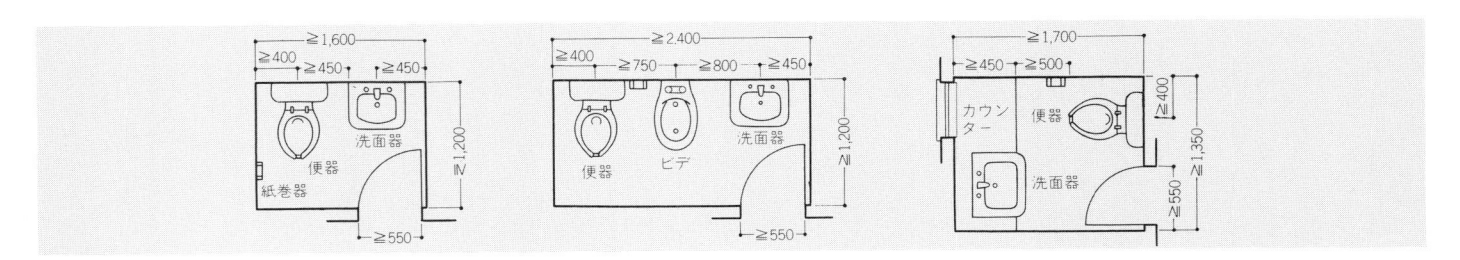

図5 便所・洗面所の複合空間の必要寸法

4.4 便所

　便所は不浄という感覚が根強く残っており，今でも家相の鬼門に便所を位置させることを嫌う人が多い。しかし，水洗式なら鬼門にとらわれる必要はないので，家族が便利に使用できる位置を選べばよい。原則的には，他の部屋を通らないで利用できる位置がよい。2階で生活する時間が多いのであれば，2階にも便所は必要である。玄関ホールから直接出入りする便所もある。これは来客の利用には便利だが，家族が利用しにくいので，玄関からなどの視線を遮る工夫が必要である。老人が利用する場合はなるべく近いところに設け，暖房や補助手摺を用意する。経済性の面からは水まわり諸室に近く，下水に近い道路側の位置がよい。

　便所の広さは，図1に示す寸法が最小値である。2階の便所でプライベートな使われ方をする場合には，洗面室や浴室と一緒に計画されることもある。

出入口
　ドアは外開きが原則である。これは動作のしやすさと，便所内での事故の際にドアを開く必要があるので，それを考慮したためである。脱いだスリッパがドアの開閉に支障を与えないように，床にわずかに高低差をつけるとか，汚れにくく清掃しやすい材料を選ぶなどの配慮も必要である。

採光・換気
　換気の方法は図2のようである。集合住宅では窓のない便所が多いが，窓は単に採光・換気のためだけでなく，心理的な開放感を与えてくれる効果がある。その面からの評価も必要であろう。反面，防犯面からの対策を考慮する必要がある。

便器
　水洗便器は洗浄方式により図4のような種類がある。左側のものほど洗浄力が高い。タンクの方式により図3の種類と特徴がある。水洗便器の選択のポイントは，①溜水面積が大きくて汚物が付着しにくいこと，②封水高が十分で排水経路は太くて単純なこと，③洗浄音が小さくて水の使用量が少ないこと，④タンクの結露防止があること，⑤暖房便座や温水温風洗浄便器の設置予定を考えておくこと，などである。

その他
　便所には，ペーパーや掃除用具の収納場所があれば便利である。また，明るくゆったりした雰囲気を演出するため，飾り棚を設けたり，窓の建具のデザインを工夫することなども必要であろう。

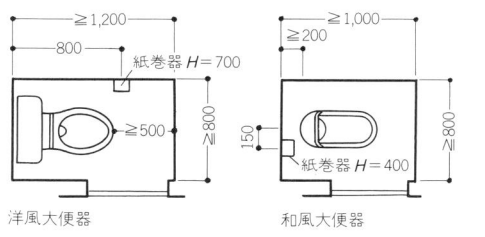

図1 便器まわりの最低必要空間

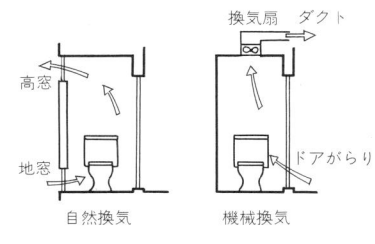

図2 トイレの換気方法

図3 水洗タンクの方式

区　分	フラッシュバルブ式	ロータンク式
適　性	ビル・オフィス向き	一般家庭向き
連続使用	で き る	できない
洗浄音	大 き い	小 さ い
修　理	やや難しい（構造的）	容　易
場　所	あまりとらない	と　る
給水管径の制限	あり（25mm以上）	な し
水圧の制限	あり（0.7kg/cm²以上）	な し

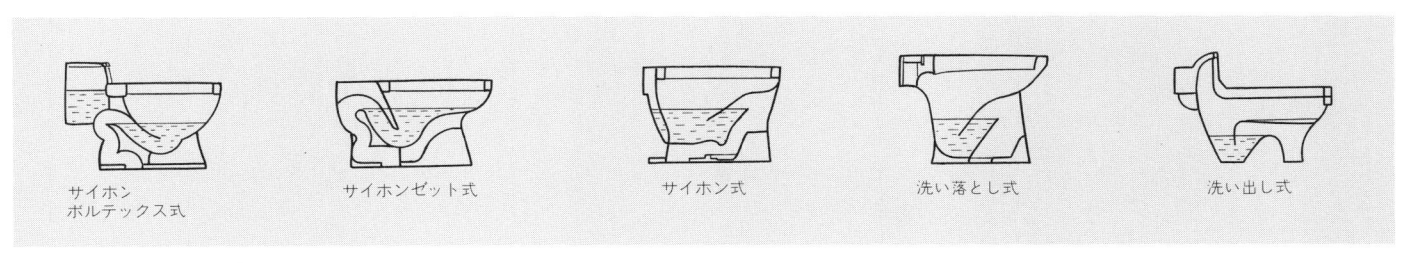

図4 水洗便器の洗浄方法

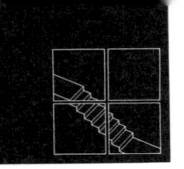

5 玄関・廊下・階段

5.1
玄関・廊下

　住宅のインテリア空間の中で，玄関と廊下は他の空間とは異なった意味合いを持っている。それは，これらの空間が常時，生活の中で使われていないことに起因する。

　したがって平面計画の考え方によっては，これらの空間がインテリアに現れてこない場合も少なくない。玄関について言えば，日本の住宅には不可欠な空間と思われているが，西欧では事実上空間としての玄関がない住宅も多い。玄関が出入口であることには変わりはないが，そこで下足を脱ぐか否かによって，一方では空間が必要になり，他方では扉一枚で済んでしまうことになる。インテリア空間としての玄関の特殊性は，そこが外部（社会）と内部との接点になることにある。したがって，玄関は内側・外側の両面から考えなければならない要素が多い。住宅の玄関を住む人の地位や権力や財力を社会に示すためにことさら立派に作った時代があったが，これは玄関を住宅の顔と考え，外側からの見え方を特に大切にしたためである。しかしそういう玄関はめったに使用されず，もっぱら他の出入口を使用したという矛盾があったため，今日では玄関も実用本位に計画されるようになっている。

　玄関に求められる必要条件は，適切な広さ，高い防犯性能，適度の明るさと換気，十分な収納，プライバシーの配慮，それに落ち着いた雰囲気，などである。広さの問題はほとんどの場合，最小限に近い空間〈動作空間〉になるが，それではただの靴ぬぎの場でしかなくなる恐れがある。何らかの形で広さを感じさせる工夫が必要である。平面的には無理でも吹抜けを設けて縦方向に空間を広げる方法もある。防犯性能の問題は玄関まわりだけを厳重にすればよいということにはならないが，外部の人間が容易に近づける場所であるという心理的な面は無視できない。ただ日本では，「高い防犯性能＝丈夫な錠前」と考える風潮があるが，それだけでは片手落ちである。日本の一般的な外開き扉では，丁番の軸が外側に出るという防犯上の欠点もあり，また袖の嵌殺しガラスが容易にはずされるような取付けになっている家も見かける。

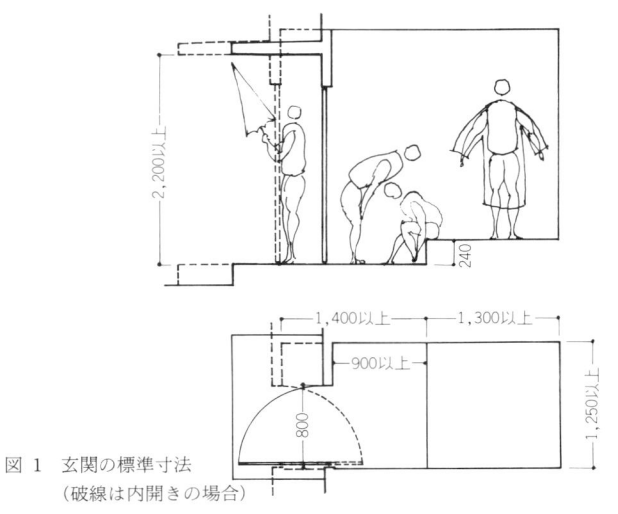

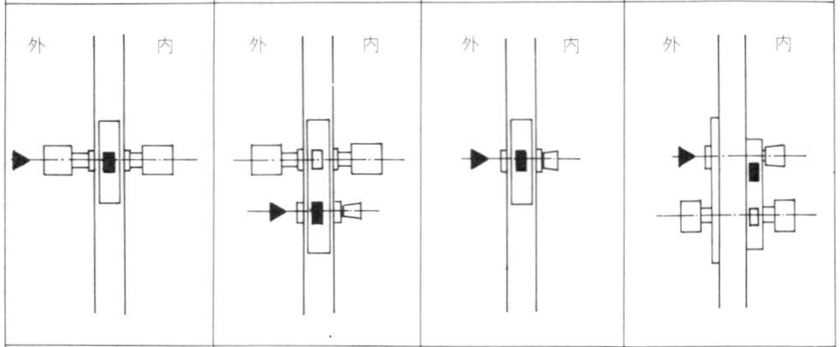

図1　玄関の標準寸法
　　　（破線は内開きの場合）

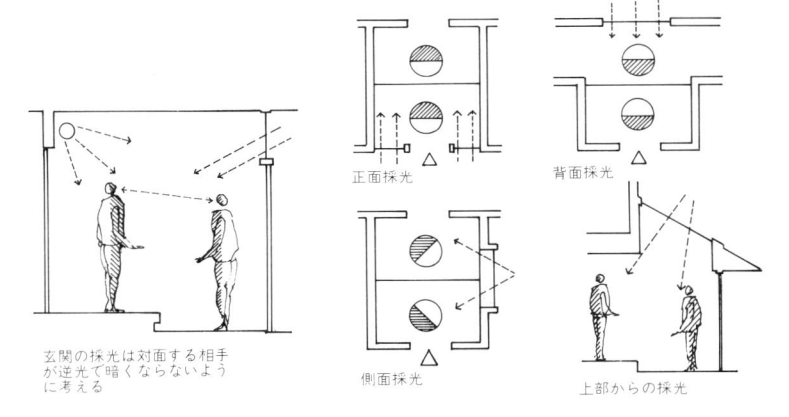

図2　玄関の採光

図3　玄関ドアの錠の種類

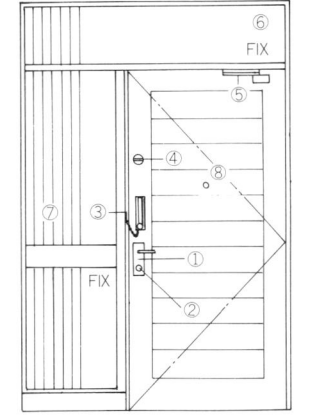

図4　玄関開口部まわりの名称（室内側）

①シリンダー錠・レバーハンドル
②サムターン
③ドアチェーン
④本締錠（セカンドロック）
⑤ドアクローザー
⑥らんま（線入ガラス）
⑦袖（線入ガラス）
⑧ドアスコープ

明るさと換気についての配慮は，玄関が居室（法規の項参照）ではないこともあって不十分になりがちである。しかし明るく解放的な外部へつながる空間としては，十分な明るさと適度の換気は不可欠である。採光方法は玄関の位置にもよるが，昼間の自然光だけで適度な明るさが得られるよう開口部を計画する必要がある。採光のポイントは対面者の顔が逆光で暗くならないようにすることで，そのためには，側面採光やトップライトからの採光が適している。人工照明の場合はグレア（眩しさ）の低い照明方法にするのが原則である。

　玄関の収納は，そこに何を収納するかの考え方によって決定されるが，下足箱と傘立だけでは不十分である。基本的には外出時のみに使用される物を玄関に収納することになるが，これは便利であるためだけでなく，保健衛生の問題としても意味がある。コート類，帽子や手袋，スポーツ用具などが主要なものであるが，コート類のスペースは来訪者の分も考えておく必要がある。玄関の収納は物との関係を細かく検討した効率の高いものでなければならない。

　玄関とプライバシーの関係は玄関の位置によるが，基本的には玄関を通る動線の問題になる。たたき（土間）の部分と3畳ほどの畳の間の一組で，閉じた空間として玄関を構成していたかつての住宅では，プライバシーの確保は容易であった。しかし，玄関をオープンにして他の空間につなげる型が一般的になっている現代の玄関では，それが難しくなっている。特に上下階を結ぶ動線が玄関を通る（この型が普及している）場合が問題である。例えば上階に個室があり，浴室が下階にある住宅では入浴前後に玄関を通るという不都合が生じる。

　次に，廊下は純粋な〈サーキュレーション〉のための空間ということができる。部屋と部屋を結ぶのに廊下が必要か否かは考え方の相違で，寝殿造りでは延々と伸びる廊下が特徴であったが，戦後のモダンリビングの思想では廊下は不要とされた。現代の一般住宅でも基本的には廊下空間は必要最小限に抑えられる傾向が強い。明確な機能を持った空間をできるだけ大きくとれば，結果的に廊下的空間が小さくなるのは当然であるが，廊下は無駄な空間と決めつけることには問題がある。廊下を設けて室空間に広がりや連続性を持たせ，開放的なインテリアを作ることができるし，プライバシーの確保，熱や音やにおいの遮断にも廊下空間は効果的である。一般の廊下の幅は壁心で91 cmであるが，1 mにすると狭苦しさがなくなる。また廊下空間には玄関と同様に十分な自然光を取り入れることは難しいが，ハイサイドライトやトップライトからの採光は可能である。照明は省エネルギーの意味から暗くなりがちであるが，居室の明るさと極端な差がないようにすることが望ましい。

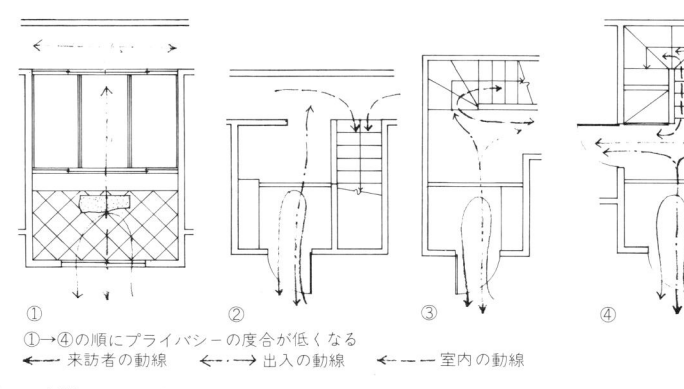

①→④の順にプライバシーの度合が低くなる
←――来訪者の動線　←・―出入の動線　←---室内の動線

図5　玄関を通る動線とプライバシー

図6　玄関の収納の例

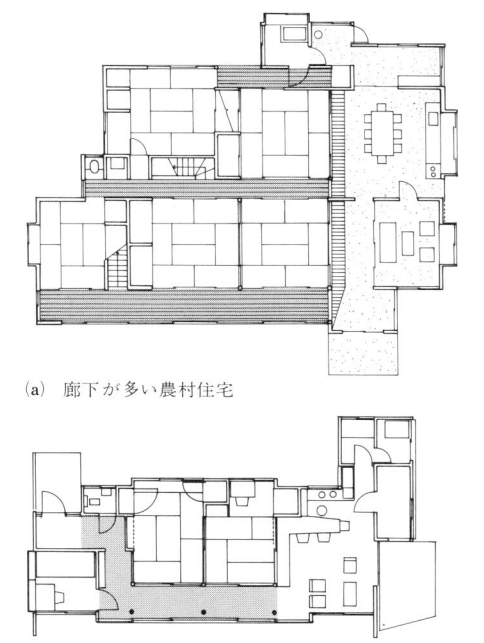

(a) 廊下が多い農村住宅

(b) 廊下が個室のプライバシーを守る役をしている（設計：マルセル・ブロイヤー）

図7　廊下　(c) 空間の連続性を生む開放的な廊下（設計：清家清）

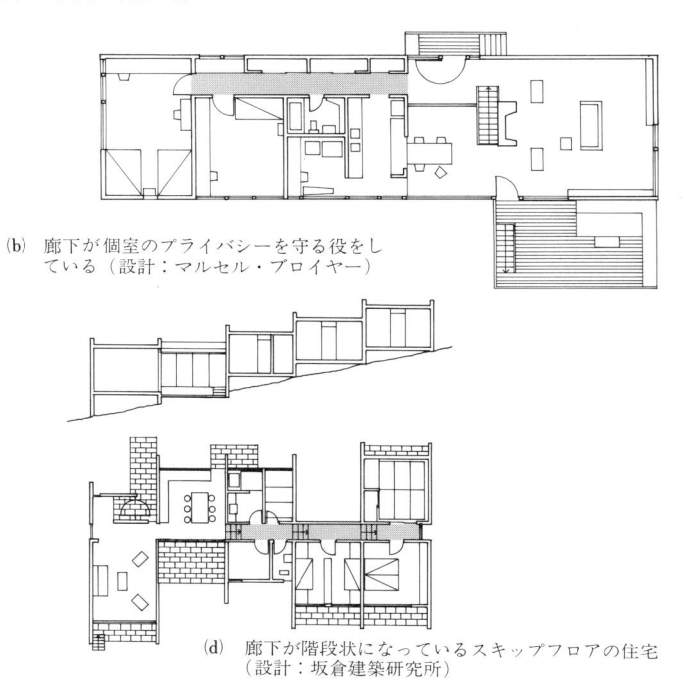

(d) 廊下が階段状になっているスキップフロアの住宅（設計：坂倉建築研究所）

5.2 階段

　階段は高さの異なる床を結ぶ一種の昇降装置であるが，鉛直方向に広がる空間をともなうので，装置と空間の両面から計画しなければならない。西欧建築においては階段はインテリアの主役として扱われてきたが，伝統的な日本の建築では全くと言っていいほど計画の対象にされなかった。これは西欧の建築は重層が原則であり，日本では平屋が主であったためと考えられる（廊下と対照的である）。この歴史的背景は現代の住宅（重層が主になっている）における階段の扱いにもうかがわれ，通路系空間として最小限に抑えることを目標にして計画される場合が多い。

　階段の計画のポイントはまず昇降装置として使いやすいことと，安全性である。これは形状と勾配によって決まる。形式には多くの種類があるが，基本形として直通，L型，U型，曲線の四つに分類することができる。小住宅の場合は直通とL型が最も多い。直通階段は最小空間に納めることができる点では有利であるが，急勾配では危険性が高くなる。特に老人や子供，それに身障者が使う直通階段では，勾配はもとより手摺の高さ，床材の選択にも十分配慮する必要がある。その点L型では方向が変わるので落下の危険性と恐怖感は少なくなる。ただし踊場をとらない一部が回り階段式のものは，その部分で踏面寸法が変わることになり危険性が増す。これは踏面と蹴上げの寸法を途中で変えると，歩行のリズムが狂うからで，できるだけ避けなければならない。U型（折返し）階段は中間に踊場がとれ安全でゆったりとしたものになるが，それだけ必要空間が大きくなる。そのために折返し部分を回り階段にする場合があるが，L型と同様，危険性が高い。曲線階段には十分な空間をとってゆったりしたものと，支柱を中心にした円の中にコンパクトに納められたものとがある。一般住宅では当然後者が多くなるが，軸回転しながらの昇降を安全にかつ快適にすることは難しい。

　昇降の難易と直接的に関係するのが勾配である。基本的には歩行者のエネルギーの消費が少ない階段が使いやすいことになるが，勾配が緩過ぎても歩行しにくい。勾配は踏面と蹴上げの比になるが，両者の寸法の相関と歩行のやさしさとは密接なつながり

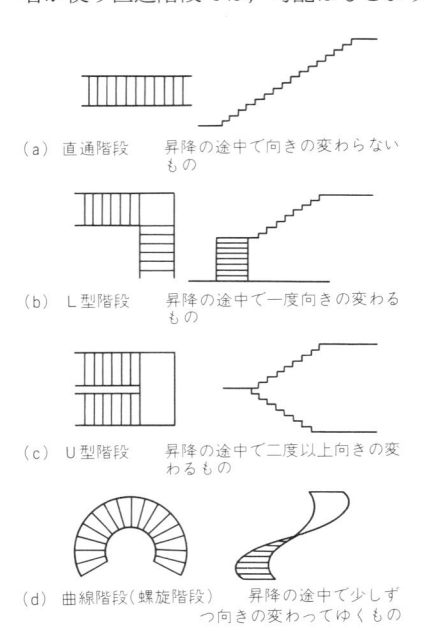

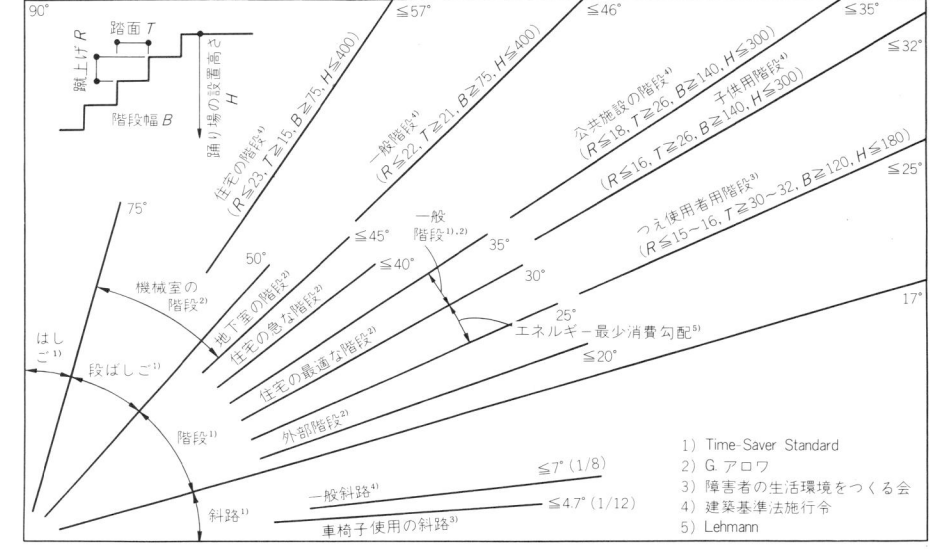

図1　階段平面の基本形
- (a) 直通階段　昇降の途中で向きの変わらないもの
- (b) L型階段　昇降の途中で一度向きの変わるもの
- (c) U型階段　昇降の途中で二度以上向きの変わるもの
- (d) 曲線階段（螺旋階段）　昇降の途中で少しずつ向きの変わってゆくもの

図2　昇降方法と勾配[*1]

図3　蹴上げ，踏面の計算提案式[*1]

(1) $R+T ≒ 43.2～44.5$　　Kinder
(2) $2R = T$
(3a) $2R+T = S$
(3b) $2R+T = 61～63.5$　　Kinder
(3c) $2R+T = 60$　　奥山
(4a) $R^2+T^2 = S^2$
(4b) $\sqrt{R^2+T^2} = 33$　　奥山
(5a) $R×T = 450$
(5b) $R×T = 450～485$　　Kinder
(6) $R÷T = \tan(R-3)×8°$　　J. Parker
(7) $T = 5+\sqrt{7(9-R)^2+9}$　　E. I. Freese
(8) $T = 9-\sqrt{(1/7)(T-8)(T-2)}$　　Lehmann, Engeimann
(9) $R≒18, T≒28, Q=32°40'$[2)]　　奥山

R：蹴上げ，T：踏面，S：自然歩幅，Q：階段勾配，単位：cm，ただし (6) のみ inch
1) エネルギー最少消費量より求める
2) 呼吸量・所要熱量などから検討

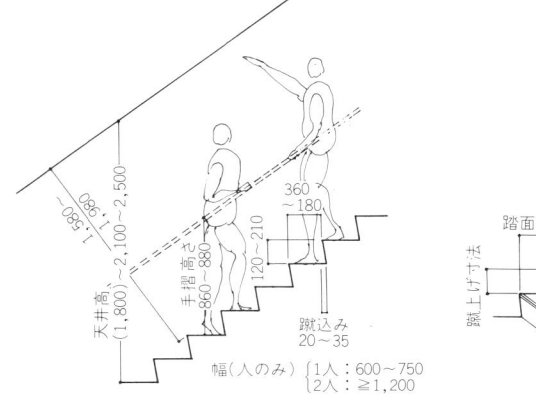

図4　階段の機能寸法

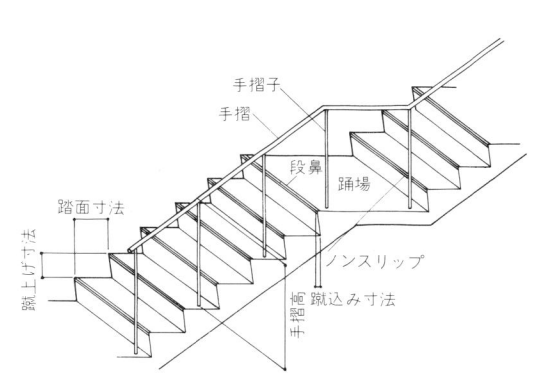

図5　階段の各部の各称[*2]

をもつと考えられている（図3）。例えば、踏面と蹴上げの寸法を加えて43.2～44.5cmになるようにすれば、歩行が楽な階段になるという説をとれば、踏面を23cmにすると蹴上げが21cmくらいがよいことになる。一般住宅では階段の水平距離が極力抑えられてしまうので、勾配はかなり急になりがちである。法規では踏面15cm以上、蹴上げ23cm以下という非常に急なものまで認めているが、45°を超える階段は避けるべきであろう。

一般住宅（戸建て）の屋内階段の幅は75cm以上（基準法による）と定められている。これは柱の心心91cm（半間）で、大壁造りの空間の有効幅にほぼ等しくなる。したがって壁面に手摺をつけると75cm以下になるが、手摺の幅（壁からの出）が10cm以内なら、それはないものとみなされるので問題はない。

階段の位置決めは平面計画の上で重要な問題で、上下階を結ぶ動線の考え方などによって、いくつかのパターンに整理することができる。最もポピュラーなのが玄関に近接させる方法で、外から帰宅した者が直接上階の個室に行けることがポイントになる。反面、下階の公室と上階の個室との密接なつながりは薄くなる。この場合、浴室は上階にあることが望ましい（玄関の項参照）。

上階の個室群と下階の公室との関係を重視すると、階段を居間や食堂に直結する位置に設ける方法がある。これは動線的には明快になるが、公室の暖房効率が悪くなること、公室からの音が防ぎにくいこと、さらに来客時の応接が気になることなどが欠点と言える。上記の二つの型の中間的なものとして、廊下やホールと階段を一体としたコアを作る方法がある。各室はこのコアに取り付く形になるので動線的にも無難であるし、プライバシー、暖房効率の問題も解消できるという長所がある。反面、コアの占める面積が比較的大きくないと狭苦しい感じになる。

階段の縦空間を強く表現する方法として、吹抜けを設ける場合も少なくない。勾配が急で、しかも幅も狭くなる一般住宅の階段を開放的にするのに効果がある。

階段の形状にはいろいろなものが考えられ、その意匠は大切な要素であるが、構造の種類によって制約がでてくる。木造では側桁階段が一般的であるが、加工性の良さを生かしたいろいろな形のものが考えられる。現場打ち鉄筋コンクリートの階段は配筋と型枠が複雑になるので重厚なものになるが、PC版にすれば、木造のように軽快な意匠も可能である。鉄骨階段は加工性、性能（強度・耐火性・軽量など）、意匠性すべてにおいて優れているため、小住宅から高層建築まであらゆる種類の建物に使われている。薄い鋼板で段板を作る場合は床鳴りするので、モルタルを塗るなどの方法により音を処理する必要がある。

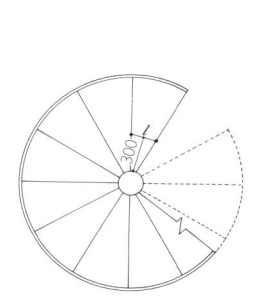

らせん階段の踏面の測り方（建築基準法施行令）
内側（せまい方）から30cmのところで測る……*l*

図6 らせん階段の踏面の測り方

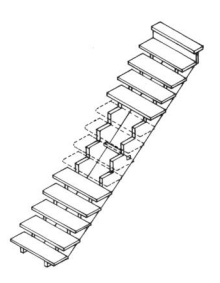

木製側げた階段　木製ささらげた階段　収納家具を兼ねた階段 伝統的なものに箱階段がある　鉄筋コンクリート製階段 スラブ方式

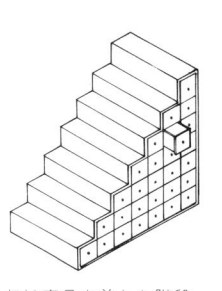

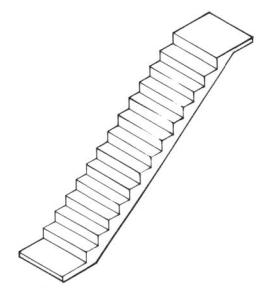

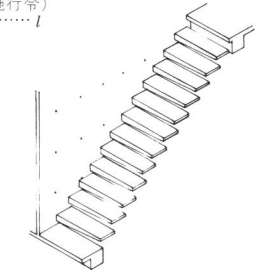

鉄筋コンクリート製階段 段板片持ち方式　PCらせん階段 部品化された階段　鉄骨製階段 歩行時の振動音を減少させるためにモルタルを流し込むことがある　鉄骨製らせん階段 鋼管の支柱にしま鋼板の階板を溶接している　鉄骨製階段 パイプとしま鋼板を使ったもの

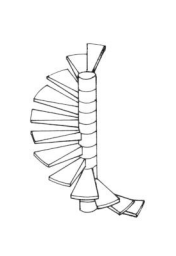

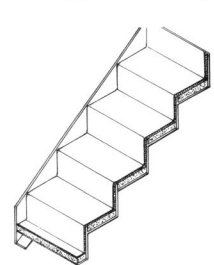

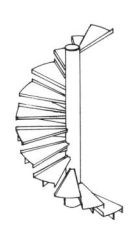

図7 階段の構造の形状

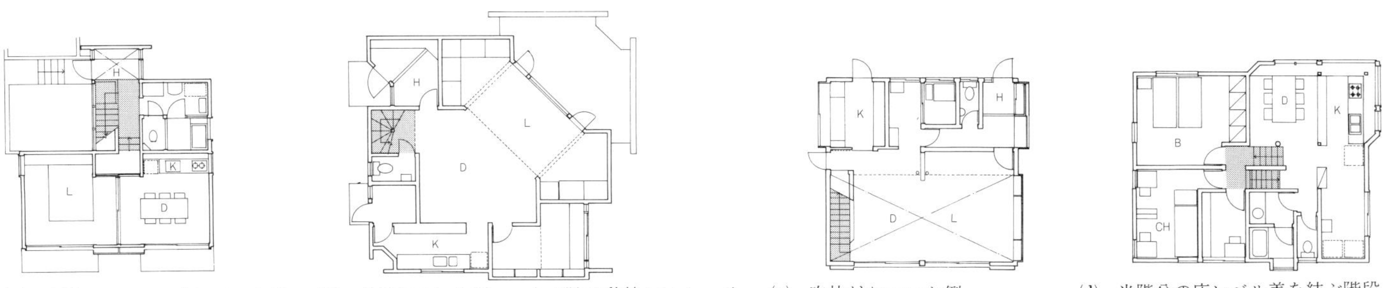

(a) 玄関ホールに直結している例 1, 2階を結ぶ動線が玄関を通過する（設計：牧昌亮）

(b) 公室についた例　上下階の動線がスムーズになる。暖房時の熱損失が大きい（上階に熱が逃げる）（設計：三輪正弘）

(c) 吹抜けについた例 上下階の連続性が高められる（設計：奥平耕造）

(d) 半階分の床レベル差を結ぶ階段。通路部を最少に押えている（設計：三輪正弘）

図8 階段の位置

III

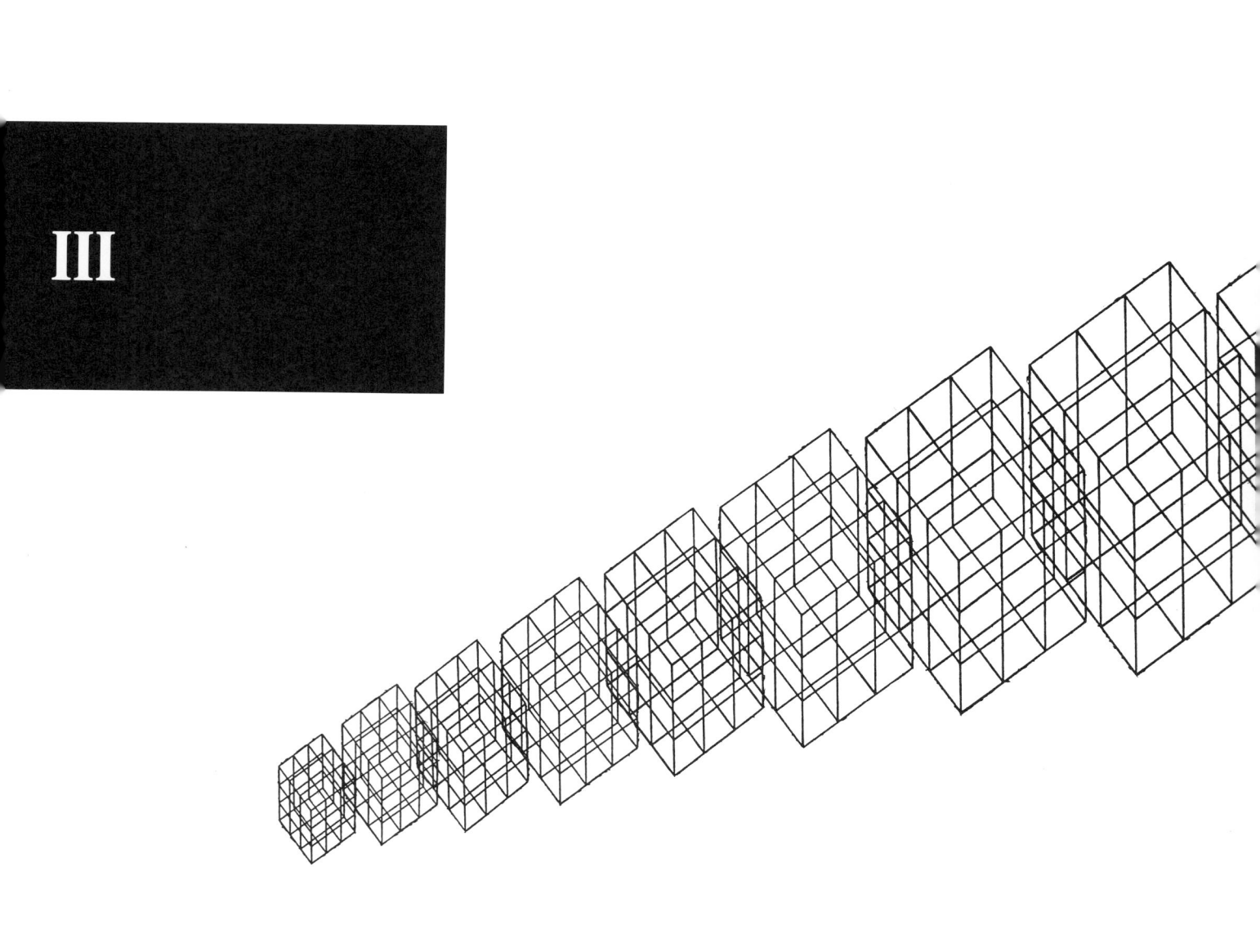

設計の技術

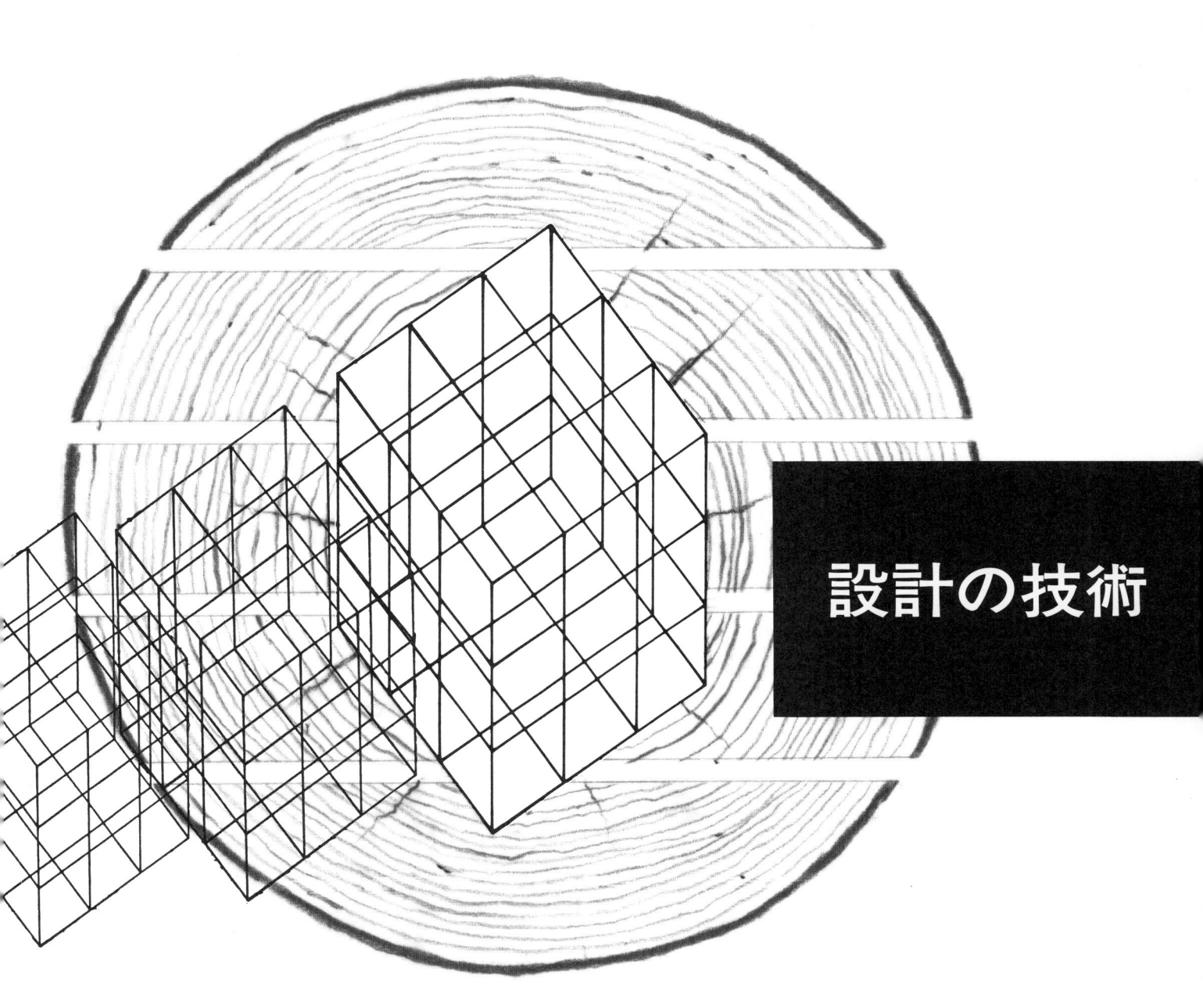

1 設計の手法

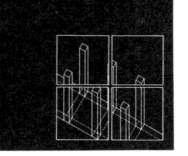

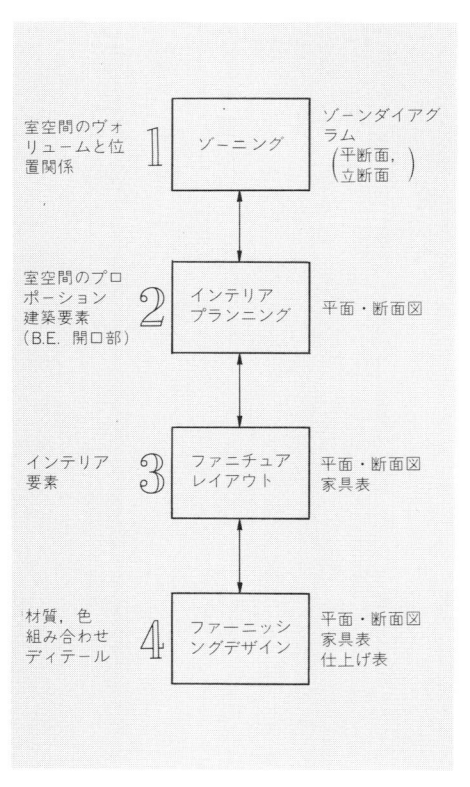

1.1 計画から設計へ

設計作業過程の計画・管理

設計作業は，有限な時間と労力の範囲の中で行われる。その制限自体が，設計作業の中でさまざまな意志に影響を与える一つの要因にもなっている。しかし，無限の時間と労力を前提にすれば，設計作業はいつまでも終わることがないかも知れない。したがってあらかじめその過程を計画し，それに合うように個々の作業を管理しながら，期限内にまとまるように進めていくことが求められる。その規範となるのが，作業要素のプロセスモデルである。設計作業は一貫して進めなければならないことは言うまでもない。しかし多くの場合，全体を少しずつ性格の違ったいくつかの要素過程に分節できるので，それぞれの特性を十分理解し，それに対応するように作業内容を煮つめていくのがよい。

図1は，インテリアデザインにおける空間のまとめの作業を4段階に分けてとらえたものである。1では，他の計画との関連に配慮し，食い違いのないようにする必要がある。まず，計画可能な空間のボリュームをつかみ，次に機能配分に従ってゾーン分けの案をいくつか立てる。ゾーン相互の位置関係を考えながら，計画可能なボリュームの中に，各ゾーンをうまく納めて，最良のものを選択し，ゾーン分節の作業を終える。2は，具体的に寸法を決めていく段階である。調整を行いながら，開口部の位置と大きさを中心に，各建築部位の形を決める。また，高さとの関係を考慮して，個々の室空間のプロポーションも基本的に決定する。この段階になると，室空間の基本的な枠組みが決まってくる。3では，いろいろなインテリアエレメントを選択し，それらの配置を決める。これは，人間の生活を直接に支えるものであるから，その決定に当たっては，視覚的な因子だけに重点を置くことなく，住まい手の生活像を十分に反映させる。4は，すでに基本的な骨組が決まった室空間に，さらに機能を発揮させるため，またある程度の改装にも対応できるように考えて，建築の各部位の仕上げを決める段階である。具体的には材料の質と色およびその組合せ，建物との取合いの詳細などを決めていく。この段階では，表面に現れる色や形だけでなく，その裏側にあって空間の機能を支える材料の強度や耐久性，さらには安全性といったことまで細かい配慮を忘れないようにする。

設計への先行作業

設計に当たっては，多様な情報を使って作業を進めなければならない。これらの情報は設計作業の中でも，必要に応じて収集したり整理していくことが必要であるが，平素からさまざまな設計問題を想定し，それを整理して，必要なときに使えるように準備しておくのがよい。まず住空間と生活の対応にかかわるさまざまな資料，インテリアエレメントの知識や商品情報，そのほか多方面にわたる資料を手早く利用できるように準備しておく。

図1　空間のまとめ方のプロセスモデル（加藤力による）

図2　3DK型における居間確保の住み方[*1]

図4　思考作業の要素

それと同時に，平素から共通的で本質的な設計上の諸問題の発見に努め，機会あるごとにその解決を試み，その過程と結果を整理し，要求と解答の組合せのストックを得ておくことも重要である。設計に関する情報というのは，生の形のままでは適用しにくい。適用状況の想定と選択から，情報の加工，さらには現況に関する情報をもとにした予測など，さまざまな処理を必要とする。しかし，個々の情報についてすべての面で処理を考える必要はない。情報は，目的に応じ部分的に用いればよい。「部分の問題」を想定し，その解決を試みておくと，設計の作業中にも直接適用できる結果を得ることが多い。少なくとも原データを設計に適用するために必要な処理を，部分的であれ先行させておくことによって，設計作業時のデータの適用が容易になるのは間違いない。

C. アレグザンダーは，都市的な規模から施工作業に至るまでの，広範な範囲での設計問題の発見・定義，分析およびその試行的な解決をセットにしたものをパターンと呼んでいる。そしてこれを蓄積し，さらに体系的に整理してパターンランゲージと呼ぶものをつくり上げている。彼のこの成果は，多くのスタッフと長い年月をかけてつくりあげたものである。その一部は公表されているが，設計者であれば，何らかの形でこうした蓄積を持つべきであろう(図3)。現実には，さまざまな制約によって設計の一貫性を保てないことが多いので，そうした制約から離れた自由な場で解決を試みておくことは，それなりの意義がある。もちろん，実際に行った設計の結果は最も重要な資料であるから，少なくとも自分が生み出した成果にかかわる情報は，十分に整理して蓄積しておくべきである。それが結局は全体の作業量を減らすことになり，また創造的な仕事に向け得る労力を増やすことになるのである。

思考作業のコントロール

設計作業の中で，資料を分析したり，さし当たって必要な情報を整理したり，あるいは図面などの設計図書を作成したりすることは，目に見える作業である。したがって時間軸の上での計画・管理がしやすい。しかし設計作業の中には，何となく関連を持つと思われる情報や資料を探索したり，整理した条件から着想を得ようとしたり，行き詰まった作業を転換させて飛躍的な解決を得ようとするなどの，散発的でかつ不連続な作業が混じっている。これらは決まったやり方はできず，見通しが立ちにくいので，設計者にとってはしばしば大きな負担となる。その中で探索の一部については，すでに発表されている資料を効率的に利用することや，電算機による検索システムを利用することなどが役立つ。平素から十分に使用法を心得ておくのがよい。

しかし，自分の頭の中に埋もれている情報の探索や，着想・発想の転換といった思考作業は，ツールに頼ることができない。そのため自分の思考作業を，意識的にコントロールする手法を身につけておくことが有効である。広告や製品開発，あるいは一部の研究作業には，思考作業の意識的操作に関するさまざまな技法が，すでに組織的に用いられている。それらの多くは「集団思考」を前提にしているが，「個人思考」にも役立つと報告されている。図5と図6は，そうした技法を「設計作業の計画・管理」の立場からまとめたものである。

設計作業の本質は，設計図書やプレゼンテーションのためのプロダクツの作成にあるのではなく，問題の発見から解決に至る思考作業にある。このことを十分に心得て，専門家としての能力を十分発揮できるよう，日頃から態勢づくりをしておくことが必要である。

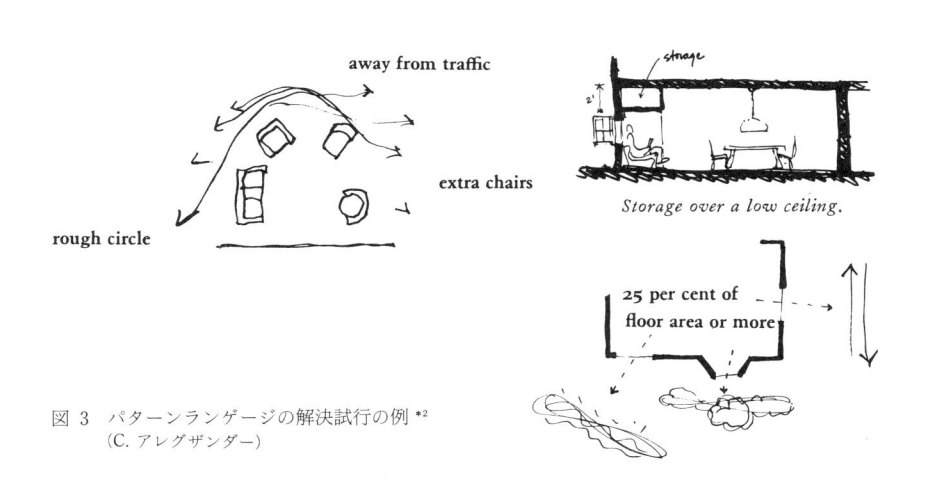

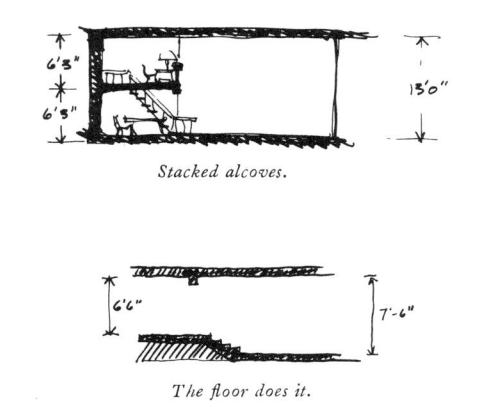

図3 パターンランゲージの解決試行の例 *2
(C. アレグザンダー)

A	発想に適した状態を生成し管理する技法
B	直接的に思考を導く指示を与える技法
B-1	思考を行う枠組の指示を与える技法
B-2	連想の展開をより容易なレベルに落として行く技法
B-3	対比あるいは類比により疑問のつくり出しを行う技法
B-4	抽象的な操作を直接指示する技法
その他	(思考操作の単位技法とは言えないが，A，Bと組み合わせたり，また単独で，思考作業のコントロールを意図して用い得るもの。その機能的性質については，以下のように分類できる。)
C	思考を行うに都合の良い状況をつくり出すもの
D	関連情報のコミュニケーションを管理するもの
E	種々の機能が混在していて分類しにくいもの
F	著名であっても指示内容が黙示的なもの
G	用途が特殊で，建築設計作業への適用が限定されるもの
H	ある原理の正統的な適用であって，技法とは言えないもの

注
Dでは，フリートーキング，バズセッション，パネルディスカッション，シンポジウムなど，コミュニケーションの管理を目的として選択されるディスカッションの形式についても，広い意味でくり込み得るし，バズセッションについては，しばしば技法としても挙げられることが多いが，ここでは思考操作技法をやや狭義にとらえて，扱わないこととした。

情報探索の過程に役立つ技法	ブレーンストーミング(BS)，MBS，GNB法(ノートブック収集法)，ゴーストップ法，ゴードン法，5W1H法，一対連関法，モーフォロジカルアナリシス，穴埋め法，ストーリーテリング，KJ法，NM法T型，など
問題認識，問題の類型化に役立つ技法	BS，列挙法，5W1H法，機能展開，インプットアウトプット法，など
情報変換に役立つ技法	強制連関法，KJ法，NM法，等価変換，シネクティクス，連合促進チェックリスト，など

図5 思考操作技法の分類

図6 役立つ設計思考過程による分類

1.2 空間のまとめ方

インテリアの空間が出来上がるまでの過程を整理してみると、おおよそ次のような段階に分けられる。（企画）→（計画・設計）→（見積・発注）→（施工・生産）。この中で設計者が主として関与するのは計画・設計の部分である。さらに計画・設計の部分を分けると、（基本計画）→（基本設計）→（実施設計）になる。

基本計画

設計者が依頼者から設計を依頼されると、まず、住まい手の側の要求条件と、建築空間側がもっている制約条件の双方をよく調べ、それを整理することから作業が始まる。それが済んだ後に、設計の基本的な方針を立てることになる。これが基本計画である。ところで住まい手の側の条件は二つにまとめることができる。その一つは、住まい手がどのような生活を望んでいるかということである。それは将来の生活の変化を予測しながら、生活像のあるべき姿をはっきりと描いてみることである。ライフスタイルと呼ばれる住まい手の人生観、生活習慣、趣味、嗜好、生活様式など生活にかかわるあらゆる事項について、あらかじめ打合せをし、また調査し、よく知っておく必要がある。もう一つは、住まい手がどのような空間を欲しがっているのかを知っておくことである。これにはチェックリストや調査表を使って、聞き落とした項目がないように努めなくてはならない。過去の設計事例の図面や写真カタログなどを依頼者に示すことによって、住まい手の具体的な空間像をとらえておく方法もある。

一方、住まい手の要求条件と並行して、建築空間の制約条件を整理しておくことも必要である。これは、インテリアの設計がどの段階からかかわってくるかによって事情が違う。その段階はおおむね次の三つのタイプに分けることができる。

① 建築設計のはじめからインテリア設計者が関与する場合。
② 建築設計の骨格（平面、立面、断面など）ができた段階で

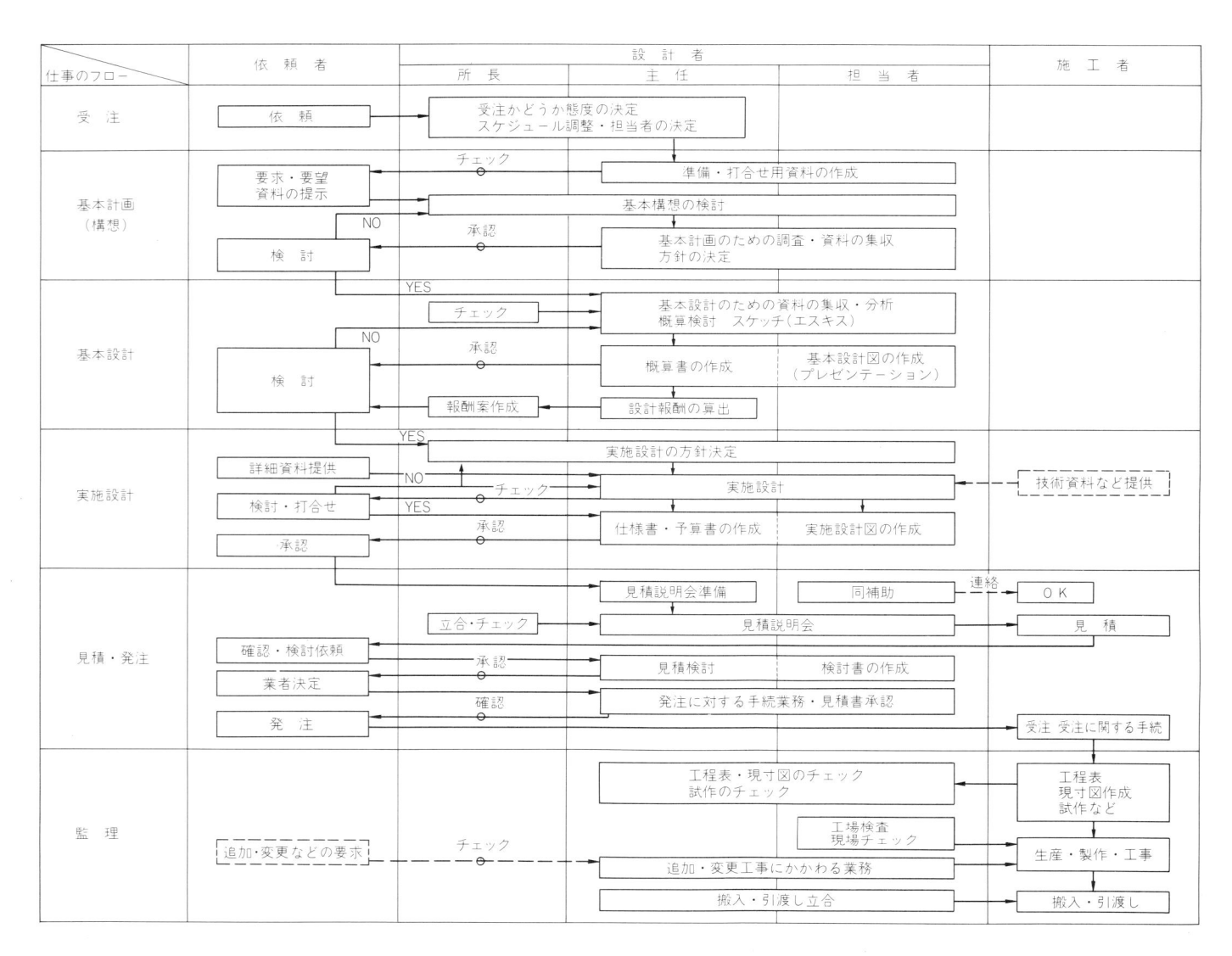

図1 あるインテリア設計事務所の設計の進め方事例

参加する場合。

③　建築設計が完了したのち，または建物が出来上がった後に参加する場合。

①の場合とは，基本的なゾーニングがなされた段階のことである。インテリアの設計者は，各部屋の広さ，天井高，開口部の位置と大きさなどを部屋の使用目的に合わせて決定する。また家具のレイアウトや設備器具の選択，設置位置などを人の動線や視線に合わせて決めていく。この場合には，空間の制約条件は比較的自由である。

②の場合とは，間取りや部屋の広さ・形，開口部の位置や大きさはすでに決定しているが，内装や家具のレイアウト，設備器具の種類・位置などはまだ決まっていない段階のことである。建築の構造や部屋の開口部などの条件によって，使い勝手に制約が生じることが多い。

③の場合とは，主として増改築を対象にするものである。既設の住宅やマンションなどの改装に当たっては制約条件を整理し，内装仕上げやコンセントの位置などを現場で実測し，図面上で検討しておく。出来上がってみると，家具がコンセントやスイッチの位置と重なったり，窓台の高さからはみ出してしまうといった例も少なくない。したがって，それぞれの段階に合うように㋑規模，間取り，部屋の条件，㋺構造，㋩材料，工法，㋥設備，㋭法規，基準，㋬ディテール，仕上げ，などの項目をチェックしておく必要がある。

ところで，住まい手の要求条件の中には，顕在化したものもあるが潜在的なものもある。また具体的な要求や，抽象的な要求，「本音」と「建て前」など，矛盾した点や不合理な点，技術上からも経済上からも到底実現不可能な要求など，数多くのものが含まれている。

設計者はそうした諸問題を整理し，住まい手の真の要求がどこにあるかを知り適切な助言を与えることが必要である。それには，過去の経験と新しい情報を与えることによって，住まい手の側に，自ら住まい方と空間のイメージをはっきりつかみとらせることが必要である。

以上に述べたのは基本計画の内容であるが，この段階で，要求条件の引出し方や制約条件の整理が不十分であったりすると，後の段階で，手戻りや，やり直しなどの無駄が生じることになる。

受　注

基　本　計　画

〈与条件の整理〉
- 住み手の生活像，空間像などを引き出す。
- 建築空間の構造，設備，法的条件などを明らかにする。

ex）
- チェックリストなどを用いてチェックする。
- 住まい方やイメージ調査，過去の事例などを示して要求を引き出す。
- グレードを提示する。

⇨

〈基本方針の決定〉
コンセプト
- 問題点を抽出し，矛盾点を整理する。
- 解決の指針を作成する。
- 基本的な方針を決定する。

ex）
- 空間の目的，用途，規模，位置などを明確にする。
- 住まい方のスタイルや将来の見通しをたてる。
- 工期，予算，構法，設備の目安をたてる。

<住まい手の条件>
1. 生活像（住まい手の属性，ライフスタイル etc.）
2. 空間像（規模，スタイル，色彩，材質 etc.）
3. 経済的条件（予算 etc.）
4. 工期，要求性能，その他

<建築，空間上の制約条件>
1. 規模，間取り，方位
2. 材料，構法，構造
3. 法規，基準
4. 設備 etc.

⇩

基　本　設　計

〈エスキスからプランニング〉

基本計画で練られた条件をもとに具体的な形態に移し変えていく。

ex）
- 空間の機能にイメージを加えながらプランを生み出していく。
- スケッチや模型をつかって立体的空間として組み立てていく。

⇨

〈プレゼンテーションの作成〉

依頼主に承認を得るために，空間の概略が把握できるような提示をつくる。

ex）
- 平面図，パース，or 模型
- カラースキーム
- 概算書

<発想の仕方>
1. 平面や断面から考える
2. スタイル，様式，パターンで考える
3. 空間でつかむ
4. エレメントから発想する
5. 色彩や材料から手がかりを得る
6. 人間の使い勝手，暮し方から発想する
7. 言語から発想する
8. 過去の事例や，すぐれたものを参考にする etc.

⇩

実　施　設　計

〈詳細・エレメントの設計〉

インテリアの全体像がはっきりした後，細部の検討，工法・材料・テクスチュアなどの決定，インテリアエレメントの選択や仕上の検討。

ex）
- 床・壁・天井・開口部・建具などの具体的寸法や，形状仕上げ材料などを決定する。
- 家具・照明・敷物・アクセサリーなどを選定もしくは設計する。

⇨

〈実施設計図の作成〉

施工，生産，製作ができるのに可能な設計図を作成する。

ex）
平面詳細図　S：1/50
- 展開図・天井伏図　S：1/50
- 家具詳細図，部分詳細図　S：1/10～S：1/20
- 家具・エレメントリスト
- 仕上表，仕様書，etc

<チェック項目>
1. 人やものの動きをチェックする（動線計画）
2. 視線の動き，流れを考える（視線計画）
3. 光，音，空気のあり方を考える（環境計画）
4. 寸法や空間・部品の互換性をチェックする（寸法計画）
5. 構法，性能，コストをチェックする（構法計画，性能計画，コスト計画）
6. 材料取り，加工法などをチェックする（材料計画）
7. 設備のシステム，位置，器具を考える（設備計画）
8. 形態や空間のスケール，バランスなどをチェックする（形態計画）

見　積

図 2　基本計画から実施設計までのフロー

基本設計

要求条件や制約条件を整理し，設計の方針が決まったら，次は空間を具体的な形にまとめていくことになる。この段階は設計者によっていろいろな方法がとられるので，一定のルールは示しにくい。しかし普通には，平面や断面などの素描（スケッチ）から始めることになる。

これをエスキスと呼んでいる。エスキスは一種の総合化の作業であって，発想のきっかけになるものが必要である。例えば，スタイルやパターンに重点をおいて考えるとか，色や材料を中心にして発想するとか，あるいは空間要素からスタートするとか，設計者によって独自の方法が用いられる。

エスキスを進めていく過程でゾーニング，インテリアプランニング，ファニチュアレイアウト，ファーニッシングデザインなど空間のまとめの作業が進み，空間の形と寸法が決まり，おおよその色や材質についての考え方がまとまってくる。

設計者はこれについて動線，視線といった機能的な面からのチェックのほか，寸法・材料・工法・性能・構造・設備などを技術的な面からチェックする。ときには資料集成や技術資料を参考にしたり，模型や実物によって確かめたりしながら作業を進める必要があろう。

このようにして素案がまとまると，設計者は依頼主に設計案を了解してもらうためにプレゼンテーションを行う。プレゼンテーションには以下のような方法がある。

透視図，アクソメ，模型

インテリア空間を分かりやすく理解できる方法として透視図やアイソメあるいはアクソメ，模型などが使われる。透視図は人間の姿勢によって視点の高さに違いがあることを考慮する必要がある。模型は一つの対象を多角的に検討できるという利点をもっている。

平面および断面図・展開図

部屋の用途や機能を表示する手段として平面図が用いられる。これによって家具・照明器具・敷物・アクセサリー・設備器具などの位置と大きさを平面的に理解させることができる。断面図や展開図は立体的な関係を表示するものである。

材料サンプル・実物・写真

インテリア空間をさらに具体的に理解してもらうためには，実

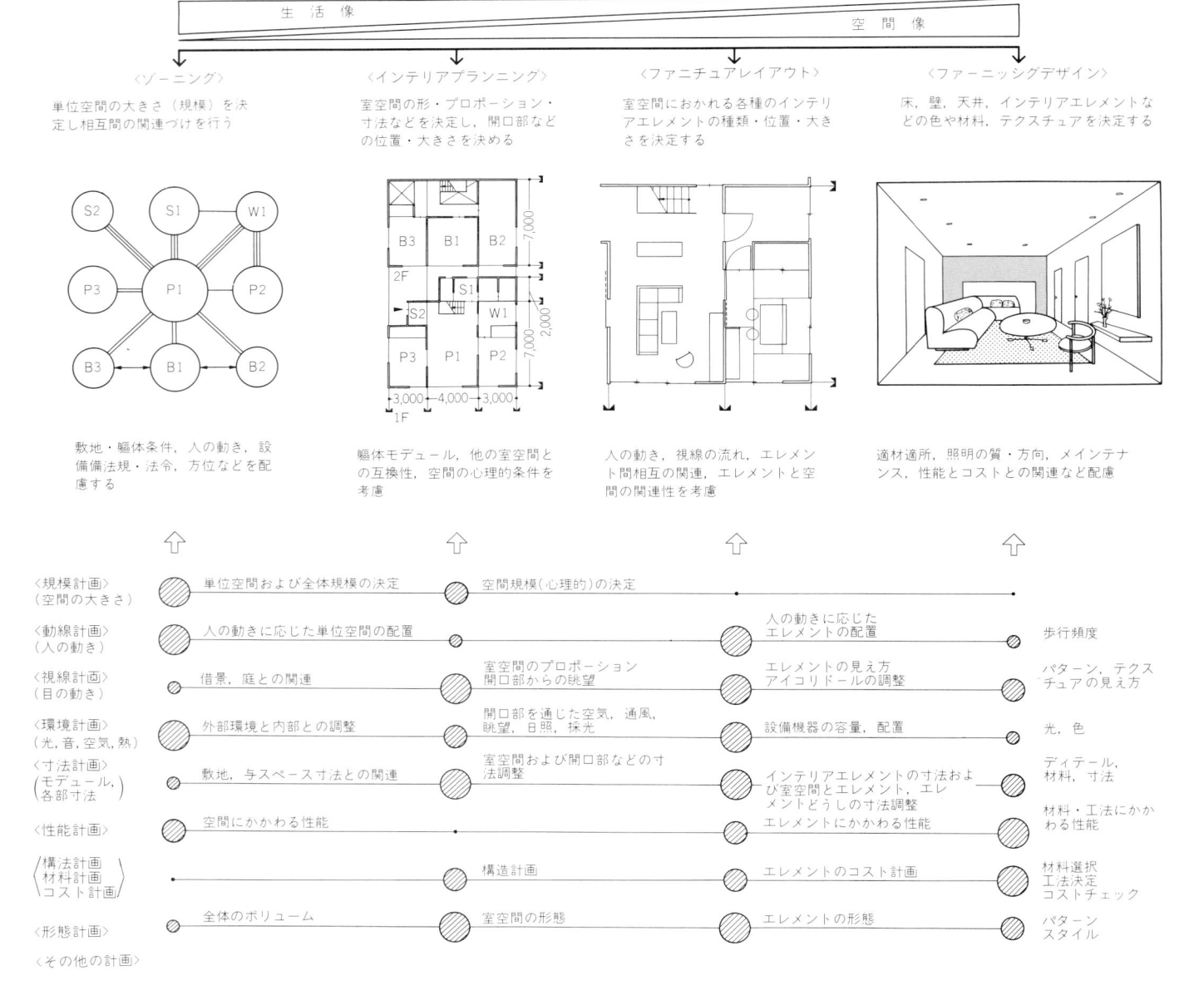

図3 空間のまとめ方の一例

際に使用する内装材やエレメントの写真・実物・サンプルなどを提示すると有効である。小さなサンプルや写真では十分に理解されにくいこともあるので、できるだけ現物をショールームで確認させるのがよい。また、使用例を見せるなどして、実際に近いイメージを把握させるように努める。

その他、設計趣旨・概略図など

インテリアの構成を説明するに当たっては、その考え方や特色などを分かりやすい図にして表示するとよい。また構造や設備などを一目で分かるようにして図表としてまとめるのもよい。

以上の資料をボード類にレイアウトして依頼主に提示し、基本的な空間構成のあり方について了解を求める。その際スライドやビデオなどの映像を使うと一層効果的である。

プレゼンテーションをする場合には必ず予算案（概算書）を添付しなくてはならない。予算の等級に合わせて2〜3案を提示したいものである。同じ額の予算でも違った考え方を準備しておくと、依頼者も判断がつきやすい。個々の設計者が自分に合ったやり方を工夫し、説明しやすく、かつ理解されやすいプレゼンテーションの手法をつくり出していく必要があろう。

実施設計

基本設計とは抽象的な要求条件を具体的な形にまとめて、基本になる方針を定めることであった。次は実施設計の段階となるが、ここでは生産や施工に必要な見積が、正確に読み取れる図面を作成することが主な目的である。基本設計で決まった空間と設備に対し、具体的な寸法、材質、工法、納まりなどの仕様を定めて図面に書き込むことが作業の内容になる。インテリアの設計では通常、次のような図面が作られる。

①平面詳細図（S＝1/50）、②展開図・天井伏図（S＝1/50）、③部分詳細図（S＝1/1〜1/20）、④家具詳細図（S＝1/5〜1/10）、⑤員数表・仕上表、⑥仕様書、⑦その他（予算書など）

現場では実施設計で作られた図面に従って工事が進められる。したがって、使用面と生産面の両方の側からチェックすることが特に強く要求される。この段階での使用面からのチェックとは、安全性・利便性・耐久性などを考慮して、寸法・形状・材料・納まり・テクスチュア・色彩などを決めることである。また生産面からのチェックでは、材料取り、在庫の有無、加工法、コスト、メンテナンスなどが重要な検討項目になろう。

A ゾーニング 1. パブリックゾーン（生活ゾーン）、プライベートゾーン（就寝ゾーン）、セミパブリックゾーン（サービスゾーン）などに分ける 2. 敷地状況、建物躯体条件（躯体渡しの場合）、方位、日照、採光、通風など自然条件との関連 3. 外部騒音、外部からの視線などプライバシーの確保 4. 設備条件、関連する法規、法令などのチェック 5. 平面ゾーン、垂直ゾーン双方からの検討	**H ディテール** 1. 床、壁、天井、開口部それぞれの納まり、造り付け家具の納まり 2. インテリアエレメントどうしの納まり、インテリアエレメントのエッジの納まり 3. 工法的処理、視覚的処理、安全性、機能上の処理
B 規模 1. 単位空間での人間の生活行為の検討、起居様式、人数、行為に必要な道具の大きさなどのチェック 2. 人体寸法、動作寸法、動作空間など物理的な大きさのほか、心理的な空間量のチェック 3. 収納物の量、収納方法など収納されるものの量や内容の検討 4. 敷地条件、予算など空間的条件、経済的条件からのチェック	**I 色彩** 1. 部屋の機能に合わせた配色、主、従、アクセントなどの色のバランス 2. 部屋全体の配色の面積比の割合、材質との関連 3. 照明の光との関連、演色性、方向、角度などとの関連
C 動線 1. 動線の量のチェック、多い場所での動線の短縮化 2. 動線の形のチェック、人の交差する場所、曲がる動線などは効率化、単純化する。 3. 日常時の動線のほかに非常時の避難経過のチェック 4. 健常者のみならず高齢者、身障者の行動の検討 5. メインの動線とサブの動線（サービス動線）などの使い分け	**J 内装・素材** 1. 部屋の機能に合わせた材料の選択、視覚、触覚、聴覚に及ぼす影響 2. 材質感、粗密、硬柔、光沢などの雰囲気・演出性との関連 3. 性能、コスト（イニシャルコスト、ランニングコスト）、メンテナンス性のチェック 4. 材料取り、加工法のチェック
D 視線 1. 借景、眺望など外部空間とのつながりの検討 2. 視線の流れ（アイコリドール）、視線の焦点（フォーカルポイント）、視線の交差、上下関連などのチェック 3. 対象物との距離、方向、角度などの検討、錯視の検討	**K 家具** 1. 部屋の機能に合わせた配置、バランス、形、大きさ、材質、色の検討 2. 動線、視線、動作寸法などとの関連 3. ライフサイクル、ライフステージに応じた家具計画の検討
E 寸法 1. 人体との関連、スケールなど人との関連でチェック 2. 建物躯体モデュール、室空間相互の互換性、建築構成材モデュールと室空間の大きさなどの関連 3. インテリアエレメントどうしの寸法調整、インテリアエレメントと室空間との寸法調整 4. 人間の動作空間、ゆとり寸法などの考慮	**L 照明** 1. 各部屋の機能に合わせた照明方向（光の量、光の質、方向、位置）、大きさ、形、材質、色、数量、取り付け方法、配光などの検討 2. スイッチの位置、使用電気量、メンテナンスなどのチェック
F 平面・断面 1. 動作空間の大きさとその配置の検討、単位空間の形の検討 2. 単位空間のつなげ方と室空間（部屋）の区切り方の検討 3. 人の行動・動作に合わせた空間の演出とバランスのチェック 4. 敷地、周囲の環境条件に合わせた平面、断面の計画	**M 装備（カーテン、カーペット、張り地）** 1. 遮光、遮音、吸音、断熱、保温、不燃、防炎など部屋の機能に合わせて選択 2. メンテナンス、耐候性などの検討、季節性などの検討
	N インテリアアクセサリー 1. 部屋の機能、雰囲気に合わせて、大きさ、形、色、材質、内容、位置などを選定 2. 視線の移動を検討、可動性・固定の検討
G 設備 1. 電気設備（照明、スイッチ、コンセント、その他機器）と家具のレイアウトとの関連 2. 冷暖房設備、部屋の機能（広さ、構造、形、材質、色、騒音）に適正な機器・システムの選択、空間の中での納まりの検討 3. 給排水、ガス、通信設備、およびHA（ホームオートメーション）設備の検討 4. 設備機器の安全性、経済性、メンテナンス性のチェック 5. 配管、配線、ダクトスペースなど設備スペースを室空間との関連でチェック	**O その他（コスト、構造、構法、安全性 等）** 1. 空間全体の中でのコストのバランス 2. 日常時の安全性のほか、地震、火災、風水害など非常時での安全対策 3. 将来を予測した計画（増築、改装） 4. 建築基準法等、関連法規のチェック 5. 構造的な制約条件のチェック 6. 材料、インテリアエレメントなどに関して流通条件（在庫、納入期間、生産状況）や経済条件（コスト）をチェック

図4 インテリア空間のまとめ方チェックポイント

2 設計図書

　設計図と仕様書などの書きものを総称して設計図書と呼ぶ。設計図書には基本計画の段階で作成されるもの〈対依頼主用〉と，実施設計で作成されるもの〈対施工者用〉とがあるが，ここでは後者について述べる。設計図書を作成する目的は，第一に正確な工費を出すためである。請負が原則である建築工事では施主，設計者，施工者の三者が認める工費が出ないことには仕事が始まらない。工事請負者は設計図書の内容に従って見積書を作成するわけであるから，設計図書に不満な点や間違いがあれば不正確な見積が出され，それが後になっていろいろ金銭的なトラブルの原因になることが多いので，特に注意しなければならない。第二には，工事が細部まで設計通りに行われるようにするためである。設計図書に記載されていない部分については，工事関係者が現場で適当に判断することがあるが，その結果，設計者の意図との間に食い違いが生じて問題になる場合が多い。特にインテリア工事では細部の寸法や納まりが評価を左右するため，指示すべき事柄を明確に表示することが大切である。だからといって必要以上にこま

図面の名称	縮尺	表示する事項	備考
配置図	1/100, 1/200	敷地の形状，道路の位置と幅員，方位(真北で)，建物の位置	確認申請にも必要
仕上表		室，内外各部位別の仕上材と下地材，塗装の種類	
仕様書 特記仕様書		材料，工法についての指示，説明	
平面図	1/100	主要構造体(壁，柱)，開口部の位置と形式 造り付け家具，主要な寸法(面積計算ができる程度)	配置図を兼ねる場合もある。 確認申請にも必要
立面図	1/100, 1/50	東西南北面の外観，主要仕上材 地盤面(現状と設計上の)，雨樋，水切り	確認申請にも必要
断面図	1/100, 1/50	地盤面(現状と設計上の)，最高部の高さ，軒の高さ，床高，天井高，開口部の高さ，軒と庇の出の寸法	2面以上必要な箇所 確認申請にも必要 斜線制限(法規の項参照)
矩計図	1/30, 1/20	断面の詳細，横架材(土台，梁，桁など)の位置と断面形状，床，壁，天井，屋根の架構 鉛直方向の寸法の詳細，階段の詳細	確認申請にも必要
平面詳細図	1/50, 1/20	平面構成要素とその寸法の詳細，構造(躯体)の種別と形状，仕上材の範囲，床面のレベル，建具記号(建具表と対応)，床仕上げ割付け	置家具は破線で表示， 床上1mの高さの平断面
展開図	1/50, 1/20	壁面の構成要素の詳細，仕上材の名称と範囲，割付け(タイル，ボード類)，高さ方向の寸法の詳細，設備機器の取付け位置	平面詳細図と同じ縮尺がよい。 内装材料の数量拾いに不可欠
部分詳細図	1/1〜1/10	納まりの詳細(特に指定したい部分)	施工図を兼ねる場合もある。
天井伏図	1/50	天井の仕上げ方法(材料，張り方，割付け)，まわり縁，さお縁，カーテンボックス，照明器具の取付け位置(埋込穴)	
建具表		建具記号(平面詳細図と対応)，形式，取付け場所，姿図，数量，材料，仕上げ(塗装)，ガラス，建具金物	
家具図	1/1〜1/20	造り付け家具，注文置家具の詳細図と仕様	製作図は別途に作る。
設備図	1/100, 1/50	電気設備，給排水給湯設備，衛生設備，空気調和設備，ガス設備の配線，配管図，機器の指定	
外構図	各種	門，塀，アプローチなどの舗装，造園	

図1　独立住宅の設計図書（構造図を除く）

```
油性ペイント        ──OP
油ワニス           ──VCまたはAVC
ラッカー           ──LC(クリアー),
                    LE(エナメル)
エナメルペイント   ──FE(フタル酸樹脂
                    エナメル), FP

合成樹脂塗料        ──SOP
合成樹脂エマルジョンペイント
                   ──VP, EP
砂入り合成樹脂塗料──RP
オイルステイン     ──OS
ウレタンワニス     ──UC
```

図2　塗装の表示略語（日本建築学会）

ごまと表示すると，逆に肝腎なところがボケて分かりにくくなる。要は各々の図書の役割をよく理解して，最小限必要なことを簡潔に表示することである。

室内仕上表

室内仕上表では，各室の床・幅木・壁・天井の仕上げ材，下地の種類，塗装の種類を簡潔に記述する。断熱材が入る部位にはその仕様を記すべきである。塗料の種類はC.L（クリアーラッカー），O.P（オイルペイント），E.P（エマルジョンペイント）などの定められた記号で表示する。その他のエレメントの仕上げ材や塗装は備考欄に記述しておく。標準的な仕上げを一覧表にしておいて，その上にマークするだけで済むように作られている仕上表もある。

平面詳細図

平面詳細図は，実施設計図書の中で中心的存在となるので表示すべきことが多い。したがってどうしても込み入った図面になってしまうが，できるだけ詳細な部分まで正確に表示する必要がある。なかでも詳細な寸法を正確に読みやすく記入することが大切である。部分的にさらに詳細に表したいところがある場合は，別にスケールアップした図面を起こすことになる。床のレベル差を基準面からの＋，－で表示しておくと便利である。

矩計図

矩計図は架構の縦の断面を詳細に説明する重要な図面である。床高・階高・軒高・天井高・内法高・開口部の高さなどの押さえは，この図面で決定される。

それらの寸法は横架材（土台や梁，桁などの水平材）の断面寸法や位置と密接な関係にあるので，矩計図は構造図（伏図や断面リスト）との相関性が非常に強い。

したがって，正しい矩計図を描くには構造と施工の知識が不可

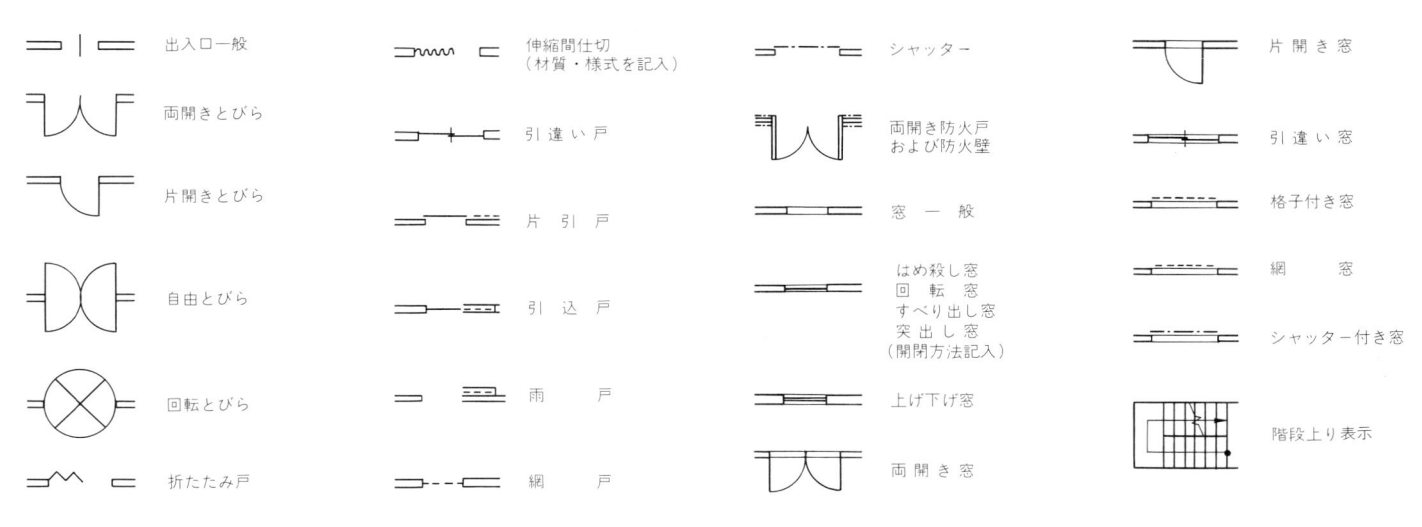

図3　平面表示記号

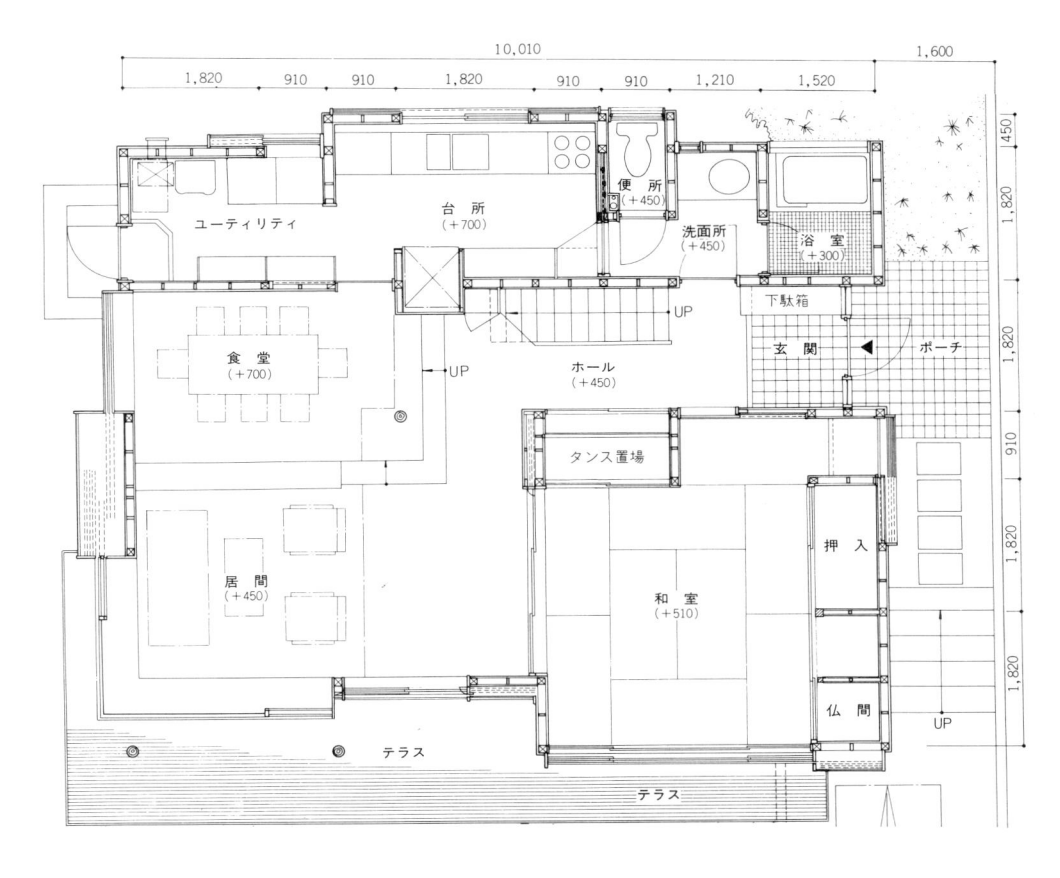

図4　平面詳細図[*1]（橋田邸，望月大介）

欠である。また，屋根や開口部まわりの雨仕舞の表示も大切である。さらに，内外の主要な納まり部分はこの図面でほとんど拾えるので，それらの表示もしておく。矩計図は建物全体の断面を示すのが目的ではないので，必要な部分だけを拾って表示することが多い。

展開図

展開図は壁面の構成内容を説明するインテリア設計においては，非常に重要な図面である。開口部の大きさと位置，建具の種類，枠・幅木などの造作，造り付け家具，仕上げの範囲と割付け，目地の有無などが表示される。

また設備機器の取付け位置もこの図面に表示しておく必要がある。特にスイッチやコンセントの位置は寸法を記入して明確に指示しておきたい。

展開図の詳細な寸法表示は高さ方向だけでよい。水平方向の寸法は平面詳細図に記入されているので重複することになる。設計図書全般に言えることであるが，同じ内容を異なる図書で重複して表示すると，変更や訂正があったときに修正漏れが出やすいので，極力避けるべきである。壁の仕上げ材の正確な数量拾いは，展開図がないとできない。

天井伏図

天井伏図では，天井の意匠とそこに取り付く設備機器の大きさや位置を表示する。板張りやボード張り仕上げの場合は張りの方向，割付け，目地の種類，竿縁や回り縁の材料と断面形状を記入する。カーテンボックスが天井埋込みの場合には，その仕様と寸法を表示する。住宅では天井につく設備機器は照明器具ぐらいだが，正確な位置と切込み寸法（埋込み器具の場合）の表示を忘れてはならない。住宅の天井伏図は表示することが多くないので，省略されることがあるが，インテリアの質を高めるためにも必ず作成すべきである。

部分詳細図

ここまでに述べてきた図面では，設計の意図が十分に説明できていない部分が残る。階段や開口部の枠まわりなどの造作や特殊な納まりの詳細がそれである。これらの部分の詳細（ディテールともいう）がインテリアのデザインを左右するといっても過言ではないので，「こうして欲しい」という箇所はもらさず拾い出して説明しておくべきである。必要あらば現寸（1/1の縮尺）図を描く。ただし，同じような詳細は整理して，やたらと種類を増やすことは避けなければならない。

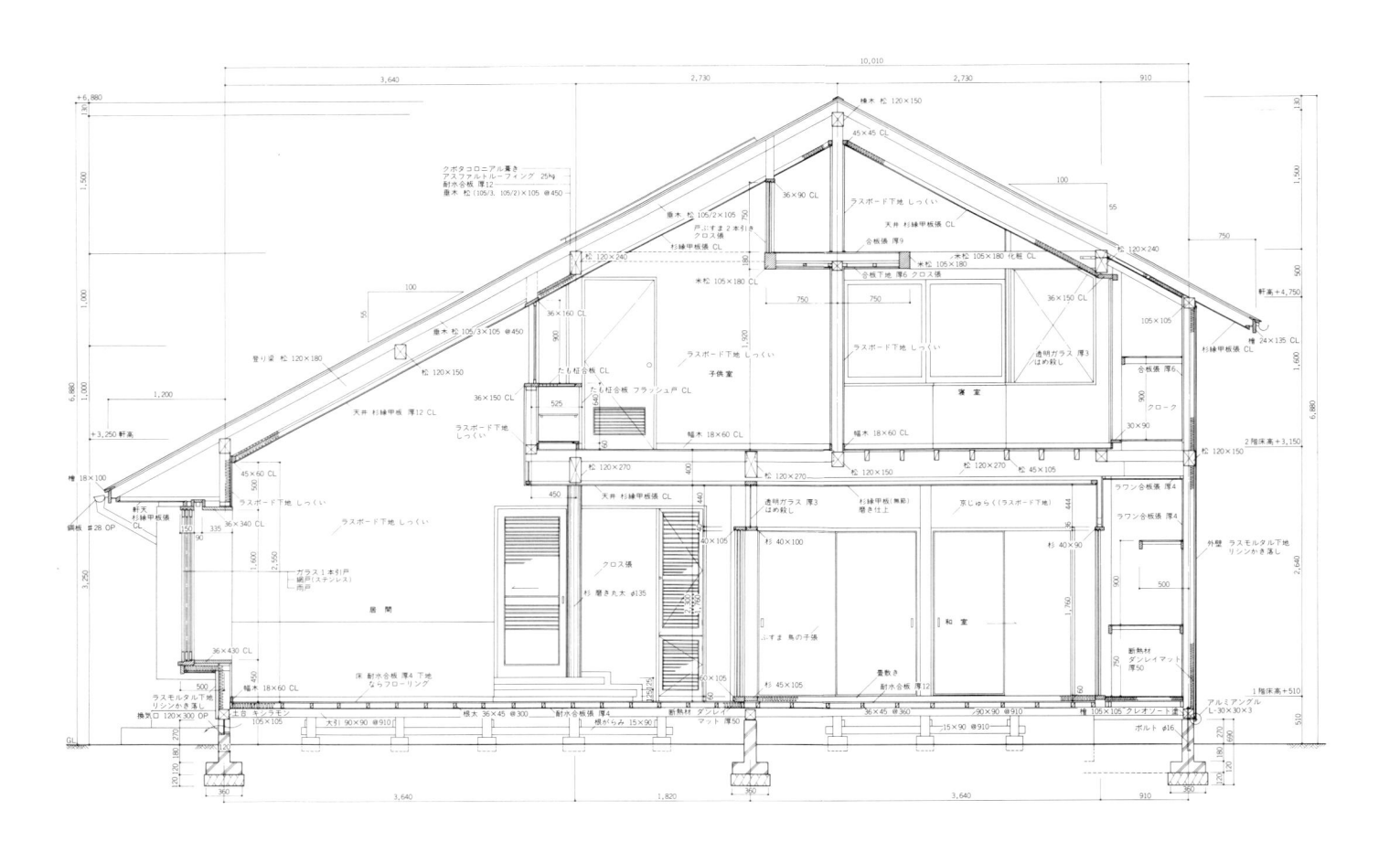

図 5　木造住宅矩計図[1]（橋田邸，望月大介）

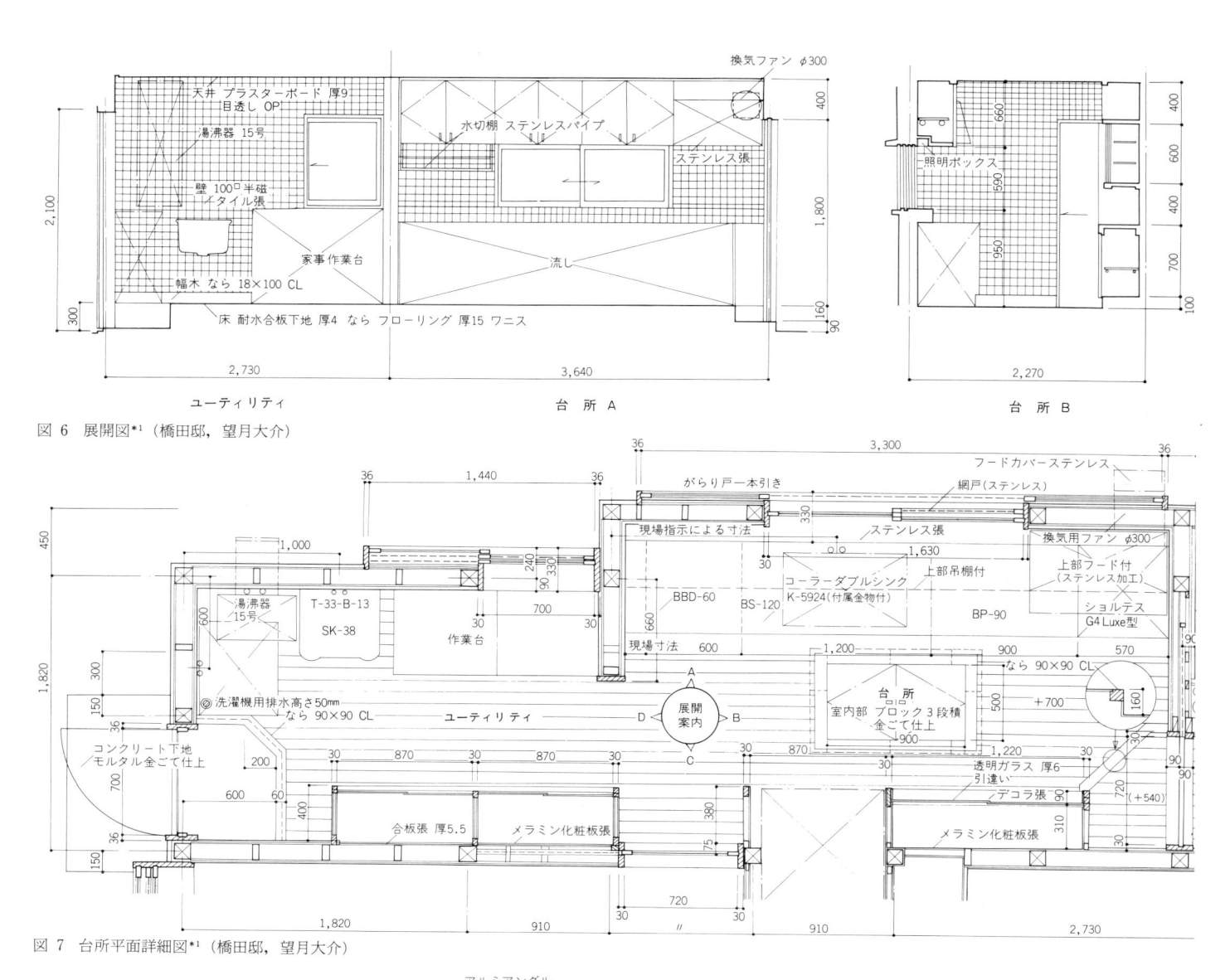

図 6 展開図*¹ (橋田邸, 望月大介)

図 7 台所平面詳細図*¹ (橋田邸, 望月大介)

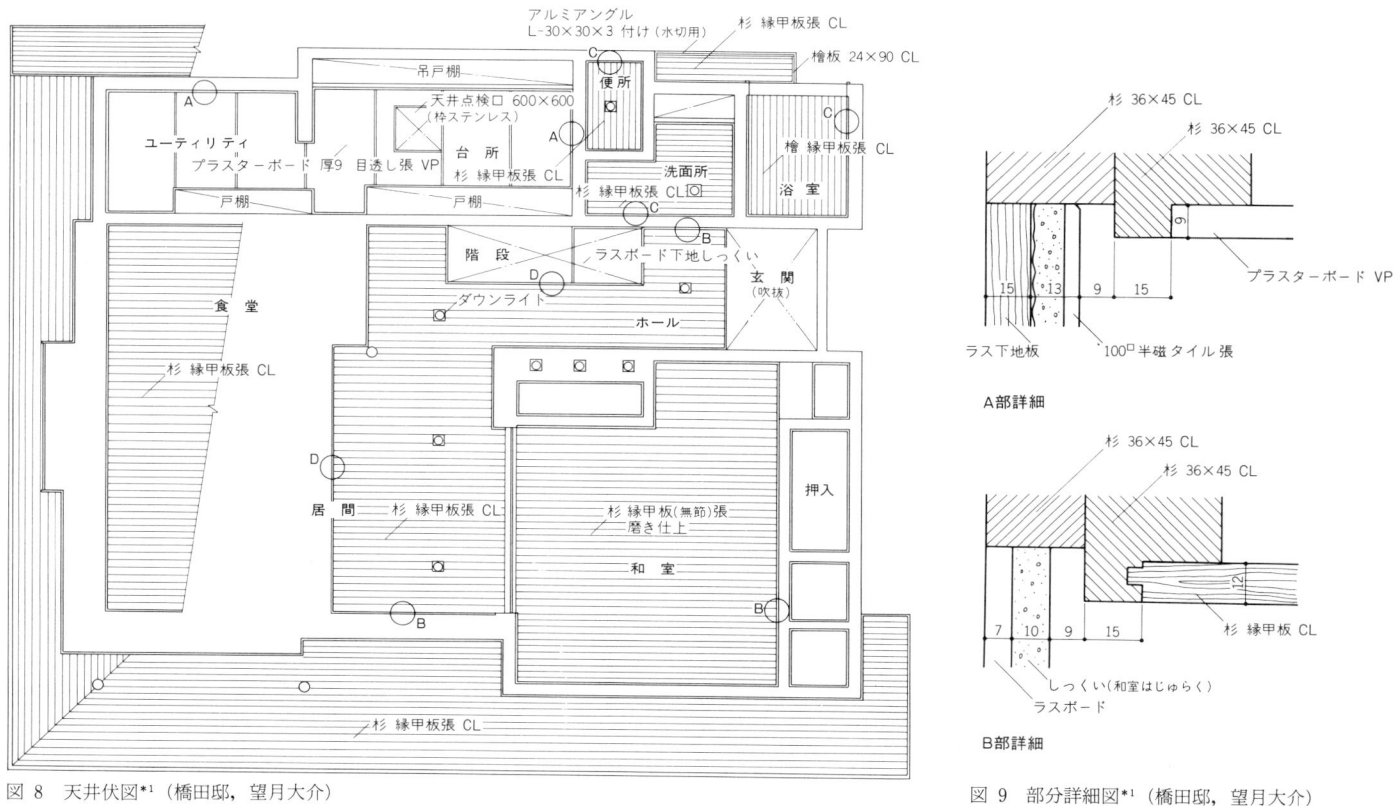

図 8 天井伏図*¹ (橋田邸, 望月大介)

図 9 部分詳細図*¹ (橋田邸, 望月大介)

家具図

 主として造り付け家具と特注の置き家具の意匠，構造および仕様を詳細に表示する。家具では材料や塗装，金物の仕様の違いが見積の価格に大きく影響するので，それらを明確にしておく。また同じ形状でもいろいろな構造が考えられるので，その内容が分かるように表示する。家具の構造と塗装について熟知している設計者が非常に少ないのは残念である。製作に当たっては，製作者に製作図の提出を求める。設計図で製作することは原則として避けたほうがよい。

建具表

 建具も家具と同様に仕様の違いがコストに大きく影響するので，詳細な仕様の説明が必要である。同じ形状のフラッシュ戸でも，芯の構造，化粧合板の種類と厚さ，塗装の仕様，鏡や取っ手やヒンジの種類などの違いによって見積価格が大幅に違ってくる。特に金物は，輸入品を含めて種類が多いので選択が難しい。機会あるごとに実物を手にとって，機能と取付け方を勉強しておくべきである。

設備図

 設備図は設備設計の専門家に依頼する場合が多いので，どうしても縁遠くなりがちになる。しかし，どういう設計内容になっているのかも知らないようでは困るので，最低限でも図面が正しく読める必要がある。現場の管理では専門の設備施工者と打ち合わせることが多い。専門用語はひととおり知っていないと打合せもできなくなる。一般の住宅（一戸建て）ではあまり難しい設備も入ってこないので，電気設備図や給排水・給湯および衛生設備図などは描けるようにしておきたい。建築図面と設備図面との間に食い違いがあって工事に支障をきたすことも多いので，相互の照合，チェックを入念にする必要がある。

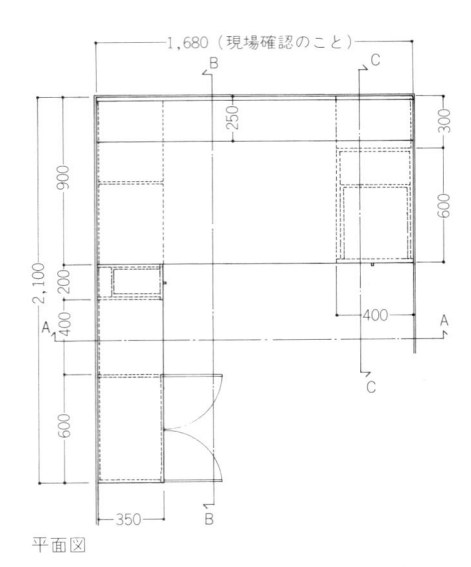

図 10　家具図

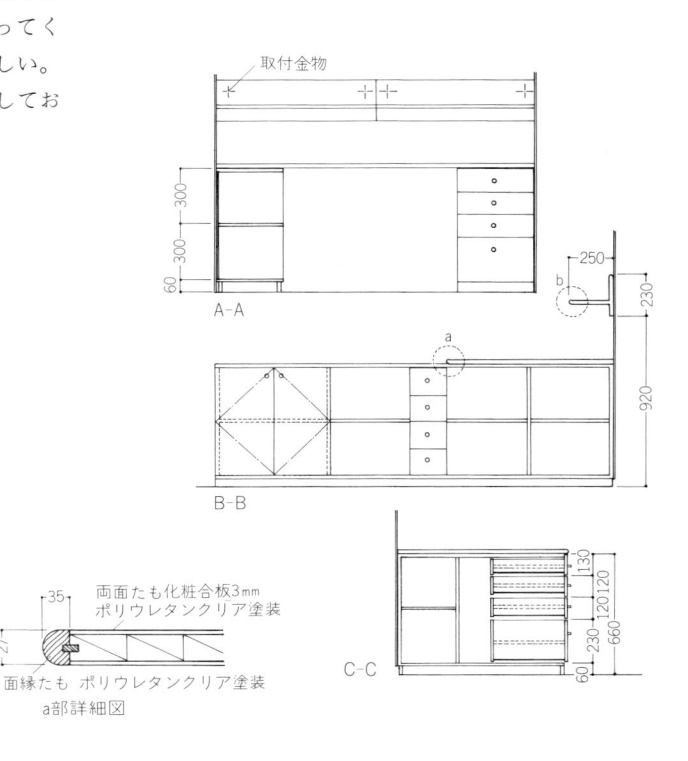

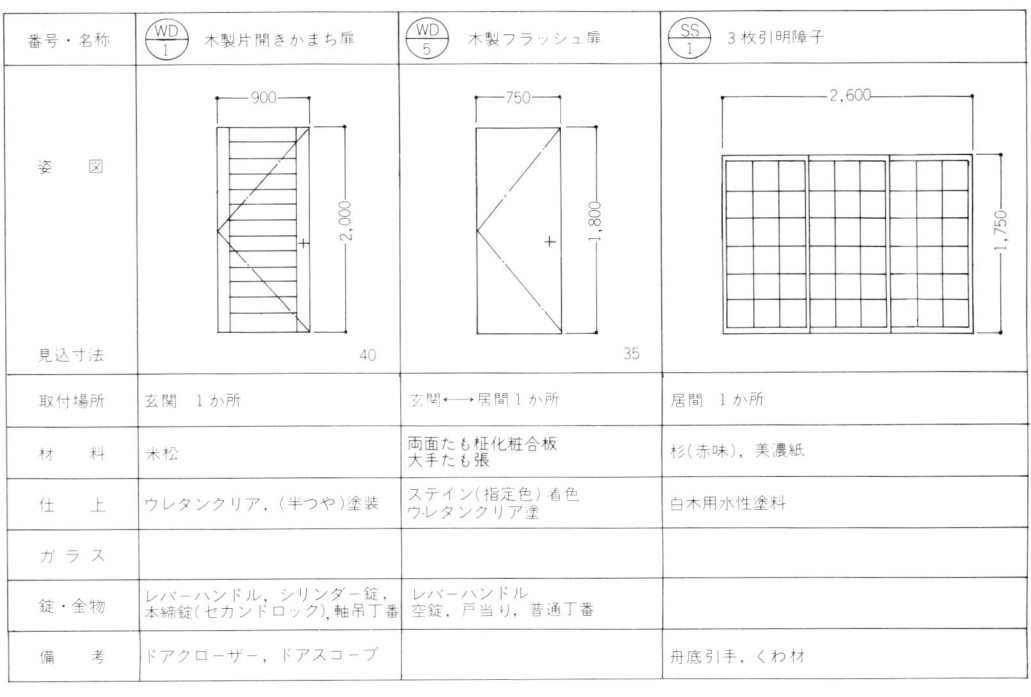

番号・名称	WD 1　木製片開きかまち扉	WD 5　木製フラッシュ扉	SS 1　3枚引明障子
姿　図	900 × 2,000	750 × 1,800	2,600 × 1,750
見込寸法	40	35	
取付場所	玄関　1か所	玄関←→居間　1か所	居間　1か所
材　料	米松	両面たも柾化粧合板 大手たも張	杉（赤味），美濃紙
仕　上	ウレタンクリア，（半つや）塗装	ステイン（指定色）着色 ウレタンクリア塗	白木用水性塗料
ガラス			
錠・金物	レバーハンドル，シリンダー錠，本締錠（セカンドロック），軸吊丁番	レバーハンドル 空錠，戸当り，普通丁番	
備　考	ドアクローザー，ドアスコープ		舟底引手，くわえ材

図 11　建具表の例

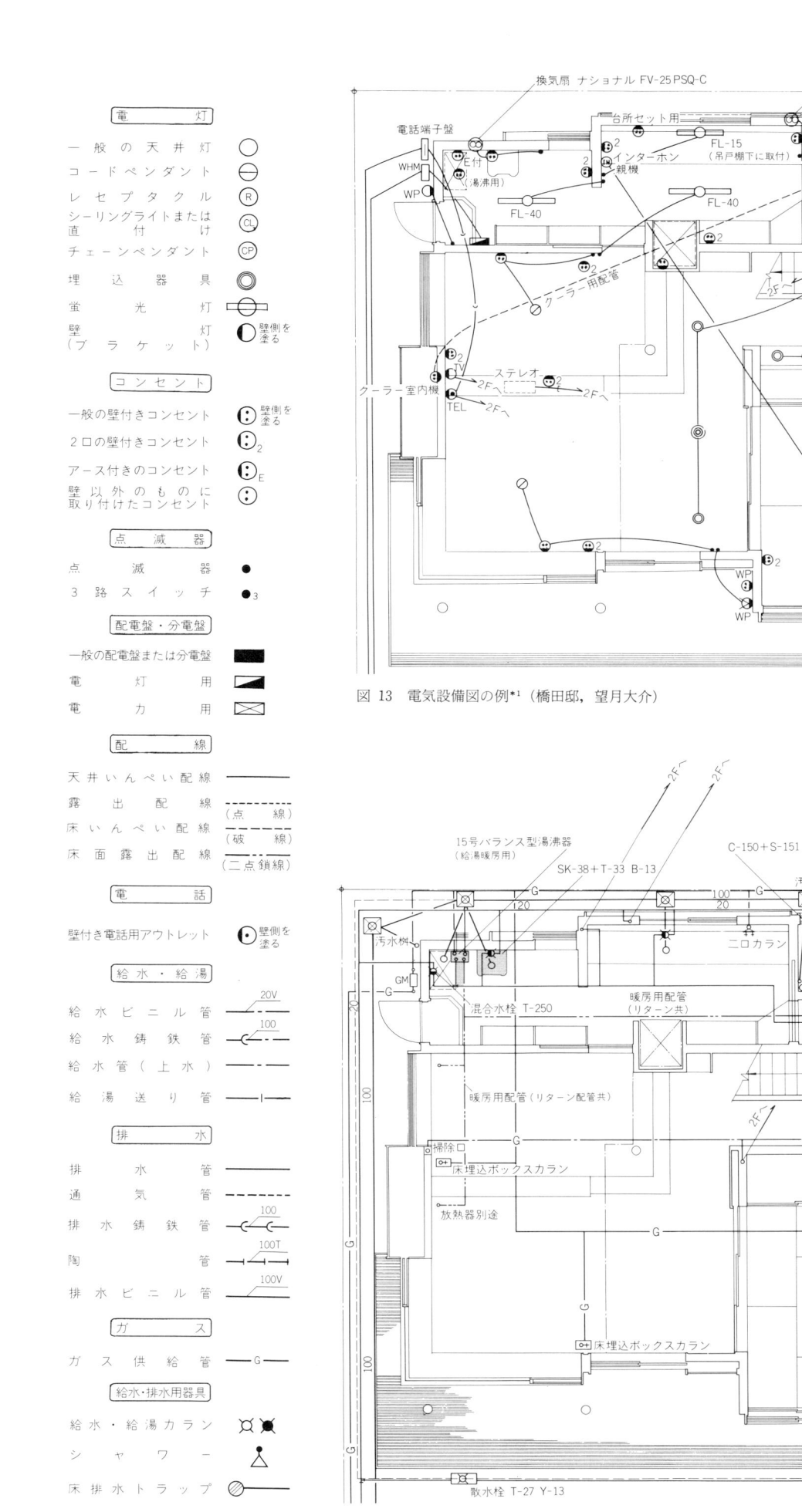

図 12 設備表示記号

電灯
- 一般の天井灯 ○
- コードペンダント ⊖
- レセプタクル Ⓡ
- シーリングライトまたは直付け ⓒⓛ
- チェーンペンダント ⓒⓟ
- 埋込器具 ◎
- 蛍光灯 ▭
- 壁灯（ブラケット） ◐ 壁側を塗る

コンセント
- 一般の壁付きコンセント ⦂ 壁側を塗る
- 2口の壁付きコンセント ⦂₂
- アース付きのコンセント ⦂ₑ
- 壁以外のものに取り付けたコンセント ⦂

点滅器
- 点滅器 ●
- 3路スイッチ ●₃

配電盤・分電盤
- 一般の配電盤または分電盤 ■
- 電灯用 ◨
- 電力用 ⊠

配線
- 天井いんぺい配線 ——
- 露出配線 ------（点線）
- 床いんぺい配線 －－－（破線）
- 床面露出配線 －・－・－（二点鎖線）

電話
- 壁付き電話用アウトレット ◉ 壁側を塗る

給水・給湯
- 給水ビニル管 ——20V——
- 給水鋳鉄管 ——100——
- 給水管（上水） ——
- 給湯送り管 —|—

排水
- 排水管 ——
- 通気管 ——
- 排水鋳鉄管 ——100——
- 陶管 ——100T——
- 排水ビニル管 ——100V——

ガス
- ガス供給管 ——G——

給水・排水用器具
- 給水・給湯カラン ✕ ✖
- シャワー ▽
- 床排水トラップ ⊘

図 13 電気設備図の例[*1]（橋田邸，望月大介）

図 14 給排水・給湯・衛生設備図の例[*1]（橋田邸，望月大介）

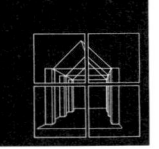

3 プレゼンテーションの手法

模型, アイソメ, パース

　設計図書を読んで設計の内容を理解し, どういう建物ができるのか想像できるようになるには, かなりの専門的知識と経験が必要である。なぜなら, 一般の設計図は二次元の表現を目的として描かれているので, それを見てすぐに立体としての建物の外観や内部の感じをつかむことは難しいからである。その点模型や透視図は立体的な表現方法になるので, だれが見てもひと目で設計の内容が把握できるという利点をもっている。このような模型や透視図は, 〈見せる〉目的で作成する場合と, 計画や設計の段階で設計者が〈スタディする〉ために作る場合とがある。〈見せる〉ための模型や透視図を総称してプレゼンテーションと呼ぶ。他の商品と違って建物やそのインテリアは, 事前に実物を見せることが不可能であるから, プレゼンテーションの持つ役割は大きい。したがってこの場合は, 他人に設計の内容を理解してもらえるような分かりやすい表現の方法を用いる必要がある。一方〈スタディ〉用のものは, 設計の途中でアイデアを確認することが目的になるので, 設計者自身が分かりやすい表現方法をとることになる。プレゼンテーションの方法はいろいろ考えられるが, 目的に合った方法を選ぶことが大切である。

模型による表現

　住宅のインテリアを表現する模型で一番多いのは, 1/50～1/20の縮尺の鳥瞰模型である。天井以外のすべての要素が表現できるのでインテリアの構成を説明するのに最も適していると言える。このスケールの模型では細部の表現に限界があるので, 実物を忠実に模すことは避けて, 形や材質感の特徴をとらえた表現方法をとり, 全体のバランスを考えて部分を作ることが大切である。天

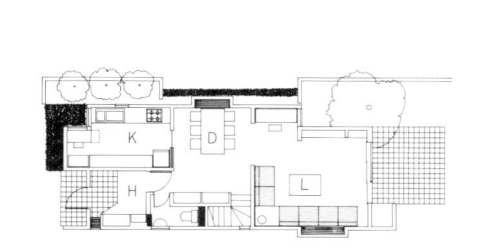

図1　平面図による表現

図2　透視図での表現

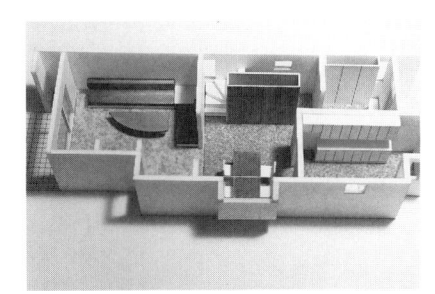

図3　模型での表現　1/50

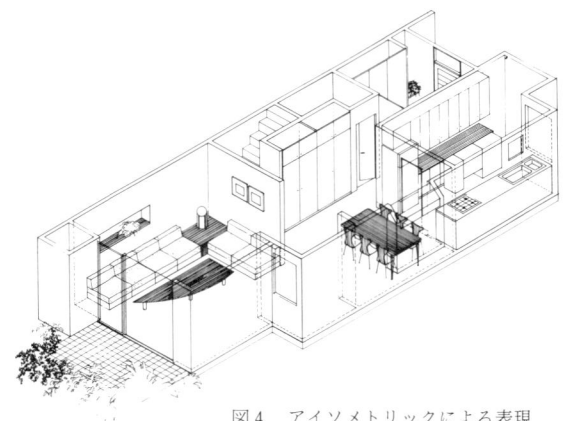

図4　アイソメトリックによる表現

図5　インテリアの模型　縮尺1/10
これぐらい厳密に作った模型を写真で表現すると実物のような迫力がある。

図6　家具の模型

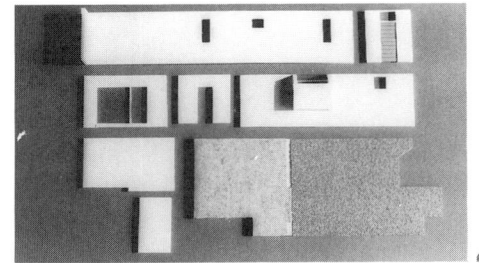

図7　模型のつくり方（写真左より）

(a)　ビルディングエレメントを作る。縮尺1/50(材料：モデルボード, コルク, フェルト(床), アクリル板(ガラス)

(b)　インテリアエレメントを作る。(材料：ホワイトボード(1 mm)

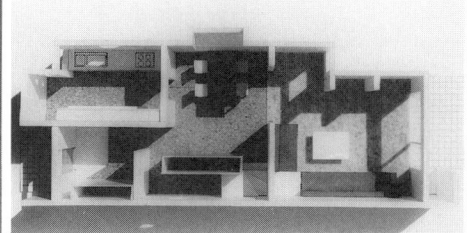

(c)　組立て完成

井までの構造体(壁や柱)，開口部と建具，床のレベル差，主要家具と什器の概略の形状の表現は最低限でも必要であるが，さらに必要に応じて，主要仕上げ材の質感や色彩計画が説明できるところまで手を入れていくことになる。表現の方法は使用する材料によって決まってくる。1/50程度の縮尺では，主要部分をスチレンボードやバルサ材あるいは白ボール紙(1 mm厚)で作り，アクリル板，塩ビ板，フェルト，角棒，メタルシート，それに各種の色紙などでエレメントを作る。また，各種の模型用の部品や仕上げ材(れんが，タイル，羽目板など)も売られているので，それらを効果的に使うとよい仕上りになる。着色はエアブラシを使用するとむらなく塗れる。模型作りには原則は少ないが，ポイントとしては模型制作用の図面を必ず起こすこと，切断面をきれいにすること(刃物の切れ味と使い方による)，接着剤の塗布量に気をつけること，隅部をきれいに納めること，それに使用材料の種類を少なめにすることなどである。模型は実物で見るとスケール感がつかみにくい場合があるが，写真撮影をしてプリントやスライドにすると透視図のような遠近感が出て，よりリアルで迫力のある表現も期待できる。また簡単な模型を写真にして，それをベースにして透視図を描く方法もある。

アクソメ，アイソメ図による表現

鳥瞰模型と似たプレゼンテーションの方法に，軸測投影図（アクソノメトリック，アクソメと略される）と斜投影図がある。これらの図は透視図と違って，消点を持たないので遠近感は表現できないが，空間のボリュームや構造のシステムなどを分かりやすく説明するのに適している。図的表現になるので難しいテクニックは要求されない。アクソメは数種の図法に分類されるが，その中で最も多く使われているのが等角投影図法（アイソメトリック，アイソメと略す）である。アイソメでは立体の三辺が同一縮尺率になるので，平面図から手軽に立体図を起こすことができ，便利である。

アイソメよりさらに簡単な立体表現法に斜投影法がある。この図法では，平面図をそのまま立ち上げるだけで，部屋のボリュームやエレメントの立体的な姿を表現することができる。リアルな立体の表現にはならないが，インテリアの構成やエレメントの構造を分かりやすく説明するには問題はない。高さ方向を平面と同じ縮尺でとる場合と，多少縮小する場合とがあるが，後者のほうが自然に見える。斜投影図とアクソメとはよく混同されるが，二者は全く異なる図法である。

図8 投影図の種類
等角投影図（アイソメトリック） 二等角投影図 不等角投影図 アクソノメトリック（簡便法） 斜投影図

図9 アイソメトリック
床レベルで描いたもの，平面図より空間の構成が理解しやすい。（設計：フランク・ロイド・ライト）

図10 アイソメトリック
ムーア邸（設計：チャールズ・ムーア）

図11 アクソノメトリック（学生の作品）

図12 家具のアイソメトリック

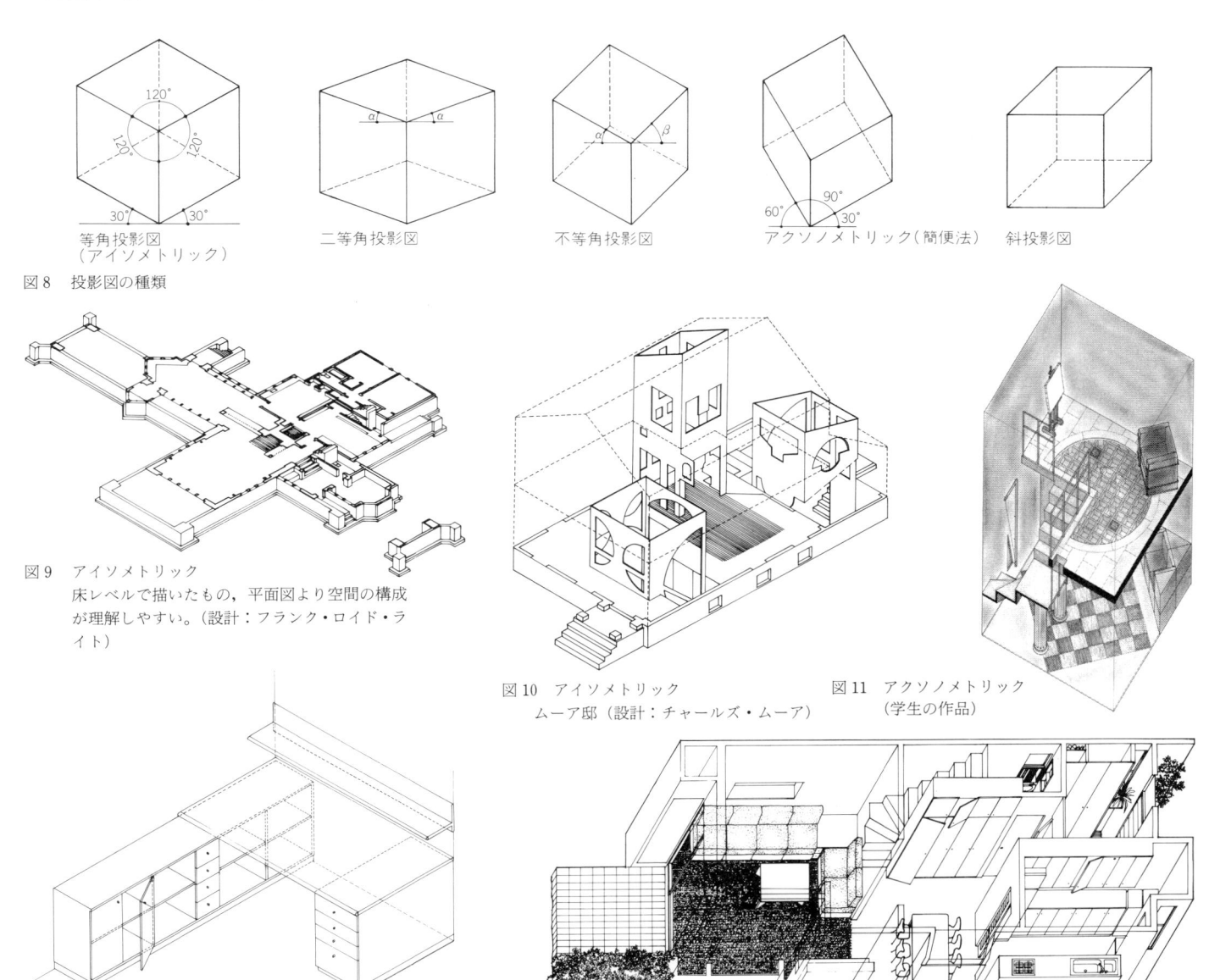

図13 斜投影図

透視図（パースペクティブ）

建物の完成した姿を表現する方法としては透視図が一番多く使われている。透視図では模型やアイソメでは難しい実在感の表現が可能になるので，見る人に与える印象も強いと言える。透視図は図法であるから，基本に忠実に描けばだれにでも似たような図ができるわけであるが，絵画的要素が濃い表現方法なので作者の個性が強く出る。

透視図には種類が多い。まず図法であるが，原理的には平行透視法（一消点法），有角透視法（二消点法），および斜透視法（三消点法）の三つに分類される。そして各々に簡便なものから複雑な図法まであり，多種多様である。どの図法で描くかは対象，見せ方，制作時間などによって決めることになるが，正確さを要求する場合の図法と，手軽に描ける図法とを数種類マスターしておいて，使い分けられるようにしておきたい。足線法は平面図と立面図をもとにして描く方法で，透視図法の基本とも言える。グリッド法はあらかじめ空間を単位に分割したグリッドの透視図を作成しておき，それをガイドにして描く方法である。複雑な作図を必要としないので手軽に透視図が作れる。よく使われる構図のグリッドを多種用意しておくと便利である。インテリアの透視図では視点を通常の目の高さにとって，実際に目で見ているように表現する図法が一般的であるが，建物全体の空間構成を説明する場合には鳥瞰的な表現が使われる。また断面図と透視図を合併した断面パースは，空間の断面構成を分かりやすく説明する場合に効果がある。

次に表現の方法であるが，これには使われる紙や画材の種類の違いと，画法やタッチの違いとの組合せによって無数の方法が考えられる。紙はケント紙，キャンソン紙，トレーシングペーパー，水彩紙，木炭紙，マーカー専用紙などがよく使われる。画材は画法と密接な関係がある。

軟らかい鉛筆やコンテでデッサン風に描く方法，ペンとインクで細密画風に描く方法，透明水彩で淡彩画に仕上げる方法，不透明絵具やポスターカラーで写実的に厚塗りする方法，フェルトペンやマーカーでスピーディなタッチに描く方法，などが一般的であるが，そのほかにもいろいろな方法が考えられる。特殊な方法としては写真などを使ったコラージュがある。これは透視図の中の人間や風景などを写真で表現したり，部分的に実物の仕上げ材を張ったりする方法で，独特な味がある。またコンピューターを使って透視図を描くことも可能である。

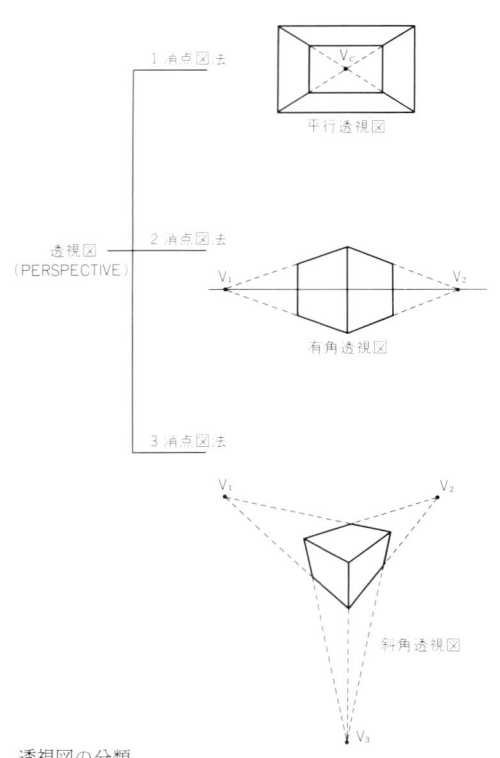

図 14　透視図の分類

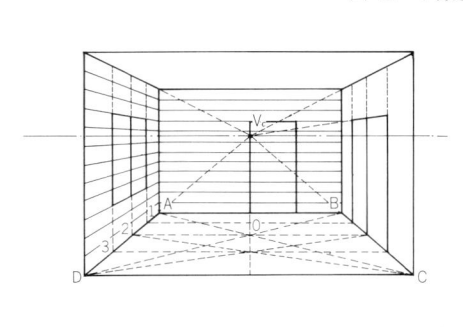

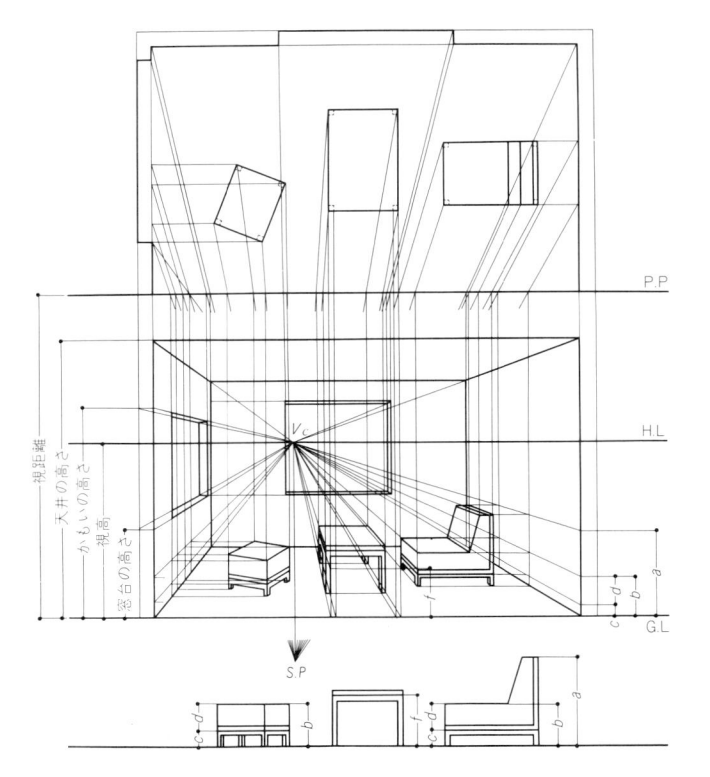

図 15　平行透視図の例 [1]

(a) 平面図　　(b) 平行透視図　　(c) 有角透視図の例

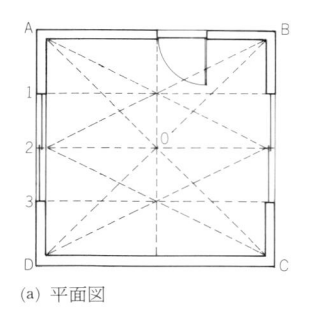

図 16　透視図の簡便な描き方

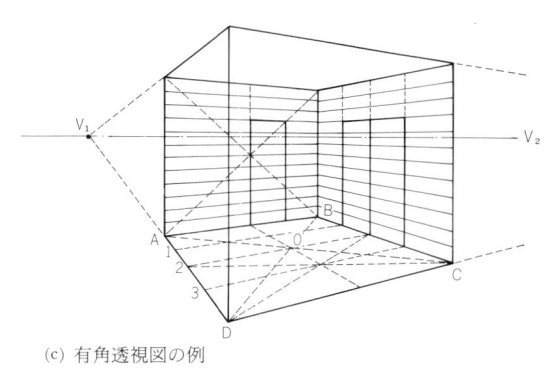

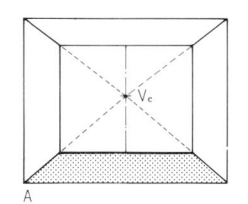

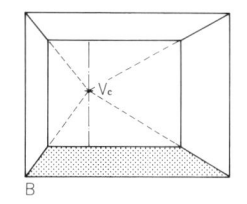

消点を左右の中心軸上にとる(A)と単調な構図になるのでやや中心をはずした位置にとる(B)

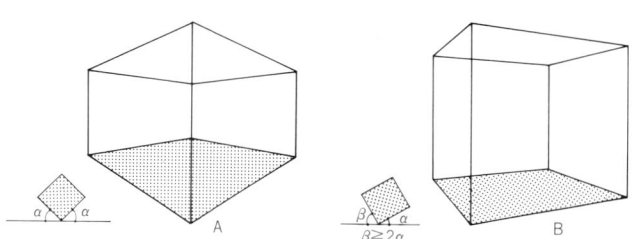

画面に対する角度を左右同じに(A)しないで2：1以上にすると自然な構図になる(B)

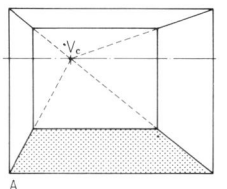

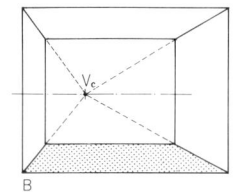

目の高さは低く目にとる方が広がりが感じられる(B)
高すぎると部屋が狭く見える(A)

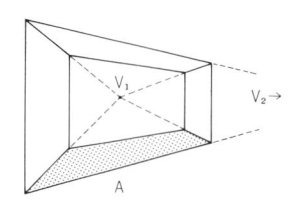

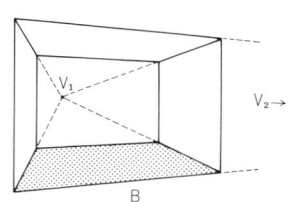

有角透視図の二つの消点が近過ぎると不自然な遠近感になる(A)
一方を近くにとったら他方はできるだけ遠くにとる(B)

(a) 平行透視図の場合

(b) 有角透視図の場合

図17　インテリアの透視図の構図のとり方の基本

図18　フリーハンドスケッチ（3B鉛筆）本の写真から起こしたもの

図19　平行透視図

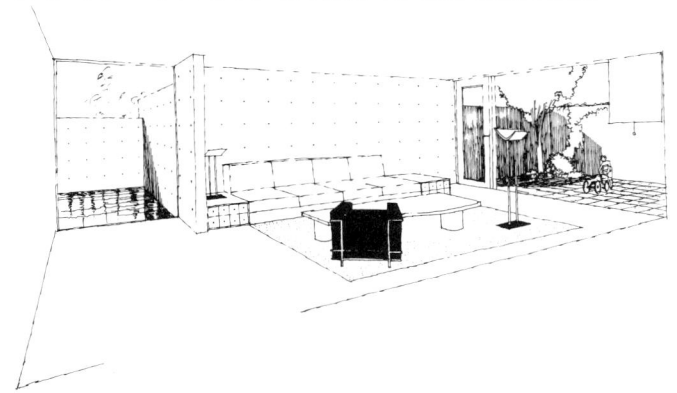

図20　有角透視図　製図用ペンによるフリーハンドタッチの画法

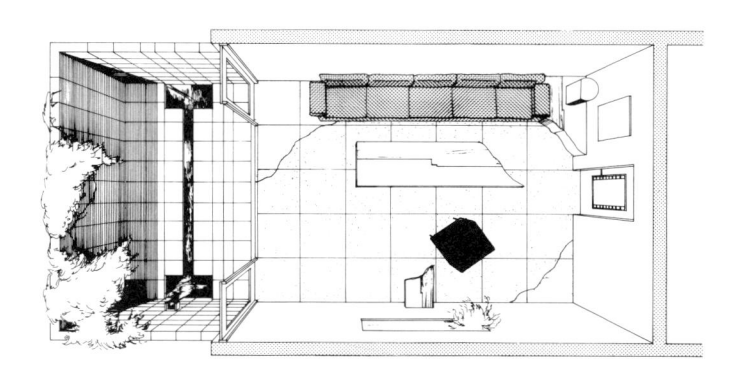

図21　鳥瞰透視図（平行透視図法による）
　　　インテリア全体の構成を伝えるのに適している。

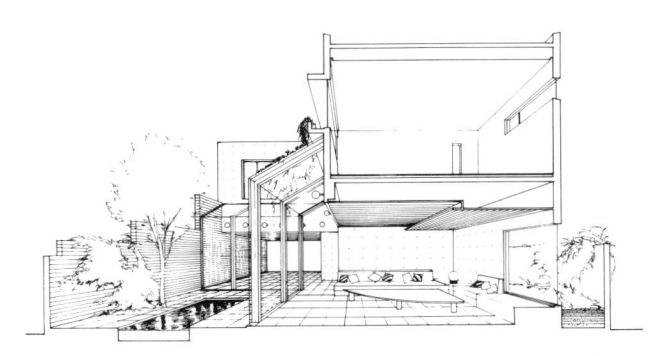

図22　断面透視図　断面図と透視図を兼ね合わせた表現方法。建物の断面的な構成を分かりやすく示すとともに、空間の雰囲気を表現することができる。

図23　コラージュを使った透視図　インテリアエレメントや背景などに写真の切抜きを使用して実在感を高める表現方法

図版出典リスト （〔　〕内は本書の図番号を示す）

I　インテリア計画の基礎

1.1
*1　日本建築学会編：日本建築史図集 新訂版，彰国社，1980　〔図2，3，4，5，6，7〕

2.1
*1　日笠端：都市計画（大学講座建築学 計画編5），共立出版，1977　〔図2，3〕

2.2
*1　Seven Hesselgren : Perception of Manmade Environment, Dowden, Hutchinson & Ross Inc., 1975　〔図5，8〕
*2　三浦宏文：システムと評価（システムの世界4），共立出版，1974　〔図6〕
*3　前田尚美・佐藤平・高橋公子ほか：建築計画（学生のための建築学シリーズ），朝倉書店，1980　〔図7〕

2.3
*1　S.シャマイエフ，C.アレキザンダー著，岡田新一訳：コミュニティとプライバシイ，鹿島出版会，1976による　〔図1〕
*2　仕上げ材料の選び方と使い方（仕上げ材料講習会用テキスト），日本建築学会関東支部　〔図2，3〕
*3　内田祥哉：建築生産のオープン・システム，彰国社，1977　〔図6，7〕

2.4
*1　渡辺保忠：西洋住宅史（新訂建築学大系 28 独立住宅），彰国社，1970　〔図2〕
*2　集合住宅設計研究会：集合住宅設計ハンドブック，国政社，1968　〔図3〕
*3　Lionel March, Philip Steadman : The geometry of environment, Methuen & Co. Ltd. 1971　〔図4，5〕

2.5
*1　鈴木成文・守屋秀夫・太田利彦編著：建築計画，実教出版，1975　〔図1，2，3，4〕
*2　日本建築学会編：設計方法III，彰国社，1974　〔図5〕
*3　西原清之：空間のシステムデザイン，彰国社，1976　〔図6，7〕

2.6
*1　森田慶一：ウィトルーウィウス建築書，東海大学出版会，1979　〔図1〕

3.1
*1　小原二郎編：デザイナーのための人体・動作寸法図集，彰国社，1960　〔図1〕
*2　MAKE A STUDY OF WEBBING No. 30, 1976　〔図2，3〕
*3　文部大臣官房調査課：学校保健統計調査報告書 昭和51年度，大蔵省印刷局，1977　〔図4〕
*4　小原二郎：人間工学からの発想（ブルーバックス），講談社，1982　〔図5，12〕
*5　小原二郎・内田祥哉・宇野英隆編：建築・室内・人間工学，鹿島出版会，1969　〔図6〕

3.2
*1　日本建築学会編：建築設計資料集成 3 単位空間I，丸善，1980　〔図1，4〕
*2　日本建築学会編：設計製図資料13 建築のための基本寸法―人と車―，彰国社，1975　〔図2〕
*3　高部和子編集代表：家庭科指導資料図解大事典，全教図，1983　〔図3〕
*4　障害者の生活環境をつくる会編：障害者の生活空間（障害者の生活環境の研究4），日本肢体不自由児協会，1977　〔図7，8〕
*5　小原二郎：人間工学からの発想（ブルーバックス），講談社，1982　〔図9〕
*6　深沢秀嘉・上野義雪・加納博義：手の計測（日本建築学会関東支部研究報告集，1977　〔図10〕

3.3
*1　小原二郎・内田祥哉・宇野英隆編：建築・室内・人間工学，鹿島出版会，1969　〔図2，3〕
*2　日本建築学会編：建築設計資料集成 3 単位空間I，丸善，1980　〔図7〕
*3　小原二郎：人間工学からの発想（ブルーバックス），講談社，1982　〔図12〕

3.4
*1　小原二郎：人間工学からの発想（ブルーバックス），講談社 1982　〔図1〕

3.5
*1　高部和子編集代表：家庭科指導資料図解大事典，全教図，1983　〔図1〕
*2　住宅内装システム委員会編：住宅用設備機器のモデュラーコオーディネーションに関する研究，日本住宅設備シシステム協会，1976　〔図2〕
*3　小原二郎・内田祥哉・宇野英隆編：建築・室内・人間工学，鹿島出版会，1969　〔図7〕
*4　日本建築学会編：建築設計資料集成 3 単位空間I，丸善，1980　〔図8〕
*5　障害者の生活環境をつくる会編：障害者の生活空間（障害者の生活環境の研究4），日本肢体不自由児協会，1977　〔図9〕
*6　旅客車サービス設備近代化の研究委員会：旅客車サービス設備近代化の研究報告書(4)，日本鉄道車両工学会，1977　〔図10〕

3.1～3.5において表示のないものは小原二郎資料による。

3.6
*1　日本建築学会編：建築設計資料集成 3 単位空間I，丸善，1980　〔図1，2，3〕
*2　望月衞・大山正編：環境心理学，朝倉書店，1979　〔図4〕
*3　井口海仙：茶道入門，保育社，1967　〔図5〕
*4　守屋秀夫・小池常雄：室内における席次決定要因に対する認識（昭和58年日本建築学会大会学術講演梗概集）　〔図6〕

3.7
*1　R.ソマー著，穐山貞登訳：人間の空間，鹿島出版会，1976　〔図3〕
*2　日本建築学会編：建築設計資料集成 3 単位空間I，丸善，1980（進士五十八論文による）　〔図4〕
*3　松本哲夫ほか：通勤用7人掛座席の有効利用の提案（旅客車サービス設備近代化の研究報告書(2)），日本鉄道技術協会，1975　〔図5〕
*4　R.ソマー：プライバシーの生態学（D.カンター・乾正雄編：環境心理学とは何か，彰国社，1972）　〔図6〕

4.1
*1　日本建築学会編：建築設計資料集成 1 環境，丸善，1978　〔図1，3，5，6，12，14，16，19，20，21〕
*2　小木曽定彰：照明学（新訂建築学大系 8 音・光・熱・空気・色），彰国社，1969　〔図2〕
*3　Dunn, H. K., Farnsworth, D. W. : J. A. S. A., vol. 10, 1939　〔図13〕
*4　川島美勝・後藤滋・中牟田浩史：体温調節系の特性とその年齢的差異について，第1回人間―熱環境系シンポジウム報告集，1977　〔図17〕
*5　小川庄吉・長田泰公・吉田敬一ほか：至適温度条件の季節差について（公衆衛生院研究報告 Vol. 24, No. 4, 1975）　〔図18〕
*6　Hutchinson, F.W. : The paradox of acclimatization (Heating and Ventilating Vol. 9 No. 2, 1942)　〔図22〕

4.2
*1　日本建築学会編：建築設計資料集成 1 環境，丸善，1978　〔図1〕
*2　日本建築学会編：日本建築学会 設計計画パンフレット24 日照の測定と検討，彰国社，1977　〔図2〕
*3　小島武男：日照学（新訂建築学大系 8 音・光・熱・空気・色），彰国社，1969　〔図3〕
*4　渡辺要編：建築計画原論III，丸善，1965　〔図4，5〕
*5　田中俊六ほか：最新建築環境工学，井上書院，1985　〔図6〕
*6　平山嵩・斎藤平蔵・前川甲陽：東京・大阪の冬季の設計用風向風速について，日本建築学会論文報告集 No. 59, 1958　〔図7〕
*7　高部和子編集代表：家庭科指導資料図解大事典，全教図，1983　〔図8〕

4.3
*1　田中俊六ほか：最新建築環境工学，井上書院，1985　〔図1〕
*2　ASHRE : Hand book　〔図3，4〕
*3　堀江悟郎：湿気（渡辺要編：建築計画論III），丸善，1965　〔図7〕
*4　日本建築学会編：建築設計資料集成 1 環境，丸善，1972　〔図9〕
*5　彰国社編：光・熱・音・水・空気のデザイン，彰国社，1980　〔図10，11〕
*6　内田秀雄：湿り空気と冷却塔，裳華房，1972　〔図14〕
*7　高部和子編集代表：家庭科指導資料図解大事典，全教図，1983　〔図15，16〕

4.4
*1　高部和子編集代表：家庭科指導資料図解大事典，全教図，1983　〔図2，4，5，6，7，8，9，10〕
*2　日本建築学会編：建築設計資料集成 1 環境，丸善，1972　〔図3〕

4.5
*1　高部和子編集代表：家庭科指導資料図解大事典，全教図，1983　〔図1，5〕
*2　S. V. Szoklay 著，尾島俊雄ほか訳：建築環境科学ハンドブック，森北出版，1982　〔図4〕

*3 彰国社編：光・熱・音・水・空気のデザイン，彰国社，1980 〔図7，8，9，10〕
*4 日本建築学会編：建築設計資料集成 1 環境，丸善，1972 〔図11〕

4.6
*1 高部和子編集代表：家庭科指導資料図解大事典，全教図，1983 〔図1，2，13，19〕
*2 松浦邦男：建築照明，共立出版，1971 〔図3〕
*3 日本建築学会編：建築設計資料集成 1 環境，丸善，1978 〔図4，9，10〕
*4 乾正雄：照明と視環境（建築設計講座），理工図書，1978 〔図7〕
*5 小島武男・中村洋編：現代建築環境計画，オーム社，1983 〔図8，11，12，14，16，17〕
*6 A. A. Kruithot：Philips Tech. Rev., Vol. 6, 1941 〔図18〕

4.7
*1 小磯稔：色彩の科学，美術出版社，1972 〔図3，5，8〕
*2 川上元郎：色の常識，日本規格協会，1974 〔図4〕
*3 乾正雄：建築の色彩設計，鹿島出版会，1976 〔図6〕
*4 日本建築学会編：建築設計資料集成 1 環境，丸善，1978 〔図7〕

5.2
*1 空気調和・衛生工学会編：空気調和・衛生工学便覧，空気調和・衛生工学会，1975 〔図2，3〕

5.3
*1 空気調和・衛生工学会編：空気調和・衛生工学便覧，空気調和・衛生工学会，1964 〔図2〕

5.4
*1 文部省編：インテリア装備，実教出版，1982 〔図6〕

5.5
*1 文部省編：インテリア装備，実教出版，1982 〔図3，4，5，6〕

5.6
*1 文部省編：インテリア装備，実教出版．1982 〔図2〕

5.7
*1 日本瓦斯協会編：ガス機器の正しい設置について，日本瓦斯協会 〔図1〕
*2 日本建築学会編：建築設計資料集成 10 技術，丸善，1983 〔図3〕
*3 田中辰明：日照日射の調整（空気調和・衛生工学会誌 1974-11）〔図4〕
*4 ソーラーシステム振興協会編：ソーラーシステムデザインガイド，オーム社，1981 〔図5〕

5.8
*1 岩井一三ほか：建築設備の基本計画 計画編，丸善，1975 〔図1〕

6.1
*1 日本建築学会編：構造用教材，日本建築学会，1985 〔図1〕
*2 建設省住宅局住宅生産課，建築指導課監修：プレハブ建築技術者教育テキスト 技術編，日本建築センター 〔図2〕
*3 日本住宅・木材技術センター編：木造住宅 1 これからの木造住宅，丸善，1984 〔図6〕
*4 H. E. BECKETT & J. A. GODFREY：WINDOWS, CROSBY LOCKWOOD STAPLES 〔図7〕

7.1
*1 平井信二監修，上田康太郎・土屋欣也・藤城幹夫：技術シリーズ 木工，朝倉書店，1979 〔図17, 19〕
*2 内堀繁生：ファニシングデザイン資料集，鹿島出版会，1981 〔図18〕

8.1
*1 日本住宅・木材技術センター編：木造住宅 1 これからの木造住宅，丸善，1984 〔図1，2〕
*2 住宅部品開発センター編：BL 部品の現状と課題，住宅部品開発センター 〔図4，5〕

8.2
*1 日本住宅・木材技術センター編：木造住宅 1 これからの木造住宅，丸善，1984 〔図1，4〕
*2 住宅部品開発センター編：BL 内装システム使用者マニアル，住宅部品開発センター 〔図3〕

8.3
*1 日本建築学会編：日本建築学会設計計画パンフレット 19 建物のよごれ，彰国社，1966 〔図1〕
*2 彰国社編：建築計画チェックリスト 集合住宅，彰国社，1977 〔図2〕

*3 大学住居学研究所編：改訂 資料住居学，建帛社（住宅問題講座5，住宅 Vol. 22 No. 3, 梶浦恒男ほか大阪市立大学家政学紀要19，林道三郎：マンションの上手な買い方住い方をもとに作成）〔図3〕
*4 日本建築学会編：設計方法，彰国社，1971 〔図5〕

II 住空間の計画

1.2
*1 西山夘三：住居論（西山夘三著作集 2），勁草書房，1968 〔図1〕

1.3
*1 川島寅次：減びゆく民家 間取り・構造・内部，主婦と生活社，1973 〔図2〕
*2 島村昇ほか：京の町家（SD 選書），鹿島出版会，1976 〔図4〕

1.4
*1 小原二郎編：住居 基礎編，開隆堂出版，1975 〔図1〕
*2 江口一久：北カメルーンの住居（住まいの原型II，SD 選書），鹿島出版会，1973 〔図2(a)〕
*3 片倉もとこ：住まう，憩う（民族の暮らし3），日本交通公社，1982 〔図2(b)〕
*4 本城和彦ほか：公団住宅の住居基準の設定に関する研究（住宅公団調査研究報告14）〔図4〕

1.5
*1 鈴木成文：集合住宅（新訂建築学大系 27 集団住宅），彰国社，1971 〔図1, 11, 12〕
*2 三村浩史：都市を住みよくできるか，日刊工業新聞社，1973 〔図3〕

1.6
*1 内田祥哉監修：建築構法，市ケ谷出版，1981 〔図2，9，10，11〕

1.7
*1 日本住宅公団・住宅部品開発センター編：KEP システムカタログ 〔図2，3〕
*2 鈴木成文：規定型と順応型（カラム No. 48）〔図4，5〕
*3 ベターリビング 26 号，1978 〔図6〕
*4 ベターリビング 23 号，1977 〔図7〕

2.4
*1 建築部品研究会：建築部品とディテール④（ディテール 44, 1975）〔図2〕

3.1
*1 日本建築学会編：建築設計資料集成 3 単位空間I，丸善，1980 〔図4，5〕
*2 本城和彦ほか：公団住宅住居基準の設定に関する研究（住宅公団調査研究報告14）〔図6〕

3.2
*1 日本建築学会編：建築設計資料集成 2 物品，丸善，1978 〔図1，6，7〕
*2 小原二郎・今泉勝吉・宇野英隆ほか：建築内装技術ハンドブック，朝倉書店，1984 〔図10〕

4.1
*1 市川正徳：図解でみる江戸民俗史，けいせい，1972 〔図1〕
*2 桜川貞雄：トイレ考現，東洋陶器，1966 〔図2〕
*3 日本建築学会編：建築設計資料集成 3 空間単位I，丸善，1980 〔図3〕

4.2
*1 中桐確太郎：風呂（日本風俗史講座 第10巻），雄山閣，1929 〔図1〕
*2 ウリヤ・フォークト・ギョクニル著，森洋子訳：世界の建築 トルコ，美術出版社，1967 〔図2〕

5.2
*1 日本建築学会編：建築設計資料集成 3 空間単位I，丸善，1980 〔図2，3〕

III 設計の技術

1.1
*1 都市住宅 7205 〔図2〕
*2 Christopher Alexander, Sara Ishikawa, Murray Silverstein：A Pattern Langage, Oxford University Press, 1977 〔図3〕

2
*1 日本建築家協会編：DA 建築図集 住宅II，彰国社，1981 〔図4，5，6，7，8，9，13，14〕

3
*1 文部省編：インテリア製図 応用編，実教出版，1982 〔図15〕

編者略歴

小原二郎（こはら　じろう）
1916年　長野県生まれ。京都大学卒業，千葉大学工学部建築学科教授，同学工学部長などを歴任，千葉大学名誉教授，農学博士。日本建築学会賞受賞。2016年死去

加藤　力（かとう　つとむ）
1946年　長野県生まれ。千葉大学工学部建築学科卒業，同学大学院修士課程修了，㈱日建設計，京都工芸繊維大学工芸学部造形工学科助教授を経て，現在　元宝塚造形芸術大学大学院教授

安藤正雄（あんどう　まさお）
1948年　北海道生まれ。東京大学工学部建築学科卒業，同学大学院博士課程を経て，現在　千葉大学名誉教授

インテリアの計画と設計　第二版

1986年 4 月10日　第 1 版　発　行
2000年10月30日　第 2 版　発　行
2023年12月10日　第 2 版　第10刷

著作権者との協定により検印省略

編　者　小　原　二　郎
　　　　加　藤　　　力
　　　　安　藤　正　雄
発行者　下　出　雅　徳
発行所　株式会社　彰　国　社

162-0067　東京都新宿区富久町8-21
電　話　03-3359-3231（大代表）
振替口座　00160－2－173401

自然科学書協会会員
工学書協会会員

Printed in Japan
© 小原二郎（代表）2000年

製版・印刷：壮光舎印刷　製本：誠幸堂
https://www.shokokusha.co.jp

ISBN 4-395-00519-5　C 3052

本書の内容の一部あるいは全部を、無断で複写（コピー）、複製、および磁気または光記録媒体等への入力を禁止します。許諾については小社あてご照会ください。